Salvador Minuchin

Familie und Familientherapie

Salvador Minuchin

Familie und Familientherapie

Theorie und Praxis struktureller Familientherapie

2. Auflage

Lambertus-Verlag

Das amerikanische Originalwerk erschien unter dem Titel „Families and Family Therapy“
bei Harvard University Press, Cambridge, Massachusetts, USA.

Aus dem Amerikanischen übersetzt von Ulrike Stopfel

2. Auflage 1978

Gestaltung: Werner Bleyer, Freiburg im Breisgau
Herstellung: Reiff-Druck, Offenburg/Baden
ISBN: 3-7841-0148-8

Inhalt

Prolog

Dieses Buch geht zu einem wesentlichen Teil auf die Gespräche zurück, die Jay Haley, Braulio Montalvo und ich über eine Zeitspanne von mehr als zwei Jahren hinweg zweimal wöchentlich während unserer jeweils gut halbstündigen Fahrt zur Philadelphia Child Guidance Clinic und zurück führten. Viele der Gedanken, die hier vorgestellt werden, sind aus unseren Diskussionen erwachsen. Ganz besonderen Dank schulde ich Braulio Montalvo, der als Lehrer wohl den größten Einfluß auf mich ausgeübt hat. Während unserer zehnjährigen Zusammenarbeit hat er mein Denken oft in andere Bahnen gelenkt und es stets bereichert. Sehr nützlich war für mich auch die Hilfe, die Frances Hitchcock leistete.

Viele meiner Kollegen an der Philadelphia Child Guidance Clinic haben ihren Beitrag zu diesem Buch geleistet, indem sie das eine oder andere ausführlich mit mir erörterten. Besonders erwähnen möchte ich in diesem Zusammenhang das Institute of Family Counseling.

Dieses Buch bestand zunächst aus einer Reihe von Vorlesungen und Vorträgen, die ich in den Vereinigten Staaten, in Schweden und Holland hielt. Auch meinen Studenten von der Group Psychotherapy Association in Holland möchte ich an dieser Stelle danken. Sie steuerten Beispiele bei und teilten mir ihre Ansichten mit. Mordecai Kaffman, M. D., war so freundlich, die israelische Familie eigens für dieses Buch zu befragen. Schließlich habe ich Lyman Wynne für seine nützlichen Vorschläge bei der Durchsicht des Manuskripts und Virginia La Plante für ihre Arbeit an seiner Herausgabe zu danken.

Die Protokolle in diesem Buch sind so bearbeitet worden, daß die Anonymität der befragten Familien gewahrt bleibt. Wo es nötig war, sind Erklärungen angefügt. In einigen Fällen gehen dem Abdruck der Protokolle Angaben über die jeweilige Familie voraus, um den Leser schon im voraus mit den Fällen bekanntzumachen, so daß er bei der Lektüre des eigentlichen Sitzungsberichtes dem Inhalt nicht mehr so viel Aufmerksamkeit zuwenden muß und sich stärker auf den therapeutischen Prozeß konzentrieren kann.

Die Gespräche mit den Familien Smith, Dodds und Gorden sind verfilmt und mit einer Analyse von Braulio Montalvo versehen worden. Die Titel lauten „I Think It's Me – Difference Display As a Contextual Event" (Kapitel 9), „Affinity" (Kapitel 10) und „A Family with a Little Fire" (Kapitel 11). Auskunft über diese Filme erteilt die Philadelphia Child Guidance Clinic, 1700 Bainbridge Street, Philadelphia, Pennsylvania 19146.

SALVADOR MINUCHIN

Einführung in die deutsche Ausgabe

Mit dem vorliegenden Buch wird die familientherapeutische Arbeit Salvador Minuchins erstmals in deutscher Übersetzung einem weiteren Leserkreis vorgestellt. Im angelsächsischen Sprachraum gilt Minuchin schon seit einigen Jahren als einer der bedeutendsten Familientherapeuten. Er ist vor allem bekannt geworden durch sein 1967 erschienenes Buch „Families of the Slums"[1], in dem er, zusammen mit vier Kollegen, die Möglichkeiten familientherapeutischer Arbeit mit Randgruppenfamilien untersucht. Er stellt sein Vorgehen, den Stil seiner Arbeit mit Klientenfamilien vor, denen die Möglichkeiten des assoziativen Denkens und Vorstellens, der Eigenbeobachtung und die Mittel eines differenzierten Sprachgebrauchs fehlen. Das starke Echo auf dieses Buch läßt erkennen, daß die dort dargestellte Praxis und die theoretische Perspektive nicht nur für die Arbeit mit Unterschichtfamilien, sondern darüber hinaus für die familientherapeutische Arbeit und Forschung insgesamt ein grundsätzlich bedeutsames Modell darstellen. Die grundlegende Bedeutung des Ansatzes von Minuchin wird in dem nun vorliegenden Werk noch deutlicher.

Worin liegt das Neue und Besondere der Sicht und des Vorgehens von Minuchin? In dem der deutschen Ausgabe beigegebenen Untertitel haben wir es, mit Minuchin selbst, durch das Stichwort „strukturelle Familientherapie" gekennzeichnet. Da Minuchin den umfassenderen theoretischen Bezugsrahmen nicht ausführlich darstellt, mögen für den mit seinem Werk noch nicht vertrauten Leser einige Hinweise darauf wichtig sein, von welchen Annahmen Minuchin ausgeht, welche theoretischen Grundkonzepte er verwendet, was für ein Bild er von Familie hat und welche Vorstellungen und Ziele ihn bei deren Veränderung leiten. Deshalb sollen nachfolgend die wichtigsten Elemente seines Konzepts am Leitfaden einiger Grundbegriffe (System, Struktur, Subsystem, Organisation, Position, Prozeß) vorgestellt und ihre Konsequenzen für die Praxis beschrieben werden.

Minuchin nennt wiederholt Claude Lévi-Strauss[2], den Vater des Strukturalismus. Der Strukturalismus, wie auch die Systemtheorie, wie sie von Ludwig von

Bertalanffy[3] in den Nachkriegsjahren entwickelt wurde, verstehen den Menschen und die Gesellschaft beziehungsweise soziale Gruppen als eine Ganzheit, die mehr und etwas anderes ist als die Summe ihrer Teile. Das Schwergewicht der Erklärung liegt auf der Interdependenz der verschiedenen Teile eines solchen Ganzen. Minuchin verpflichtet sich dieser Sichtweise und beschreibt die Familie als ein *offenes, soziales System* (z. B. S. 29; S. 52).

Entsprechend seiner Sicht des Menschen und der Gesellschaft als einer Ganzheit, als System, bestimmt Minuchin die Parameter, die für die Erklärung solcher offenen Systeme geeignet sind. Ein Parameter ist die *Struktur*. Familienstrukturen äußern sich durch die Art und Weise, wie die Mitglieder miteinander umgehen. Wiederholte Transaktionen führen zu Mustern von Verhaltensweisen, auf die bevorzugt zurückgegriffen wird und die so das System stützen und erhalten. Minuchin differenziert nun aber das System noch weiter und stellt fest, daß „das Familiensystem seine Funktionen durch seine *Subsysteme* vollzieht" (S. 70). Das Individuum – selbst ein Subsystem – gehört mindestens einem Subsystem, oft mehreren Subsystemen an, in denen es ganz bestimmte Aufgaben wahrzunehmen hat und wo ganz bestimmte Erwartungen an es gestellt werden. Minuchin beschreibt, unterscheidet, erklärt solche Subsysteme sehr sorgfältig, und sein therapeutisches Bemühen zielt darauf ab, vorhandene Subsysteme in der Familie wahrzunehmen, in vielen Fällen zu stärken, dann aber auch neue Subsysteme zu bilden und sie von anderen Subsystemen abzugrenzen. Auf diese Weise soll das einzelne Familienmitglied in der Familie Autonomie und Freiheit erhalten, gleichzeitig sich aber auch als Teil der Familie und eines übergeordneten Ganzen fühlen können. Durch dieses umsichtig entwickelte Konzept der Subsysteme und der Systemgrenzen eröffnet Minuchin einerseits der Forschung im Bereich der Familientherapie neue Möglichkeiten, andererseits gibt er dem Praktiker ein Werkzeug, das erlaubt, zielgerichteter und differenzierter zu arbeiten.

Minuchin schenkt der genauen Anordnung beziehungsweise Zuordnung der einzelnen Subsysteme innerhalb des Familiensystems besondere Beachtung. Er spricht dann von der *Organisation* der Familie. Dieser Begriff wird im deutschen Sprachraum im Zusammenhang mit der Familie kaum gebraucht. Den Wissenschaften des 19. Jahrhunderts, die das Schwergewicht auf die Analyse von Einzelheiten, auf die Isolation von einzelnen Variablen legten, war ein solcher Begriff fremd. Für die Wissenschaften des 20. Jahrhunderts jedoch ist die Frage nach der Organisation von Systemen zentral geworden; denn „die Organisation offener Systeme ist die beste Erklärung der Systeme selbst".[4] Minuchin beschreibt im fünften Kapitel ausführlich, wie der strukturelle Familientherapeut die Organisation einer bestimmten Familie bestimmen kann. Während er auf die Vorgänge in der Familiensitzung eingeht und diese gezielt beeinflußt, entwirft er für sich und mit der Familie zusammen ein Organisationsschema, eine Art Landkarte, die zeigt, wer wo mit wem welchen Platz in diesem System „Familie" einnimmt. Minuchin arbeitet mit sorgfältigen konkreten Mitteln und hilft so dem Praktiker, die Organisation einer Familie zu einem bestimmten Zeitpunkt festzuhalten, therapeutische Schritte bewußter im Blick auf die ganze Familie wie auf ihre einzelnen Subsysteme zu planen, eintretende Veränderungen genauer zu erfassen und therapeutische Interventionen differenzierter auszuwerten.

Bei dieser gezielten Beachtung der Familienorganisation und dem entsprechenden therapeutischen Vorgehen wird das *Individuum* nicht vernachlässigt – im Gegenteil: Das Individuum wird in ganz neuer Weise wahrgenommen. Minuchin vergleicht den Therapeuten mit einem Forscher, der eine Gummilinse benützt (S. 16). Einmal kann er eine Nahaufnahme machen und betrachtet dann das Individuum als eigenes Subsystem; dann wieder arbeitet er mit einer größeren Brennweite und erfährt das Individuum als Teil eines Geschwister- oder Eltern- und Ehepaar-Subsystems innerhalb der Familie als Ganzheit. Minuchin untersucht die jeweiligen *Positionen* der einzelnen Familienmitglieder und versucht, sie gegebenfalls zu verändern. Dadurch wird das Individuum nicht nur und nicht vor allem als Träger biologisch-psychischer Eigenschaften verstanden, sondern als Handelnder in einem Umfeld, das seinerseits auf ihn wirkt. Die Familie wird häufig zu Unrecht als eine Gemeinschaft von Gleichgestellten gesehen. Es wird übersehen, daß sie eine ganz bestimmte Ordnung hat, daß darin Autorität und damit Macht unterschiedlich gehandhabt wird. Minuchin zeigt beispielsweise, wie wichtig es für ein älteres Kind ist, Kind sein zu dürfen, und für die Mutter des Kindes, elterliche Funktionen ihm gegenüber auszuüben. Gleichzeitig soll dasselbe Kind gegenüber seinen jüngeren Geschwistern beschützende und bestimmende Maßnahmen ergreifen können (Vgl. Kapitel 11). Diese Sicht des Individuums bedeutet für den Familientherapeuten eine nicht zu unterschätzende Bereicherung. Minuchin zeigt anhand einer Fülle von Beispielen, daß der einzelne nur im Konzept der Struktur seiner Familie, also der Familienorganisation, angemessen verstanden werden kann und daß therapeutische Interventionen nicht von diesem Kontext absehen können. Die Veränderung vollzieht sich denn auch nicht im Individuum, sondern *zwischen* ihm und anderen familialen Subsystemen. „Die Veränderung ereignet sich gewissermaßen in der Synapse (vergleichbar mit der

Schaltstelle zwischen Muskeln und Nerv und zwischen Nerven), in der Art nämlich, in der die gleichen Menschen miteinander verbunden sind" (S. 141). Wie ein roter Faden zieht sich durch Minuchins Ausführungen die Einsicht, daß es in der Familientherapie im wesentlichen darum geht, komplementäre Beziehungssysteme zu schaffen, durch die das Selbstwertgefühl, die Identität jedes einzelnen Familienmitgliedes aufgebaut und gestärkt werden.
Die letzten Ausführungen schließen ein, daß Familienstrukturen nicht als unveränderliche Konstanten betrachtet werden dürfen. Die strukturelle Familientherapie wäre in der Tat unzureichend beschrieben, wenn die *Prozeß*haftigkeit des Systems „Familie" übersehen würde. Dieser Prozeßcharakter ist ein wesentliches Element der theoretischen Erfassung von Familien sowie jeden therapeutischen Handelns. Minuchin versteht die Familie als ein gewordenes, im Werden und Wachsen begriffenes Ganzes. Das System steht in einer dauernden Bewegung, um den vielfältigen Anforderungen von innen und außen gewachsen zu sein. Diese Anforderungen ändern sich je nach dem Entwicklungsstadium der Familie und ihrer Subsysteme und je nach den äußeren gesellschaftlichen und kulturellen Gegebenheiten. Im zweiten und vierten Kapitel dieses Buches werden zwei Gespräche mit je einem jungen Ehepaar wiedergegeben. Die Paare kommen aus unterschiedlichen Kulturen, stehen aber in einer ähnlichen Übergangssituation, nämlich im Prozeß der Grenzziehung um ihr neugebildetes Ganzes, die Ehe. Sie versuchen sich abzugrenzen sowohl gegenüber ihren Eltern und Schwiegereltern, wie auch gegenüber ihren eigenen Kindern. Minuchin macht deutlich, daß solche Entwicklungsphasen normale Krisensituationen für die Familien bedeuten. Wenn es der Familie gelingt, neue Handlungsalternativen für diese veränderte Situation zu finden, dann wird sie daran wachsen und sich weiter entwickeln. Es gibt Familien, die auf die Notwendigkeit von Veränderung mit Starrheit und Unbeweglichkeit von Verhaltensweisen antworten. Soche Familien entwickeln sich zu geschlossenen Systemen und suchen sich oft jemanden aus der Familie aus, der durch sein gestörtes Verhalten auf sich und die Familie aufmerksam macht. Das eben skizzierte Verständnis unterscheidet sich grundlegend von anderen, meist individualtherapeutischen Konzepten. Während diese von individuellen Schwächen und krankhaften Erscheinungsformen ausgehen, fordert Minuchin die Stärken der jeweiligen Familienorganisation heraus und verhilft den einzelnen Familienmitgliedern zu alternativem Verhalten. Dadurch erhalten familiale Organisationen neue Beweglichkeit und Flexibilität, um ihre vielfältigen Aufgaben uneingeschränkt wahrnehmen zu können.

Wo befindet sich der *Therapeut* in diesem Prozeß? Diese Frage ist für Minuchin zentral. Er widmet ihr mehrere Kapitel (siebtes bis elftes Kapitel, S. 156 bis 303). Er unterscheidet grundsätzlich zwei Strategien des Therapeuten, die in der Praxis schwer auseinanderzuhalten sind, da sie sich meines Erachtens komplementär zueinander verhalten: einerseits die Anpassung oder der Anschluß an die Familie (to accomodate), andererseits die Neustrukturierung. Es ist schwer, in der deutschen Sprache wiederzugeben, was Minuchin unter „accomodation" versteht. (In der vorliegenden Ausgabe wird es lexikalisch zutreffend, das Gemeinte jedoch nicht angemessen wiedergebend, mit „Anpassung" übersetzt.) Gemeint ist mehr als ein Anschluß an das Familiensystem und etwas anderes als eine Anpassung an die Familie. Neuerdings spricht Minuchin von „joining" – auch dies ein schwer übersetzbarer Begriff. Es ist der Vorgang, in dem der Therapeut mit der Familie zusammen ein neues therapeutisches System bildet. Minuchin beschreibt im siebten Kapitel diesen Prozeß und erwähnt gleich zu Beginn, daß ohne dieses gegenseitige Zueinanderfinden von Therapeut und Familie eine Neustrukturierung nicht möglich sei (S. 156). Neustrukturierende Maßnahmen sind „solche therapeutischen Interventionen, die die Familie herausfordern, und zwar in dem Versuch, einen therapeutischen Wandel zu erzwingen" (S. 174). Minuchin legt im achten Kapitel dar, auf welchen Ebenen und mit welchen Mitteln die Familie auf eine Veränderung hin aktiviert und motiviert werden kann. Dabei fällt auf, daß er aus zunächst unscheinbaren Begebenheiten weitreichende Fragen entwickelt. Der Therapeut schlägt nicht zu, zwingt die Familie nicht zu großen Umwälzungen, wendet nicht Gewalt an. Bald ist er *Mitspieler* (beim Anschluß an die Familie), bald *Regisseur* (bei neustrukturierenden Maßnahmen). Er greift Aktionen auf, fördert Handlung und bringt die Familienmitglieder in Bewegung. Er hilft ihnen, daß sie sich untereinander selbst helfen und sich dabei verändern. Die Familie, nicht der Therapeut, ist das Zentrum der Aktivität. Die Rolle und das Vorgehen des strukturellen Therapeuten unterscheiden sich also wesentlich von bisherigen Therapieverständnissen verschiedenster Richtung. Der strukturelle Familientherapeut gibt der Familie die Verantwortung für eine Veränderung und verpflichtet sie darauf, während sich Therapeuten anderer Richtungen oft gern von der Familie beauftragen lassen, ihnen zu helfen. Diese Umkehrung der Verantwortlichkeit legt wiederum dem strukturellen Therapeuten sehr große Verantwortung auf, nämlich die, die Familienmitglieder so zu- und miteinander in Beziehung zu bringen, daß neue Handlungen, neue Erfahrungen und, daraus resultierend, neue Gefühle untereinander möglich werden.

Schöpfer neuer Ideen und Konzepte wurden gefragt, inwieweit die Entwicklung ihrer Konzepte in Zusammenhang steht mit der Entwicklung ihrer eigenen Persönlichkeit. Auf diese Frage gibt Minuchin im vorliegenden Buch möglicherweise Antwort, wenn er beschreibt, wie er in einer Familie mit 40 Tanten und Onkeln und etwa 200 Cousins im ländlichen Argentinien aufwuchs (S. 152), wo alle Angehörigen ein enges Familiennetz bildeten. Er muß schon früh die Notwendigkeit erfahren haben, Grenzen zwischen sich und anderen Familienmitgliedern sowie zwischen Subsystemen einer Großfamilie zu ziehen. Minuchin ist in den USA an der bekannten Philadelphia Child Guidance Clinic tätig, die er mehrere Jahre leitete. Er arbeitet oft mit Randgruppenfamilien, dann aber auch mit Familien von Kindern mit psychosomatischen Problemen. Sein Buch über Familientherapie mit Familien von anorektischen Kindern soll noch in diesem Jahr in den USA erscheinen.
Das vorliegende Werk überzeugt nicht zuletzt durch die Klarheit der Aussage. Es gelingt Minuchin, sehr komplexe Zusammenhänge verständlich und einleuchtend darzustellen – ein Spiegel für seine familientherapeutische Praxis. Dem familientherapeutisch Tätigen wird dieses Buch wertvolle praktische Hinweise geben; dem Lehrenden und Lernenden kann es ein wichtiger Helfer werden im Prozeß der Klärung theoretischer Konzepte und ihrer Anwendung in der Praxis.

VERENA KRÄHENBÜHL

[1] Minuchin S., Montalvo B., Guerney B. G., Rosman B. L., Schumer F.: Families of the Slums. An Exploration of Their Structure and Treatment. New York – London: Basic Books, Inc. Publishers 1967

[2] Z. B. S. 116; S. 157

[3] Von Bertalanffy L.: General System Theory. Foundations, Development, Applications. New York: George Braziller, Inc., 1968

[4] Watzlawick P., Beavin J. H., Jackson D. D.: Menschliche Kommunikation. Formen, Störungen, Paradoxien. Bern: Hans Huber 1969, S. 124

1 Strukturelle Familientherapie

Robert Smith ist mit seiner Frau, dem zwölfjährigen Sohn und seinem Schwiegervater zum ersten Gespräch mit einem Familientherapeuten in meine Sprechstunde gekommen. Mr. Smith ist der „identifizierte Patient". Er war innerhalb der letzten sieben Jahre zweimal wegen Depressionen im Krankenhaus und hat vor kurzem wieder um stationäre Aufnahme gebeten.

Minuchin: Worin besteht das Problem? . . . Wer möchte anfangen?
Mr. Smith: Ich glaube, es ist mein Problem. Ich bin derjenige, der das Problem hat.
Minuchin: Seien Sie sich dessen nicht so sicher. Seien Sie sich niemals so sicher.
Mr. Smith: Also . . . ich war schließlich im Krankenhaus und so.
Minuchin: Ja, aber das sagt mir noch nicht, daß es Ihr Problem ist. Sprechen Sie weiter. Worin besteht Ihr Problem?
Mr. Smith: Halt immer nervös und aufgeregt . . . niemals richtig entspannt. Und dann ging es mir neulich mal so schrecklich schlecht, daß ich sie gebeten habe, mich ins Krankenhaus zu bringen . . .
Minuchin: Und Sie glauben also, daß Sie selbst das Problem sind?
Mr. Smith: Oh, irgendwie denke ich das schon. Ich weiß nicht, ob es von irgend jemandem hervorgerufen ist, aber jedenfalls bin ich derjenige, der das Problem hat.
Minuchin: Verfolgen wir Ihren Gedankengang mal etwas weiter. Wenn es nun von jemandem oder von etwas außerhalb Ihrer Person verursacht wäre, wie würden Sie dann Ihr Problem bezeichnen?
Mr. Smith: Wissen Sie, da wäre ich sehr überrascht.
Minuchin: Bleiben wir mal in der Familie. Wer regt Sie denn da auf?
Mr. Smith: Ich glaube nicht, daß irgend jemand in der Familie mich aufregt.
Minuchin: Ich will mal Ihre Frau fragen. Einverstanden?

Die Beratung, die mit dieser Unterhaltung in Gang kam, war der Beginn eines neuen Ansatzes gegenüber den Schwierigkeiten von Mr. Smith. Anstatt auf das

Individuum allein konzentrierte sich der Therapeut auf den Menschen innerhalb seiner Familie. Die Bemerkung des Therapeuten („Seien Sie sich dessen nicht so sicher") rüttelt an der Überzeugung, daß Mr. Smith allein das Problem war oder allein das Problem hatte – eine Überzeugung, die Mr. Smith mit seiner Familie und den vielen psychiatrischen Sachverständigen teilte, die er bereits aufgesucht hatte.

Der Therapeut hielt sich an das Schema der strukturellen Familientherapie, eine Gesamtheit von Theorien und Techniken, die das Individuum innerhalb seines sozialen Kontextes betrachtet. Ziel einer so orientierten Behandlung ist die Veränderung der familialen Organisation. Wenn die Struktur der familialen Gruppe umgeformt wird, verändern sich entsprechend auch die Positionen der Mitglieder innerhalb dieser Gruppe. Die Folge ist, daß die Erfahrungen jedes einzelnen sich ebenfalls verändern.

Die Theorie der Familientherapie beruht auf der Tatsache, daß der Mensch nicht als isoliertes Wesen vorhanden ist. Er ist agierendes und reagierendes Mitglied sozialer Gruppen. Was er als real erfährt, hängt sowohl von inneren als auch von äußeren Komponenten ab. Die paradoxe Dualität der menschlichen Wahrnehmung der Realität wird von Ortega y Gasset in einer Parabel so erklärt: „Parry erzählt, bei seiner Polarfahrt habe er einmal seine Schlittenhunde zu zügigem Marsch angetrieben und sei einen ganzen Tag lang nach Norden vorgestoßen. Als er aber dann in der Nacht seine Aufzeichnungen überprüfte, um den Ort zu bestimmen, an dem er angekommen, habe er zu seinem Erstaunen feststellen müssen, daß er sich viel weiter südlich befand als am Morgen: er hatte sich zwar den ganzen Tag hindurch nach Norden vorgearbeitet, aber auf einer ungeheuren Eisscholle, die ihrerseits von einer Meeresströmung nach Süden abgetrieben wurde."[1*] Häufig befinden wir uns in einer ähnlichen Situation wie Parry auf seiner Eisscholle. Unsere menschlichen Erfahrungen werden durch unsere Interaktion mit der Umwelt bestimmt.

Die Feststellung, daß der Mensch von seinem sozialen Kontext beeinflußt wird und diesen wiederum selbst beeinflußt, mag schon auf den ersten Blick einleuchten. Ganz gewiß ist dieser Gedanke nicht neu; er war bereits Homer vertraut. Neu ist dagegen der Ansatz, psychiatrische Techniken auf diesem Konzept gründen zu lassen.

Die herkömmlichen psychiatrischen Techniken entstanden aus der ausschließlichen Beschäftigung mit individuellen Dynamiken. Diese Fixierung beherrschte

* Die Anmerkungen stehen jeweils am Ende des Kapitels.

die gesamte Disziplin und war der Grund dafür, daß die Therapeuten sich auf die Erforschung innerpsychischer Aspekte konzentrierten. Zwangsläufig kreisten die daraus entstehenden Behandlungsmethoden ausschließlich um das Individuum und ließen seine Umwelt außer acht. Zwischen dem Individuum und seiner sozialen Umgebung wurde eine künstliche Grenze aufgerichtet, die zwar als künstlich erkannt, praktisch aber durch den therapeutischen Prozeß selbst aufrechterhalten wurde. Da der Patient isoliert behandelt wurde, beschränkten sich die gewonnenen Daten unweigerlich auf seine eigenen Gefühle und Gedanken hinsichtlich dessen, was ihm geschah; dieses nur am Einzelwesen gewonnene Material verstärkte wiederum den Ansatz, der das Individuum losgelöst von seinem Kontext betrachtete, und bot so gut wie keine Möglichkeiten der berichtigenden Rückmeldung. Allein die Fülle der erreichbaren Daten erstickte andere Ansätze im Keim. Die Folge war, daß das Individuum als Sitz des pathologischen Geschehens betrachtet wurde.

Der auf die Individualbehandlung ausgerichtete Therapeut wird in der Regel auch heute noch das Individuum als den Ort des pathologischen Geschehens betrachten und nur solche Daten zusammentragen, die sich vom einzelnen Patienten selbst oder über ihn gewinnen lassen. Nehmen wir an, daß ein halbwüchsiger Junge zur Behandlung überwiesen wurde, weil er scheu ist und während des Unterrichtes träumt. Er ist ein Einzelgänger und hat Schwierigkeiten im Umgang mit seinen Kameraden. Ein Therapeut, der in Einzelsitzungen mit ihm arbeitet, wird die Gedanken und Gefühle des Jungen über sein gegenwärtiges Leben und über die daran beteiligten Menschen erforschen, die historische Entwicklung seines Konfliktes mit den Eltern und Geschwistern erkunden und der zwangsläufigen Ausdehnung dieses Konfliktes auf außerfamiliale und allem Anschein nach damit nicht in Zusammenhang stehende Situationen nachgehen. Er wird dann Verbindung mit der Familie und der Schule aufnehmen, sich aber bei seinen Bemühungen, den Jungen und seine Beziehung zu seiner Familie zu verstehen, hauptsächlich auf den Inhalt der Mitteilungen des Jungen und auf die Übertragungsphänomene verlassen, die hier im Spiel sind. Um dem Jungen bei der Verminderung oder Beseitigung seiner Schwierigkeiten zu helfen, wird er eine innere kognitiv-affektive Neuordnung für notwendig erachten.

Der Therapeut, der innerhalb dieses Bezugsrahmens arbeitet, läßt sich mit dem Forscher vergleichen, der ein Vergrößerungsglas benützt. Die Einzelheiten des untersuchten Feldes sind deutlich, aber das Feld selbst ist streng umrissen. Der Therapeut dagegen, der innerhalb des Bezugsrahmens der strukturellen Familientherapie arbeitet, ist dem Forscher vergleichbar, der eine Gummilinse benützt. Er kann rasch eine Nahaufnahme machen, wenn er das intrapsychische Feld untersuchen will, aber er kann auch mit einer größeren Brennweite arbeiten.

Wenn der gleiche Junge an einen Familientherapeuten überwiesen wird, dann wird dieser seine Interaktionen innerhalb signifikanter Lebensumstände erkunden. In Gesprächen mit der Familie wird er die Beziehung zwischen dem Jungen und seiner Mutter mit ihrer Mischung aus Intimität und Feindseligkeit beobachten. Er erkennt vielleicht, daß der Junge in Gegenwart seiner Eltern kaum jemals seinen Vater anredet oder aber – wenn er doch mit ihm spricht – den Umweg über seine Mutter nimmt, die ihrem Mann die Worte des Sohnes übersetzt und erklärt. Er stellt fest, daß die Geschwister spontaner sind, ihre Eltern unterbrechen und mit Vater und Mutter in der gleichen Weise sprechen. Er braucht sich also nicht allein auf die Beschreibung des Jungen von seinem Vater, seiner Mutter und seinen Geschwistern zu verlassen, um sich über seine Art der Introjektion der Familienmitglieder klarzuwerden. Die Angehörigen sind hier, und sie zeigen ein Verhalten gegenüber dem Jungen, das sich operational beschreiben läßt. Die größere Brennweite und die erhöhte Flexibilität, die dem Therapeuten zur Verfügung stehen, erweitern die Möglichkeiten für eine therapeutische Intervention. Der Therapeut ist nicht auf die familiäre Interaktion beschränkt, wie sie von dem Jungen internalisiert ist, sondern er kann selbst in Erfahrung bringen, in welcher Weise die Mitglieder der Familie einander unterstützen und einschätzen. Er entwickelt nun eine Theorie der in dieser Familie üblichen Transaktionen zur Erklärung der von ihm beobachteten Phämonene. Er kann auch Kontakt mit der Schule des Jungen unterhalten, da sich das vorgestellte Problem ja auf die schulischen Leistungen und das schulische Betragen bezieht und die Theorien und Techniken der Familientherapie sich sehr gut dazu eignen, mit dem Individuum auch innerhalb anderer Kontexte als dem der Familie zu arbeiten.

Der Familientherapeut ist also nicht in der Vorstellung einer „essentiellen" Persönlichkeit befangen, die ungeachtet aller Wechselfälle, wie sie sich aus den unterschiedlichen Kontexten und Umständen ergeben, unverändert bleibt. Er sieht den Jungen als Angehörigen unterschiedlicher sozialer Kontexte, innerhalb deren er agiert und reagiert. Sein Konzept vom Ort des pathologischen Geschehens ist erheblich weiter gefaßt, und entsprechend sind auch die Möglichkeiten einer Intervention viel größer.

Der Mensch in seiner Umgebung

Die strukturelle Familientherapie, die den Menschen in seinem sozialen Kontext betrachtet, entstand in der zweiten Hälfte des 20. Jahrhunderts. Sie ist nur eine der vielen Reaktionen auf die Vorstellung vom Menschen als einem Teil seiner Umgebung, die schon zu Beginn des Jahrhunderts Verbreitung fand. Das individuell orientierte psychodynamische Denken ging auf ein anderes Konzept zurück, die Vorstellung vom Menschen als einem Helden, der den Umständen zum Trotz er selbst bleibt. Ein Beispiel für diesen Gedanken finden wir in John Miltons epischem Gedicht „Das verlorene Paradies". Als Satan nach seiner Auflehnung gegen Gott besiegt und in die Hölle geworfen worden ist, verhöhnt er die Umstände:

Der Geist ist selbst sich Ort, und in sich selbst
schafft er aus Himmel Höll', aus Hölle Himmel.[2]

Diese Betrachtung des Individuums konnte sich in einer Welt erhalten, in der die Ressourcen des Menschen unerschöpflich schienen. Die moderne Technologie hat diese Betrachtungsweise verändert. Die Erde ist nicht länger ein unbegrenztes Territorium, das auf seinen Eroberer wartet, sondern ein Raumschiff, dessen Ressourcen im Schwinden begriffen sind. Diese Veränderungen spiegeln sich in der Art, wie die Menschen heute sich selbst und ihre Existenz betrachten.
Schon 1914 schrieb Ortega y Gasset: „Ich bin ich und mein Umstand, und wenn ich ihn nicht rette, so rette ich auch mich selber nicht. Dieser Teil der Realität ist die andere Hälfte meiner Persönlichkeit; erst durch sie kann ich vollständig werden, kann ich ganz ich selbst sein. Die jüngste Biologie betrachtet den lebendigen Organismus als eine Einheit aus dem Körper und der ihm eigentümlichen Umgebung, so daß der Vorgang des Lebens nicht nur in der Anpassung des Körpers an seine Umgebung, sondern auch in der Anpassung der Umgebung an ihren Körper besteht. Die Hand versucht sich dem Gegenstand anzuschmiegen, um ihn gut zu umfassen; zugleich verbirgt sich in jedem Gegenstande die apriorische Verwandtschaft mit einer bestimmten Hand."[3] Es besteht eine verblüffende Ähnlichkeit zwischen dieser poetischen Beobachtung aus dem Beginn unseres Jahrhunderts und der modernen Erklärung mit ihrer kybernetischen Sprache, mit der Gregory Bateson die Grenze zwischen dem inneren und dem äußeren Raum verwischte, um sein eigenes Bild des menschlichen Geistes zu formulieren: „Denken wir an einen Mann, der mit der Axt einen Baum fällen will.

Jeder Axthieb wird modifiziert oder berichtigt entsprechend der Form des zugehauenen Teiles des Baumes, die der vorangegangene Hieb bewirkt hat. Dieser sich selbst berichtigende ... Prozeß kommt durch ein totales System zustande – Baum-Augen-Hirn-Muskeln-Axt-Hieb-Baum –; und eben dieses totale System hat die Merkmale des ... Geistes."[4] Die alte Vorstellung von dem Individuum, das auf seine Umgebung einwirkt, ist hier zum Konzept des Individuums geworden, das mit seiner Umgebung interagiert. Um Ortega zu paraphrasieren: der Mensch ist nicht er selbst ohne seine Umstände.

Batesons Bild des Geistes und Ortegas poetische Sicht des Menschen und seiner Umstände werden durch Experimente erhärtet, die nachgewiesen haben, daß der jeweilige Kontext direkt die inneren geistigen Prozesse beeinflußt. So wies der Neurologe José Delgado, der mit der Einpflanzung von Elektroden in tierische Gehirne experimentierte, schlüssig nach, daß das in Reaktion auf die elektrische Stimulierung ausgelöste Verhalten eines Tieres von seinem augenblicklichen Kontext organisiert wird. Im Zusammenhang seiner Ausführungen über die Versuche an Affen schreibt Delgado: „Es ist bekannt, daß Affenkolonien autokratische Gesellschaften sind, in denen ein Tier sich als das Haupt der Gruppe etabliert, einen großen Teil des Territoriums für sich beansprucht, als erstes frißt und von den anderen gemieden wird, die ... ihre Unterwürfigkeit zum Ausdruck bringen. ... In verschiedenen Kolonien haben wir beobachtet, daß radioaktive Stimulierung die Aggressivität des Affenbosses erhöhte und dazu führte, daß er andere Mitglieder der Gruppe gezielt angriff, herumjagte und gelegentlich biß ... Es war offensichtlich, daß sein feindseliges Verhalten zielgerichtet war ... weil er gewöhnlich dasjenige andere Männchen angriff, das eine Bedrohung seiner Autorität darstellte, und stets das kleine Weibchen verschonte, das sein Lieblingspartner war."[5] Mit anderen Worten, die innere, durch Elektrizität bewirkte Verhaltensstimulierung wurde immer durch die Umgebung modifiziert. Die elektrische Stimulierung konnte Aggressivität bewirken, aber die Äußerung dieser Aggressivität stand in einem Zusammenhang mit der sozialen Gruppe.

Geleitet von seinem Interesse an dem Zusammenhang zwischen der elektrischen Stimulierung des Gehirns und dem sozialen Kontext des stimulierten Tieres experimentierte Delgado mit der Veränderung der sozialen Umwelt des Tieres. Der soziale Rang eines Affenweibchens wurde verändert, indem man die Affengruppe anders zusammensetzte. In der ursprünglichen Gruppe war die Äffin das rangniedrigste von vier Tieren gewesen, in der zweiten Gruppe rangierte sie als drittes, und in der dritten Gruppe wurde ihr der zweite Rang zugewiesen. In allen drei Kolonien veranlaßte die elektrische Stimulierung die Äffin dazu, in ihrem Käfig herumzurennen, zu klettern, sich zu lecken, lautzugeben und andere Tiere anzugreifen. In der ersten Gruppe versuchte sie nur einmal, ein anderes Tier zu attackieren. In der zweiten Gruppe wurde sie aggressiver und griff 24mal an. In der dritten Gruppe attackierte die stimulierte Äffin andere Tiere in 79 Fällen. Delgado schloß daraus: „Intraspezifische Aggressivität läßt sich . . . durch elektrische Stimulierung bestimmter zerebraler Strukturen wecken, und ihre Äußerung ist von der sozialen Umgebung abhängig . . . ein künstlich hervorgerufener aggressiver Akt kann sich gegen ein spezifisches Gruppenmitglied richten oder aber völlig unterdrückt werden, je nach dem sozialen Rang des stimulierten Subjektes.“[6]

Delgado stellte außerdem fest, daß ein niederrangiger Affe bei leichter Stimulierung des Wutzentrums möglicherweise gar keine Wutreaktion zeigt. Dieses Ergebnis läßt sich als Repression erklären. Es ist aber auch möglich, die fehlende Reaktion des Affen damit zu erklären, daß zwei verschiedene Eingaben vorhanden sind, von denen die eine mächtiger ist als die andere. Wenn die Eingabe „Umgebung des niederrangigen Tieres“ stärker ist als die Eingabe der Stimulierung des Gehirns, dann wird Wut möglicherweise nicht empfunden. Wird die Stimulierung verstärkt, dann ändert sich das Verhalten des Affen innerhalb seiner Umgebung, so wie es sich auch ändert, wenn die sozialen Umstände sich wandeln.

Delgado führt dann seine Beobachtungen weiter und betrachtet den Einfluß der sozialen Sphäre auf den Menschen. „Wir können nicht frei von Eltern, Lehrern und der Gesellschaft sein“, schrieb er, „weil sie die extrazerebralen Quellen unseres Geistes sind.“[7] Delgados Konzept des zerebralen und des extrazerebralen Geistes läßt sich mit Batesons und Ortegas Vorstellungen direkt vergleichen.[8] Der menschliche Geist entwickelt sich dadurch, daß das Gehirn die vielfältigen Eingaben verarbeitet und bewahrt, die innerhalb und außerhalb der Persönlichkeit ausgelöst werden. Informationen, Einstellungen und Wahrnehmungen werden assimiliert und gespeichert und gehen so in die Art und Weise ein, in der ein Mensch den gegenwärtigen Kontext betrachtet, mit dem er interagiert.

Die Familie ist ein höchst bedeutsamer Faktor in diesem Prozeß. Sie ist eine natürliche soziale Gruppe, die die Reaktionen ihrer Mitglieder auf die von innen und von außen kommenden Eingaben lenkt. Ihre Organisation und ihre Struktur klären, sieben und qualifizieren die Erfahrungen ihrer Mitglieder. In vielen Fällen kann man in ihr den extrazerebralen Teil des Geistes erblicken.

Der Einfluß der Familie auf ihre Mitglieder ist experimentell nachgewiesen worden, und zwar in einer Untersuchung psychosomatischer Krankheiten bei Kindern, die ich zusammen mit Lester Baker und unseren Mitarbeitern durchgeführt habe. Die Forschungsergebnisse bildeten das experimentelle Fundament für den grundlegenden Lehrsatz der Familientherapie, daß nämlich das Kind auf Belastungen reagiert, die auf die Familie zukommen. Wir entwickelten eine Methode für die Messung individueller physiologischer Reaktionen auf eine familiäre Belastung. Während eines im Blick auf diesen Zweck angelegten strukturierten Familieninterviews entnahmen wir von jedem Familienmitglied Blutproben, und zwar so, daß die Entnahme der Proben die laufenden Interaktionen nicht störte. Der Anteil plasmafreier Fettsäuren in den Proben wird weiter unten analysiert. Freie Fettsäure (FFS) ist ein biochemischer Indikator für emotionale Erregung – die Konzentration steigt innerhalb von fünf bis 15 Minuten emotionaler Belastung. Durch den Vergleich des Fettsäurespiegels zu verschiedenen Zeitpunkten während des strukturierten Interviews läßt sich die individuelle Reaktion auf eine familiäre Belastung physiologisch nachweisen.

Die FFS-Werte der Familie Collins sind ein gutes Beispiel (Abb. 1). Beide Kinder waren Diabetiker. Die 17jährige Dede war seit drei Jahren zuckerkrank, ihre

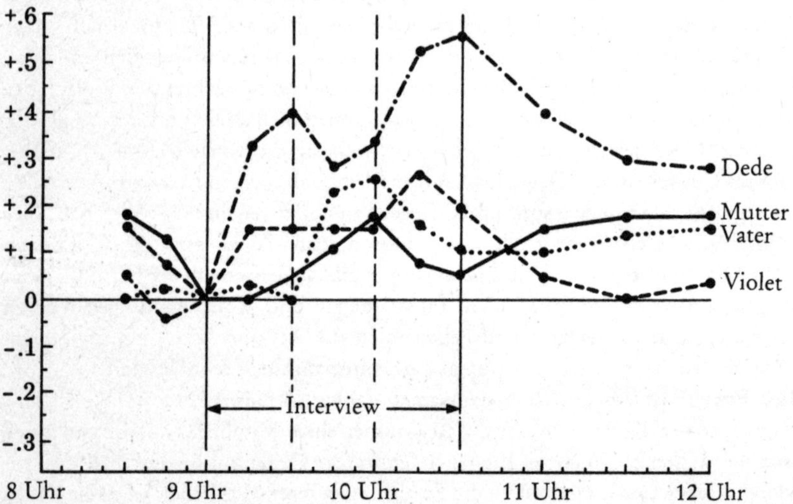

Abb. 1 Veränderungen der FFS-Werte bei der Familie Collins

12jährige Schwester Violet war bereits seit der frühen Kindheit Diabetikerin gewesen. Untersuchungen der „physiologischen Labilität" der Kinder ergaben keinen deutlichen Unterschied in ihrer jeweiligen Reaktion auf Belastungen. Dennoch stellten diese beiden Kinder, die an der gleichen Stoffwechselstörung litten, weitgehend die gleiche genetische Ausstattung besaßen und im gleichen Haushalt mit den gleichen Eltern zusammenlebten, sehr unterschiedliche klinische Probleme dar. Dede war eine „superlabile Diabetikerin", das heißt ihre Krankheit wurde durch psychosomatische Schwierigkeiten beeinflußt. Sie litt an plötzlichen Ketoazidosen, die auf häusliche Insulingaben nicht ansprachen. Innerhalb von drei Jahren war sie dreiundzwanzigmal zur Notbehandlung ins Krankenhaus gebracht worden. Violet zeigte einige Verhaltensprobleme, über die ihre Eltern klagten, aber ihre Zuckerkrankheit ließ sich gut unter Kontrolle halten. Während des Interviews, das die Reaktion der Kinder auf eine Belastung erfassen sollte und von 9 bis 10 Uhr morgens dauerte, wurden die Eltern zwei verschiedenen Streßsituationen ausgesetzt, während die Kinder sie durch einen einseitigen Spiegel beobachteten. Obwohl die Kinder sich an der Konfliktsituation nicht beteiligen konnten, stieg ihr FFS-Spiegel bei der Beobachtung ihrer dem Streß ausgesetzten Eltern an. Die geballte Kraft der augenblicklichen psychischen Belastung reichte aus, um deutliche physiologische Veränderungen selbst bei den nicht direkt beteiligten Kindern zu bewirken. Um 10 Uhr wurden die Kinder mit den Eltern zusammengebracht. Nun wurde deutlich, daß sie sehr unterschiedliche Rollen in der Familie innehatten. Dede sah sich zwischen ihren Eltern gefangen. Jeder Elternteil versuchte, im Kampf gegen den anderen Dedes Unterstützung zu gewinnen, so daß sie nicht auf die Forderungen des einen eingehen konnte, ohne erkennbar gegen den anderen Partei zu ergreifen. Violets Bündnistreue war nicht gefragt. Sie konnte daher auf den Konflikt ihrer Eltern reagieren, ohne hineingezogen zu werden.

Die Auswirkungen dieser beiden unterschiedlichen Rollen lassen sich an den FFS-Werten ablesen. Beide Kinder zeigten während des von 9 bis 10 Uhr dauernden Interviews eine beträchtliche Erhöhung und zwischen 10 und 10.30 Uhr, als sie mit den Eltern zusammen waren, ein noch stärkeres Ansteigen ihres FFS-Spiegels. Nach Beendigung des Interviews um 10.30 Uhr aber sank Violets FFS-Spiegel prompt auf den Ausgangswert zurück. Dedes FFS-Spiegel blieb noch weitere anderthalb Stunden lang erhöht.

Bei beiden Ehepartnern stiegen die FFS-Werte zwischen 9.30 Uhr und 10 Uhr an und deuteten mithin auf eine Belastung in der ehelichen Transaktion. Aber die

Werte sanken, nachdem die Kinder in den Raum gekommen waren und die Ehepartner wieder elterliche Funktionen übernommen hatten. In dieser Familie wurde der eheliche Konflikt reduziert oder umgeleitet, sobald die Ehegatten elterliche Funktionen übernahmen. Die Kinder fungierten als konfliktumleitende Mechanismen. Der Preis, den sie dafür zahlten, zeigt sich sowohl in dem Ansteigen der FFS-Werte als auch in Dedes Unfähigkeit, zum Grundwert zurückzukehren. Die Interdependenz zwischen dem Individuum und seiner Familie – der ständige Fluß zwischen „innen“ und „außen“ – wird in quälender Weise in der experimentellen Situation deutlich, in der der verhaltensmäßige Austausch unter einzelnen Familienmitgliedern sich im Blutstrom anderer Mitglieder messen läßt.

Der Ort des pathologischen Geschehens

Wenn wir den menschlichen Geist als sowohl extrazerebral als auch intrazerebral betrachten, dann sagt die Lokalisierung von pathologischem Geschehen innerhalb des Geistes des einzelnen Menschen noch nichts darüber aus, ob dieses pathologische Geschehen nun innerhalb oder außerhalb des Menschen vor sich geht. Es kann innerhalb des Patienten, innerhalb seines sozialen Kontextes oder aber in der Rückkoppelung zwischen beiden liegen. Die künstliche Grenze wird verwischt, und daher muß unser Ansatz in bezug auf das pathologische Geschehen sich ändern. Behandlung, die von dieser Warte aus geplant wird, beruht auf drei Axiomen. Jedes von ihnen setzt einen ganz anderen Schwerpunkt als das verwandte Axiom aus der Individualtheorie. Erstens: Das seelisch-geistige Leben des Individuums ist nicht ausschließlich ein interner Vorgang. Das Individuum beeinflußt seine Umgebung und wird wiederum von ihr beeinflußt, und zwar in ständig wiederkehrenden Abfolgen von Interaktionen. Das Individuum, das in einer Familie lebt, ist Mitglied eines sozialen Systems, dem es sich anpassen muß. Seine Aktionen werden von den charakteristischen Merkmalen des Systems gelenkt, und diese Merkmale umfassen auch die Wirkungen seiner eigenen früheren Handlungen. Das Individuum reagiert auf Belastungen in anderen Teilen des Systems, an die es sich anpaßt; und es kann in erheblichem Maße zur Belastung anderer Mitglieder des Systems beitragen. Das Individuum kann als Subsystem oder Teil des Systems angesehen werden, immer aber muß auch das Ganze in Betracht gezogen werden. Das zweite Axiom, das unserer Art von Therapie zugrundeliegt, besagt, daß Veränderungen in der familialen Struktur zu Veränderungen im Verhalten und in den innerpsychischen Prozessen der Mitglieder dieses Systems beitragen. Das dritte Axiom lautet, daß auch das Verhalten des Therapeuten, der mit einem Patienten oder einer Patientenfamilie arbeitet, Teil des betreffenden Kontextes wird. Therapeut und Familie schließen sich einander an und bilden ein neues therapeutisches System, und dieses System lenkt dann das Verhalten seiner Mitglieder.

Diese drei Voraussetzungen – daß der Kontext die inneren Prozesse beeinflußt, daß Veränderungen im Kontext Veränderungen im Individuum bewirken und daß das Verhalten des Therapeuten bei dieser Veränderung signifikant ist – haben als allgemeinverständliche und einleuchtende Überlegungen von jeher zu den Grundlagen aller Behandlung gehört. In der psychotherapeutischen Literatur hielten sie den Hintergrund besetzt, während interne Prozesse im Vordergrund standen. Ins Zentrum der psychotherapeutischen Praxis sind sie allerdings nicht gerückt, wo noch heute eine künstliche Dichotomie zwischen dem Individuum und seinem sozialen Kontext besteht.

Ein Beispiel können wir aus dem Bereich der Vorstellungen über das paranoide Denken entnehmen. In diesem Bereich ist das Verständnis für die Umwelt des Patienten von allergrößter Bedeutung. Dennoch wird von der auf das innerpsychische Geschehen ausgerichteten Warte aus die Paranoia als formale Denkstörung angesehen, bei der die Wahrnehmung der Ereignisse durch interne Prozesse bestimmt wird. Aaron Beck schreibt dazu: „Bei Normalen wird die Sequenz Perzeption-Kognition-Emotion weitgehend vom Forderungscharakter der Reizsituation diktiert . . . (Jedoch): der paranoide Patient abstrahiert vielleicht selektiv jene Aspekte seiner augenblicklichen Erfahrung, die sich mit seiner vorgefaßten Idee des Verfolgtwerdens o. ä. decken. Er fällt willkürliche Urteile ohne jede faktische Grundlage. Diese manifestieren sich in der Regel durch das Hineinlesen verborgener Bedeutungen und Sinngehalte in die Ereignisse. Er tendiert auch dazu, isolierte Fälle von unerwünschter Einmischung, von Diskriminierung usw. zu übergeneralisieren.“[9] So betrachtet ist die Paranoia ein internes Phänomen, das nur ganz am Rande mit der Realität zu tun hat.

Setzen wir dem nun eine umweltbezogene Sicht der Paranoia entgegen. Im Rahmen einer Untersuchung psychiatrischer Patienten mit paranoiden Symptomen wies Erving Goffman darauf hin, daß in den frühen Stadien der Krankheit der soziale Kontext ein Verhältnis der Ausgewogenheit mit dem Patienten eingeht, das dessen Krankheit unterstützt.[10] Signifikante soziale Gruppen, etwa Arbeitskollegen, versuchen den Patienten im Zaum zu halten, weil seine Symptome von zerstörerischer Wirkung sind. Sie meiden ihn, wenn es möglich ist, und schließen ihn von Entscheidungen aus. Sie befleißigen sich eines heiteren, beschwichtigenden, unverbindlichen Umgangsstiles, der die Beteiligung des Patienten so gering wie möglich hält. Unter Umständen bespitzeln sie ihn sogar oder verschwören sich in einer Weise gegen ihn, die ihn schließlich dazu bringt, im psychiatrischen Sinne aufzufallen. Ihr gutgemeinter Takt und ihre Verschwiegenheit berauben den Patienten der korrigierenden Rückkoppelung, was schließlich zur Folge hat, daß rund um den paranoiden Menschen eine echte paranoide Gemeinschaft entsteht.

Paranoides Denken und Verhalten läßt sich auch experimentell bei normalen, hochgebildeten Leuten durch Gruppenerfahrungen wie etwa die Sitzungen schaffen, die an den Leadership Institutes der Tavistock Clinic entwickelt worden sind. In der „Großgruppenübung" sitzen 30 bis 50 Teilnehmer in drei bis fünf konzentrischen Kreisen im gleichen Raum. Die Mitglieder des Lehrkörpers sitzen verstreut in den einzelnen Kreisen, sie tragen normale Kleidung, sie schweigen, und ihre Gesichter sind unergründlich. Der Gruppe wird eine vieldeutig-unbestimmte Aufgabe erteilt: sie soll ihr eigenes Verhalten studieren.

Im Rahmen dieser führerlosen Übung geben die Teilnehmer Feststellungen ab, die sich an niemanden im besonderen richten, und wegen der Sitzordnung ist jeweils die Hälfte der Anwesenden abgewandt; diese Teilnehmer können nicht sehen, wer gerade spricht. Ein Dialog kann sich nicht entwickeln, auf die eine Feststellung kann eine ganz anders geartete folgen, die einem ganz anderen Bereich zugehört. Damit werden die einzelnen Kommunikationen nicht durch zustimmende oder ablehnende Rückkoppelung bekräftigt. Immer wieder lassen sich rasch aufflakkernder Verdacht, Verwirrung über die Art der augenblicklich erfahrenen Realität, die Suche nach einer Zielscheibe und schließlich das Auftauchen von Sündenböcken in der Gruppe oder die Etikettierung der Fakultätsmitglieder als allmächtige Verfolger beobachten. In diesem Kontext muß „paranoides Denken" sich zwangsläufig entwickeln und wird von den Teilnehmern zum Ausdruck gebracht, deren Lebensumstände und Entwicklungsgeschichte im übrigen völlig verschieden voneinander verlaufen sind.[11] Es ist also klar, daß die individuelle Erfahrung von den jeweils ganz spezifischen und eigenen Merkmalen des Individuums in seinem gegenwärtigen Lebenskontext abhängt.

Eine Fallstudie

Im Wunderland erreichte Alice ganz plötzlich die Größe einer Riesin. Ihr Eindruck war, daß sie immer weiterwuchs, während der Raum um sie herum kleiner wurde. Wäre Alice in einem Raum gewachsen, der im gleichen Ausmaß wie sie ebenfalls größer geworden wäre, dann hätte sie vielleicht alles als gleichbleibend erfahren. Nur wenn Alice oder der Raum sich jeweils allein verändern, ändert sich auch Alices Erfahrung. Es ist sehr vereinfacht, aber nicht unrichtig, wenn wir sagen, daß die auf innerpsychische Vorgänge beschränkte Therapie sich auf die Veränderung von Alice konzentriert. Ein Therapeut, der auf die strukturelle Familientherapie ausgerichtet ist, konzentriert sich darauf, Alice innerhalb ihrer Umgebung zu verändern.

Die Behandlung einer Patientin, die an paranoiden Denkstörungen litt, lehrt uns diese beiden verschiedenen Sichtweisen erkennen. Eine verwitwete Italienerin Ende sechzig, die seit 25 Jahren in der gleichen Wohnung gelebt hatte, kam eines Tages nach Hause und stellte fest, daß sie ausgeraubt worden war. Sie beschloß auszuziehen und bestellte eine Umzugsfirma. Das war der Anfang eines Alptraumes. Nach ihrer Beschreibung versuchten die Leute, die ins Haus kamen, um ihre Einrichtung abzuholen, sie auf Schritt und Tritt zu kontrollieren. Beim Transport ihres Eigentums verlegten und verloren sie kostbare Gegenstände absichtlich. Sie hinterließen unheimliche Zeichen – Kryptogramme – auf ihren Möbeln. Wenn sie ausging, folgten die Leute ihr und machten einander heimlich Zeichen. Sie suchte einen Psychiater auf, der ihr Tranquilizer verschrieb, aber die Erlebnisse hielten an. Sie wurde dann in eine stationäre Abteilung verwiesen, wo ein anderer Psychiater sich mit ihr unterhielt. Er ließ absichtlich einige Flaschen auf dem Tisch stehen. Obgleich sie nicht wußte, was für Flaschen es waren, erschienen sie ihr eindeutig gefährlich. Der Psychiater empfahl die Einlieferung ins Krankenhaus, aber die Patientin weigerte sich.

Sie ging zu einem anderen Therapeuten, der bei seinem Vorgehen auch die Umgebung alter und einsamer Menschen in Betracht zu ziehen pflegte. Er erklärte der Frau, daß sie ihre beschützende Hülle verloren habe – das alte Heim, wo sie jeden Gegenstand, die Umgebung und die Menschen in der Nachbarschaft genau gekannt hatte. An diesem Punkt war sie, wie jedes Krustentier, das seine Schale verloren hat, empfindlich. Die neue Realität hatte einen anderen erfahrungsmäßigen Effekt. Ihre Probleme würden verschwinden, versicherte er ihr, wenn sie eine neue beschützende Schale bekommen würde. Sie sprachen darüber, wie man die

Zeit verkürzen könnte, die bis dahin vergehen würde. Sie sollte alle ihre Besitztümer auspacken, die Bilder aufhängen, die auch in ihrer früheren Wohnung gehangen hatten, die Bücher ins Regal stellen und die neue Wohnung so herrichten, daß sie ihr vertraut erscheinen würde. Alle ihre Bewegungen sollten ihr zur Routine werden. Sie sollte zu einer bestimmten Zeit morgens aufstehen, zu einer bestimmten Zeit einkaufen gehen, stets die gleichen Läden aufsuchen, zum gleichen Ausgang hinausgehen usw. Sie sollte nicht versuchen, sich während der nächsten zwei Wochen in der neuen Umgebung mit jemandem anzufreunden. Sie sollte ihre alten Bekannten wieder besuchen; um aber ihre Freunde und Verwandten zu schonen, sollte sie nichts von ihren Erlebnissen und Erfahrungen erzählen. Wenn sich irgend jemand nach ihren Schwierigkeiten erkundigen würde, sollte sie ihm erklären, daß es sich nur um Probleme unvernünftiger und ängstlicher alter Leute handele.

Dieses Vorgehen ließ eine Routine entstehen, durch die die Patientin allmählich ein Gefühl der Vertrautheit mit der neuen Umgebung gewann, ganz ähnlich der Art und Weise, in der Tiere ein ihnen fremdes Areal erkunden und untersuchen. Die erschreckende Erfahrung des Nichtvertrautseins mit neuen Umständen war von dieser einsamen Frau als gegen sie gerichtete Verschwörung gedeutet worden. Gerade durch die Art, wie sie versucht hatte, anderen ihre Erfahrungen und Eindrücke mitzuteilen, hatte die Rückmeldung aus ihrer Umgebung das Gefühl der Abnormität und des Verrücktseins bei ihr noch vergrößert. Ihre Verwandten und Freunde hatten sich mehr und mehr um sie gesorgt und sie wiederum durch ihr verabredetes Stillschweigen in Schrecken versetzt. Rund um sie herum war eine paranoide Gemeinschaft entstanden. Zwei Psychiater diagnostizierten ihren Zustand als Psychose mit paranoiden Wahnvorstellungen und rieten in Übereinstimmung mit dieser Deutung zur Isolierung der Patientin.

Der umweltorientierte Therapeut dagegen deutete den Umzug in die neue Wohnung als eine Krise der Umgebung. Im Einklang mit dem Bild von Alice in ihrem Raum betrachtete er die Patientin als gegenüber ihrer Umwelt in einem langsameren Wandel befindlich. Sein Eingreifen bewirkte eine veränderte Position der Frau in ihrer Welt, indem es ihr die Kontrolle über diese Welt verschaffte, bis sie ihr vertraut werden würde. Er schritt ein, um die Frau zu schützen, indem er die Situation übernahm und sie führte, während sie „eine neue Schale bekam“. Gleichzeitig blockierte er den Rückkoppelungsprozeß, der die Krankheit der Patientin noch verstärkte. Im gleichen Maße, in dem seine Intervention die Erfahrungen der Patientin bezüglich ihrer neuen Umgebung veränderte, verschwanden auch ihre Symptome. Sie blieb in der neuen Wohnung und genoß die Unabhängigkeit, die sie brauchte. In diesem Fall ereignete sich eine Veränderung – ähnlich wie in der Parabel von Kommandeur Parry – nicht so sehr innerhalb oder außerhalb der betroffenen Person als vielmehr in der Art, wie die Patientin auf ihre äußeren Umstände einging.

Die strukturelle Familientherapie beschäftigt sich mit dem Prozeß der Rückkoppelung zwischen den Umständen und der darin befangenen Person, mit den Veränderungen also, die ein Mensch seinen Umständen aufzwingt, und der Art, in der die Rückkoppelung aufgrund dieser Veränderungen seinen nächsten Schritt beeinflußt. Ein Wandel in der Position des Menschen gegenüber seinen Umständen bedeutet, daß sich auch seine Erfahrungen wandeln. Die Familientherapie benützt Techniken, die die unmittelbare Umgebung der Menschen in der Weise abändern, daß ihre Positionen sich wandeln. Durch die Veränderung des Zusammenhangs zwischen einem Menschen und dem familialen Kontext, innerhalb dessen er steht, ändert man seine subjektiven Erfahrungen.

Ein 12jähriges Mädchen litt an psychosomatogenen Asthmaanfällen. Sie bekam starke Medikamente, fehlte häufig in der Schule und war im vergangenen Jahr dreimal in die Notstation eingeliefert worden. Sie wurde an einen Kinderpsychiater überwiesen, der die ganze Familie zu sehen wünschte, die Eltern und die beiden älteren Geschwister der identifizierten Patientin. Während des ersten Gespräches lenkte der Therapeut die Aufmerksamkeit der Familie auf die Fettleibigkeit der ältesten Tochter. Interesse und Anteilnahme der Familie erfuhren so eine Verlagerung und schlossen nun auch die neu identifizierte Patientin ein. Die Symptome des asthmatischen Kindes schwanden bis zu einem Punkt, an dem das Asthma schon bei sehr viel geringerer Medikation unter Kontrolle zu halten war und das Mädchen nicht länger dem Unterricht fernbleiben mußte.

Hier war ein Wandel in der Struktur der Familie eingetreten. Zwei Eltern, die zunächst ihre Sorge und ihren Schutz dem einen Kind zugewandt hatten, das an Asthma litt, verteilten ihre Aufmerksamkeit nun gleichmäßig auf das Asthma des einen und die Fettleibigkeit des anderen. Die Position der früheren identifizierten Patientin in der Familie hatte sich verändert, und damit hatten sich auch ihre Erfahrungen gewandelt. Sie begann, ihre ältere Schwester als einen Menschen zu betrachten, der ebenfalls Schwierigkeiten hatte. Die überprotektive und allzu besorgte Art, in der ihre Eltern mit ihr umgegangen waren, ließ nach, als eine weitere Zielscheibe des Interesses hinzugekommen war. Der Therapeut hatte einen Teil der familialen Organisation in der Weise verändert, daß Bewegung möglich wurde. Er schloß sich der Familie in einer Weise an, die den einzelnen Familienangehörigen vertraut war – er zeigte sich interessiert und besorgt –, aber gleichzeitig erweiterte er die Ziele, auf die sich Besorgtheit und Interesse richteten. Die neue Perspektive veränderte die Erfahrungen der Familienmitglieder.

Das ist die Grundlage der Familientherapie. Der Therapeut schließt sich der Familie mit dem Ziel an, die familiale Organisation so zu verändern, daß die Erfahrungen der Familienmitglieder sich ebenfalls ändern. Er trägt dazu bei, daß die einzelnen Familienmitglieder auch alternative Modalitäten in ihren gemeinsamen Transaktionen einsetzen, und macht so im Rahmen des Heilungsprozesses Gebrauch von der familialen Matrix. Die veränderte Familie bietet ihren Mitgliedern neue Umstände und neue Perspektiven ihrer selbst gegenüber ihren Umständen. Die veränderte Organisation ermöglicht die ständige Verstärkung der veränderten Erfahrungen und damit auch die Bestätigung des geänderten Selbstgefühls.

Das Individuum wird in dieser theoretischen Struktur nicht ignoriert. Die Gegenwart des Individuums setzt sich aus seiner Vergangenheit und seinen augenblicklichen Umständen zusammen. Ein Teil seiner Vergangenheit wird stets fortleben, wenn auch beherrscht und modifiziert durch seine gegenwärtigen Interaktionen. Seine Vergangenheit und seine einmaligen Eigenschaften sind Teil seines sozialen Kontextes, den sie beeinflussen und von dem das Individuum seinerseits beeinflußt wird. Aus Untersuchungen wie denen von Delgado ergibt sich eine neue Beachtung des Individuums innerhalb seines Kontextes, ein Interesse nicht nur an seinen inhärenten und erworbenen Merkmalen, sondern auch an seinen Interaktionen im gegenwärtigen Zeitpunkt. Der Mensch besitzt ein Gedächtnis; er ist das Produkt seiner Vergangenheit. Zugleich stützen, bestimmen oder modifizieren seine Interaktionen innerhalb seiner gegenwärtigen Umstände seine Erfahrungen.

Die strukturelle Familientherapie benützt diesen Begriffsrahmen zum Verständnis des Menschen innerhalb seiner Umstände. Ziel der Intervention könnte ebenso gut ein anderes Segment der Umwelt des Individuums sein, das veränderungbewirkenden Strategien zugänglich ist.

Der Wirkungsbereich des Therapeuten

Der Wirkungsbereich des Familientherapeuten und die Techniken, die er in Verfolgung seiner Ziele anwendet, sind durch seinen theoretischen Bezugsrahmen bestimmt. Die strukturelle Familientherapie ist eine Aktionstherapie. Die Werkzeuge dieser Therapie bestehen in der Modifizierung der Gegenwart, nicht in der Erforschung und Deutung der Vergangenheit. Da die Vergangenheit in bezug auf die Entstehung der gegenwärtigen Organisation und Funktionsweise der Familie instrumental war, manifestiert sie sich auch noch in der Gegenwart und ist damit einer Veränderung durch Interventionen, die die Gegenwart verändern, ebenfalls zugänglich.

Zielscheibe der Intervention in der Gegenwart ist das Familiensystem. Der Therapeut begibt sich in dieses System hinein und setzt dann die eigene Person zu seiner Transformation ein. Mit der Veränderung der Position der Mitglieder des Systems verändert er zugleich ihre subjektiven Erfahrungen.

Zu diesem Zweck stützt sich der Therapeut auf gewisse Eigenschaften des Familiensystems: Erstens wird eine Transformation in seiner Struktur zumindest *eine* Möglichkeit für weitere Veränderungen mit sich bringen. Zweitens ist das Familiensystem ja um die Unterstützung, Regulierung, Erhaltung und Sozialisation seiner Mitglieder herum organisiert. Das heißt, der Therapeut begibt sich nicht deshalb in die Familie hinein, um sie zu erziehen oder zu sozialisieren, sondern um ihre Funktionsweise wiederherzustellen oder zu modifizieren, so daß sie diese Aufgaben besser erfüllen kann. Drittens besitzt das Familiensystem Eigenschaften, die sich selbst perpetuieren. Daher werden die Prozesse, die der Therapeut innerhalb der Familie in Gang setzt, auch in seiner Abwesenheit durch die selbstregulierenden Mechanismen der Familie aufrechterhalten werden. Mit anderen Worten: ist eine Veränderung einmal bewirkt worden, dann wird die Familie diese Veränderung beibehalten, durch die eine neue Matrix geschaffen und die Rückkoppelung geändert worden ist, welche die Erfahrungen der Familienmitglieder ständig qualifiziert und validiert.

Diese strukturellen Konzepte bilden die Grundlage der Familientherapie. Aber auch die strukturelle Familientherapie muß sich an ein Modell der Normalität halten, an dem sich Devianz messen läßt. Die Gespräche mit zwei Familien aus unterschiedlichen Kulturen, die beide in zufriedenstellender Weise „funktionieren", sollen die normalen Schwierigkeiten des Familienlebens beleuchten, die die kulturellen Unterschiede übergreifen.

1. José Ortega y Gasset: Meditations on Quixote. New York: Norton 1961, S. 104.
2. John Milton: Paradise Lost, I, S. 254
3. Ortega: Meditations on Quixote, S. 45.
4. Gregory Bateson: The Cybernetics of Self: A Theory of Alcoholism, in: Psychiatry, Nr. 34, 1971, S. 1.
5. José M. R. Delgado: Physical Control of the Mind: Toward a Psychocivilized Society. New York: Harper & Row 1969, S. 129.
6. Ibid., S. 132.
7. Ibid., S. 243.
8. Delgados Konzept muß, wie in Neal Millers Arbeiten nachgewiesen wird, um das neurovegetative System erweitert werden.
9. Aaron T. Beck: Paranoia. Unveröff. Manuskript, University of Pennsylvania. Zitat vom Autor genehmigt.
10. Erving Goffman: Insanity of Place, in: Psychiatry, Nr. 32, 1969, S. 357
11. Siehe Margaret J. Rioch: All we like sheep (Isaiah 53.6): Followers and Leaders, in: Psychiatry, Nr. 34, 1971, S. 258–273.

2 Eine Familie im Werden: Die Wagners und Salvador Minuchin

Die Familie ist eine soziale Einheit, die im Laufe ihrer Entwicklung bestimmte Aufgaben erfüllen muß. Diese Aufgaben differieren ja nach den kulturellen Unterschieden, aber ihre Wurzeln sind universal. Giovanni Guareschi hat diesen gemeinsamen Aspekt familialer Situationen treffend so ausgedrückt:

„Warum spreche ich immer wieder über mich selbst, über Margherita, über Albertino und die Pasionaria? Wir haben mit Sicherheit nichts ‚Außergewöhnliches' an uns . . . Margherita ist keine ‚ungewöhnliche' Frau. Und Albertino und die Pasionaria sind keine ‚außergewöhnlichen' Kinder.
Es gibt hundert verschiedene Sorten Trauben – weiße und schwarze, süße und saure, kleine und große. Aber wenn man sie auspreßt, wird der Saft immer zu Wein. Wenn man Weinbeeren preßt, bekommt man weder Benzin noch Milch noch Limonade.
Und es ist der Saft, auf den es ankommt – in allen Dingen.
Und der Saft meiner Familie ist der gleiche wie der Saft von Millionen ‚normaler' Familien, denn die grundlegenden Probleme meiner Familie sind die gleichen wie die von Millionen anderen Familien: sie ergeben sich aus einer familialen Situation, die auf der Notwendigkeit beruht, an jenen Grundsätzen festzuhalten, die das Fundament aller ‚normalen' Familien sind."

Die Wagners, mit denen das nun folgende Gespräch geführt wurde, sind eine ganz gewöhnliche Familie; daß heißt, die Ehepartner haben eine ganze Reihe von Problemen und Schwierigkeiten, die sich auf ihren Umgang miteinander, auf die Aufzucht der Kinder, auf das Verhältnis zu den jeweiligen Schwiegerfamilien und auf die Bewältigung der äußeren Welt beziehen. Wie alle normalen Familien liegen sie ständig im Kampf mit diesen Problemen und handeln ständig die Kompromisse aus, die das Zusammenleben erst ermöglichen.
Das Gespräch mit ihnen wurde geführt, um die Phasen und Prozesse der

Familienentwicklung aufzuzeigen. Da die Wagners eine junge Familie sind, galt die Sitzung vornehmlich der Erkundung der Frage, wie eine Familie entsteht und welche Veränderungen sich durch die Geburt des ersten Kindes in der Familie ergeben.

Eine Reihe von Aufgaben liegen am Beginn des ehelichen Lebens vor dem jungen Paar. Die Ehegatten müssen in einer Vielzahl kleiner Routineangelegenheiten eine Übereinkunft erzielen und Regeln festsetzen. Das betrifft beispielsweise das Zubettgehen und Aufstehen zur gleichen Zeit, das gemeinsame Essen, das Tischdecken und -abräumen, das Sexualleben, die Benützung des Badezimmers und die Lektüre der Sonntagszeitung, das Fernsehen und die Auswahl des Programmes, das gemeinsame Ausgehen und die Beschäftigungen, an denen beide Freude haben.

In diesem Prozeß der gegenseitigen Anpassung entwickelt das Paar eine Reihe von Transaktionen, die immer dem gleichen Muster folgen – Modalitäten, nach denen jeder Ehepartner ein Verhalten von seiten des anderen auslöst und überwacht und seinerseits von der vorausgegangenen Verhaltenssequenz beeinflußt wird. Diese transaktionalen Muster bilden ein unsichtbares Gewebe einander ergänzender Forderungen, die viele familiale Situationen regeln.

Das Paar sieht sich auch der Aufgabe gegenüber, sich von der jeweiligen Ursprungsfamilie zu trennen und eine neue Beziehung zu Eltern, Geschwistern und der neuen Schwiegerfamilie auszuhandeln. Loyalitäten müssen sich verlagern, denn die oberste Verpflichtung der neuen Partner besteht gegenüber ihrer Ehe. Die Ursprungsfamilien müssen diesen Bruch akzeptieren und unterstützen.

In der gleichen Weise müssen auch die Beziehungen mit der außerfamilialen Welt – mit Arbeit, Pflichten, Vergnügungen – neu organisiert und neu reguliert werden. Es muß eine Entscheidung darüber erzielt werden, wie und wie weit die Forderungen der Außenwelt sich in das Leben der neuen Familie hineindrängen dürfen. Jeder Ehegatte trifft auf die Freunde des anderen und muß auswählen, welche von ihnen gemeinsame Freunde des Paares werden sollen. Jeder gewinnt möglicherweise neue Freunde und verliert die Verbindung mit alten.

Die Geburt eines Kindes verändert die Familienorganisation radikal. Die Funktionen der Ehegatten müssen differenziert werden, um die Forderungen des Säuglings nach Pflege und Fürsorge zu erfüllen und die zeitlichen Beschränkungen aufzufangen, die damit auf die Eltern zukommen. Die physische und emotionale Bindung an das Kind verlangt gewöhnlich nach einer Veränderung der transaktionalen Muster der Ehegatten. Neue Subsysteme tauchen in der Organisation der

Familie auf, wobei Kindern und Eltern wieder andere Funktionen zufallen. Diese Periode erfordert auch eine Neuverhandlung der Grenzen gegenüber der erweiterten Familie und der extrafamilialen Umwelt. Großeltern, Tanten und Onkel beteiligen sich an der Unterstützung, Führung oder Organisation der neuen Funktionen in der Familie. Oder die Grenze rund um die Kernfamilie wird verstärkt.

Die Kinder werden größer und sind eines Tages erwachsen. Neue Geschwister kommen an, oder die Eltern werden Großeltern. In den verschiedenen Perioden ihrer Entwicklung muß die Familie sich also neu anpassen und neu strukturieren. Veränderungen in der relativen Stärke und Produktivität der Familienmitglieder erfordern ständig neue Gewöhnung, so wie dies auch der allgemeine Wandel von der Abhängigkeit der Kinder von ihren Eltern zur Abhängigkeit der Eltern von ihren Kindern nötig macht. Wenn die Kinder die Familie verlassen, taucht die ursprüngliche Einheit von Mann und Frau wieder auf, aber unter ganz anderen sozialen Umständen. Die Familie muß sich mit inneren und äußeren Veränderungen auseinandersetzen, gleichzeitig aber ihre Kontinuität wahren, und sie muß das Wachstum aller ihrer Mitglieder unterstützen und fördern, während sie sich zugleich an eine Gesellschaft anpaßt, die im Übergang begriffen ist. Diese Aufgaben sind nicht leicht.

Das Ehepaar, mit dem das nun folgende Gespräch geführt wurde, offenbart einige dieser Schwierigkeiten. Emily und Mark Wagner sind seit vier Jahren verheiratet. Sie haben einen dreijährigen Sohn Tommy. Vor einem Jahr haben sie einen Eheberater aufgesucht und vier Sitzungen bei ihm absolviert. Heute bezeichnen sie sich als eine normale Familie, die sich durch ihre Schwierigkeiten hindurchgekämpft hat. Sie sind stolz darauf, eine Entwicklungsstufe erreicht zu haben, die durch persönliches Wachstum und gegenseitige Unterstützung gekennzeichnet ist.

Sie schrieben auf eine Anzeige in der Lokalzeitung, mit der eine normale Familie gesucht wurde, die sich gegen Bezahlung zu einem Gespräch zur Verfügung stellen würde. Das Interview wurde vor einem großen Zuhörerkreis von Familientherapeuten geführt, die im gleichen Raum saßen und den Verlauf des Gespräches mit großem Interesse verfolgten. Tommy war ebenfalls anwesend und spielte mit einer Betreuerin.

Hier handelt es sich nicht um ein therapeutisches, sondern eher um ein entwicklungsbezogenes Interview, das einerseits der Beschaffung historischer Daten dienen und andererseits klären sollte, wie die Beteiligten ihr Familienleben wahrnahmen. Ein Interview mit einer normalen Familie enthält einen implizit vorhandenen Kontrakt: Die Familie, die sich zu Beginn als normal bezeichnet hat, wird durch das Interview in dieser Ansicht bestätigt und unterstützt. Auch nach Beendigung des Interviews wird sie sich als normale Familie betrachten.

Minuchin: Als erstes würde ich gerne erfahren, warum Sie gekommen sind. Wie sind Sie zu diesem Entschluß gekommen? Wie war das im einzelnen?
Mr. Wagner: Der Samstag, soweit es mich betrifft, ist sozusagen unser freier Tag. Was meine Frau dann gerne unternehmen möchte, nun, das machen wir eben. Ich bin damit einverstanden. Der Sonntag ist dann mehr oder weniger mein Tag.
Minuchin: Das ist interessant. Das heißt, Sie haben beschlossen, das Wochenende so einzuteilen, daß an einem Tag Sie die wichtigen Entscheidungen treffen und am anderen Ihre Frau?
Mr. Wagner: Ganz so ist es nicht . . .
Minuchin: Es ergibt sich einfach so. Wie ist das gekommen? Das ist in der Rückschau interessant; wie sind Sie denn zu dieser Art der Entscheidungsteilung gekommen? Wissen Sie das noch?
Mr. Wagner: Das ist schwer zu sagen. Früher arbeitete ich von Montag bis Samstag im Krankenhaus, und am Samstag wurde dann nichts Besonderes mehr unternommen. Der Sonntag war mein freier Tag, jedenfalls in meinen Augen. Und als dann der Samstag auch arbeitsfrei wurde, ist sie gleich darauf gesprungen, um es mal so zu sagen. Ich wollte sie nicht gerne über den Sonntag bestimmen lassen, denn der Sonntag war eben so etwas wie mein Tag.
Minuchin: Sie haben also diese Art ungeschriebener Regel aufgestellt, ohne jemals ausdrücklich festgestellt zu haben, daß Sie in dieser Weise verfahren.
Mrs. Wagner: In der Regel geht er sonntags angeln oder so, und ich gehe auch meiner Wege. Wir haben es immer so gehalten, jedenfalls seit ungefähr einem Jahr.
Minuchin: Sonntags geht er angeln. Samstag ist der Tag, an dem Sie etwas zusammen unternehmen, und *Sie* entscheiden.
Mr. Wagner: Nein, so ist es nicht, so streng ist es nun auch wieder nicht. Ich würde sagen, am Samstag sind die Aussichten größer, daß meine Frau entscheidet, was wir machen.
Mrs. Wagner: Meistens habe ich etwas geplant, was ich gerne tun möchte, und gewöhnlich tun wir das dann auch.

Die Wagners sprechen über ein transaktionales Muster, das sich im Laufe ihrer Ehe entwickelt hat. Sie sind zwar in der Lage, die Entstehung dieses Musters zu rekonstruieren, und sie bezeichnen es nicht als „streng", aber es ist eben doch eine Regel, die Teil ihres gemeinsamen Lebens geworden ist. Emily Wagner hat für den Samstag „meistens etwas geplant", und „gewöhnlich" tun sie das dann auch. Am Sonntag geht jeder Ehepartner seinen eigenen Beschäftigungen nach. Beide würden einen unnötigen Bruch dieses Musters als persönlichen Verrat betrachten. Moralische und emotionale Komponenten gehören also ebenfalls zu den vertragsmäßigen transaktionalen Mustern, selbst wenn deren Ursprünge und Gründe nicht mehr bekannt sind.

Minuchin: Und wie war es nun in diesem Fall? Warum wollten Sie herkommen?
Mrs. Wagner: Ach so, ja. Ich las die Anzeige in der Zeitung und rief an. Meine Mutter hat sie auch gelesen.
Minuchin: Ihre Mutter? Lebt Ihre Familie in der Nähe?
Mrs. Wagner: Am gleichen Ort.
Mr. Wagner: Morgen gehen wir zu meinen Eltern.
Minuchin: Leben Ihre Eltern auch in der Nähe?
Mr. Wagner: 200 Meter von uns.
Minuchin: Und Ihre Eltern?
Mrs. Wagner: Ungefähr 5 km von uns entfernt.
Minuchin: Wie wichtig sind Ihnen Ihre Eltern?
Mr. Wagner: Ich würde sagen, daß . . .
Mrs. Wagner: Nicht so sehr, eigentlich.
Mr. Wagner: Nein, nicht so wichtig wie ihre Eltern.
Mrs. Wagner: Seine Eltern arbeiten beide, und in der Regel sehen wir seine Eltern nicht so häufig, wenn sie arbeiten, und sie haben nur den Sonntag, um Dinge zu erledigen, die eben erledigt werden müssen. Wir sehen sie nicht so oft wie meine Eltern, aber die sehen wir auch nicht sehr häufig. Er nicht. Ich schon eher, so unter der Woche.
Minuchin: Das heißt also, Emilys Familie hat mehr mit Ihrer Familie zu tun als Marks. War das schon am Anfang so, bevor Tommy geboren wurde?
Mr. Wagner: Ja.
Mrs. Wagner: Wir haben bei meinen Eltern gewohnt, bevor Tommy kam, am Anfang unserer Ehe.
Minuchin: Sie sind nach der Heirat zu Ihren Eltern gezogen?
Mrs. Wagner: Er war ja noch in der Ausbildung. Er hatte noch ein Semester an der

Universität vor sich. Und so sind wir eben dort geblieben. Wir haben von April bis August bei ihnen gewohnt. Es war furchtbar.

Minuchin: War Ihre Familie nicht einverstanden mit ihm?

Mrs. Wagner: Oh doch, aber sie dachten, daß ... Wir sind schon zusammen gegangen, als ich 16 war. Ich war 16, und er war 17, und als wir anfingen, miteinander zu gehen, sagten sie gar nichts, bis ... ja, ich denke, bis wir sagten, daß wir heiraten wollten.

Minuchin: Wie alt waren Sie, als Sie heirateten?

Mrs. Wagner: Neunzehn.

Minuchin: Und haben Ihre Eltern Sie gebeten, zu ihnen zu ziehen?

Mrs. Wagner: Sie sagten einfach, ihr könnt doch bei uns wohnen. Später gingen wir ja nach Kansas.

Minuchin: Und war das nach Ihrer Meinung die einzige Lösung, oder hätten Sie noch eine andere Möglichkeit gehabt?

Mr. Wagner: Ja, wir hätten auch für uns leben können, aber ich war ja noch in der Ausbildung, ich wollte das nicht abbrechen, und ich wollte es auch nicht reduzieren, und das konnten wir uns nur leisten, wenn wir an der Miete sparten, und so haben wir zugesagt. Wir hätten ja auch wegziehen können, aber unter den damaligen Umständen haben wir ihr Angebot angenommen, dadurch konnten wir etwas sparen, und wir waren ja nicht ihre Gefangenen; es war nicht so, daß wir gezwungen gewesen wären, dort zu leben; es war eine wirtschaftliche Überlegung. Wir haben uns gesagt, daß es für eine Weile schon gehen würde.

Minuchin: Und dann? Hier sind Sie nun, Sie kommen aus zwei Familien, Sie tun sich zusammen und wollen sich etwas Eigenes aufbauen, und dann ziehen Sie zu Ihrer Familie – ging das denn gut? Wie lange haben Sie da gewohnt? Sechs Monate?

Mrs. Wagner: Vier Monate. Ich habe es doch bedauert, daß ich nicht in meiner eigenen Wohnung war. Ich konnte das einfach nicht, ich konnte da nicht Ehefrau sein.

Minuchin: Wieso konnten Sie nicht Ehefrau sein?

Mrs. Wagner: Oh, das kann ich nicht erklären; Frauen empfinden eben so.

Mr. Wagner: Nein, ich glaube, dazu kann ich ein bißchen was sagen. Es war der Ärger auf ihren Vater. Ihr Vater ist ein Mensch, der immer ganz genau sagt, wie etwas gemacht werden soll. Für mich war es gar nicht so schwierig, seinen Empfehlungen zuzustimmen oder sie auch einmal abzulehnen, und er hat sich auch gar nicht darüber geärgert, so daß mich das Ganze gar nicht so sehr störte.

Aber sie, wegen dieser Emotionen, die sie ihrem Vater gegenüber aufgebaut hat, sie hat einfach jeden Vorschlag von ihm zurückgewiesen und sich darüber geärgert, daß er immer und überall etwas mitzureden hatte.

Minuchin: Wir wollen mal sehen, ob ich das anders sehe, was Mark gerade gesagt hat. Sie haben geheiratet, und Sie (zur Frau) wollten von Ihrer Familie weg. Sie wollten eine Grenze ziehen und glaubten, er würde ihnen dabei helfen. Dann wohnten Sie zu Hause bei Ihren Eltern, und Mark kam gut mit ihnen aus. Hat er Sie unterstützt, hat er Ihnen geholfen, die Grenze rund um Ihr Dasein als Ehefrau zu verstärken, oder wurde er eher zum Sohn Ihrer Eltern?

Mrs. Wagner: Ich weiß nicht, ob ich darauf antworten kann.

Minuchin: Waren Sie manchmal wütend auf ihn, wenn er sich mit Ihrem Vater einig war, während Sie gerade ärgerlich auf Ihren Vater waren? Oder wenn er sich mit Ihrer Mutter einig war, während Sie gerade wütend auf Ihre Mutter waren?

Mrs. Wagner: Nein, er hat eigentlich niemals Partei ergriffen . . .

Minuchin: Das ist unmöglich.

Mr. Wagner: Ich habe nicht wirklich Partei ergriffen . . .

Minuchin: Das ist ganz unmöglich.

Mrs. Wagner: Nein, er hat niemals zu einem von uns gesagt: „Du bist im Unrecht". Und meistens . . . meistens war *ich* im Unrecht. Meine Familie nicht. *Ich* hatte unrecht.

Minuchin: Sehen Sie – gerade dadurch, daß er nicht Partei ergriff, hat er eben doch Partei ergriffen.

Mrs. Wagner: Er hat ganz einfach gar nichts gesagt.

Minuchin: Das ist aber Parteinahme gewesen. Denn Sie, haben Sie denn nicht erwartet, daß er sich auf Ihre Seite schlagen würde?

Mrs. Wagner: Oh ja, aber . . .

Minuchin: Also, und wenn er das nicht tat, dann stand er eben auf der anderen Seite.

Mrs. Wagner: Aber wenn er den Mund aufgemacht hätte, dann hätte es nur noch mehr Ärger gegeben.

Minuchin: Wenn er sich nicht ebenfalls gegen Ihre Mutter gewandt hat, wenn Sie sie angriffen, dann hat er eben doch Partei für sie ergriffen, selbst wenn er überhaupt nichts getan hat.

Mrs. Wagner: Hm.

Wenn zwei Menschen sich in der Absicht zusammentun, eine Familie zu gründen, dann ist das der formale Beginn einer neuen familialen Einheit. Aber es liegen viele

Stufen zwischen dem formalen Beginn einer Familie und dem Zustandekommen einer lebensfähigen Einheit. Zu den Aufgaben des neuen Paares gehört die Verhandlung ihrer Beziehungen zu den beiden Ursprungsfamilien. Jede Ursprungsfamilie muß ihrerseits die Trennung oder teilweise Trennung von einem ihrer Mitglieder hinnehmen, ein neues Mitglied aufnehmen und das eheliche Subsystem in das gesamte Familiensystem assimilieren. Wenn sich die seit langem bestehenden Strukturen der Ursprungsfamilien nicht ändern, können sie das Zustandekommen der neuen Einheit bedrohen.

Minuchin: Wie war es im einzelnen? Mit wem haben Sie denn Streit gehabt? Mit Ihrem Vater oder mit Ihrer Mutter?
Mrs. Wagner: Mit meiner Mutter – nein! Ich weiß nicht. Ich erinnere mich nicht mehr.
Mr. Wagner: Mit deinem Vater auf dem Weg über deine Mutter.
Mrs. Wagner: War es so? Ich weiß es nicht mehr, es ist schon so lange her.
Minuchin: Er sagt: „Mit deinem Vater auf dem Weg über deine Mutter." Das ist nett ausgedrückt. War es so?
Mr. Wagner: Es hatte nicht ausschließlich mit ihrem Vater und ihrer Mutter zu tun, ein Teil der Schwierigkeiten kam auch von mir. Ich hatte immer das Gefühl, daß meine Schwiegermutter und ich in gewisser Weise als Pufferzone zwischen ihnen fungierten. Ich dachte, ich könnte es meiner Frau sagen, wenn sie im Unrecht war (und wenn sie vollständig im Unrecht war, dann habe ich ihr das auch wirklich manchmal gesagt), aber wenn ich nicht das Gefühl hatte, daß sie ganz im Unrecht war, dann . . . dann habe ich wohl gedacht, daß sie in ihrem Vorgehen zwar unrecht hatte, aber daß es vielleicht einen Grund dafür gab, zumindest soweit es sie betraf.
Minuchin: Ist Mark immer logisch?
Mrs. Wagner: Hm.
Minuchin: Das muß schlimm sein.
Mrs. Wagner: Manchmal schon. Er ist sehr logisch, und ich bin absolut unlogisch. Wir sind so verschieden wie Tag und Nacht.
Minuchin: Während dieser Zeit sollten Sie also Ehefrau sein und waren doch immer noch Tochter.
Mrs. Wagner: Ja.
Minuchin: Und sie wurden einfach nicht erwachsen. Ihre Eltern meine ich – sie wurden nicht erwachsen.

Mrs. Wagner: Nicht meine . . . nein, ich würde nicht sagen, meine Eltern; ich würde sagen, *ich* wurde nicht erwachsen.
Minuchin: Nein, auch sie wurden nicht erwachsen.
Mrs. Wagner: Ich glaube, da kann ich Ihnen nicht zustimmen.
Minuchin: Sie behandelten Sie weiter als Tochter, und das zu einem Zeitpunkt, zu dem Sie doch verheiratet, also Ehefrau waren.
Mrs. Wagner: Vielleicht haben sie das getan. Ja, wahrscheinlich war es so.
Minuchin: Sehen Sie. Das heißt, daß sie eben auch nicht erwachsen wurden. Ihnen gegenüber, der neuen Situation gegenüber, verfuhren sie weiter so, daß sie Sie als Tochter behandelten, während Sie doch nun jemand anders geworden waren. Sie waren zwar Tochter, aber Sie waren auch Ehefrau.

Mrs. Wagners Eltern gelang es nicht, sich an die veränderten Umstände anzupassen. Statt zu lernen, ihre Tochter als Ehefrau zu behandeln, die mit dem Aufbau einer neuen sozialen Einheit beschäftigt war, behandelten sie sie weiterhin hauptsächlich als ihre Tochter und brachten den neuen Ehemann in die schwierige Situation, gewissermaßen zwischen seiner Frau und seiner Schwiegermutter wählen zu müssen. Was die Wagners beschreiben, ist ein Problem der „Grenzen" – das Problem des Aushandelns angemessener Regeln für die Bildung neuer Subsysteme. Es ist zugleich das Problem des unangemessenen Festhaltens an bestehenden transaktionalen Mustern.

Minuchin: Wie heißen Sie mit Vornamen?
Mrs. Wagner: Emily.
Minuchin: Emily. Gut. Ich heiße Sal. Was für eine Art Familie ist Ihre Familie? Vielleicht können Sie sie beschreiben. Und Mark kann Ihnen helfen, aber nur, wenn es nötig ist. Einverstanden? Sie fangen an, und vielleicht ruft sie Sie, Mark, wenn sie Sie braucht.
Mrs. Wagner: Ich habe einen Bruder, mit dem ich bis vor etwa drei Jahren überhaupt nicht gesprochen habe. Wir waren wie Hund und Katze miteinander. Zu meiner Mutter habe ich eine enge Beziehung. Meinen Vater konnte ich nicht leiden, bis ich heiratete. Das ist eigentlich alles.
Minuchin: Das klingt nicht nach allzugroßer Nähe und Vertrautheit.
Mrs. Wagner: Nein, aber es besteht doch eine gewisse Nähe und eine gewisse Permanenz.
Minuchin: Waren sie sehr streng, wollten sie immer wissen, wohin Sie gingen und was Sie taten?

Mrs. Wagner: Mein Vater schon, meine Mutter nicht. Meine Mutter war sehr nachsichtig; sie hat sich immer vor mich gestellt.
Minuchin: Hm. Das Verhältnis zwischen Ihrem Vater, Ihrer Mutter und Ihnen war also so, daß Sie den einen gegen den anderen ausspielen konnten.
Mrs. Wagner: Ja, aber ... Ich habe mit dreizehn schon geraucht. Mein Vater wollte es nicht erlauben, bevor ich 16 war, aber vor meiner Mutter durfte ich rauchen. Wenn er nicht da war, habe ich fast das Haus abgebrannt.
Minuchin: Das ist ja eine richtige Triangel.
Mrs. Wagner: Ich sagte oft, daß es mir schlecht sei, und ging dann einfach nicht in die Schule, und sie wußte, daß es mir nicht länger als bis 8.15 Uhr übel sein würde, und deckte mich dann schon, wenn ich doch den ganzen Tag draußen war.
Mr. Wagner: Oder sogar noch ein bißchen länger ...
Minuchin: Einen Augenblick, bitte. Sie beschreibt ihre Familie, und nur wenn es nötig ist, soll sie Sie fragen.
Mrs. Wagner: Er möchte sich halt beteiligen.
Mr. Wagner: Zum Beispiel später, als wir uns schon kannten, wenn wir dann bis zwei oder drei Uhr nachts wegblieben – wenn der Papa das gewußt hätte, oh je!
Mrs. Wagner: Dein Vater und deine Mutter wußten es auch nicht.
Mr. Wagner: Oh doch, aber es war ihnen egal. Das ist der Unterschied.
Minuchin: In Ihrer Familie gab es also etwas zwischen Ihrem Vater und Ihrer Mutter, bei dem Sie sich Ihrer Mutter anschlossen.
Mrs. Wagner: Ich erinnere mich an einen Vorfall, ich weiß nicht mehr, worum es ging, bei dem mein Vater über irgendetwas wütend war. Ich war eben frech, ich hätte ein loses Mundwerk und scheute mich nicht, ihm zu sagen, daß er mich in Ruhe lassen solle. Ich muß etwa 15 gewesen sein, ich weiß nicht einmal mehr, was es war, womit ich ihn verärgert hatte, aber ich weiß noch, daß er nicht mit mir sprach, weil er wütend war über das, was ich getan hatte, und meine Mutter ließ mich fortgehen, weil sie in dieser Sache nicht seiner Meinung war, und er sprach den ganzen Tag lang auch nicht mehr mit ihr, so aufgebracht war er. Ich meine, das war so eine Situation, nur ein kleiner Vorfall ...
Minuchin: Dann bekämpfte also Ihre Mutter Ihren Vater auf dem Weg über Sie.
Mrs. Wagner: Wahrscheinlich, ja. Ich kann mich nicht erinnern, daß mein Vater mich je geschlagen hätte, bis ich 15 war, und dann tat er es. Ich glaube, er hat mich einmal verprügelt. Nein, er hat mich ein paar Mal verprügelt, und das hat genügt. Ich sprach nicht mehr mit ihm. Zu seinem Bruder sagte er, ich sei sehr arrogant, und ich hätte keinen Respekt vor ihm.

Minuchin: Ich möchte gerne von Ihnen beiden hören, in welcher Weise sich eine Familie entwickelt. Wir haben mit Ihrer Familie und mit dem angefangen, was ich für eine Triangel halte. Jetzt zu Ihrer Familie, Mark. Was für eine Familie war das? Ich möchte, daß Sie verstehen, was ich vorhabe. Ich möchte wissen, was Sie aufbauen oder neu erschaffen müssen, um sich von Ihren Ursprungsfamilien zu lösen.
Mr. Wagner: Ich fange wohl am besten bei den Unterschieden an. In meiner Familie herrscht nämlich ganz im Gegensatz zu Emilys Familie eine große Nähe und Vertrautheit. Ich habe einen Bruder und eine Schwester, und wir haben alle ein sehr gutes Verhältnis zueinander. Vielleicht liegt das daran, daß meine Eltern ihre Zusammengehörigkeit immer ausgesprochen betont haben.
Minuchin: Wie viele Geschwister haben Sie?
Mr. Wagner: Einen älteren Bruder und eine jüngere Schwester. Wir haben immer alles gemeinsam getan, und es gab kaum Meinungsverschiedenheiten oder Streit in unserer Familie.
Mrs. Wagner: Ich glaube, das stimmt nicht. Du weißt, daß deine Mutter . . .
Minuchin: Einen Augenblick. Sind Sie einverstanden, daß sie sich beteiligt?
Mr. Wagner: Ja.
Mrs. Wagner: Du und deine Mutter, ihr tut immer so, als ob ihr alle so vertraut miteinander wäret, aber dein Vater steht abseits.
Mr. Wagner: Ja, er kommt gewissermaßen immer hinterher. Meine Mutter war immer die Anführerin, die Fackel in der Familie.
Minuchin: Eine große oder eine kleine Fackel?
Mr. Wagner: Eine kleine – etwa so groß (lacht).
Minuchin: Und sein Vater stand abseits?
Mrs. Wagner: Sein Vater hatte eigentlich nichts mit der Familie zu tun. Seine Mutter war die Anführerin; ich meine, sie traf die Entscheidungen, sie tat alles für die Kinder.
Mr. Wagner: Sie hat sich um meine Kleidung und meinen Umgang und um alles gekümmert. Das stimmt. Oder es stimmte, es hat bis heute gestimmt. Ohne jetzt weit auszuholen, kann ich wohl sagen, daß der einzige, mit dem wir wohl nicht so vertraut waren, mein Vater war. Er war der einzige, der vielleicht etwas anders war, insofern als er nicht Mitglied dieser Einheit war. Jetzt ist die Situation aber ganz anders. Damals allerdings war er ein Außenseiter. Es gab nicht so sehr viel Streit, weil wir uns gewissermaßen aus dem Weg gingen.
Minuchin: Sie und Ihr Vater.

Mr. Wagner: Ja. Ich habe ihn ganz einfach gemieden. In Wahrheit habe ich das gleiche auch mit ihrem Vater gemacht, wenn ich nicht seiner Meinung war.
Minuchin: Bei Meinungsverschiedenheiten gehen Sie anderen Leuten also aus dem Weg?
Mr. Wagner: Wenn ich nicht seiner Meinung war, habe ich ihn gemieden, sozusagen. Ich habe mich einfach über seine Wünsche hinweggesetzt, wenn ich sie nicht für richtig hielt. Und wenn ich sie für richtig hielt, dann habe ich mich daran gehalten; meine Mutter stand sowieso immer auf seiner Seite.
Minuchin: Ihre Mutter hat immer zu Ihrem Vater gehalten?
Mr. Wagner: Ja. Ich würde sagen, sie stärkte ihm den Rücken auch bei vielen falschen oder schlechten Entscheidungen – da wich sie tatsächlich von ihrer gewohnten Weise ab. Wenn es sehr abwegig war, was er wollte, dann hat sie auch immer bei uns für ihn gesprochen und versucht, uns seine Gründe nahezubringen.

Jeder der beiden Ehegatten hat jetzt die Funktionsweise des elterlichen Subsystems in der jeweiligen Ursprungsfamilie geschildert. Das elterliche Subsystem ist diejenige familiale Einheit, die die größte Verantwortung für die Führung und Betreuung der Kinder hat.
In Emily Wagners Ursprungsfamilie entsprach das elterliche Subsystem der für die Mittelschicht geltenden Norm; es bestand aus Ehemann und Ehefrau. Aber die Konflikte zwischen Mann und Frau dehnten sich auf den elterlichen Bereich aus. Die elterliche Autorität war geteilt, und jeder Elternteil attackierte den anderen Ehepartner auf dem Weg über die Tochter. Die Mutter ermutigte sie zum Ungehorsam gegenüber dem Vater, der Vater griff sie an, wenn er zornig auf seine Frau war. In Mark Wagners Ursprungsfamilie hatten die Eltern sich auf eine Teilung ihrer Funktionen geeinigt. Die Verantwortung für die Pflege und Betreuung der Kinder lag nahezu ausschließlich bei der Mutter, während der Vater mehr oder weniger an der Peripherie blieb. Aber die Kinder sahen in der Mutter die Repräsentantin auch der väterlichen Autorität.

Minuchin: Schließlich haben Sie also Ihre eigene Familie gegründet, und jeder von Ihnen hatte sein Modell dafür. Mark hat bestimmte Regeln gelernt, und Emily hat bestimmte Regeln gelernt, und diese Regeln waren ganz offensichtlich sehr verschieden voneinander.
Mr. Wagner: Das stimmt.
Minuchin: Gut. Jetzt gingen Sie also Ihren Weg gemeinsam, und was geschah? Sie mußten ja Ihre eigenen Regeln aufstellen. Wie ging das vor sich?

Wenn die Partner ihr gemeinsames Leben beginnen, erwartet jeder von ihnen, daß die Transaktionen der ehemaligen Einheit die ihm vertrauten Formen tragen werden. Jeder wird versuchen, die eheliche Einheit in den ihm bekannten und von ihm für richtig gehaltenen Bahnen zu organisieren, und jeder wird auf den anderen Druck ausüben, damit dieser sich anpaßt. Diese Versuche können verschiedene Formen annehmen. Für jeden Ehegatten gibt es bestimmte Bereiche, in denen ihm eine flexible Haltung nicht möglich ist. In anderen Bereichen lassen sich dagegen durchaus alternative Formen des Miteinander finden, die den Wünschen und Vorlieben des Partners eher entsprechen. Jeder Ehepartner wird den anderen in bestimmten Situationen bestätigen und in anderen disqualifizieren. Manche Verhaltensweisen werden verstärkt, andere werden abgelegt, während die Ehegatten sich an die jeweiligen Vorlieben und Wünsche des anderen anpassen und sie assimilieren. Auf diese Weise entsteht ein neues Familiensystem.

Minuchin: Wie waren die ersten Jahre? Was passierte im ersten Ehejahr?
Mrs. Wagner: Es stank.
Minuchin: Er läßt Sie immer die gefühlsmäßigen Dinge sagen, nicht wahr? Sie sagen also, es stank. Wie empfanden Sie es, Mark?
Mr. Wagner: Also, in gewisser Hinsicht war es eine Enttäuschung, weil – es war eben nicht mehr und auch nicht weniger als ich erwartet hatte.
Minuchin: Also ein richtiger Fehlwurf.
Mr. Wagner: Ja, das war es. Denn als wir heirateten, wußte ich, daß wir uns kein Haus kaufen konnten.
Minuchin: Gut, aber das heißt doch gar nichts. Darum geht es doch nicht, wenn man . . .
Mr. Wagner: Ich bin schon etwas romantischer da herangegangen. Ich war sicher, daß wir leicht damit fertigwerden würden.
Minuchin: Untertreibt er immer so? Sie sagen, es stank, und er mit seiner logischen Art . . .
Mrs. Wagner: Er ist in allen Dingen logisch. Er erklärt auf vernünftige Weise, was ich Ihnen gerade erzählt habe, obwohl er vielleicht in Wirklichkeit gar nicht so denkt . . .
Minuchin: Sie meinen wahrscheinlich das gleiche. Sie sagen es nur auf sehr verschiedene Art. Wenn ich Ihnen in Ihrer Sprache sagen sollte, was er gerade gesagt hat, wissen Sie, was ich dann sagen würde?
Mrs. Wagner: Was?

Minuchin: Es stank. Wollen Sie sagen, inwiefern es „stank", oder möchten Sie, daß Mark das tut?
Mrs. Wagner: Nein, wir wissen ja, inwiefern es stank (lacht). Stecken Sie mal zwei unreife Menschen zusammen in einen Raum – es ist ja ganz klar, daß es stinken muß.
Minuchin: Aber doch nicht immer auf die gleiche Art.
Mrs. Wagner: Also, er war ja Student, und wenn die Dinge nicht gut gingen, konnte er immer nach seinen Büchern greifen. Und daran hat er wirklich festgeklebt, und wenn dann der Ärger da war, saß ich hier und trommelte auf ihm herum und machte einen Riesenzirkus aus allem ... Es stand wirklich in keinem Verhältnis mehr ... und ich glaube, wenn ich Tommy nicht gehabt hätte, dann hätte ich ihn wohl schon nach einem Monat verlassen.
Minuchin: Wenn Sie wen nicht gehabt hätten?
Mrs. Wagner: Tommy, meinen Sohn. Wenn ich ihn nicht gehabt hätte, dann hätte ich wahrscheinlich meine Sachen gepackt und wäre schon nach dem ersten Monat mit ihm allein zu meiner Mutter nach Hause gerannt. Vielleicht auch erst nach dem zweiten. Der erste Monat ging noch an, wir hatten uns noch gar nicht richtig eingerichtet ...
Minuchin: Nein, aber Sie sagten doch, daß Sie die ersten vier Monate ...
Mrs. Wagner: Ich meine jetzt die Zeit, nachdem wir ausgezogen waren.
Minuchin: Aha, das heißt ... in den ersten vier Monaten stank es so, und nachher stank es anders.
Mrs. Wagner: Genau. Es stank zweieinhalb Jahre lang.
Mr. Wagner: Es gab mehr Tiefs ...
Mrs. Wagner: Es gab mehr Tiefs als Hochs.
Minuchin: Und vielleicht hielten Sie das für einmalig in Ihrer Situation.
Mrs. Wagner: Einmalig? Ich fand es furchtbar.
Minuchin: Aha. Und wie ging es dann weiter? Er ... was haben Sie studiert?
Mr. Wagner: Biologie und Wirtschaft – Biologie zunächst.
Minuchin: Und wo?
Mr. Wagner: Am City College in Kansas.
Minuchin: Aha, und was passierte dann? Er hat sich also immer zurückgezogen und mit seinen Büchern beschäftigt.
Mrs. Wagner: Ja.
Minuchin: Und Sie hatten weiter nichts, um sich zu beschäftigen.
Mrs. Wagner: Ich saß halt da und redete.

Minuchin: Konnten Sie Ihn denn von den Büchern wegholen? Konnten Sie mit ihm sprechen?
Mrs. Wagner: Wenn ich ihn genug gestört hatte, dann hat er schon mal zurückgeschlagen, aber bei ihm geht alles gemächlich, und er muß erst mal einen Siedepunkt erreichen, bevor er wirklich die Beherrschung verliert.
Mr. Wagner: Emily, ich glaube, du mißverstehst ihn. (Zu Minuchin) Sie sprechen doch wohl über unsere Fähigkeit zur Kommunikation.
Minuchin: Ich spreche darüber, in welcher Weise es stank.
Mr. Wagner: Das war im Grunde das Problem – die Kommunikation.
Mrs. Wagner: Es gab nämlich keine.
Mr. Wagner: Wir waren über viele Dinge sehr verschiedener Meinung (lacht), zum Beispiel darüber, daß wir in Kansas lebten – oh, anfangs konntest du das nicht ertragen.
Mrs. Wagner: Ich glaube, wir hätten sonstwo leben können, in den ersten $2^1/_2$ Jahren wäre es überall so gewesen.
Mr. Wagner: Na ja, vielleicht hast du es eben gerade in dieser Weise zum Ausdruck gebracht, mit deinem Zorn auf Kansas. Unsere Lebensweise gefiel ihr nicht, es war ihr egal, daß ich noch studierte, sie wollte eben ein bißchen mehr am Anfang, glaube ich.
Mrs. Wagner: Es gab überhaupt keine Kommunikation zwischen uns. Zwei Jahre lang überhaupt nicht. Außer „Ich hasse dich" und „Ich hasse dich auch" gab es nichts – das war unsere ganze Kommunikation. Schließlich kamen wir an einen Punkt, an dem wir uns wirklich nur noch haßten.
Mr. Wagner: Zumindest glaubten wir das.
Mrs. Wagner: Wissen Sie, wie es war? Er konnte ausweichen, und ich hatte nichts zum Ausweichen, ich saß nur herum.
Minuchin: Natürlich. Er hat ja eigentlich seine Lebensweise gar nicht so stark verändert. Vorher war er Student, und nachher war er auch Student. In welcher Weise hat sich Ihr Leben denn überhaupt verändert?
Mrs. Wagner: Es gab nichts, außer daß ich eben auf das Baby wartete und es dann hatte und versorgte.
Minuchin: Was haben Sie vor Ihrer Heirat gemacht?
Mrs. Wagner: Ich bin aufs College gegangen und habe dann eine Weile gearbeitet.
Minuchin: Das heißt, Marks Lebensstil wurde durch die Heirat nicht zerstört, Ihrer dagegen sehr wohl.
Mrs. Wagner: Entschuldigung, es tut mir leid, das habe ich nicht verstanden.

Minuchin: Ihr Lebensstil wurde durch die Heirat sehr stark beeinträchtigt. Seiner nicht.

Mrs. Wagner: Das stimmt. So sehe ich es auch. Ich denke, so kann man es sagen.

Minuchin: Und daher wollten Sie mehr von ihm.

Mrs. Wagner: Ja, insofern als er ja seine alte Routine fortsetzte, der er auch schon vor unserer Heirat gefolgt war.

Minuchin: Ihm war gar nicht klar, daß er jetzt verheiratet war.

Mrs. Wagner: Ich glaube, es war ihm klar . . . ja, bis zu einem gewissen Grade. Er kam nach Hause in eine saubere und aufgeräumte Wohnung, er bekam sein Essen – ich glaube, nachdem Tommy da war, war die Zerstörung etwas größer (lacht).

Minuchin: Gut. Tommy wollen wir jetzt noch nicht ins Spiel bringen. Sie zogen also nach vier schrecklichen Monaten weg, in denen Sie immer noch Tochter gewesen waren, obwohl Sie doch verheiratet waren; Sie zogen nach Kansas. Dort waren Sie nicht mehr Tochter, weil Ihre Eltern nicht da waren; Sie waren auch nicht Studentin, und Sie arbeiteten nicht; aber irgendwie waren Sie auch nicht Ehefrau.

Mrs. Wagner: Ich glaube, so kann man es sagen, ja.

Eine Ehe muß bestimmte soziale Arrangements ersetzen, die zugunsten des Aufbaues der neuen Einheit aufgegeben worden sind. Das Zustandekommen des neuen sozialen Systems bedeutet die Schaffung oder Befestigung einer Grenze rund um das Paar. Sie sind jetzt von bestimmten früheren Kontakten und Aktivitäten abgeschnitten. Was in die Ehe eingebracht wird, geht zu Lasten anderer Beziehungen.

Das Ausmaß dessen, was in die Ehe investiert wird, hängt davon ab, wieviel dafür aufgegeben worden ist. Mark Wagner behielt seine Beschäftigung, das Studium, bei, als er und Emily nach Kansas zogen. Sie dagegen wurde von ihrem früheren Leben abgeschnitten, so daß sie sehr viele höhere Forderungen an die Beziehung stellte als Mark.

Minuchin: Und was haben Sie getan, um das zu ändern?

Mrs. Wagner: Was meinen Sie? Jetzt?

Minuchin: Nein, damals. Sehen Sie, ich kann verstehen, daß es für Mark einfacher war, verheiratet zu sein, ohne wirklich allzuviel an seinen früheren Verpflichtungen zu ändern. Aber für Sie war es etwas ganz anderes. Es war damals an Ihnen, die Dinge zu ändern, denn er fühlte sich ja wohl. Was haben Sie getan?

Mrs. Wagner: Was ich getan habe?

Minuchin: Ja, wie haben Sie ... wie haben Sie ihn denn aufgerüttelt? Er schlief doch gewissermaßen.
Mrs. Wagner: Oh, ich weiß nicht, ich kann nicht ...
Minuchin: Wie hat sie Sie aufgerüttelt? (Lange Pause)
Mr. Wagner: Sie haben bisher nur die eine Seite der Geschichte betrachtet (lacht). Also, so wie ich es sehe, versuchte sie gar nicht wirklich, mich wachzurütteln. Sie hat ganz einfach die Kommunikation beendet.
Mrs. Wagner: Hm.
Mr. Wagner: Ich konnte ja überhaupt nicht mit ihr reden. Sie wollte einfach über nichts sprechen.
Mrs. Wagner: Ich habe eine hohe Mauer um mich errichtet.
Minuchin: Das ist auch eine Form der Kommunikation. Damit haben Sie ihm gesagt ...
Mrs. Wagner: „Oh, hau doch ab ..."
Minuchin: Ja, oder „ändere dich doch" ...
Mrs. Wagner: Ich glaube, *ich* hätte mich ändern müssen. Mehr oder weniger war es wohl so, daß *ich* mich hätte ändern müssen. Ich war unreif. Ich bin mit der falschen Vorstellung in die Ehe gegangen ...
Minuchin: Er war auch unreif!
Mrs. Wagner: Stimmt. Er hatte ...
Minuchin: Er war ganz einfach nicht verheiratet, verstehen Sie?
Mrs. Wagner: Aber sehen Sie, ich, ich habe das damals gar nicht verstanden. Ich habe ganz einfach alles, was geschah, mir zugeschrieben ...
Minuchin: Warum?
Mrs. Wagner: Weil ich gewöhnlich die Dinge angetrieben habe – ich meine, er war immer sehr ruhig, nicht wahr, er schrieb an einer Arbeit oder so ...
Minuchin: Das ist seine Art – er ist ein Untertreiber – Sie waren diejenige, die etwas in Gang setzen mußte, wenn Sie ihn kriegen wollten, aber er brachte Sie dazu, sich schuldig zu fühlen.
Mrs. Wagner: Ich meine, es war gleichmäßig verteilt. Ich fühlte mich schließlich schuldig, und dann sagte er eben „Du bist ein schreckliches Weibsbild", nicht wahr, und richtete mich wieder auf.
Minuchin: Mark, seit wann sind Sie denn nun wirklich verheiratet? Ich glaube, Emily, daß Sie, weil Sie wegzogen, ihn wirklich brauchten und diese Ehe für Sie anfangs mehr bedeutete als für ihn.
Mrs. Wagner: Ja.

Minuchin: Also, Mark, wann haben Sie denn nun wirklich geheiratet?
Mr. Wagner: Etwa vor einem halben Jahr (lacht).
Minuchin: Gut. Verfolgen wir das mal. Wissen Sie, was Sie da sagen, ist ganz üblich. Ich würde sagen, es ist alles andere als zufällig. Es ist zwar bei jedem Paar wieder anders, aber alle Ehepaare müssen solche Dinge durchstehen. Und manche werden niemals, einfach niemals zu einem wirklichen Ehepaar. Das heißt, der Prozeß, der mit der förmlichen Eheschließung vor dem Standesbeamten beginnt, kann sich sehr lange hinziehen, bis Sie den Punkt erreicht haben, an dem Sie wirklich verheiratet sind. Manche Leute lassen sich scheiden, ohne jemals tatsächlich miteinander verheiratet gewesen zu sein.
Mrs. Wagner: Oh, daran haben wir auch gedacht; ich meine . . .
Mr. Wagner: Ich habe das schon verstanden, auch damals schon, daß irgend etwas sich ändern mußte, aber dann habe ich versucht, das zu rationalisieren, und mich gefragt: Wo liegt denn das Problem nun eigentlich? (lacht) Gut, suchen wir doch nach den Ursprüngen, wo liegen denn die Ursprünge unserer Schwierigkeiten? Natürlich müssen sich beide Seiten anpassen. Für mich ist es eine sehr einfache Anpassung, denn in bezug auf alle meine Vorhaben und Ziele ändert sich wenig. Keine echte Umstellung. In ihrem Fall wußte ich, daß es eine radikale Umstellung war. Das war eben mein Irrtum, sehen Sie, ich war zu stark in meinem eigenen Gleis und in meinem eigenen Tempo befangen. Ich mußte nur eben so weitermachen wie zuvor, mich so richtig festhaken. Die Barriere war schon da, und ich habe wirklich nicht versucht, sie niederzureißen; vielleicht habe ich mal den Versuch gemacht, aber nichts geschah, und so bin ich eben wieder meinen eigenen Weg gegangen und habe mir gesagt, früher oder später werde ich diese Schwierigkeiten schon mal beseitigen – wenn wir wegziehen, wenn sich die Situation ändert, wenn ich mit dem College fertig bin usw. Und es ist ja auch in Ordnung gekommen, aber ich glaube, nicht gerade aus diesem Grunde. Eher wohl deshalb, weil ich reifer wurde und feststellte, daß ich sehr viel mehr geben mußte als bisher.

Die Etablierung der Familie Wagner nahm sehr lange Zeit in Anspruch, unter anderem deshalb, weil das Paar sich in soziale Situationen eingebettet fand, die der Bildung einer lebensfähigen ehelichen Einheit entgegenstanden. Zuerst lebten die beiden bei Emilys Eltern. Emily war Teil eines dysfunktionalen Transaktionsmusters in der Ehe ihrer Eltern gewesen. Als sie heiratete, waren die Eltern nicht imstande, auf sie zu verzichten, und sie zogen sogar Emilys Ehemann in ihr altgewohntes Muster hinein. Mark und Emily waren nicht fähig, einander bei der

Befestigung und Stärkung der Grenze zwischen sich und Emilys Eltern gegenseitig zu unterstützen. Als sie wegzogen, beanspruchten Marks Pflichten als Student und als Teilernährer der Familie ihn stark und ließen ihm kaum Raum für die Entwicklung einer signifikanten emotionalen Bindung an seine Frau. Die Muster der gegenseitigen Unterstützung wurden von den dysfunktionalen Transaktionsmustern besiegt.

Minuchin: Wir wollen jetzt mal überlegen, was an diesem Punkt geschah. Jetzt passierte doch etwas Wichtiges. Wann wurde Tommy geboren?
Mrs. Wagner: Nachdem wir nach Kansas gezogen waren.
Minuchin: Und was geschah dann?
Mrs. Wagner: Ich fühlte mich überhaupt nicht wohler. Ich fühlte mich schlechter.
Minuchin: Und wie kam das? Sie hatten jetzt das Kind.
Mrs. Wagner: Ja, und deshalb brauchte ich Mark nicht. Ich schloß ihn jetzt einfach ganz aus.
Minuchin: Sie wurden zur Mutter.
Mrs. Wagner: Ja.
Minuchin: Und was war mit Ihnen?
Mr. Wagner: Ich habe mich wohl nicht genügend geändert. Ich änderte mich ein bißchen, aber ich war immer noch hinter meiner Mauer.
Minuchin: Hat Tommy Ihnen etwas bedeutet?
Mr. Wagner: Oh ja.
Mrs. Wagner: Wir hatten ein sehr enges . . . zu der Zeit, als er geboren wurde, waren wir sehr vertraut miteinander, er war ja auch während der Wehen bei mir . . .
Minuchin: War es eine natürliche Entbindung?
Mr. Wagner: Nicht ganz, ich war bei der Entbindung nicht dabei. Ich war bei den Wehen dabei und bis kurz vor der Entbindung.
Minuchin: Nun hatte sie also Tommy und brauchte Sie nicht; was geschah mit Ihnen?
Mrs. Wagner: Nichts. Er studierte weiter.
Mr. Wagner: Es hat sich nichts wirklich verändert. Für mich war es irgendwie . . .
Mrs. Wagner: Am Abend des Tages, an dem sein Sohn geboren wurde, ging er in die Vorlesung. Er ging hin, obwohl er die ganze vorige Nacht nicht geschlafen hatte.
Minuchin: Oh. Also, was war dann? Sehen Sie, es war doch etwas Neues

eingetreten. Ihre Frau hatte jetzt ein Kind. Sie war Mutter. Und Sie konnten Vater sein oder es auch nicht sein. Sie hatten die Wahl.

Wenn ein Kind geboren wird, entstehen neue Funktionen. Die Funktionsweise der ehelichen Einheit muß modifiziert werden, um der neuen Tatsache der Elternschaft gerecht zu werden. Allgemein gesagt, das System muß die komplexen Veränderungen durchlaufen, die notwendig sind, um von einem Zweier- zu einem Dreiersystem zu gelangen.
Gewöhnlich beginnt das Engagement der Frau für die Dreiereinheit und damit auch ein stärkeres Engagement für ihre Ehe bereits mit der Schwangerschaft. Für sie ist das Kind sehr viel eher eine Realität als für den Mann. Er fühlt sich frühestens vom Augenblick der Geburt des Kindes an als Vater. Es kommt vor, daß der Mann noch keine neue Verpflichtung empfindet, während die Frau sich bereits einer neuen Stufe der Familienbildung anpaßt.

Mrs. Wagner: Er ist immer Vater gewesen.
Mr. Wagner: Ich weiß nicht recht, was ich dazu sagen soll. Ich kann mir jetzt nicht denken . . . und ich kann nicht sagen, daß ich mich radikal oder doch wesentlich verändert hätte. Natürlich war ich glücklich, einen Sohn zu haben. Wie sie schon sagte, vielleicht hatte sich die Beziehung zwischen mir und Emily überhaupt nicht verbessert. Vielleicht war sie sogar schlechter geworden.
Minuchin: Warum?
Mr. Wagner: Auf jeden Fall hatten wir nun tatsächlich ein Band, und wir liebten das Kind beide. Vielleicht muß ich es so sagen, daß ich glücklich und begeistert war, wie man das eben in diesem Fall ist, und daß es ein Gewinn für die Familie war.
Minuchin: Aber Ihre Frau . . . sie änderte ihre Haltung Ihnen gegenüber.
Mr. Wagner: Sie hat gesagt, daß die Dinge sich nach der Geburt des Kindes verschlimmerten. Das ist etwas . . . ich weiß, es gab immerzu Streit und Kummer, aber ich habe nicht bemerkt, daß es an irgendeinem bestimmten Punkt . . . sich etwa verschlechterte oder mehr oder weniger wurde. Deshalb bin ich gespannt, was du jetzt sagen wirst.
Mrs. Wagner: Ich würde sagen, es wurde schlimmer (Mark lacht).
Minuchin: Und warum schlimmer? Jetzt hatten Sie doch das Kind, Sie waren Mutter. Wie war das für Sie? Ich kann verstehen, daß es schlimmer für ihn war, aber wieso wurde es schlimmer für Sie?
Mrs. Wagner: Er änderte sich nicht. Vielleicht hat er mich gebraucht, aber er hat es nie gezeigt. Er hat nicht ein einziges Mal gesagt: Ich brauche dich. Er hat nie

gesagt: Das ist herrlich, daß wir jetzt eine Familie sind – oder so. Ich kann das in der Erinnerung nicht mehr alles ordnen.

Minuchin: Und haben Sie sich denn ihm gegenüber verändert? Als Sie Tommy hatten? Sind Sie – ganz sicher sind Sie für ihn doch weniger erreichbar geworden.

Mrs. Wagner: Oh ja. Das heißt, ich habe mich wohl nicht verändert. Vielleicht bin ich . . . Doch, ich glaube, mit meiner Haltung ihm gegenüber wurde es immer schlechter. Ich dachte, du hast mich in diese Lage gebracht, und nun sitze ich hier wie festgefahren.

Minuchin: Tatsächlich waren Sie ja auch festgefahren, und er war es nicht. Er konnte sich bewegen, Sie konnten es nicht. Haben Sie ihm das gesagt?

Mrs. Wagner: Ich habe ihm oft gesagt, er solle gehen, aber er wollte nicht.

Minuchin: Damals mochten Sie ihn nicht mehr.

Mrs. Wagner: Oh, ich dachte, es . . . es läge schon alles hinter mir. Aber ich glaube, wir hatten unsere Höhepunkte und Tiefpunkte. Es konnte drei Wochen lang furchtbar sein, und dann ging es wieder eine Woche lang gut. Das war dann herrlich, so hatte ich es mir immer vorgestellt, aber dann gerieten wir wieder in den alten Kreislauf. Aber eines muß ich sagen, in der ganzen Zeit, in der es gut ging – ich meine, jeder hat seine Hochs und Tiefs, auch jetzt – da hatten wir niemals einen Streit über irgendetwas Wichtiges, es ging höchstens darum, wer den Abfalleimer hinaustragen sollte, es betraf niemals irgendetwas, das wirklich mit unserem Leben zu tun hatte.

Minuchin: Und wer hat schließlich den Abfall hinausgetragen?

Mrs. Wagner: Ich sagte meistens: Mark, trag doch den Eimer hinaus. Es gab nämlich Ratten bei uns, wissen Sie.

Minuchin: Und?

Mrs. Wagner: „Jaja, wenn ich dann ohnehin da vorbeikomme"

Mr. Wagner: Oder: „Ja, wenn ich Zeit habe" (lacht).

Mrs. Wagner: Inzwischen quoll der Eimer meistens über, und dann gab es einen großen Streit. Immer waren es solche Kleinigkeiten wie ein zu voller Abfalleimer. Niemals etwas Wichtiges.

Minuchin: Sie wollten nicht zugeben, daß es sich nur um den Abfall handelte. Sie machten es zu einer Autoritätsfrage.

Mrs. Wagner: Das stimmt.

Mr. Wagner: Etwa in der Art: „Ich will tun, worum du mich bittest, vorausgesetzt, du erwartest nicht, daß ich es so tue, wie du es gerne hättest, daß ich es tue . . . usw."

Mrs. Wagner: Oder daß es rechtzeitig getan wird.
Minuchin: Wie wurde der Müll dann schließlich weggeschafft?
Mr. Wagner: Es war nur eine Kleinigkeit, und alle diese Dinge, von denen sie spricht, waren Kleinigkeiten.
Minuchin: Das Leben besteht nun mal aus solchen Kleinigkeiten.
Mr. Wagner: Das war eben die Art, in der ich meinen Widerstand gezeigt habe.
Minuchin: Ich glaube, daß Sie die ganze Zeit sagen wollten: Ich bin frei und ledig. Stimmt's?
Mrs. Wagner: Das hätte er ja sein können.
Minuchin: Sie dagegen sagten zu ihm: Du bist verheiratet, trag den Dreck 'raus. Das ist eine eheliche Aufgabe (lacht). Und er sagte: Ich bin ledig.
Mrs. Wagner: Er half nicht gern. Ich meine, er hat zum Beispiel niemals eine Windel gewechselt, bis Tommy sechs Monate alt war – und das war von Anfang an so. Ich sagte: Mark, du mußt lernen, wie man das Baby wickelt – was ist, wenn ich einmal krank bin oder etwas passiert? Dann mußt du das können. – Ich konnte auch nicht aus dem Haus, wenn ich nicht das Baby mitnahm, denn es hätte ihn beim Lernen stören können. Und so – eben das – das schafft Konflikte ...

Betreuung und Aufzucht der Kinder bieten viele Möglichkeiten für das individuelle Wachstum und die Stärkung des Familiensystems. Zugleich ist dies ein Gebiet, auf dem viele heftige Schlachten ausgefochten werden. Häufig werden ungelöste Konflikte zwischen den Ehegatten sozusagen huckepack in den Bereich der Kinderaufzucht hineingetragen, weil das Ehepaar seine elterlichen Funktionen nicht von den ehelichen Funktionen trennen kann.

Minuchin: Jetzt will ich mal eine gefährliche Sache anfassen. Ich möchte wetten, daß Marks Mutter sehr tüchtig ist und alles mögliche für ihn getan hat.
Mr. Wagner: Ja. Doch, das ist sie. Sie ist vielleicht keine perfekte Hausfrau.
Minuchin: Ich spreche ja auch von anderen Dingen.
Mr. Wagner: Ja. Sie ist diejenige, zu der man geht, um ...
Mrs. Wagner: Sie hat viel für dich getan.
Mr. Wagner: Wenn man etwas zu entscheiden oder ein Problem zu lösen hatte, dann hat sie immer geholfen. Im allgemeinen war dann ihre Hilfe auch richtig, oder sie schien doch richtig zu sein.
Minuchin: Worauf ich jetzt hinauswill, das ist die Frage, was Sie eigentlich von Emily erwartet haben.

Mr. Wagner: Ach so. Also, meine Mutter war immer mit dem zur Hand, was wir brauchten . . .
Mrs. Wagner: Ich muß sagen, daß er niemals . . . er hat mir niemals gesagt, was er von mir als Ehefrau erwartete. Ich habe es ihm immer gesagt. Ich habe ihm immer gesagt, was ich von ihm als Ehemann erwartete, aber er hat nie gesagt „Das erwarte ich von dir als Ehefrau". Wir haben uns niemals hingesetzt und über unsere gegenseitigen Erwartungen gesprochen, und das war von Anfang an falsch. Wir haben uns niemals ernsthaft zusammengesetzt . . . wir sind einfach so in diese Ehe hineingelaufen mit dem Gedanken „Das wird wunderbar werden", nicht wahr. Wir haben niemals gewußt, was wir eigentlich voneinander erwarteten.
Mr. Wagner: Wahrscheinlich hatte ich versucht, sie zu ändern, und sie hat nur gesagt „Ach, laß es doch".
Mrs. Wagner: Ach ja, er erwartete bestimmte Dinge von mir, schon als wir noch miteinander befreundet waren. Ich sollte nicht in der Öffentlichkeit rauchen, und ich sollte mir das Haar nicht blondieren lassen, und ich sollte dies und jenes nicht tun . . .
Minuchin: Sind Ihre Haare jetzt blondiert?
Mrs. Wagner: Jetzt ja.
Minuchin: Aber das heißt, daß Anpassung stattgefunden hat.
Mrs. Wagner: Ein Beispiel: Wir waren schon in Kansas, vielleicht schon einen Monat, und wir konnten dort im College wohnen, und alle Mädchen hatten die Haare gefärbt. Das ist nur ein ganz kleines Beispiel. Ich sagte also: „Ich lasse mir die Haare färben", und er sagte: „Gut, laß du dir die Haare färben, dann schneide ich mir eine Glatze wie Yul Brynner". Das war genau der Punkt, wissen Sie. Ich setzte seinen Wünschen Widerstand entgegen, und er fing Streit mit mir an, und ich sagte „Du fängst keinen Streit mit mir an, du wirst höchstens mit dir selbst Streit anfangen müssen, denn du bist es dann, der lächerlich aussehen wird". So etwas war der Beginn einer Schlacht, die fünf Monate dauerte. Ich widersetzte mich seinen Wünschen.
Minuchin: Was Sie da beschreiben, ist etwas ganz Alltägliches. Das ist mir ebenso passiert wie allen anderen Leuten auch. Also, wie ging es weiter? Tommy wurde größer, Sie waren zu dritt und nicht mehr zu zweit. Und Sie hatten ein Modell, das Sie schon zu Hause kennengelernt hatten: daß Papa und Mama sich auf dem Weg über mich bekämpfen. Das haben Sie als das häusliche Modell beschrieben.
Mrs. Wagner: Das habe ich mir niemals klargemacht, bevor Sie es gesagt haben.
Minuchin: Mag sein, aber jetzt wollen wir uns mal mit Tommy beschäftigen und sehen, ob dieses Modell . . .

Mrs. Wagner: Ich würde sagen, ja. Bestimmt, oh ganz bestimmt haben wir Tommy in unserem Kampf eingesetzt. Einmal war ich wütend auf Mark und sperrte ihn aus, und dann stand er draußen und klopfte an die Tür, und ich trug Tommy ans Fenster und – das war furchtbar – zeigte auf ihn und sagte: „Guck mal, Tommy, guck mal den komischen Mann an", und dann standen wir da und schnitten ihm Gesichter.
Mr. Wagner: Ja (lacht).
Mrs. Wagner: Er stand da, halbtot, bereit, uns beide zu erschlagen, mich zu erschlagen, weil ich das kleine Kind aufhetzte . . .
Minuchin: Sie haben ein Familienmodell, das Sie zu Hause kennengelernt haben, auf Ihre Ehe übertragen.
Mrs. Wagner: Ja, das habe ich anfangs wohl getan.
Minuchin: Wie haben Sie es dann durchbrochen? Denn das ist eine sehr böse und gefährliche Sache. Wie haben Sie dieses Muster durchbrochen?
Mr. Wagner: Vielleicht nennen Sie es einen wirklichen Wendepunkt. Wir gerieten in eine Krise oder eine kritische Periode, und ich sagte: „Entweder gehen wir jetzt zum Eheberater, oder wir werfen den ganzen Kram hin. Ich glaube, es ist lächerlich, alles hinzuwerfen, solange wir nicht einmal wissen, wo unsere Schwierigkeiten eigentlich liegen, und wenn wir nicht kommunizieren können, dann kann uns vielleicht jemand dabei helfen. Vielleicht ist es gar nicht so schlimm, wie wir jetzt glauben; vielleicht sind nur eine Menge kleiner Dinge zusammengekommen." So sind wir dann wirklich zum Eheberater gegangen, vor ungefähr einem Jahr.
Minuchin: Aha. Und wann, sagten Sie, war der kritische Punkt? Als Sie aus Kansas weggingen?
Mrs. Wagner: Hm. Es war etwa vier oder fünf Monate, nachdem wir . . .
Minuchin: Nachdem Sie hierhergekommen waren. Gut, aber jetzt traten doch eine ganze Reihe von Veränderungen ein. Sie waren nicht mehr Student. Das ist das erste Mal, daß Sie eben keine Straße mehr vor sich sahen, auf der Sie ungestört entlanggehen konnten. Was empfanden Sie also?
Mr. Wagner: Hier nehme ich eine neue Position ein; wir sind in einer ganz anderen Umgebung; es ist ein völlig anderes Leben. Im Grunde habe ich mir schon gedacht, daß, wenn wir dort weggehen, aus dieser Situation weggehen würden, die Dinge besser werden müßten. Aber sie wurden nicht besser. Wenn überhaupt irgendetwas geschah, dann wurden sie schlechter.
Minuchin: Inwiefern?

Mr. Wagner: Soweit es mich betraf, sehen Sie, wurden sie schlechter, weil ich sie nicht so in der Hand hatte – nicht mehr so wie damals, in dieser anderen Atmosphäre – an dem kleinen College. Ich . . .
Minuchin: Wie haben Sie denn Ihre Familie erhalten, als Sie noch in Kansas lebten?
Mr. Wagner: Im Sommer hatte ich eine Arbeit, und deshalb habe ich sie im Sommer auch kaum gesehen. Selbst als wir – schon verheiratet waren.
Minuchin: Konnten Sie sich damit finanziell halten?
Mr. Wagner: Mehr oder weniger. Ich habe Geld geborgt, ich habe unterrichtet, und ich hatte diese Sommerarbeit.
Minuchin: Haben Ihre Eltern Ihnen geholfen?
Mrs. Wagner: Meine Eltern, ja. Seine auch.
Minuchin: Also sind Ihre Familien immer noch stark beteiligt. Manchmal führt so etwas ja zu Schwierigkeiten für eine junge Ehe.
Mr. Wagner: Ich würde sagen, daß sie sehr großzügig waren. Sie gaben uns einen Rückhalt.
Minuchin: Aber so etwas schafft eben auch eine zusätzliche Dimension. Was passierte, als Sie hierher kamen? Was hatten Sie für Pläne?
Mr. Wagner: Ich, ja ich hatte mir vorgestellt, wenn ich erst einmal ganztags arbeiten würde . . .
Minuchin: Auf welchem Gebiet? Sie sind diplomierter . . .
Mr. Wagner: Ich habe in zwei Hauptfächern Examen gemacht, in Betriebswirtschaft und in Biologie.
Minuchin: Und dann sind Sie hierher gekommen. Was tun Sie jetzt?
Mr. Wagner: Ich arbeite als Geschäftsführer.
Minuchin: Entspricht das Ihrer Ausbildung?
Mr. Wagner: Ja, im großen und ganzen schon.
Mrs. Wagner: Nein.
Minuchin: Sie sagen Nein, und er sagt Ja.
Mr. Wagner: Doch, im allgemeinen schon.
Mrs. Wagner: Ich kann nicht behaupten, daß er so ganz glücklich dabei ist.
Mr. Wagner: Nein. Erstens gilt mein größtes Interesse der Biologie, aber es ist einfach nicht praktisch, meinen Lebensunterhalt darauf zu gründen, ich möchte nicht in die Lehre und nicht in die Forschung gehen, und ich kann es mir nicht leisten, noch Medizin zu studieren, und deshalb habe ich auch Betriebswirtschaft im Hauptfach studiert; ich dachte mir, die Biologie ist mehr eine Nebenbeschäftigung.

Minuchin: Und jetzt arbeiten Sie also und unterhalten Ihre Familie. Unterhalten Sie sie vollständig?
Mr. Wagner: Nein.
Mrs. Wagner: Ich arbeite auch.
Mr. Wagner: Sie hat vor kurzem angefangen zu arbeiten. Es ist nicht unbedingt notwendig, aber . . .
Mrs. Wagner: Ich mache es freiwillig, es war mein eigener Entschluß.
Minuchin: Das heißt also, das ist eine große Chance in Ihrem Leben. Sie sind nicht mehr Student, und Sie gehören nicht mehr der Gruppe der Studenten an.
Mr. Wagner: Nicht nur das; wenn ich jetzt fertig bin, dann ist der Arbeitstag zu Ende; ich gehe nach Hause, ich muß nicht mehr lernen und nichts anderes mehr tun. Ich kann das jetzt in die Familie einbringen. Wenn ich da keine Befriedigung finde, dann weiß ich, daß ich mich selbst darum bemühen muß, denn das ist nun mein Leben, während ich das früher einfach ausschalten konnte. Hier habe ich kein Ventil . . . Entweder nehme ich alles, wie es ist, oder ich tue etwas dazu.
Minuchin: Es scheint also, als ob Sie sich jetzt zum ersten Mal wirklich engagieren.
Mr. Wagner: Hm. In gewisser Weise . . .
Minuchin: Jetzt sitzen Sie auch fest.

Die veränderten Umstände im Leben der Wagners laufen parallel mit Veränderungen in der Familie. Mark ist nicht mehr Student. Er ist in eine unabhängige Position in der Außenwelt übergewechselt, in der er Autonomie und Verantwortung besitzt. Es besteht jetzt eine deutlichere Abgrenzung zwischen Familie und außerfamilialer Umgebung. Wenn er heimkommt, ist er zu Hause. Er bringt die außerfamilialen Aufgaben nicht mehr mit hierher.
Ähnliche Veränderungen haben sich auch für Emily ergeben. Sie hat eine Arbeit aufgenommen, die ihr ein Gefühl von Nützlichkeit und Kompetenz in der Außenwelt vermittelt. Sie widmet ihrer Familie jetzt weniger Zeit, aber gerade das macht die Zeit, die sie noch immer als Ehefrau und Mutter verbringt, befriedigender für sie.

Minuchin: Sehen Sie, bisher waren nur Sie festgefahren, Emily. Er war noch Student. Und jetzt kommen Sie (zum Ehemann) und engagieren sich auch für die Familie. Und an diesem Punkt „stinkt" es.
Mr. Wagner: Hm.
Minuchin: Und an diesem Punkt haben Sie dann beschlossen, zum . . .
Mr. Wagner: Ja, ich habe beschlossen, daß wir einen Eheberater aufsuchen

müßten. Das haben wir getan. Es war dann so, daß wir insgesamt nur viermal hingehen mußten, bevor wir uns beide wirklich geändert haben. Und seitdem kommen wir sehr gut miteinander aus.
Mrs. Wagner: Es kommt immer noch vor, daß wir Auseinandersetzungen haben . . .
Mr. Wagner: Oh ja, aber doch nicht ständig . . .
Minuchin: Sie haben Glück gehabt. Manche Eheberater verhaken sich richtig mit der Familie und lassen sie dann nicht mehr los.
Mrs. Wagner: Als wir hingingen, sagte ich: „Wenn es schon so weit gekommen ist, dann könnten wir uns genauso gut überlegen, ob wir uns nicht . . .“ Dann lernten wir den Mann kennen, und er gefiel uns. Er war wirklich gut. Er sagte: „Im Grunde ist Ihre Ehe gut, wenn Sie nur beide mal still wären und lieber einander zuhören und nicht mehr gegeneinander arbeiten würden, und . . .“
Minuchin: Und das hat Ihnen geholfen?
Mr. Wagner: Nein, das eigentlich nicht. Es war die Atmosphäre und der Umstand, daß er intelligent genug war zu erkennen, wann wir nicht die Wahrheit sagten.
Mrs. Wagner: Ich habe in den ersten drei Sitzungen nicht die Wahrheit gesagt (lacht).
Mr. Wagner: Wenn du nicht die Wahrheit gesagt hast, dann hast du ganz schön dumm ausgesehen.
Mrs. Wagner: Ich saß eben da, und er sagte: „Das ist nicht das, was ich hören möchte“. Was mich wirklich bekümmerte, das behielt ich für mich, nicht wahr, es ging ja niemanden etwas an. Und er saß da und sagte: „Emily, Sie sagen doch nicht die Wahrheit“, und er hat mich wirklich dazu gebracht, erst einmal nachzudenken, bevor ich etwas sagte.
Minuchin: Und was hat er mit Ihnen gemacht?
Mr. Wagner: Erstens hat er wohl gemerkt, daß ich gegen mich selbst nicht ganz aufrichtig war. Und dann war es auch das erste Mal, daß ich wirklich dem zuhören mußte, was sie sagte.
Minuchin: Da bin ich anderer Meinung. Ich glaube, Sie waren sich selbst gegenüber aufrichtig, Sie waren nur Ihrer Ehe gegenüber nicht aufrichtig. Sie haben ganz einfach nur an sich gedacht.

Wenn an diesem Punkt ihrer ehelichen Beziehung die individuellen Realitäten von Mark und Emily im Brennpunkt der Erkundungen gestanden hätten und nicht die Realität ihres Zusammenlebens, dann wäre die Ehe möglicherweise zerbrochen.

Mr. Wagner: Hm. Aber ich habe nicht . . . Es gab eine Menge Dinge, die ich als meine eigenen Fehler übersehen habe, die ich vielleicht nicht subjektiv sehen konnte, sondern objektiv . . .
Mrs. Wagner: Auf mir lastete das schreckliche Gefühl, daß er sich anständig benahm und ich an allem schuld war. Verstehen Sie das? Ich hatte versagt, und das war's. Wir hätten damit aufhören sollen, und je eher desto besser.
Minuchin: Und er hat Ihnen geholfen, es durchzuarbeiten.
Mrs. Wagner: Hm.
Minuchin: Gut, hören wir erst einmal auf. Hat irgend jemand von den Zuhörern eine Frage?
Frage: Ich wollte vorhin wissen, wonach Sie diese Leute im einzelnen fragen wollten, was Sie in dieser Art von Interview eigentlich diskutieren wollten im Gegensatz zum therapeutischen Interview, zu dem die Leute ja kommen, um sich über eine Belastung zu äußern.
Minuchin: Unser Kollege hat mich vorhin unter vier Augen gefragt, ob wir in diesem Gespräch hier nicht nur Dinge berühren, die nicht belastend genug sind. Ich habe Belastendes nicht aufgegriffen. Ich habe ihm gesagt, daß Sie meiner Meinung nach eine normale Familie sind, das heißt, daß es Ihnen geht wie ihm und wie vielen anderen Familien. Sie haben Wege zurückgelegt, die viele von uns ebenfalls gehen. Was Sie erlebt haben, ist meiner Meinung nach dieser riesige Berg von Schwierigkeiten, auf die man bei der Bildung einer Familie nun einmal trifft. Die beiden Partner kommen aus verschiedenen Kulturen mit unterschiedlichen Ansichten, und sie treffen sich gewissermaßen als Fremde. Sie müssen Grenzen um sich herum schaffen, und sie müssen kämpfen. Und so kämpfen sie und machen Fehler und fallen auch einmal auf die Nase, nicht wahr? So geht es uns allen. Manche Ehen bleiben erhalten, andere nicht. Aber wir müssen alle da hindurch, jeder auf seine Weise.
Frage: Mir ist nicht klar, weshalb nur vier Sitzungen mit dem Eheberater abgehalten wurden und man dann schon der Meinung war, das sei ausreichend.
Mr. Wagner: Man könnte sagen, daß er die Schale aufgebrochen oder die Barriere niedergerissen hat, und dann konnten wir uns selbst miteinander verständigen, und da wir uns im Laufe der Sitzungen so ehrlich und offen ausgesprochen hatten, wurde nichts zurückgehalten oder verborgen, und wir sahen ein, daß wir beide Fehler gemacht hatten.
Frage: Ich nehme an, es gab einen ganz bestimmten Augenblick in Ihrem Leben, als Sie bereit waren, Ihrerseits etwas zu bieten . . .

Mr. Wagner: Wozu ich früher nicht bereit war.
Frage: Ich habe verschiedene Fragen. Anfangs, als das alles so war, wie Sie es beschrieben haben, sind Sie da auch einmal von ihm fortgelaufen?
Mrs. Wagner: Ja. Wir waren in einem Zeltlager, und das war ganz schrecklich. Er machte damals eine biologische Exkursion mit, es war mitten im Wald, und ich war drei Wochen mit dort, ich fühlte mich richtig elend; er war den ganzen Tag weg, und es gab keine Nachbarn – ich saß meilenweit von der Stadt entfernt im Wald, und niemand war in der Nähe. Es war einfach schrecklich – niemand außer Tommy, und abends waren noch Vorlesungen, es war wie in einem Labor, wirklich, und abends ging er in die Vorlesung, und eines Tages rief ich zu Hause an und sagte: „Schickt mir das Geld, ich kann es hier nicht mehr aushalten", und ich ging nach Hause, eigentlich nur für eine Woche, aber ich blieb dann zwei Wochen weg, und dann kam ich zurück, und wir machten einen kurzen Besuch in Kansas, und dann nahm ich Tommy wieder mit zurück, um Gesellschaft zu haben.
Frage: Fühlten Sie sich nicht ganz schön unbehaglich, als Sie ihn verließen?
Mrs. Wagner: Als ich zu Hause ankam, hatte ich große Sehnsucht nach ihm. Ich hatte auch Angst, aber als ich zurückkehrte, dachte ich, vielleicht kommen wir gut miteinander aus, und ich glaube, am ersten Tag war es auch so, aber am nächsten Tag waren wir schon wieder im alten Fahrwasser. Ich hatte das Gefühl, daß es ganz sinnlos gewesen war, zurückzukommen.
Frage: Ich glaube, selbst wenn die Menschen Mauern um sich errichten, kommunizieren sie doch in anderer Weise weiter, solange sie in Kontakt miteinander sind. Und ich glaube, daß das dazugehört, nicht wahr, das Gefühl, das heute durchkommt, daß Sie doch sehr starken Kontakt miteinander haben. Sie untersuchen doch im Gespräch eine Menge Dinge miteinander. Sie unterbrechen einander vielleicht, und Sie unterbrechen ihn mehr als er Sie ...
Mrs. Wagner: Oh, ganz sicher.
Frage: Und so weiter, aber es steckt doch eine Menge Kommunikation schon in der Art, in der Sie einander ansehen und sich über bestimmte Dinge unterhalten, wie Sie Ihren Körper und Ihre Augen benutzen und so weiter ..., in dem, was in Familien so vorgeht, und das ist eine Form der Kommunikation, die wir gewöhnlich gar nicht weiter hervorheben oder beachten. Diese Art der Anteilnahme ist durchaus auch dann vorhanden, wenn Sie gerade furchtbar wütend wegen des Abfalleimers oder wegen gewisser Regeln sind; es gehen nebenher eben noch andere Dinge vor sich, und ich denke, das sind die Dinge, die sich sowohl in Ihrer Beziehung Tommy gegenüber als auch in Ihrer gegenseitigen Beziehung zeigen.

Es steckt ja keine Feindschaft in Ihrem Zorn, der Zorn ist eigentlich gar nicht ... er ist zwar schmerzlich, aber ich habe es nicht so empfunden, daß er Sie denken läßt: „Ich bring' dich um!"
Mr. Wagner: Er war eher – eher unecht.
Mrs. Wagner: Nein, er tat vor allem weh, mehr als alles andere. Als ich nach Hause kam, nachdem ich ihn verlassen hatte, war ich nicht wütend auf ihn; ich war krank, ich fühlte mich richtig elend. Ich war schrecklich einsam, weil er nicht da war. Die Telefonrechnung meiner Mutter belief sich auf 40 Dollars in diesen zwei Wochen, in nur zwei Wochen!! Wir haben immerzu hin- und hertelefoniert. Aber wir sind zum gleichen alten Muster wieder zurückgekehrt. Es war eine ungesunde Atmosphäre, als ich ging, und ich kehrte in die gleiche Atmosphäre zurück. Keiner von uns hatte sich in diesen zwei Wochen geändert.
Frage: Sie haben von den Dingen gesprochen, bei denen Sie sich nicht gegenseitig aufeinander verlassen konnten, etwa die Sache mit dem Mülleimer, und ich würde gerne wissen, in bezug auf welche Dinge sich jetzt jeder von Ihnen auf den anderen verlassen kann.
Minuchin: Wie helfen Sie sich gegenseitig?
Mrs. Wagner: Jetzt? Ich glaube ... verglichen mit anderen könnte ich mir keinen besseren Ehemann und keinen besseren Versorger wünschen; er ist sehr hilfsbereit; es gibt nichts, was er nicht für mich tun würde, soweit es ...
Mr. Wagner: Das war etwas, was wir untereinander ausmachen mußten ...
Mrs. Wagner: Früher hat er niemals etwas aus eigenem Antrieb gemacht, aber jetzt kann ich ihn gar nicht halten. Er hilft mir – er ist immerzu dran. Natürlich, das ist gekommen, nachdem er sich daran gewöhnt hatte, verheiratet zu sein; als er endlich glücklich und zufrieden war, hat es ihm Spaß gemacht, auch eine nette Wohnung zu haben und all das.
Mr. Wagner: Im College mußte ich solche Dinge eben niemals tun, weil du immer alles gemacht hast, also habe ich mich sowieso nicht darum gekümmert. Ich habe immer gesagt: „Ich mache es später schon noch!" Dann konnte ich ziemlich sicher sein, daß du es tun würdest.

Die Veränderung im Verhalten des Ehemannes ist von einer entsprechenden Veränderung in der Interaktion der Ehefrau mit ihm begleitet. Oder verhält sich die Sache umgekehrt?

Frage: Da ist noch etwas, was in diesem Zusammenhang sehr auffällig ist. Dr. Minuchin hat schon einmal darauf hingewiesen. Und zwar reagiert Mrs. Wagner wie ein Gefühlsbarometer, und gewöhnlich gleicht Mr. Wagner das durch eine sehr logische Sicht der Dinge aus. Das heißt, Mrs. Wagner fügt der logischen Interpretation Vitalität und Leben hinzu, und andererseits wird auch vieles gedämpft. In diesem Fall kann die Sache gut gehen, aber wir wissen auch, daß es viele Paare mit der gleichen Rollentrennung gibt, bei denen immer der eine den Denkprozeß und der andere den gefühlsmäßigen Part übernimmt, und diese Menschen können nicht als Team zusammenarbeiten ... Das heißt, wir haben es hier noch mit einer anderen Qualität zu tun. Wenn diese Qualität vorhanden ist, arbeiten die beiden wunderbar zusammen, wie Sie ja schon sagten. Wahrscheinlich haben wir hier keine so einfache Fragmentierung, wie ich sie jetzt beschreibe, denn ich glaube, Sie beide tun beides, und es sind vielleicht mehr Überschneidungen im Spiel als wir glauben.

Minuchin: Nun ja, jahrelang ging es ja nicht gut. Ich glaube, einen der Gründe dafür müssen wir wohl in Marks mangelnder Ehebereitschaft sehen, oder? Sie blieben einfach länger „ledig" als Ihre Frau.

Mr. Wagner: Oh, viel länger, das stimmt. Für sie war ich ein Alleswisser, und wenn sie mich so nannte, dann ging mir das gegen den Strich. Ich habe nicht einmal den Versuch gemacht, über irgendetwas mit ihr zu reden. Und damit war es auch schon aus, und wir konnten uns niemals auf irgendetwas einigen. Ich habe etwas gesagt oder vorgeschlagen, und vielleicht war ich dabei etwas anmaßend, und dann hat sie gesagt: „Du weißt es ja sowieso immer am besten", und dann war es eben schon aus. Ich mußte lernen, auch mal etwas hinzunehmen und mich etwas zu bewegen und nachzugeben. Sie haben gehört, daß jemand hier sagte, daß sie mich mehr unterbricht als ich sie. Vor ein oder zwei Jahren war es noch genau andersherum.

Mrs. Wagner: Tatsächlich hat Mark gewissermaßen das Monopol, wenn wir ein normales Gespräch führen. Ich war ... ich muß ihn gewöhnlich unterbrechen, um auch etwas sagen zu können. Wenn er erst mal loslegt, kann ich tatsächlich nichts einwerfen. In dieser Hinsicht ist er immer noch in seiner Welt. Man sagt etwas – und sei es auch nur, daß man das gleiche Interesse an einer Sache bekunden will wie er –, aber nein, man kann kein Wort anbringen.

Frage: Ich möchte gerne wissen, was von den Dingen, die heute hier vorgegangen sind, Bedeutung für Sie beide hatte, unterschiedliche Bedeutung.

Mr. Wagner: Ein paar Dinge. Er hat etwas gesagt, was vielleicht in Wahrheit nicht so wichtig ist. Er hat festgestellt, daß ich in unserer Beziehung zum Untertreiben

neige. Sie tendiert in die andere Richtung, und ich habe das niemals so gesehen, zumindest nicht wissentlich. Ich wäge immer, was sie sagt.
Mrs. Wagner: Um mich vor mir selbst zu schützen.
Mr. Wagner: Manchmal glaube ich, sie sagt absichtlich etwas Falsches.
Mrs. Wagner: Das stimmt.
Mr. Wagner: Sie geht zu weit. Sie macht eine himmelschreiende Verallgemeinerung – päng! Und dann sage ich: „Ja, schön, aber . . ." So bin ich nun mal, ob das nun gut oder schlecht ist.
Frage: Worin bestand denn nun die dramatische Veränderung, durch die Sie sich einbeziehen ließen?
Mr. Wagner: Oh, ich glaube nicht, daß es so eine dramatische Veränderung war – ich glaube, wenn man tiefer sieht, war es gar nicht so eine schlechte Beziehung. Es waren diese kleinen Dinge, die Hartnäckigkeit – diese gewissen Dinge, die nie zusammen passen, die an der Oberfläche einander immer entgegenstehen, und das hat eine Menge Kommunikation blockiert, die sonst möglich gewesen wäre, aber wir haben uns doch noch verständigt. Wie Sie sagen – es war eine andere Form der Kommunikation.
Mrs. Wagner: Es gibt noch immer Tage, an denen wir uns nicht ausstehen können, und das ist nur normal.
Mr. Wagner: In bezug auf Tommy hat gar keine richtige Veränderung stattgefunden, ich meine Tommy als einen Menschen, der jetzt vielleicht als Mittler zwischen uns stehen würde. Es hat sich etwas geändert in unserem Austausch bezüglich der Kindererziehung, aber das war eben das Ergebnis der allgemeinen Fähigkeit zum Austausch, die wir inzwischen erworben haben, und daraus sind eine Menge Dinge erwachsen.
Frage: Können Sie zu diesen anderen Dingen etwas sagen?
Mr. Wagner: Ich bin zum Beispiel wohl etwas laxer in bezug auf Tommys Erziehung. Wenn ein Kind „nein" sagt, dann ist das für mich nichts Schreckliches. Ich versuche ihm zu erklären, daß er nicht einfach „nein" sagen soll. In diesem Punkt ist sie etwas anders. Wenn man „nein" sagt, zack, dann kriegt man eine. Zu ihr sagt man nicht einfach „nein". Da gehen unsere Meinungen etwas auseinander. Ich denke aber doch, daß sie vielleicht genau so recht hat wie ich, und so lange er es hinnimmt, akzeptiert sie meine Art, und ich akzeptiere ihre Art. Früher war das ein Streitpunkt, es gab keinen Austausch darüber, es ging nur entweder so herum oder anders herum. Heute ist es eine Art Kompromiß zwischen uns beiden. Wir haben die Methoden des jeweils anderen übernommen, zumindest stärker als

früher. Das ist das, was ich dazu sagen kann. Man kann es noch anders ausdrücken: Wenn zwei Menschen beschließen, sich zu ändern, dann ist es eine andere Sache, wenn der eine es tut und der andere es dann doch nicht tut. Wir haben uns darauf geeinigt, uns zu ändern. Ich glaube, sie hat schon lange auf eine Veränderung gewartet, bevor ich endlich beschlossen hatte, daß ich die Veränderung auch wollte, sie hat diesen Wandel herbeigesehnt, hat gewissermaßen darauf gewartet, und als ich dann beschloß, etwas zu ändern, und mich daran machte, da war es leicht für sie, mir durch all das hindurch zu folgen. Sie hatte die Richtung bereits eingestellt, wenn Sie verstehen, was ich meine.

3 Ein Modell der Familie

Der Mensch lebt von jeher in Gruppen und ist für das Zusammenleben mit seinesgleichen eingerichtet. Die wichtigsten Bedürfnisse des Säuglings richten sich auf eine mütterliche Figur, die ihn nährt, beschützt und lehrt. Darüberhinaus lebt der Mensch in allen Gesellschaften dadurch, daß er bestimmten sozialen Aggregaten angehört. In den verschiedenen Kulturen unterscheiden sich diese Aggregate in bezug auf ihre Organisation und Differenzierung. Primitive Gesellschaften begnügen sich mit großen Gruppierungen mit stabiler Funktionsteilung. Je komplexer die Gesellschaft wird und je mehr neue Fertigkeiten und Fähigkeiten sie von ihren Mitgliedern verlangt, desto stärker differenzieren sich auch die gesellschaftlichen Strukturen. Die moderne urban-industrielle Zivilisation richtet zwei einander entgegenstehende Forderungen an den Menschen: Sie verlangt nach hoher Spezialisierung bei gleichzeitig rascher Anpassung an eine sich ständig wandelnde sozioökonomische Szene. Die Familie hat von jeher die gleichen Wandlungen erfahren, wie sie in der Gesellschaft vor sich gegangen sind. Sie hat die Funktionen von Schutz und Sozialisation ihrer Mitglieder je nach den Anforderungen der jeweiligen Kultur übernommen oder abgegeben. So betrachtet dienen die Funktionen der Familie zwei unterschiedlichen Zwecken. Der eine ist nach innen gerichtet – der psychosoziale Schutz der Mitglieder –, der andere nach außen – die Anpassung an die jeweilige Kultur und die Weitergabe dieser Kultur.

Die urbane Industriegesellschaft hat sich mit Macht in die Familie hineingedrängt und hat viele Funktionen übernommen, die früher als Aufgaben der Familie galten. Die Alten leben heute für sich, in Altenheimen oder in speziell für ältere Bürger geschaffenen Wohnanlagen. Ihre wirtschaftliche Erhaltung wird auf dem Weg über die Sozialversicherung und die Wohlfahrtseinrichtungen von der Gesellschaft übernommen. Die jungen Mitglieder werden durch die Schule, die Massenmedien und ihre Peers erzogen. Der Wert dessen, was traditionell Frauenarbeit war, ist durch die moderne Technologie drastisch beschnitten

worden; heute werden Aufgaben, die für das Überleben der Familieneinheit notwendig sind, als Plackerei angesehen, die von der Maschine besser erledigt wird. Wenn die Umstände eine außerhäusliche Tätigkeit beider Ehepartner ermöglichen oder gar erfordern, dann kann dies dazu führen, daß das außerfamiliale Netzwerk einen Konflikt zwischen den Ehegatten erhöht und verschärft.
Angesichts all dieser Veränderungen hält der moderne Mensch noch immer an einer Reihe von Werten fest, die einer anderen Gesellschaft zugehörten, einer Gesellschaft, in der die Grenzen zwischen Familie und außerfamilialer Welt noch deutlich abgesteckt waren. Diese Anlehnung an ein veraltetes Modell führt dazu, daß viele Situationen, die deutlich Übergangscharakter haben, als pathologisch und pathogen bezeichnet werden. Prüfstein und Kriterium allen Familienlebens ist noch immer jenes legendäre Wort „und so heirateten sie und lebten glücklich miteinander". Es ist nicht verwunderlich, daß heute keine Familie diesem Ideal noch voll entspricht.
Die westliche Welt befindet sich in einem Stadium des Überganges, und mit ihr wandelt sich die Familie, die sich stets der Gesellschaft anpassen muß. Gerade wegen der Schwierigkeiten des Übergangs aber ist die wichtigste psychosoziale Aufgabe der Familie – Schutz und Unterstützung ihrer Mitglieder – heute wichtiger denn je. Nur die Familie, die kleinste sozietale Einheit, kann im Wandel gleichzeitig soviel Kontinuität bewahren, daß sie Kinder aufzieht, die nicht „Fremde in einer fremden Welt", sondern fest genug verwurzelt sind, um zu wachsen und sich anzupassen.

Die Matrix der Identität

In allen Kulturen drückt die Familie ihren Mitgliedern den Stempel ihrer Individualität auf. Der Mensch erfährt seine Identität auf zweierlei Weise: Er empfindet ein Zugehörigkeitsgefühl und ein Gefühl des Abgetrenntseins. Das Laboratorium, in dem diese beiden Bestandteile der menschlichen Identität vermischt und zugeteilt werden, ist die Familie. Sie ist Schmelztiegel und Matrix der Identität.
Während der frühen Sozialisation formt und programmiert die Familie Verhalten und Identitätsgefühl des Kindes. Das Gefühl seiner Zugehörigkeit entsteht für das Kind durch seine Anpassung an die familialen Gruppen und durch seine Übernahme der transaktionalen Muster in der familialen Struktur, die sich durch die

unterschiedlichen Lebenserfahrungen und Ereignisse hindurch gleich erhalten. Tommy Wagner ist ein Wagner, und er wird zeit seines Lebens der Sohn von Emily und Mark bleiben. Das ist ein bedeutsamer Faktor in seinem Dasein. Daß Mark Toms Vater ist, bildet einen bedeutsamen Faktor in Marks Leben, ebenso wie die Tatsache, daß er der Ehemann von Emily ist. Das Identitätsgefühl jedes einzelnen Familienmitgliedes wird durch sein Gefühl der Zugehörigkeit zu einer ganz bestimmten Familie beeinflußt.

Das Gefühl des Abgetrenntseins und der individuellen Existenz entwickelt sich durch die Beteiligung an unterschiedlichen familialen Subsystemen in unterschiedlichen familialen Kontexten und durch die Beteiligung an extrafamilialen Gruppen. Gleichzeitig mit dem Prozeß, durch den das Kind und die Familie zusammenwachsen, markiert die Anpassung der Familie an die Bedürfnisse des Kindes gewisse autonome Bereiche, die das Kind als Abgetrenntsein empfindet. Für das betreffende einzelne Kind wird ein psychologisches und transaktionales Territorium abgesteckt. Der Mensch „Tom" zu sein ist etwas anderes als „ein Wagner" zu sein.

Aber das Identitätsgefühl jedes Menschen wird von seinem Gefühl der Zugehörigkeit zu unterschiedlichen Gruppen beeinflußt. Teil der Identität von Mark Wagner ist die Tatsache, daß er der Vater von Tom und der Ehemann von Emily wie auch der Sohn seiner Eltern ist. Die Komponenten, die das Identitätsgefühl eines Menschen ausmachen, wandeln sich und bleiben dennoch konstant. Roger Barker schreibt: „Die psychologische Person, die Aufsätze schreibt, Punkte sammelt und Straßen überquert, steht als identifizierbare Einheit zwischen unstabilen inneren Bestandteilen und äußeren Kontexten, mit denen sie jeweils verbunden und von denen sie dennoch gleichzeitig in profunder Weise getrennt ist"[1]. Die psychologische Person, die eine separate Einheit bildet, ist mit äußeren Kontexten verbunden.

Obwohl die Familie die Matrix für die psychosoziale Entfaltung ihrer Mitglieder bildet, muß sie sich doch gleichzeitig an die Gesellschaft anpassen und für die Kontinuität von deren Kultur sorgen. Diese sozietale Funktion ist die Quelle der Angriffe, denen sich die Familie heute in Amerika ausgesetzt sieht. Die amerikanische Gesellschaft wandelt sich, und viele Gruppen innerhalb dieser Gesellschaft wollen den Wandel beschleunigen. Diese Gruppen betrachten die Familie ganz zu Recht als konservatives Element und als Quelle der Stagnation. Angriffe auf die Familie sind typisch für revolutionäre Epochen. Christus forderte seine Jünger auf, ihre Eltern und Familien zu verlassen und ihm nachzufolgen. Die Revolutionen in Frankreich, Rußland und China untergruben alle die traditionelle Familienstruktur in diesen Ländern in dem Versuch, auf dem Weg zu einer neuen sozialen Ordnung rascher voranzuschreiten. Das israelische Kibbuz ist ein weiteres Beispiel für den gleichen sozialen Prozeß.

Die russische Familiengesetzgebung während und nach der Revolution illustriert diesen Prozeß. In den zwanziger Jahren waren die Gesetze über Heirat, Scheidung und Abtreibung darauf gerichtet, die Familie aufzulösen. Ein Jahrzehnt später aber, als Rußland bereits dem Kristallisationspunkt seiner neu etablierten sozietalen Normen nahe war, wurden die Gesetze wieder geändert und unterstützten nun die Kontinuität der Familie[2].

Ähnlich verhält es sich mit den israelischen Kibbuzim, die heute wieder dazu neigen, die Funktionen der Kernfamilie innerhalb des Kibbuz zu erweitern. In vielen Kibbuzim bleiben die kleinen Kinder nun wieder im gleichen Raum mit ihren Eltern, und sie leben länger mit diesen zusammen, bevor sie in das Kinderheim aufgenommen werden.

Jede eingehende Betrachtung der Familie muß sich auch mit ihrem Verhältnis zur Gesellschaft befassen. Die Kernfamilie, die zumindest theoretisch in der amerikanischen Mittelschicht die Norm darstellt, ist eine neuere Entwicklung. Noch heute ist sie sehr weitgehend auf die urbanen industrialisierten Gesellschaften beschränkt. Die Ansichten bezüglich der Funktionen der Familie wandeln sich, wenn die Gesellschaft sich wandelt. Bis vor 400 Jahren wurde die Familie nicht als kinderaufziehende Einheit betrachtet, und erst sehr viel später wurden Kinder als eigenständige Individuen angesehen.[3]

Heute befindet sich die amerikanische Familie ebenso wie die amerikanische Gesellschaft in einer Periode des Übergangs. Und ebenso wie die Gesellschaft befindet sich die Familie, die die Gesellschaft ja „weitergibt", unter Beschuß. Dafür ein Beispiel: Ein zwölfstündiges allgemeinbildendes Fernsehprogramm mit dem Titel „An American Family" zeigte das Leben der Familie Loud in seinem täglichen Ablauf, in den Beziehungen am Arbeitsplatz, in der Schule, mit den Schwiegerverwandten und den Freunden. Es gab Stimmen, die diese Serie als einen mittels der Massenmedien erzielten Durchbruch in der Kommunikation lautstark begrüßten und von ihrer anthropologischen Signifikanz sprachen. Andere dagegen kritisierten die Stumpfsinnigkeit der Darstellung des familiären Lebens. Eine signifikante kritische Gruppe trat in Gestalt der Familie Loud selbst auf. In unabhängig von der Serie ausgestrahlten Fernsehsendungen versuchten sie einem Zuhörerkreis von mehreren Millionen die Botschaft zu vermitteln, daß sie sich so porträtiert selbst nicht mochten. Sie wiesen darauf hin, daß sie als Familie sehr viel mehr seien als das, was hier gezeigt würde. In Wahrheit war das, was die amerikanischen Zuschauer sahen, die Ansicht des Produzenten. Unter dem Einfluß der gängigen Vorstellungen von der Familie hatte er Exzerpte gewählt und in besonderes Licht getaucht, die diese Ansichten exemplifizierten. Ähnlich verzerrt waren auch die Beiträge der Kameraleute und der übrigen Beteiligten, die Ausschnitte herstellten, Nahaufnahmen selektiv brachten und das herausstellten, was sie für die relevanten Aspekte der Familie hielten. Die Amerikaner sahen also eine amerikanische Familie, die ihnen im Einklang mit den augenblicklich gängigen kulturellen Ansichten von der Familie präsentiert wurde.

Die Angriffe gegen die Familie kommen aus verschiedenen Richtungen. Sie stammen unter anderem von den intellektuellen Führern der Bewegung der Gegenkultur und von Gruppen junger Leute, die mit kommuneähnlichen Formen der Familienorganisation und der Kinderaufzucht experimentieren. Auf psychiatrischem Gebiet sind R. D. Laing und seine Anhänger von Einfluß gewesen, was das Bild der Familie als des böswilligen Programmierers von Psychosen und, schlimmer noch, der „normalen" Erwachsenen betrifft, die unsere Welt bevölkern.[4] Auch die junge feministische Bewegung hat die Familie angegriffen und sie als Schützengraben des männlichen Chauvinismus bezeichnet. Ihre Vertreterinnen sehen die Kernfamilie als eine Organisation, die nicht umhin kann, kleine Mädchen zu produzieren, die dazu erzogen werden, Ehefrauen im Puppenhaus zu sein, und kleine Jungen hervorzubringen, die in der gleichen Weise in veralteten Mustern gefangen sind.

Die Familie ändert sich, wenn die Gesellschaft sich ändert. Ihrem eigenen Wandel entsprechend wird die Gesellschaft wahrscheinlich extrafamiliale Strukturen entwickeln, mit deren Hilfe die Anpassung an neue Gedankengänge und neue soziale und ökonomische Realitäten gelingt. Unser Jahrzehnt erscheint als Übergangsperiode und kämpferische Epoche, in der die Veränderungen das Bedürfnis nach Strukturen entstehen lassen, die bisher noch nicht aufgetaucht sind. Die große Zahl von Familien, in denen beide Eltern außerhalb des Hauses arbeiten, hat beispielsweise die Notwendigkeit hervorgebracht, Tagesbetreuungsstätten in großem Ausmaß zu schaffen, die bisher noch nicht in genügender Zahl zur Verfügung stehen.

Auch die Kluft zwischen den Generationen ist ein Beispiel dafür, daß bestimmten Bedürfnissen noch nicht Rechnung getragen wird. Die Familie gibt die Aufgabe der Sozialisation der Kinder immer zeitiger ab. Schulen, Massenmedien und

Peergruppen übernehmen die Führung und Erziehung älterer Kinder. Aber noch hat die Gesellschaft keine angemessenen extrafamilialen Quellen der Sozialisation und Förderung entwickelt.

Die Gesellschaft der Masai besaß eine Halbwüchsigenkultur, die sehr weitgehend unabhängig war, aber bestimmte Aufgaben zugunsten der Gruppe erhielt und diese unter der permissiven Aufsicht der Kriegsleute des Stammes ausführte. Die Jugendlichen konnten auf diese Weise die altersgemäßen Prozesse der Trennung von ihren Familien und des beginnenden Selbständigwerdens durchleben, ohne von der Gesellschaft im Ganzen entfremdet zu werden. Die Jugendgruppen in den israelischen Kibbuzim haben eine ähnliche Funktion. Die westliche Gesellschaft verfügt nicht über klar abgegrenzte Funktionen für ihre heranwachsenden Mitglieder. Wenn die Familie ihre Kinder entläßt, dann entläßt sie sie in unzureichende stützende Systeme. Es verwundert nicht, daß pubertäre Identitätskrisen zu einer Reihe widersprüchlicher sozialer Phänomene geführt haben.[5]

Eine Veränderung geht immer von der Gesellschaft auf die Familie über, niemals von der kleineren auf die größere Einheit. Die Familie wandelt sich, aber sie bleibt auch erhalten, weil sie die geeignetste menschliche Einheit in einer Gesellschaft darstellt, die sich im raschen Wandel befindet. Je mehr Flexibilität und Anpassungsvermögen die Gesellschaft von ihren Mitgliedern fordert, desto wichtiger wird die Familie als Matrix der psychosozialen Entwicklung.

So wie die Familie im generischen Sinne sich den historischen Umständen anpaßt und sich wandelt, so paßt sich auch die individuelle Familie ständig an. Die Familie ist ein offenes System in Transformation, das heißt, sie empfängt und sendet ständig Impulse von der extrafamilialen Umwelt und in die extrafamiliale Umwelt, und sie paßt sich den unterschiedlichen Forderungen an, die in den einzelnen Entwicklungsstadien an sie herantreten.

Ihre Aufgaben sind nicht einfach. Die Wagners veranschaulichen mit all den Schwierigkeiten, die sie bei der Bildung ihrer Familie und der Geburt ihres Kindes erfahren haben, die Belastungen, denen jede normale Familie ausgesetzt ist. Dennoch besagt das vorherrschende idealisierte Bild der normalen Familie, daß sie keine Belastungen kennt. Trotz der soziologischen und anthropologischen Untersuchungen der Familie kann sich der Mythos von der friedlichen Normalität behaupten und wird durch zweidimensionale Darstellungen gestützt. Dieses Bild von Menschen, die in Harmonie miteinander leben, die von außen kommenden Anstöße meistern, ohne sich davon beunruhigen zu lassen, und stets miteinander kooperieren, zerfällt in dem Augenblick, in dem man eine beliebige Familie mit ihren ganz gewöhnlichen Problemen und Schwierigkeiten betrachtet. Deshalb ist es alarmierend, daß es Therapeuten gibt, die dennoch unbeirrt an diesem Standard festhalten und ihre Klientenfamilien an einem solchermaßen idealisierten Bild messen. Freud hat darauf hingewiesen, daß neurotische Muster durch die Behandlung in alltägliche Nöte und Schmerzen umgewandelt werden. Seine Bemerkung gilt in gleicher Weise für die Familientherapie.

Da sich die normale Familie von der abnormen Familie nicht dadurch unterscheiden läßt, daß sie etwa keine Schwierigkeiten hätte, muß der Therapeut ein begriffliches Schema von der Funktionsweise der Familie besitzen, das ihm bei der Analyse des einzelnen Falles hilft. Ein solches Schema, das auf der Betrachtung der Familie als eines Systems aufbaut, das innerhalb spezifischer sozialer Kontexte wirksam ist, besteht aus drei Komponenten. Erstens: Die Struktur der Familie ist die eines offenen soziokulturellen Systems, das sich in Transformation befindet. Zweitens: Die Familie durchläuft eine Entwicklung und geht durch eine Reihe von Stadien hindurch, die jeweils eine Neustrukturierung erforderlich machen. Drittens: Die Familie paßt sich veränderten Umständen an, um gerade auf diese Weise ihre Kontinuität wahren und die Entwicklung aller ihrer Mitglieder fördern zu können. Das Interview mit den Wagners war daraufhin angelegt, die zweite Komponente dieses Schemas, nämlich die Entwicklungsstadien, deutlich zu machen, wobei die dazwischengestreuten Kommentare jeweils eher allgemeine Aspekte der Familienentwicklung behandelten. Die Familienstruktur und das Thema der Anpassung müssen hier noch weiter diskutiert werden.

Die Familienstruktur

Die Familienstruktur ergibt sich aus den unsichtbaren funktionalen Forderungen, die in ihrer Gesamtheit die Art der Interaktionen der Familienmitglieder organisieren. Eine Familie ist ein System, das mit Hilfe von transaktionalen Mustern operiert. Wiederholte Transaktionen führen ihrerseits zu Mustern, was die Art, den Zeitpunkt und das Objekt des Kontaktes betrifft, und diese Muster stützen und erhalten das System. Wenn eine Mutter ihrem Kind sagt, es solle jetzt seinen Saft trinken, und das Kind gehorcht, dann wird durch diese Interaktion festgelegt, wer sie gegenüber dem Kind und wer das Kind gegenüber der Mutter ist, und zwar innerhalb des gegebenen Kontextes und zu diesem gegebenen Zeitpunkt. Wiederholte Operationen nach diesem Schema bilden dann ein transaktionales Muster.

Während des Interviews beschreiben die Wagners viele derartige Muster. Emily plant in der Regel das, was am Samstag getan werden soll, aber nur ein sehr wichtiges Ereignis könnte sie dazu veranlassen, den Angelausflug ihres Mannes am Sonntag zu gefährden. In ihrer Ursprungsfamilie war Emily in eine gegen ihren Vater gerichtete Koalition mit ihrer Mutter verwickelt; die Mutter ermutigte die Tochter zum Ungehorsam gegenüber dem Vater, der seinerseits die Tochter attackierte, wenn er eigentlich auf die Mutter zornig war.

Transaktionale Muster regulieren das Verhalten der Familienmitglieder. Sie werden durch zwei einschränkende Systeme aufrechterhalten. Das erste ist generischer Art und umfaßt die universalen Regeln, die die Familienorganisation lenken. Es muß beispielsweise eine Machthierarchie in der Familie geben; Eltern und Kinder besitzen innerhalb dieser Hierarchie jeweils unterschiedliche Autorität. Es muß auch ein ausgewogenes Verhältnis hinsichtlich der Funktionen vorhanden sein, und Mann und Frau müssen ihre Interdependenz akzeptieren und als Team zusammenarbeiten.

Das zweite einschränkende System ist „idiosynkratischer" Art, das heißt es ergibt sich aus charakteristischen Eigenarten, Veranlagungen und Neigungen. Es umfaßt die gegenseitigen Erwartungen der jeweiligen Familienmitglieder. Der Ursprung dieser Erwartungen liegt in den jahrelangen expliziten und impliziten Verhandlungen unter den einzelnen Mitgliedern der Familie begraben, die sich häufig auf alltägliche Kleinigkeiten bezogen. Oft ist der ursprüngliche Kontrakt längst in Vergessenheit geraten, und vielleicht ist er sogar niemals explizit aufgestellt worden. Aber die Muster sind geblieben, sozusagen automatisch auslösbar, als eine Sache, an die sich alle gewöhnt haben und die dem zufriedenstellenden Vollzug der Funktionen dient.

So erhält sich das System selbst. Es leistet Widerstand gegenüber Veränderungsanforderungen, die einen bestimmten Rahmen überschreiten, und hält die bewährten Muster so lange wie möglich aufrecht. Es sind auch alternative Muster innerhalb des Systems vorhanden. Aber jede Abweichung, die die Toleranzschwelle des Systems überschreitet, löst Mechanismen aus, die den gewohnten Rahmen wieder herstellen. Wenn es zum Ungleichgewicht innerhalb des Systems kommt, dann empfinden einzelne Familienmitglieder in der Regel, daß andere Mitglieder ihre Verpflichtungen nicht erfüllen. Dann wird die Familienloyalität beschworen, und es kommen Manöver in Gang, die Schuldgefühle auslösen.[6]

Aber die Familienstruktur muß in der Lage sein, sich anzupassen, wenn die Umstände sich wandeln. Die fortgesetzte Existenz der Familie als System hängt davon ab, daß eine genügend große Bandbreite von Mustern vorhanden ist, daß alternative transaktionale Muster zugänglich sind und das System flexibel genug ist, sie im Bedarfsfall zu mobilisieren. Die Familie muß auf innere und auf äußere Veränderungen reagieren, und daher muß sie auch in der Lage sein, sich in einer Weise zu transformieren, die den neuen Umständen Rechnung trägt, ohne dabei die Kontinuität zu verlieren, die ihren Mitgliedern den Bezugsrahmen liefert.

Das Familiensystem differenziert und vollzieht seine Funktionen durch seine Subsysteme. Die einzelnen Individuen bilden Subsysteme innerhalb der Familie. Dyaden wie die Einheit von Mann und Frau oder von Mutter und Kind können Subsysteme sein. Subsysteme können auf der Grundlage der Generation, des Geschlechtes, der Interessen oder der Funktionen gebildet werden.

Jedes Individuum gehört verschiedenen Subsystemen an, in denen es jeweils unterschiedliche Macht besitzt und differenzierte Fertigkeiten erwirbt. Ein Mann kann Sohn, Neffe, älterer Bruder, jüngerer Bruder, Ehemann, Vater und so weiter sein. In unterschiedlichen Subsystemen tritt er in unterschiedliche komplementäre Beziehungen ein. Die Menschen fügen sich wie die Teile eines Kaleidoskops zusammen, um die Gegenseitigkeit zu erreichen, die ihren Umgang miteinander ermöglicht. Das Kind muß wie ein Sohn handeln, während sein Vater wie ein Vater handelt; und wenn das Kind das tut, dann muß es auf die Art von Macht verzichten, die es in der Interaktion mit seinem jüngeren Bruder innehat. Die Organisation der Subsysteme in einer Familie ist ein wichtiges Hilfsmittel für die immerwährende Einübung und Ausübung des differenzierten „Ich bin“ im Rahmen der zwischenmenschlichen Begegnungen auf unterschiedlichen Ebenen.

Abb. 2	M	(exekutives Subsystem)
	- - - - -	
	Kinder	(geschwisterliches Subsystem)
Abb. 3	M und EK	(exekutives Subsystem)
	- - - - - - - -	
	übrige Kinder	(geschwisterliches Subsystem)

Grenzen. Die Grenzen eines Subsystems sind die Regeln, die darüber bestimmen, wer an diesem Subsystem beteiligt ist und wie seine Beteiligung aussieht. Die Grenze um das elterliche Subsystem wird beispielsweise dadurch definiert, daß eine Mutter (M) zu ihrem älteren Kind sagt: „Du bist doch nicht die Mutter deines Bruders. Wenn er wirklich mit dem Fahrrad mitten auf der Straße fährt, dann sag

es *mir*, und *ich* werde es ihm verbieten“ (Abb. 2). Wenn das elterliche Subsystem ein sogenanntes „Elternkind“ (EK) einschließt, dann wird die Grenze durch die folgenden Worte der Mutter an die Kinder definiert: „Bis ich vom Einkaufen wiederkomme, hat Annie die Verantwortung“ (Abb. 3).
Grenzen haben die Funktion, die Differenzierung des Systems zu bewahren. Jedes familiale Subsystem hat seine spezifischen Funktionen und stellt spezifische Anforderungen an seine Mitglieder; und die Entwicklung derjenigen interpersonalen Fertigkeiten, die in diesen Subsystemen erworben werden, kann nur gelingen, wenn andere Subsysteme dabei nicht interferieren. So erfordert beispielsweise die Fähigkeit der Ehegatten zur komplementären Anpassung aneinander die Nichteinmischung von seiten der Schwiegerverwandten und der Kinder oder auch von seiten der extrafamilialen Welt. Geschick im Umgang und in der Verhandlung mit Peerfiguren – Fertigkeiten also, die unter Geschwistern erlernt werden – kann nur erworben werden, wenn die Eltern nicht interferieren.

Schlüssel zu den Abbildungen 2–48

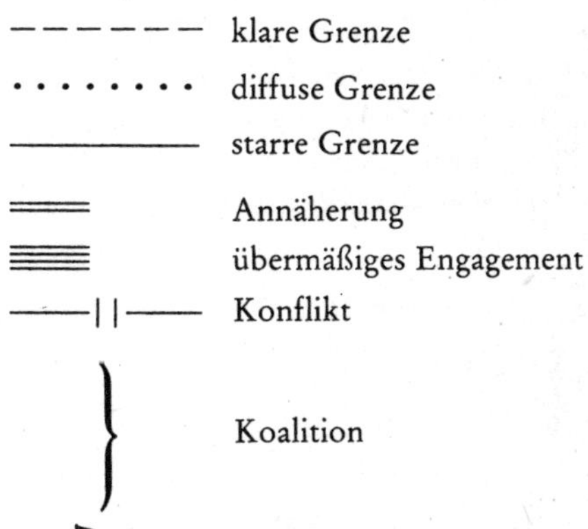

Damit die Familie angemessen funktionieren kann, müssen die Grenzen der Subsysteme deutlich sein. Sie müssen so gut abgesteckt sein, daß die Mitglieder des jeweiligen Subsystems ihre Funktionen ohne unzulässige Einmischung von außen vollziehen können, aber sie müssen auch den Kontakt zwischen den Mitgliedern

des Subsystems und Außenstehenden ermöglichen. Die Zusammensetzung der Subsysteme, die sich rund um die Funktionen der Familie organisiert haben, ist nicht annähernd so wichtig wie die Klarheit der Grenzen, die ein Subsystem umgeben. Ein parentales Subsystem, dem eine Großmutter oder ein „Elternkind“ angehört, kann durchaus angemessen funktionieren, solange das Ausmaß der jeweiligen Verantwortung und Autorität deutlich sichtbar ist.
Die Klarheit der Grenzen innerhalb einer Familie ist ein nützlicher Indikator für die Beurteilung des Funktionierens der Familie. Manche Familien wenden sich ganz sich selbst zu und schaffen sich ihren eigenen Mikrokosmos, und damit nehmen Kommunikation und wechselseitige Anteilnahme unter den Familienmitgliedern zu. Die Folge ist, daß die Distanzen geringer werden und die Grenzen sich verwischen. Die Differenzierung des Systems schwindet. Ein solches System kann allmählich allzu stark belastet sein und wird dann nicht mehr die Ressourcen aufbringen, die notwendig sind, um sich belastenden Umständen anzupassen und sich zu wandeln. Andere Familien entwickeln übermäßig starre Grenzen. Die Kommunikation über die einzelnen Subsysteme hinweg wird schwierig, und die protektiven Funktionen der Familie werden behindert. Diese beiden Extreme der Handhabung der Grenzen werden als „Verstrickung“ bzw. als „Loslösung“ bezeichnet. Wir können uns alle Familien als an irgendeinem Punkt dieses Kontinuums angesiedelt vorstellen, dessen Pole die beiden Extreme der diffusen bzw. der übermäßig starren Grenzen bilden (Abb. 4). Die meisten Familien sind dabei innerhalb des weiten Bereichs des Normalen anzutreffen.

Abb. 4

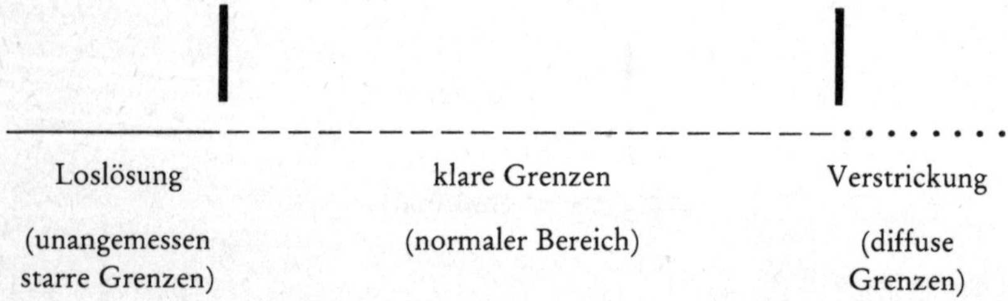

„Verstrickung“ bzw. „Loslösung“ beziehen sich auf einen transaktionalen Stil oder auf die Bevorzugung einer bestimmten Art der Interaktion, nicht auf einen qualitativen Unterschied zwischen Funktionalität und Dysfunktionalität. Die meisten Familien haben sowohl verstrickte als auch losgelöste Subsysteme. Das Mutter-Kind-Subsystem tendiert in der Regel zur Verstrickung, solange die Kinder noch klein sind, und der Vater nimmt dann unter Umständen eine losgelöste Position gegenüber den Kindern ein. Die Mutter und die kleineren Kinder können untereinander so verstrickt sein, daß der Vater ihnen gegenüber eine Figur an der Peripherie bleibt, während er sich mit den älteren Kindern wieder stärker engagiert. Ein Eltern-Kind-Subsystem kann sich in Richtung auf die Loslösung bewegen, wenn die Kinder älter werden und sich allmählich von der Familie trennen.

Operationen in der Nähe der Extreme allerdings deuten Bereiche möglichen pathologischen Geschehens an. Ein stark verstricktes Subsystem aus Mutter und Kindern kann beispielsweise den Vater ganz ausschließen, der sich dann in extremem Ausmaß löst. Die daraus resultierende Untergrabung der Unabhängigkeit der Kinder kann eine bedeutsame Rolle bei der Entstehung von Symptomen spielen.

Mitglieder verstrickter Subsysteme oder verstrickter Familien sind insofern beeinträchtigt, als das stark ausgeprägte Zugehörigkeitsgefühl ihre Autonomie beschneidet. Die mangelnde Differenzierung innerhalb des Subsystems ist der autonomen Erkundung und Bewältigung von Problemen hinderlich. Besonders bei Kindern werden dadurch die kognitiv-affektiven Fähigkeiten beschnitten. Mitglieder „losgelöster" Subsysteme oder Familien können dagegen autonom funktionieren, aber ihr Bewußtsein der eigenen Unabhängigkeit ist nicht im Lot; ihre Loyalität und ihr Zugehörigkeitsgefühl sind schlecht ausgebildet; die Interdependenz wird von ihnen nicht erkannt und nicht genutzt; sie können nicht um Unterstützung bitten, wenn sie nötig ist.

Mit anderen Worten, ein System, das nahe am Extrem der „Losgelöstheit" angesiedelt ist, toleriert weitreichende individuelle Variationen seiner Mitglieder. Aber Belastungen, die ein Mitglied der Familie erfährt, können seine unangemessen starren Grenzen nicht überschreiten. Nur ein hohes Ausmaß individueller Belastung kann ein so starkes Echo erzeugen, daß die stützenden Systeme der Familie aktiviert werden. Am anderen Ende des Kontinuums, im Fall der extremen Verstrickung, gilt das Gegenteil. Das Verhalten eines Mitgliedes ist von unmittelbarem Einfluß auf die übrigen, und eine Belastung, die von einem einzelnen Mitglied empfunden wird, macht sich auch jenseits der Grenzen heftig bemerkbar und trifft in den übrigen Subsystemen auf Widerhall.

Beide Formen des Umgangs und der Interaktion führen zu Schwierigkeiten in der

Familie, wenn adaptive Mechanismen erweckt werden. Die verstrickte Familie reagiert auf jede Abweichung vom Altgewohnten ungewöhnlich schnell und intensiv. Die losgelöste Familie reagiert oft nicht, wenn eine Reaktion notwendig ist. Die Eltern in einer verstrickten Familie können in schreckliche Aufregung und Unruhe geraten, nur weil ein Kind seinen Nachtisch nicht essen mag. Die Eltern in einer losgelösten Familie kümmern sich möglicherweise überhaupt nicht darum, daß ihr Kind in der Schule todunglücklich ist. Der Therapeut fungiert häufig als Grenzenzieher, er macht diffuse Grenzen deutlich und unangemessen starre Grenzen durchlässiger. Seine kritische Betrachtung der familialen Subsysteme und der jeweiligen Ausgeprägtheit der Grenzen verschafft ihm rasch ein diagnostisches Bild der Familie, von dem er sich bei seinen therapeutischen Interventionen leiten läßt.

Das eheliche Subsystem. Das eheliche Subsystem entsteht, wenn zwei erwachsene Menschen verschiedenen Geschlechts sich zu dem ausdrücklichen Zweck zusammentun, eine Familie zu gründen. Das Subsystem hat spezifische Aufgaben oder Funktionen, die für das Funktionieren der Familie lebenswichtig sind. Die wichtigsten Fertigkeiten, die nötig sind, um diese Aufgaben in Gang zu setzen, sind die gegenseitige Ergänzung und die Anpassung der Partner aneinander. Das heißt, das Paar muß bestimmte Muster entwickeln, nach denen jeder Ehepartner den anderen in einer Vielzahl verschiedener Bereiche unterstützt. Diese Muster müssen komplementärer Natur sein, so daß jeder Ehegatte „nachgeben" kann ohne das Gefühl, „aufgegeben" zu haben. Beide müssen einen Teil ihrer Eigenständigkeit aufgeben, um an Zusammengehörigkeit zu gewinnen. Die Akzeptierung der wechselseitigen Interdependenz in einer symmetrischen Beziehung kann durch die Tatsache erschwert werden, daß die beiden Ehepartner jeweils auf ihren unabhängigen Rechten bestehen.

Das eheliche Subsystem kam zum Refugium vor äußeren Belastungen und zur Matrix für den Kontakt mit anderen sozialen Systemen werden. Es kann Lernerfahrungen, Kreativität und Wachstum begünstigen. Im Prozeß der gegenseitigen Anpassung können die Ehegatten kreative Momente im jeweiligen Partner zum Leben erwecken, die bis dahin ungenützt geblieben sind, und die besten Eigenschaften des anderen fördern. Aber ebenso kann ein Paar auch die negativen Seiten des jeweils anderen Partners aktivieren. Ein Partner versucht vielleicht beharrlich, den anderen zu bessern oder zu „retten", und disqualifiziert ihn dadurch gerade. Anstatt einander so zu akzeptieren, wie sie sind, setzen die Partner neue Maßstäbe, die erreicht werden sollen. Sie errichten transaktionale

Muster, wie sie zwischen dem Abhängigen und seinem Beschützer bestehen, so daß der abhängige Teilhaber in seiner Abhängigkeit verharrt, um so die Überzeugung des Partners zu erhalten, daß er der Beschützer sei.

Solche negativen Muster sind bei normalen Paaren durchaus vorhanden, ohne daß sich dadurch bereits ein ernsthaftes pathologisches Geschehen oder eine böswillige Motivation bei einem der Partner andeutet. Wenn der Therapeut ein dysfunktional gewordenes Muster angreifen muß, dann sollte er daran denken, daß er sich zwar gegen den entsprechenden Prozeß wenden muß, nicht aber die Motivation der Beteiligten angreifen darf. Ein systemtheoretisch orientierter Therapeut sollte solche Deutungen anbieten, die die Gegenseitigkeit unterstreichen, etwa folgendermaßen: „Sie beschützen Ihre Frau so, daß sie sich behindert fühlt, und Sie rufen Ihrerseits mit großem Geschick eine unnötig beschützende Haltung bei Ihrem Mann hervor.“ Eine derartige zweiseitige Deutung betont die komplementäre Natur des Systems, bringt die positiven und die negativen Aspekte in jedem Partner zusammen und läßt den Gedanken an eine auch nur andeutungsweise erfolgende Kritik an der jeweiligen Motivation gar nicht erst aufkommen.

Das eheliche Subsystem muß sich eine Grenze schaffen, die es vor dem Eindringen der Anforderungen und Bedürfnisse anderer Systeme schützt. Das gilt in besonderem Maße dann, wenn Kinder in der Familie sind. Die Erwachsenen brauchen ein eigenes psychosoziales Territorium, einen Hafen, in dem sie einander emotionale Unterstützung gewähren können. Wenn die Grenze rund um die Ehegatten unangemessen starr ist, kann das System durch ihre Isoliertheit belastet werden. Aber wenn die Ehegatten nur lose Grenzen aufrechterhalten, dann können andere Untergruppen, etwa die Kinder und die Schwiegerverwandten, sich in das Funktionieren ihres Subsystems hineindrängen.

Um es einfach auszudrücken: Mann und Frau brauchen einander als Refugium vor den vielfältigen Anforderungen des Lebens. In der therapeutischen Situation schreibt dieses Bedürfnis zwingend vor, daß der Therapeut die Grenzen rund um das eheliche Subsystem schützt. Wenn die Kinder sich im Rahmen einer Familiensitzung in eine Transaktion innerhalb des ehelichen Subsystems einmischen, sollte ihre Einmischung blockiert werden. Ehemann und Ehefrau können auch allein zu den Sitzungen kommen; dann sind die übrigen Familienmitglieder ausgeschlossen. Wenn sie auch in solchen Sitzungen weiterhin über ihre Rolle als Eltern diskutieren, anstatt über ihre ehelichen Transaktionen zu sprechen, dann ist der Therapeut wohl beraten, wenn er sie darauf aufmerksam macht, daß sie hier eine Grenze überschreiten.

Das elterliche (parentale) Subsystem. Mit der Geburt des ersten Kindes wird eine neue Stufe im Prozeß der Familienbildung erreicht. Das eheliche Subsystem in der intakten Familie muß sich jetzt stärker differenzieren, um seine Aufgaben im Zusammenhang mit der Sozialisation des Kindes zu erfüllen, ohne daß dabei der gegenseitige Rückhalt aufgegeben würde, der das eheliche Subsystem kennzeichnen sollte. Es muß eine Grenze gezogen werden, die dem Kind den Zugang zu beiden Eltern ermöglicht, es aber von den ehelichen Funktionen ausschließt. Es gibt Paare, die als Zweiergruppe gut funktionieren, aber niemals in der Lage sind, den Übergang zu den Interaktionen der Dreiergruppe zufriedenstellend zu bewältigen. In manchen Familien wird das Kind in Probleme des ehelichen Subsystems hineingezogen, wie im Falle von Emily Wagner.

Das Kind wird größer, und sein entwicklungsmäßig bedingtes Bedürfnis nach Autonomie einerseits und nach Führung andererseits stellt gewisse Anforderungen an das elterliche Subsystem, das modifiziert werden muß, um diesen Anforderungen gerecht zu werden. Das Kind kommt in Kontakt mit Gleichaltrigen außerhalb der Familie, mit der Schule und anderen außerfamilialen Sozialisationsträgern. Das elterliche Subsystem muß sich an die neuen Faktoren anpassen, die mit der Aufgabe der Sozialisation zusammentreffen. Wenn das Kind in seiner außerfamilialen Umgebung schweren Belastungen ausgesetzt ist, kann dies nicht nur seine Beziehung zu den Eltern beeinflussen, sondern sogar die internen Transaktionen des ehelichen Subsystems.

Die fraglos hingenommene Autorität, die zu früheren Zeiten das patriarchalische Modell des elterlichen Subsystems kennzeichnete, ist geschwunden; sie hat einem Konzept der flexiblen und rationalen Autorität Platz gemacht. Von den Eltern wird erwartet, daß sie die entwicklungsmäßigen Bedürfnisse des Kindes verstehen und die Regeln erklären, die sie den Kindern setzen. Elternschaft ist ein außerordentlich schwieriger Prozeß. Niemand kommt den entsprechenden Aufgaben zu seiner vollen Zufriedenheit nach, und niemand durchläuft diesen Prozeß unversehrt und unbeschädigt. Das ist wahrscheinlich auch mehr oder weniger zu allen Zeiten unmöglich gewesen. In der komplexen und sich rasch entwickelnden Gesellschaft von heute, in der die Kluft zwischen den einzelnen Generationen in immer kürzeren Intervallen neu entsteht, haben sich die Schwierigkeiten in diesem Zusammenhang noch vermehrt.

Die elterlichen Aufgaben sind je nach dem Alter des Kindes verschieden. Solange die Kinder noch sehr klein sind, herrschen die Funktionen des Nährens und Beschützens vor. Später werden Kontrolle und Führung wichtiger. Wenn das

Kind älter wird – besonders in der Adoleszenz –, geraten die Wünsche der Eltern allmählich in Konflikt mit den Forderungen des Kindes nach der seinem Alter gemäßen Autonomie. Elternschaft wird nun zum schwierigen Prozeß der gegenseitigen Anpassung. Die Eltern setzen Regeln, die sie im gegenwärtigen Zeitpunkt nur unzureichend oder gar nicht erklären können oder deren Begründung ihnen völlig einleuchtend erscheint, während sie den Kindern überhaupt nicht selbstverständlich ist. Wenn die Kinder heranwachsen, kann es vorkommen, daß sie die Regeln nicht anerkennen. Die Kinder teilen ihre Bedürfnisse allmählich immer klarer und deutlicher mit, und sie richten neue Forderungen an die Eltern, etwa nach mehr zeitlichem oder mehr gefühlsmäßigem Engagement.

Wir müssen die ganze Komplexität von Aufzucht und Erziehung wirklich verstehen und durchschauen, wenn wir die daran Beteiligten gerecht beurteilen wollen. Eltern können nicht schützen und führen, ohne zugleich zu kontrollieren und einzuschränken. Kinder können nicht wachsen und zu Individuen werden, ohne gelegentlich Ablehnung zu äußern oder die Eltern anzugreifen. Der Prozeß der Sozialisation ist in sich voller Konflikte. Jede therapeutisch intendierte Maßnahme, die sich gegen einen dysfunktionalen Prozeß zwischen Eltern und Kindern wendet, muß zur gleichen Zeit die an diesem Prozeß Beteiligten stützen.

Eltern müssen Betreuung und Schutz, Führung und Kontrolle bieten können. In welchem Ausmaß sie sich jedem einzelnen dieser Aspekte widmen, hängt von den entwicklungsmäßig bedingten Bedürfnisen der Kinder und von ihren eigenen Fähigkeiten ab. Immer aber erfordert Elternschaft den Einsatz von Autorität. Eltern können ihre exekutiven Funktionen nicht vollziehen, wenn sie nicht die Macht dazu haben.

Von Kindern und Eltern – gelegentlich auch von Therapeuten – wird die ideale Familie häufig als eine Demokratie beschrieben. Dabei nimmt man zu Unrecht an, daß eine demokratische Gesellschaft eine führerlose Gesellschaft bzw. daß die Familie eine Gemeinschaft von Gleichgestellten sei. Wenn die Familie gut funktionieren soll, dann müssen Eltern und Kinder die Tatsache akzeptieren, daß der differenzierte Einsatz von Autorität für das elterliche Subsystem notwendig ist. Den Kindern, die lernen müssen, wie man in Situationen ungleichmäßig verteilter Macht verhandelt, bietet dieser Umstand eine Möglichkeit zum „sozialen Training“.

Wenn ein Therapeut das elterliche Subsystem stützt, kann er unter Umständen mit dem therapeutischen Ziel der Unterstützung der kindlichen Autonomie in Konflikt geraten. In solchen Situationen sollte er sich daran erinnern, daß nur ein schwaches elterliches Subsystem restriktive Kontrollen errichtet, und daß übermäßige Kontrolle in der Regel nur da vorhanden ist, wo sie ohnehin keine Wirkung hat. Wenn man die Verantwortung und Verpflichtung der Eltern zur Festlegung der familialen Regeln unterstützt, sichert man zugleich Recht und Verpflichtung des Kindes, zu wachsen und Autonomie zu entwickeln. Aufgabe des Therapeuten ist es, den Subsystemen bei ihren Verhandlungen untereinander und bei ihrer gegenseitigen Anpassung aneinander zu helfen.

Das geschwisterliche Subsystem. Das Subsystem der Geschwister ist das erste soziale Laboratorium, in dem die Kinder mit den Beziehungen unter Gleichgestellten experimentieren können. Innerhalb dieses Kontextes stützen, isolieren, verfolgen und lehren die Kinder einander. Im Kreis der Geschwister lernen Kinder zu verhandeln, zu kooperieren und zu wetteifern. Sie lernen, Freunde zu gewinnen und Bündnisse einzugehen, das Gesicht auch bei einer Niederlage zu wahren und sich Anerkennung für ihre Fähigkeiten und Fertigkeiten zu verschaffen. In ihren Machenschaften untereinander haben sie unterschiedliche Positionen inne, und diese Positionen, die schon früh in der geschwisterlichen Untergruppe eingenommen werden, können im weiteren Verlauf ihres Lebens eine Rolle spielen. In großen Familien ist das Subsystem der Geschwister noch weiter unterteilt, denn die jüngeren Kinder, deren Transaktionen noch in den Bereichen von Sicherheit, Schutz und Führung innerhalb der Familie verlaufen, sind von den älteren deutlich unterschieden, die bereits Kontakte und Kontrakte mit der außerfamilialen Welt unterhalten.

Wenn Kinder mit außerfamilialen Peers in Berührung kommen, versuchen sie, entsprechend den in der Geschwisterwelt geltenden Regeln vorzugehen. Wenn sie dann alternative Formen des Umgangs und der Interaktion erlernt haben, bringen sie die neuen Erfahrungen und das neue Wissen in die Welt der Geschwister zurück. Sind in der Familie des Kindes sehr spezifische und charakteristische Formen vorhanden, dann können die Grenzen zwischen der Familie und der außerfamilialen Welt unangemessen starr und fest werden. Das Kind hat dann unter Umständen Schwierigkeiten, in andere soziale Systeme einzutreten.

Die Signifikanz des geschwisterlichen Subsystems wird am ehesten da erkennbar, wo ein solches Subsystem nicht vorhanden ist. Einzelkinder passen sich an die Welt der Erwachsenen an, was sich in Frühreife und rascher Entwicklung manifestiert. Zugleich haben sie oft Schwierigkeiten bei der Entwicklung von Autonomie und Mitteilungsvermögen, Kooperationsbereitschaft und Wetteifer gegenüber anderen.

Ein Therapeut muß die entwicklungsmäßig bedingten Bedürfnisse der Kinder kennen und in der Lage sein, das Recht des Kindes auf Autonomie zu unterstützen, ohne dabei die Rechte der Eltern zu beschneiden. Die Grenzen des geschwisterlichen Subsystems sollten die Kinder vor der Einmischung durch die Erwachsenen schützen, so daß die Kinder ihr Recht auf ein ungestörtes Eigenleben wahrnehmen, ihre eigenen Interessen pflegen und sich bei ihren Erkundungen auch Ungeschicklichkeiten leisten können. Kinder unterschiedlicher Entwicklungsstadien haben unterschiedliche Bedürfnisse, jeweils andere kognitive Fertigkeiten und unterschiedliche, jeweils für sie charakteristische und ihnen eigentümliche Wertsysteme. Zuzeiten muß der Therapeut wie ein Übersetzer vorgehen, nämlich den Eltern die Welt der Kinder und umgekehrt den Kindern die der Eltern verdolmetschen. Unter Umständen muß er dem Subsystem auch helfen, klare, aber überschreitbare Grenzen mit dem Außenraum auszuhandeln. Wenn das Kind beispielsweise im Netz einer übertriebenen Familienloyalität gefangen ist, wird der Therapeut als Brücke zwischen Kind und außerfamilialer Welt fungieren.

Anpassungsbemühungen der Familie

Die Familie ist innerem Druck ausgesetzt, der sich aus den entwicklungsmäßigen Veränderungen ihrer Mitglieder und Subsysteme ergibt, und sie ist zugleich äußerem Druck unterworfen, und zwar durch die Forderung, sich an die signifikanten sozialen Institutionen anzupassen, die einen deutlichen Einfluß auf die Familienmitglieder ausüben. Das Eingehen auf diese von innen und von außen herandringenden Forderungen macht die ständige Transformation der Position der einzelnen Familienmitglieder gegenüber den jeweils anderen notwendig, so daß sie wachsen können, während das Familiensystem seine Kontinuität wahrt. Diesem Prozeß des Wandels und der Kontinuität wohnen die Schwierigkeiten der Anpassung an neue Situationen inne. Der Familienberater, der sich auf die Dynamiken innerhalb der Familie konzentriert, mißt diesem Prozeß vielleicht kaum Bedeutung bei, ebenso wie der dynamisch orientierte Individualtherapeut ja den Kontext, in dem sich das Individuum befindet, häufig weitgehend aus seiner Betrachtung ausschließt. Die Gefahr liegt dabei in der Überbetonung der pathologischen Aspekte. Vorübergehende Prozesse der Anpassung an neue Situationen, die ja wie alle neuen Prozesse wenig differenziert, dafür aber von Ängsten und

Besorgnissen begleitet sind, können fälschlicherweise als pathologisch etikettiert werden. Konzentriert man sich dagegen auf die Familie als ein in Transformation begriffenes soziales System, dann wird die temporäre Natur bestimmter Familienprozesse ganz deutlich. Zugleich wird eine Erkundung der sich wandelnden Situation der Familie und ihrer Mitglieder und eine Erkundung der Belastungen nötig, die mit der Anpassung verbunden sind. Nach dieser Orientierung würden sehr viel mehr Familien, die zur Behandlung kommen, als normale Familien betrachtet werden, die sich gerade in einer Situation des Übergangs befinden und unter den Unannehmlichkeiten der Anpassung zu leiden haben. Das pathologische Etikett wäre dann solchen Familien vorbehalten, die angesichts von Belastungen die Starrheit ihrer transaktionalen Muster und ihrer Grenzen noch erhöhen und jeder näheren Beschäftigung mit alternativen Mustern aus dem Weg gehen oder Widerstand entgegensetzen. Bei der Durchschnittsfamilie verläßt sich der Therapeut auf die Aktivierung familialer Ressourcen als eines Mittels der Transformation. In der kranken Familie muß der Therapeut zum Mitspieler im familiären Drama werden und in vorübergehende Koalitionen eintreten, um das System anders auszurichten und sein homöostatisches Niveau zu verändern.

Die Belastung eines Familiensystems kann vier verschiedenen Quellen entstammen: Es kann sich um den belastenden Kontakt *eines* Mitgliedes oder aber *der ganzen Familie* mit extrafamilialen Kräften handeln. Auch *Übergangsstadien* in der Entwicklung der Familie können zur Quelle von Belastung und Anspannung werden, ebenso wie *„idiosynkratische"*, also eine bestimmte Familie kennzeichnende und nur ihr eigentümliche Schwierigkeiten.

Belastender Kontakt nur eines Familienmitgliedes mit extrafamilialen Kräften. Eine der wichtigsten Funktionen der Familie besteht in der Unterstützung ihrer Mitglieder. Wenn ein Mitglied Belastungen ausgesetzt ist, empfinden die übrigen Familienmitglieder den Drang zur Anpassung an seine veränderten Umstände. Diese Anpassung kann auf das Subsystem beschränkt bleiben, sie kann aber auch die ganze Familie umfassen.

Nehmen wir als Beispiel an, daß ein Ehemann, der an seinem Arbeitsplatz einer Streßsituation ausgesetzt ist, auf dem gemeinsamen Heimweg von der Arbeit Kritik an seiner Frau übt. Diese Transaktion kann auf das eheliche System beschränkt bleiben. Die Frau zieht sich vielleicht im Augenblick von ihrem Mann zurück, unterstützt ihn aber einige Minuten später schon wieder. Oder sie geht zum Gegenangriff über. Es kommt zu einer Auseinandersetzung, aber der Kampf endet mit erneuter Annäherung und wechselseitiger Unterstützung. Das sind

funktionale Transaktionsmuster. Die Belastung, die auf dem Ehemann liegt, ist durch die Transaktionen mit seiner Frau verringert worden.
Es kann aber auch sein, daß der Kampf eskaliert, daß keine Annäherung erfolgt und einer der beiden Ehegatten das Schlachtfeld verläßt. Nun schlägt sich jeder der beiden Partner mit dem Gefühl herum, daß das Problem nicht gelöst worden ist. In dieser Situation hat der belastende Kontakt eines Familienmitgliedes mit externen Kräften eine ungelöste Belastung im intrafamilialen Subsystem entstehen lassen.
Die gleiche Quelle der Belastung eines einzelnen Mitgliedes kann sich auch über die Grenzen des Subsystems hinweg bemerkbar machen. So kommen beispielsweise Vater (V) und Mutter (M), die an ihrem Arbeitsplatz unter Streß stehen, nach Hause und nörgeln aneinander herum, leiten aber dann ihren Konflikt in einen Angriff auf eines der Kinder um. Das reduziert die Gefahr für das eheliche Subsystem, belastet aber das Kind (K) (Abb. 5). Oder der Ehemann kritisiert seine

Abb. 5

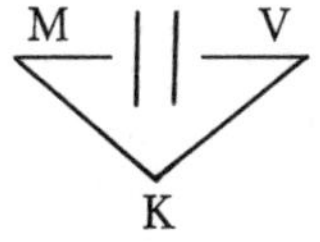

Frau, die daraufhin eine Koalition mit dem Kind gegen den Vater eingeht (Abb. 6). Die Grenze rund um das eheliche Subsystem wird dadurch schwimmend. Es

Abb. 6

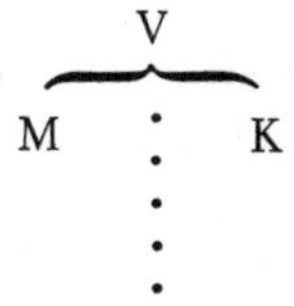

bildet sich ein unangemessen starres intergeneratives Subsystem aus Mutter und Kind, das sich gegen den Vater richtet, und die Grenze rund um diese Koalition aus Mutter und Sohn schließt den Vater aus. Ein intergeneratives dysfunktionales Transaktionsmuster ist entstanden.
Es ist auch möglich, daß die ganze Familie durch den extrafamilialen Kontakt eines

ihrer Mitglieder unter Streß gerät. Wenn beispielsweise der Ehemann seine Arbeitsstelle verliert, muß die Familie sich einschränken. Die Frau muß mehr Verantwortung für die finanzielle Versorgung der Familie übernehmen, und damit ändert sich die Natur des exekutiven Subsystems. Diese Veränderung kann auch Veränderungen im elterlichen Subsystem erzwingen. Der Vater übernimmt jetzt vielleicht pflegende und schützende Funktionen, die vorher der Mutter zufielen (Abb. 7). Oder eine Großmutter (G) betritt den Schauplatz, um elterliche Funktionen zu übernehmen, während die beiden Eltern auf Arbeitssuche sind (Abb. 8). Wenn die Familie auf den Verlust der Arbeitsstelle des Vaters mit Starre

Abb. 7

V
M
- - - - - -
Kinder

wird zu

M
V
- - - - - -
Kinder

Abb. 8

G
- - - - - -
V
M
- - - - - -
Kinder

wird zu

M
V
- - - - - -
G
- - - - - -
Kinder

reagiert, können dysfunktionale Transaktionsmuster entstehen. So wird etwa die Großmutter mit hineingenommen, um sich um die Kinder zu kümmern, aber die Eltern weigern sich, die Autorität an sie abzutreten, die sie in die Lage versetzen würde, ihren Verantwortlichkeiten nachzukommen.

Im Bericht der Familie Wagner ist von einigen solchen Belastungen die Rede, wie sie durch den Kontakt mit der außerfamilialen Umwelt entstehen können. Marks Schwierigkeiten als Student und Ernährer beeinträchtigten seine Möglichkeiten, sich um seine Frau zu kümmern. Er kritisierte sie oder zog sich zurück, und Emily brachte Tommy zu ihrer Unterstützung in die endlosen Streitereien mit hinein.

Wenn eine Familie wegen des belastenden Kontaktes eines ihrer Mitglieder mit der außerfamilialen Umwelt in die Behandlung eintritt, dann richtet der Therapeut seine Ziele und Interventionen an seiner Einschätzung der Situation und der Flexibilität der Familienstruktur aus. Wenn die Familie bereits adaptive Veränderungen mit dem Ziel der Unterstützung des belasteten Mitgliedes vorgenommen hat, das Problem aber dennoch weiter besteht, dann wird der Therapeut sich in der Hauptsache mit der Interaktion zwischen dem betreffenden Mitglied und der streßbewirkenden Macht beschäftigen. Wenn die Familie adaptive Veränderungen nicht hat vollziehen können, wird er sich im wesentlichen mit der Familie beschäftigen.

Beispielsweise läßt sich das Problem der Schwierigkeiten eines Kindes in der Schule in erster Linie und grundsätzlich mit der Schule in Verbindung bringen. Wenn der Therapeut der Meinung ist, daß die Familie das Kind in angemessener Weise unterstützt, dann wird er seine Interventionen gezielt auf das Kind in seiner schulischen Umgebung richten. Er kann als Anwalt des Kindes auftreten, eine Versetzung in eine andere Klasse oder Schule bewerkstelligen oder Nachhilfestunden vermitteln. Wenn aber die Schwierigkeiten, die das Kind in der Schule erfährt, eher ein Ausdruck familiärer Probleme sind, dann wird der Therapeut seine Intervention hauptsächlich auf die Familie ausrichten. Häufig sind beide Formen der Intervention notwendig.

Belastender Kontakt der ganzen Familie mit extrafamilialen Kräften. Ein Familiensystem kann durch die Auswirkungen eines wirtschaftlichen Tiefstandes allzu stark belastet werden. Oder Belastung entsteht durch eine örtliche Veränderung, nämlich einen Umzug oder die Sanierung des Wohngebietes. Die Mechanismen, deren sich die Familie zur Bewältigung schwieriger Situationen bedient, sind ganz besonders durch Armut und Diskriminierung bedroht. So kann es vorkommen, daß eine arme Familie in Kontakt mit so vielen gesellschaftlichen Einrichtungen steht, daß ihre entsprechenden Mechanismen zu stark strapaziert werden, oder eine Einwandererfamilie hat Schwierigkeiten mit der Anpassung an die Kultur des Gastlandes.

Auch hier wird der Therapeut sich bei seinen Interventionen von seiner Einschätzung der Familie leiten lassen. Wenn er die Familienorganisation analysiert und feststellt, daß sie im Grunde lebensfähig, aber durch das Hereindringen vieler unkoordinierter Mächte und Kräfte allzu sehr belastet ist, kann er wie ein Ombudsman für die Familie handeln. Er kann der Familie zeigen, wie sie die Institutionen zu ihrem eigenen Wohl manipulieren kann. Oder er bemüht sich um die Koordinierung der Maßnahmen der einzelnen Institutionen zugunsten der Familie. Wenn sich die Ausländerfamilie von ihrer Übersiedlung überwältigt sieht, wird der Familientherapeut gut daran tun, entsprechende Ressourcen in der Gemeinde für sie ausfindig zu machen – die Kirche, Schulen, die bereits von

Kindern aus dem betreffenden Land besucht werden, Landsleute, die im Elternbeirat mitarbeiten, oder soziale und zivile Dienststellen, die sich mit der Unterstützung dieser ethnischen Gruppe befassen. Seine Funktionen als Familientherapeut werden durch seine Aktionen als „sozialer Mittler“ ergänzt.

Belastung in Übergangsstadien. Innerhalb der natürlichen Entwicklung einer Familie gibt es viele Phasen, in denen neue familiale Regeln ausgehandelt werden müssen. Es müssen neue Subsysteme entstehen und neue Differenzierungen vorgenommen werden. Dieser Prozeß bringt unweigerlich Konflikte mit sich. Im Idealfall werden die Konflikte durch Verhandlungen gelöst, und die Familie paßt sich erfolgreich den neuen Gegebenheiten an. Solche Konflikte bieten allen Familienmitgliedern eine Chance für ihr persönliches Wachstum. Wenn sie aber nicht gelöst werden, können die temporären Schwierigkeiten neue Probleme entstehen lassen.

Übergangsschwierigkeiten ergeben sich in einer ganzen Reihe von Situationen. Sie können durch entwicklungsmäßige Veränderungen einzelner Familienmitglieder und durch Veränderungen in der Zusammensetzung der Familie entstehen. Sehr häufig ist der auslösende Faktor die beginnende Pubertät eines Kindes. Zu dieser Zeit erhöhen sich Engagement und Status des Kindes in der extrafamilialen Welt. Die Beziehung zwischen dem Kind und seinen Eltern gerät aus dem bisherigen Gleichgewicht. Dem Kind sollte eine gewisse Entfernung vom geschwisterlichen Subsystem gestattet und seinem Alter entsprechend mehr Autonomie und Verantwortung zugestanden werden. In seinen Transaktionen mit dem Kind sollte das elterliche Subsystem sein Gegenüber von nun an als jungen Erwachsenen betrachten. Dann wird eine erfolgreiche Anpassung möglich (Abb. 9).

Abb. 9	MV ------ Kinder	wird zu	MV ------ Geschwister	 ------ heranwachsendes Kind

Es ist allerdings möglich, daß die Mutter sich einem Wandel in ihrer Beziehung zum heranwachsenden Kind widersetzt, weil dieser Wandel auch eine geänderte Beziehung zu ihrem Mann erforderlich machen würde. Sie greift unter Umständen den Heranwachsenden an und untergräbt seine Autonomie, anstatt ihre eigene Einstellung zu ändern. Wenn der Vater sich dann in diesem Konflikt auf die Seite des Kindes schlägt, bildet sich eine unangemessene intergenerative Koalition (Abb. 10). Die Situation kann sich ausweiten, bis die ganze Familie in den Konflikt hineingezogen ist. Wenn keine Veränderung in der Familie erfolgt, tauchen dysfunktionale Muster auf, die sich stets wiederholen, sobald ein neuer Konflikt entsteht.

Abb. 10

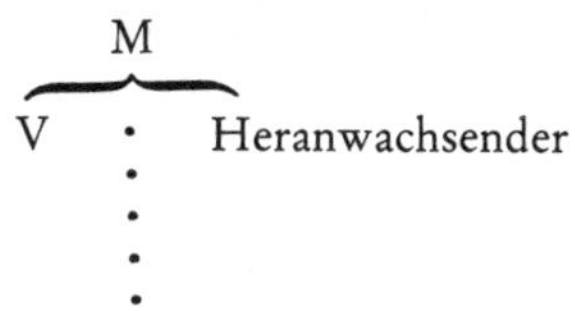

Wenn eine Familie ein neues Mitglied aufnimmt, muß dieses sich an die Regeln des Systems anpassen, und das alte System muß modifiziert werden, um das neue Mitglied einzuschließen. Es besteht eine Tendenz, die alten Muster zu bewahren, die für das neue Mitglied belastend ist und es möglicherweise dazu veranlaßt, seine Forderungen zu erhöhen. Schwierigkeiten und Belastungen im Zuge der Anpassung an die Tatsache der erweiterten Zusammensetzung der Familie ergeben sich durch die Geburt eines Kindes, die Heirat eines Mitgliedes einer erweiterten Familie, das Verschmelzen zweier Familien durch die Eheschließung alleinstehender Eltern oder die Hereinnahme eines Verwandten, eines Freundes oder eines Pflegekindes.

Belastungen entstehen auch im Zuge der Anpassung an die verringerte Zusammensetzung einer Familie infolge von Tod, Trennung oder Scheidung, Verhaftung, Institutionalisierung oder des Schulabschlusses eines Kindes. Wenn sich beispielsweise ein Paar trennt, müssen neue Subsysteme geschaffen und neue Differenzierungen vorgenommen werden. Die Einheit aus zwei Eltern und ihren Kindern muß jetzt zu einer Einheit aus einem Elternteil und den Kindern werden, während der andere Elternteil ausgeschlossen ist.

Häufig begeben sich Familien in Behandlung, weil sie mit den Verhandlungen, die einen erfolgreichen Übergang bewirken sollen, nicht weiterkommen. Eine Familie, die Schwierigkeiten im Zusammenhang mit einem erst kürzlich erfolgten Übergang hat, ist leichter zu behandeln als eine Familie, deren adaptive Verhandlungen schon seit langem blockiert sind.

Belastung infolge spezifischer („idiosynkratischer") Probleme der einzelnen Familie.

Ein Familientherapeut muß alle Umstände in Betracht ziehen und mit dem Auftauchen dysfunktionaler Transaktionsmuster rechnen, wenn die Belastung der Familie gewisse „idiosynkratische"* Züge trägt. Es kann zum Beispiel sein, daß eine Familie mit einem zurückgebliebenen Kind sehr wohl in der Lage gewesen ist, sich den auftauchenden Problemen anzupassen, solange das Kind klein war. Aber die Realität seiner Retardation, vor der die Eltern damals noch die Augen verschließen konnten, muß bewältigt werden, wenn das Kind älter wird und die Disparität der Entwicklung zwischen ihm und seinen Altersgenossen deutlicher wird.

Ähnlich wird die Belastung anwachsen, wenn ein Kind mit einer physischen Behinderung, etwa einer Hasenscharte, älter wird. Die Familie war vielleicht in der Lage, sich den Bedürfnissen des Kindes anzupassen, als es noch klein war, aber wenn das Kind heranwächst und auf Schwierigkeiten im Umgang mit seinesgleichen außerhalb der Familie stößt, weil seine Peers es nicht annehmen wollen, dann kann diese Belastung für das Familiensystem untragbar werden.

Übergangsschwierigkeiten dieser „idiosynkratischen" Art können auch eine übermäßige Belastung für die Mechanismen bedeuten, mit deren Hilfe eine Familie ihre Probleme bewältigt. Wenn ein Familienmitglied schwer krank wird, müssen seine Funktionen und Rechte zum Teil anderen Familienmitgliedern zugewiesen werden. Diese Neuverteilung macht Anpassung innerhalb der Familie erforderlich. Wenn das kranke Mitglied sich wieder erholt, wird eine Neuanpassung notwendig, um es in seine alte Position wieder hineinzulassen oder ihm zu helfen, eine neue Position im System einzunehmen.

Zusammenfassend läßt sich sagen, daß unser begriffliches Schema der normalen Familie drei Facetten aufweist. Erstens wird die Familie im Laufe der Zeit umgeformt, indem sie sich anpaßt und im Blick auf kontinuierliches Funktionieren neu strukturiert. Auch eine Familie, die bisher angemessen funktioniert hat, kann auf entwicklungsbedingte Belastungen mit dem unangemessenen Festhalten an früheren strukturellen Mustern reagieren.

Zweitens besitzt die Familie eine Struktur, die nur in der Bewegung sichtbar wird. Bestimmte Muster werden bevorzugt und erweisen sich als ausreichend, solange

* Der Ausdruck „idiosynkratisch" ist hier und im folgenden im Sinne von „spezifisch", „charakteristisch", „dem jeweiligen Gegenstand oder Sachverhalt allein eigentümlich" verwendet

es sich um die gewöhnlichen Anforderungen handelt. Aber die Stärke des Systems hängt von seiner Fähigkeit ab, auch alternative Transaktionsmuster zu mobilisieren, wenn innere oder äußere Umstände eine Neustrukturierung der Familie erforderlich machen. Die Grenzen der Subsysteme müssen fest, gleichzeitig aber auch flexibel genug sein, um bei sich wandelnden Umständen eine Neuausrichtung möglich zu machen.

Drittens schließlich paßt sich die Familie den auf sie zukommenden Belastungen in der Weise an, daß sie ihre Kontinuität wahrt, gleichzeitig aber eine Neustrukturierung möglich macht. Wenn eine Familie mit Starrheit auf Belastungen reagiert, tauchen dysfunktionale Muster auf. Diese Muster können schließlich der Grund sein, weshalb die Familie sich in Behandlung begibt.

1. Roger G. Barker: Ecological Psychology: Concepts and Methods for Studying the Environment of Human Behavior. Stanford: Stanford University Press 1968, S. 6.
2. Nicolas S. Timasheff: The Attempt to Abolish the Family in Russia, in: Norman W. Bell und Ezra F. Vogel, Hgg.: A Modern Introduction to the Family. Glencoe: Free Press 1960, S. 55–63.
3. Phillip Aries: Centuries of Childhood. New York: Vantage Press 1962.
4. R. D. Laing und Aaron Esterson: Sanity, Madness, and the Family. London: Tavistock 1964.
5. Salvador Minuchin: Adolescence: Society's Response and Responsibility, in: Adolescence, Nr. 16, 1969, S. 455–476.
6. Ivan Boszormenyi-Nagy und Geraldine Spark: Invisible Loyalties. New York: Harper & Row 1973.

4 Familie im Kibbuz: Die Rabins und Mordecai Kaffman

Esther und Michael Rabin sind in benachbarten Kibbuzim in Israel geboren und kennen sich seit ihrer Schulzeit. Bis zum Alter von 12 oder 13 Jahren besuchen die Kinder die Elementarschulen in demjenigen Kibbuz, in dem sie geboren wurden und in dem ihre Eltern leben. Der Wechsel zu einer regionalen Sekundarschule, an der die jungen Leute aus einer ganzen Reihe benachbarter Kibbuzim unterrichtet werden, bildet einen wichtigen Schritt in dem allmählichen Prozeß, durch den die junge Generation der Kibbuzim ihre Unabhängigkeit erlangt. Diese Schulen für die Heranwachsenden liegen in der Nähe, aber nicht innerhalb der regionalen Kibbuzim. Wie die Kinderhäuser für die jüngeren Kinder sind auch diese Internate eine vollständige und autonome Einheit, die allen Bedürfnissen ihrer Insassen Rechnung trägt. Die jungen Leute werden hier nicht nur unterrichtet, sondern kochen, essen und schlafen im Schulbereich und werden auch hier eingekleidet. Die Häufigkeit ihrer Besuche bei ihren Eltern hängt von der geographischen Entfernung, von den Traditionen und Sitten der Kibbuzim in der jeweiligen Region, von der schulischen Belastung und den häuslichen Verrichtungen, für die der Schüler im Internat verantwortlich ist, und nicht zuletzt vom eigenen freien Willen des jungen Menschen ab. Der augenblickliche Trend zielt wieder auf engeren Kontakt und häufigere Besuche der Internatszöglinge in den Kibbuzim, in denen ihre Eltern leben.

Michael ist 27 Jahre alt, Esther ist 26, ihr einziger Sohn ist knapp drei Jahre alt. Die jungen Leute kennen sich, seit sie das gleiche Internat besuchten. Sie haben 1967 geheiratet. Die jeweiligen Eltern leben in verschiedenen Kibbuzim und gehören dort jeweils der Gründergeneration an.

Kaffman: Zunächst möchte ich mich bei Ihnen dafür bedanken, daß Sie hergekommen sind. Ich bin gebeten worden, in einem Interview mit einer normalen und beliebigen Kibbuzfamilie herauszufinden, wie diese Familie entstanden ist, wie sich die Partner getroffen haben, wie sie handeln und miteinander zurechtkommen. Wir möchten gerne wissen, wie Sie zueinander gefunden haben und wie Sie die Dinge des familiären Lebens angehen. Ich hoffe, daß Sie sich untereinander und mir gegenüber frei und spontan äußern werden. Ich werde meinerseits so frei sein, ebenfalls zu sprechen und Ihre Unterhaltung zu unterbrechen. Das Wichtigste ist, daß jeder sich frei fühlt, alle seine Gedanken und Gefühle auszusprechen. Was halten Sie von dieser Sache?

Mrs. Rabin: Das beste wäre wohl, wenn Sie Fragen stellen; dann wird es wohl leichter sein.

Kaffman: Ich habe keine bestimmten Fragen an Sie. Ich kenne Sie ja gar nicht. Ich würde ganz einfach gerne wissen, wie Sie Ihr Familienleben beschreiben.

Mrs. Rabin: Mir wäre es lieber, wenn Michael anfängt. Sonst . . .

Kaffman: Aha, das ist vielleicht ein Hinweis, daß er lieber zuhört als selbst spricht.

Mrs. Rabin: Es ist wohl besser, wenn wir jetzt anfangen. Zunächst mal glaube ich nicht, daß unser Fall typisch dafür ist, wie sich ein normales Paar zufällig trifft. Wir kommen aus dem gleichen Internat, wir waren seit dem achten Schuljahr in der gleichen Klasse und seit der zehnten Klasse immer zusammen.

Kaffman: Wie alt waren Sie damals?

Mrs. Rabin: Er war $16^1/_2$ und ich $15^1/_2$.

Kaffman: Dann haben Sie also eine Menge gemeinsamer Erfahrungen.

Mrs. Rabin: Ja, wir sind schon eine alte Familie. Nach dem Hochzeitsdatum sind wir zwar erst seit vier Jahren ein Paar, aber in Wahrheit ist unsere Freundschafts- und Liebesbeziehung schon vor ungefähr 10 Jahren entstanden.

Kaffman: Und was ist daran ungewöhnlich?

Mrs. Rabin: Es war kein zufälliges oder plötzliches Treffen. Wir sind eine ganze Zeitlang zusammen herumgezogen, es geschah nicht von einem Tag auf den anderen. Ich glaube, von der Minute, in der es anfing, bis zu dem Augenblick, an dem uns klar war, daß wir ein Paar waren, verging etwa ein halbes Jahr – ich meine, bis wir den Punkt erreichten, daß wir überall zusammen hingingen und unsere Zeit gemeinsam verbrachten.

Kaffman: Mit anderen Worten, wenn ich Sie richtig verstehe, dann haben Sie etwa ein halbes Jahr, nachdem Sie sich kennengelernt hatten, das Gefühl gehabt, daß Sie als Paar zueinander paßten.

Mr. Rabin: Es ging langsam. Ich glaube nicht, daß wir schon nach einem halben Jahr wußten, daß wir zusammenbleiben würden.

Mrs. Rabin: Es war am Ende der zehnten Klasse – oh, ich komme mit den Daten

durcheinander –, um Passah herum, daß zwischen uns klar ausgesprochen wurde, daß wir zusammengehören. Dann kamen noch drei Jahre, in denen wir den ganzen Tag im gleichen Rahmen zusammen lebten. In Wahrheit war es schlimmer als das Familienleben.
Kaffman: Sie meinen also, es ist nicht so einfach, wenn man zu sehr miteinander lebt.
Mrs. Rabin: Es ist wirklich nicht so einfach. Es gibt viele Probleme rund um eine Beziehung zwischen dem einzelnen Paar und der Gemeinschaft, und wir hatten nicht den gleichen Status in der Klasse, und diese Periode ist eine sehr kritische Zeit für die Zukunft einer Beziehung.
Kaffmann: Ich sehe Sie lächeln, Michael.
Mr. Rabin: Heute lächelt man über Probleme, die damals sehr ernst waren; zum Beispiel mußten wir ja innerhalb der Gruppe zu bestimmten Dingen Stellung beziehen. Das war nicht einfach, wenn wir entgegengesetzter Meinung waren, und es war auch nicht einfach, wenn unsere Meinungen sich deckten. Es ist schwierig, das erste und einzige Paar in einem so kleinen Rahmen zu sein.
Mrs. Rabin: Ich glaube, das stimmt. Wir haben die Situation niemals wirklich analysiert, aber ich glaube, es stimmt. Unsere Situation in der Klasse war die: ich war die bessere Schülerin, aber ich war nicht so beliebt wie Michael. Stimmt das nicht?
Mr. Rabin: Doch, es stimmt.
Mrs Rabin: Und dann ergab sich gerade deswegen ein gutes Gleichgewicht. Bei allem, was die Gemeinschaft betraf, hat er uns gehalten, und beim Lernen war ich es, die ihm geholfen hat. Hier gab es aber auch Schwierigkeiten, denn unsere Beziehung wurde mal fester und mal lockerer, was das Lernen anging.
Kaffman: Wie meinen Sie das?
Mrs. Rabin: Wir haben uns mehr als einmal gesagt: Erst die Arbeit und dann das Vergnügen. Und wir mußten uns ja erst hinsetzen und wie brave Kinder unsere Hausaufgaben machen, bevor wir Zeit für unsere privaten Dinge hatten. Manchmal war es ein richtiger Zwang.
Kaffman: Wieso ein Zwang? Haben Sie gemeinsam entschieden, oder gab es Zwistigkeiten zwischen Ihnen über diese Frage der Arbeit, die vor dem Vergnügen kommen müsse?
Mrs. Rabin: Sehr oft wußten wir ja beide in unserem Innern, daß wir uns hinsetzen und lernen mußten, aber der Wille war eben nicht so ausgeprägt vorhanden. Aber wenn wir uns schließlich zusammengerissen und hingesetzt hatten, um zu lernen,

dann mußte ich ihm helfen, weil ich die bessere Schülerin war. Manchmal hat man dazu einfach keine Lust, und dann reizte einen dieses Zusammensitzen schließlich. Jedenfalls war es dann bei mir so, daß ich ungeduldig auf den Moment wartete, in dem wir aufhören könnten zu lernen, in dem wir mit der Schule fertig sein würden und in dem diese ganze Lernerei und das Zusammenarbeiten nicht mehr Teil unseres Zusammengehörens sein würde. Heute hat jeder von uns sein eigenes Studiengebiet und seine eigenen Interessen, und das schafft ein viel besseres Gleichgewicht. Es ist nicht mehr so, daß man die Hilfe des anderen braucht und die Dinge so einseitig verschoben sind. In der Ehe gibt es Probleme dieser und jener Art, und jeder hilft dem anderen so gut er kann. Aber bei den Hausaufgaben, die ja Pflicht waren, war es nicht angenehm.

Mr. Rabin: Ich will Ihnen noch ein anderes Beispiel dafür nennen, welche Schwierigkeiten ein Paar in der Gruppe hat. In der Jugendgruppe gab es ja Gespräche und Diskussionen, und manchmal hat der eine oder andere gesagt, daß wir zwei uns zu sehr auf uns selbst zurückziehen und deshalb so etwas außerhalb des Kollektivs gerieten. Das war eine der Schwierigkeiten, die wir bewältigen mußten – daß wir uns gewissermaßen wieder in das Kollektiv einbringen mußten. Ich glaube, es war alles etwas übertrieben, aber der soziale Druck ist doch sehr stark, und man muß den anderen beweisen, daß sie im Unrecht sind. Diese Zwänge kommen auf beide Partner zu und machen es schwierig für sie.

Kaffman: Mir scheint aber doch, daß Sie sich gut gehalten haben. Die Gemeinschaft wollte, daß Sie mehr lernten – also haben Sie Ihr eigenes Vergnügen zurückgestellt. Die Gemeinschaft wollte, daß Sie sich stärker beteiligten und als Paar weniger zurückzogen, und das haben Sie nach einigem Kummer ja auch getan.

Mrs. Rabin: Ich kann nicht sagen, daß wir den Druck der Gemeinschaft immer akzeptiert haben (Pause). Da wir beide aus der gleichen Klasse und aus der gleichen Gruppe waren, lebten wir ein Doppelleben. Von einem Augenblick zum anderen waren wir eine Einheit aus der gleichen Klasse oder fanden uns dann plötzlich wieder außerhalb der Gruppe. Niemand hat irgendetwas dabei gefunden, wenn ein Junge mit seiner Freundin aus einer anderen Klasse zusammen war. Dann weiß jeder, daß sie irgendwann verschwindet und zu ihrem Freund geht. Aber weil wir ja beide in der gleichen sozialen Einheit waren, wurde unser Verschwinden empfunden – die anderen stellten fest, daß wir zwei uns außerhalb der Gruppe begeben hatten.

Mr. Rabin: Manchmal hat man das Gefühl, daß so eine Freundschaft in den

Gruppen des Internats nicht erwünscht ist. Nicht immer, aber manchmal fühlt man das. Das erklärt vielleicht die Tatsache, daß Paare innerhalb der gleichen Gruppe selten sind. Vielleicht sind die anderen sogar eifersüchtig auf das Paar.

Kaffman: Und doch haben Sie es jahrelang unter diesen schwierigen Bedingungen geschafft. Was hat Sie denn eigentlich zusammengeführt?

Mrs. Rabin: Ich glaube, wir sind ein klassisches Beispiel für das, was man manchmal die Anziehungskraft der Gegensätze nennt. Ich kann mir nicht denken, daß es viele Paare gibt, bei denen die Partner so grundverschieden voneinander sind.

Kaffman: Aha, dann werden wir ja eine Menge Material für die Frage haben, wie Sie das Problem der Gegensätze angehen.

Mrs. Rabin: Wir sind sehr verschieden. Nein, zuerst du, Michael.

Kaffman: Haben Sie Angst, ihn zu beeinflussen?

Mrs. Rabin: Nein, aber ich fürchte, daß er nichts mehr zu sagen hat, wenn ich dran war.

Mr. Rabin: Es ist sehr schwierig, unsere Charaktere zu analysieren. Ich sehe mich als einen viel ruhigeren Menschen. Ich glaube, das merkt man auch an den sozialen Aktivitäten. Ich komme mit den meisten Menschen im Kibbuz sehr gut aus und habe keine Schwierigkeiten. Im Lernen war ich nicht besonders gut, aber bei allen anderen Aufgaben in der Jugendgruppe, bei allen Aktivitäten im Internat, bei meinen verschiedenen Pflichten im Kibbuz hatte ich niemals irgendwelche Probleme. Ich habe mich bei allen gemeinsamen Aufgaben immer aktiv beteiligt, wenn man mich brauchte.

Mrs. Rabin: Normalerweise lobst du dich ja nicht selbst. Dann tu es doch wenigstens jetzt mal. Warum redest du nicht weiter?

Mr. Rabin: Jetzt bist du dran.

Kaffman: Sie haben vorhin von Gegensätzen gesprochen. Ist alles, was Michael von sich gesagt hat, bei Ihnen anders?

Mrs. Rabin: Nein, nein. Das Hauptproblem, die Hauptschwierigkeit – ich kann mich nicht mit so wenigen Worten äußern – das ist die Ruhe, die Ausgeglichenheit, die Stabilität, die seine Hauptzüge ausmachen und die ich überhaupt nicht besitze. Bei mir ist alles immer angespannt, manchmal negativ und manchmal positiv, aber niemals im Gleichgewicht. Für mich verläuft das Leben niemals ruhig. Deshalb sind auch meine Beziehungen zu anderen viel gespannter. Ich gebe nicht auf. Er ist viel nachgiebiger – auch mir gegenüber –, und ich bin es überhaupt nicht. Ich kann nicht verzeihen, ich werde sehr schnell zornig. Das war, glaube ich, schon in meiner Jugend so. Im Internat haben mir die Lehrer immer gesagt, daß sie keinen Anwalt brauchen. Ich glaube, mein Gerechtigkeitssinn ist zu stark ausgeprägt. Alle Leute haben einen Sinn für Gerechtigkeit, aber viele sagen: „Warum redest du mit, warum mischst du dich ein?" Und ich muß immer reagieren. Was ich denke, das sage ich auch. Leider kommt bei mir das Reden sehr oft vor dem Denken. Da ist Michael wohl ganz anders. Er ist im Frieden mit sich selbst, weil er weiß: ich habe meine Pflicht getan, mir selbst und anderen gegenüber, und also ist die Sache in Ordnung. Es ist schon oft vorgekommen, daß Michael sehr viel für einen anderen getan hat und der andere sich überhaupt nicht bemüht, seinerseits auch etwas für Michael zu tun, obwohl es doch seine Pflicht wäre. Dann bin ich immer sehr verletzt, und ich sage ihm: „Du hast so viel getan, warum sollte dich der andere nicht ebenso behandeln?"

Mr. Rabin: Aber ich sage immer zu Esther: „Komm, vergessen wir's doch." Und sie ist eben viel impulsiver und manchmal gleich bereit, Krach anzufangen.

Mrs. Rabin: Das stimmt, ich fange Krach an, ich lasse mir nichts gefallen. Aber wahrscheinlich hast du recht. Du lebst ruhiger, du hast es einfach besser.

Mr. Rabin: Im Grunde sind das ja Kleinigkeiten, keine grundsätzlichen Probleme. Man muß doch nicht gleich so aufbrausen.

Mrs. Rabin: Ich gebe ja zu, daß du recht hast, aber ich bin nun mal so. Und ebenso, wie ich zu scharf auf solche Kleinigkeiten reagiere, denke ich manchmal, daß er nicht immer reagiert, wenn er es eigentlich sollte.

Kaffman: Erzählen Sie mal, was passiert, wenn Sie sich wirklich verletzt fühlen.

Mrs. Rabin: Dann reagiert er auch nicht.

Mr. Rabin: Manchmal sage ich etwas, aber vielleicht nicht so ausdrücklich, daß nicht doch wieder etwas Ähnliches passiert. In vielen Fällen reagiere ich wirklich nicht, ich schlucke es irgendwie, aber manchmal reagiere ich doch. Ich meine, man kann nicht immer jeden Disput beilegen, aber selbst meine milde Reaktion hat eine gewisse Wirkung, denke ich.

Mrs. Rabin: Hier muß ich etwas einfügen, und es handelt sich wieder um einen Gegensatz. Ich glaube, seit ich Michael kenne, habe ich nie erlebt, daß er jemanden gekränkt hätte. So etwas gibt es bei ihm überhaupt nicht. Ärger schon, aber nach innen gerichtet und leise, mit Gelächter oder auch mit Spott. Er wird beleidigt, aber er selbst beleidigt nicht. Ich dagegen habe schnell mal jemanden beleidigt und bin auch rasch selbst beleidigt. Ich gebe zu, daß ich andere Leute kränken kann. Manchmal versuche ich, an mich zu halten, aber ich habe längst nicht so viel Selbstbeherrschung. Michael ist viel ausgeglichener. Die Menschen mögen es nicht, wenn man sie beleidigt und selbst beleidigt ist. Sie fühlen sich dann nicht wohl. Mit einem Menschen wie Michael, der seine Kränkung rasch verwindet und nichts dazu sagt, ist es viel einfacher.

Kaffman: Ich möchte gerne wissen, ob es in Ihrer gegenseitigen Beziehung auch so ist.

Mrs. Rabin: Ja, ich gebe zu, daß es so ist. Ich kann Ihnen etwas erzählen, einen Scherz, der zwischen uns besteht, seit wir uns kennen. Ich sage immer, daß wir niemals streiten, daß ich ganz einfach mit mir selbst streite. Ich fange einen Streit an – Michael antwortet nicht. Ich werde immer wütender und gereizter. Ich rede auf ihn ein, aber er bleibt still und sagt gar nichts. Und dann bin ich schließlich wieder mit mir versöhnt – mit ihm auch, aber das Streiten zwischen uns ist fürchterlich einseitig, weil gewöhnlich ...

Mr. Rabin: Ich sehe keinen Grund, Kleinigkeiten oder ein hingeworfenes Wort zum Anlaß für einen Streit zu machen.

Mrs. Rabin: Ja, das sind so die kleinen Dinge des täglichen Lebens, wenn man im gleichen Raum zusammenlebt. Diese Streitereien fangen bei mir an, sie entwickeln sich in mir und hören auch in mir auf. Er beteiligt sich gar nicht. Er sitzt ganz einfach ruhig da und wartet, weil er weiß, daß der Sturm vorübergehen und alles wieder ins normale Geleise kommen wird.

Mr. Rabin: Wenn du so richtig zornig bist, dann kann man sowieso kein Wort einwerfen (lacht). Das Schlimme ist, daß Esther zu leicht aufbraust, und man muß ihr Zeit lassen, damit sie wieder etwas abkühlt. Dann lassen sich die Dinge viel vernünftiger und besser in die Reihe bringen.

Mrs. Rabin: Aber sie sind ja auch nicht so wichtig. Meistens sind es wirklich Kleinigkeiten. Nehmen wir mal als Beispiel Michaels Hilfe bei der Hausarbeit, beim Putzen und Aufräumen. Ich finde, er hilft mir nicht genug. Das heißt, im Grunde ist der Streit winzig und lächerlich, aber wir müssen hier jeden Tag zusammen leben, wir müssen den Raum in Ordnung halten und auch mal einen Gedanken daran wenden. Das heißt, diese kleine Sache wird eben doch wichtig, weil sie mich durch mein ganzes Leben begleitet, sie ist dann doch keine Kleinigkeit mehr. Es ist dumm, sich zum Beispiel darüber zu streiten, ob der Kessel aufgesetzt worden ist oder nicht, und doch ist es wiederum nicht dumm.

Kaffman: Aha, daran sehe ich, daß Michael in Wahrheit seinen Widerstand so äußert, daß er in seiner ruhigen Art gewisse Dinge eben einfach nicht tut.

Mrs. Rabin: Genau. Seine Ablehnung äußert sich meistens in Untätigkeit. Von Zeit zu Zeit tut es mal einen Schlag, und dann sagt Michael in seiner ruhigen Art, was er zu sagen hat, und dann kommt alles wieder ins normale Geleise, das Leben geht weiter, und basta.

Kaffman: Ich sehe, daß Michael es auf seine Art eben doch schafft, Sie zu ärgern. Wenn Esther Sie um Hilfe bei der täglichen Hausarbeit bittet, dann reagieren Sie nicht, obgleich Sie sich doch vor ein paar Minuten selbst als hilfsbereit, kooperationswillig und entgegenkommend bezeichnet haben. Vielleicht ist da gar kein Widerspruch. Vielleicht hat diese Inaktivität andere Gründe. Was meinen Sie?

Mr. Rabin: Es stimmt, was sie sagt, daß ich häufig nicht genug oder gar nichts bei der Hausarbeit tue. Aber ich muß sagen, daß ich wirklich einen sehr bewegten Arbeitstag habe. Zum Beispiel stehe ich morgens um viertel vor sechs Uhr auf und kann mich erst ab halb neun Uhr abends ausruhen.

Kaffman: Und bis dahin machen Sie überhaupt keine Pause?

Mr. Rabin: Nein. Und das wirkt sich natürlich auf meine Bereitschaft aus, auch noch das Zimmer aufzuräumen, die Möbel herumzurücken oder die Ölkanne zu füllen. Wenn ich zu müde bin, dann mache ich das einfach nicht, und das führt zu Reibereien.

Mrs. Rabin: Ich verstehe deine Gründe schon, aber es ist trotzdem schwer zu akzeptieren. Auch hier bist du objektiv im Recht; wenn jemand morgens zeitig aufsteht und nicht vor Mitternacht ins Bett kommt, dann ist es klar, daß er nicht mehr viel Energie hat, um auch noch im Haus etwas zu tun. Für mich ist die Arbeit und das ganze Tempo nicht so anstrengend.

Kaffman: Was arbeiten Sie?

Mrs. Rabin: Ich habe zwei Stellen: ich helfe dem Arzt in der Klinik, und in der restlichen Zeit arbeite ich in der Kindersiedlung, wo es eben notwendig ist. Und wenn ich noch so schwer arbeite und wenn ich auch immer das Gefühl habe, ständig auf Trab zu sein, so habe ich doch am Nachmittag immer eine Stunde Pause bis zur Familienzeit. Inzwischen kommt der Herr und Meister, er hat keine Pause gehabt, man muß ihn also in Ruhe lassen. So ist es eben. Aber es ist schwierig, das zu akzeptieren.

Kaffman: Und wie lösen Sie ein solches Problem?

Mrs. Rabin: Zum Beispiel, er arbeitet ja in der Fabrik – sie haben dort eine Werkstatt, und er könnte doch etwas machen, was ich gerne hätte, einen Tisch oder einen Stuhl. Aber das ist nur nach der Arbeitszeit möglich, und damit bin ich auch nicht einverstanden. Also sage ich einerseits: „Mach mir doch mal dies oder das“, und andererseits: „Komm nicht so spät nach Hause.“ Dann gibt es noch ein anderes Problem.

Ich habe kein Hobby und nichts Außergewöhnliches zu tun. Bei ihm ist es anders. Michael hat eine Menge Hobbies, die ihn viel Zeit kosten, und er kann sie gar nicht alle verfolgen, also bleibt ihm vieles liegen, und er kommt gar nicht dazu, das zu tun, was er gerne tun würde.
Mr. Rabin: Und von dem allem einmal abgesehen, gibt es ja auch noch Arbeiten für den Kibbuz. Voriges Jahr zum Beispiel war Esther für die Arbeitsverteilung verantwortlich, und ich hatte eine andere spezielle Aufgabe. Und zu alldem kommt noch als Bestes, daß wir einen kleinen Sohn haben.
Mrs. Rabin: Anfangs war es schwierig. Es war sehr schwierig, meiner Arbeit nachzugehen und mich in der Zeit auszuruhen, die eigentlich dem Kind und seiner Pflege gehören sollte, besonders damals, als Michael auch noch Reservedienst leisten mußte. Aber ich finde, es war doch auch eine sehr schöne Zeit?
Kaffman: Es *war* eine schöne Zeit?
Mrs. Rabin: Ja, das Gute hält noch immer an, aber jetzt ist die Last nicht mehr so schwer,weil wir manche Dinge inzwischen hinter uns gebracht haben, und jetzt ist es viel leichter.
Kaffman: Und Sie sagen, Sie sehen den Widerspruch zwischen Ihrem Drang, Michael anzugreifen, wenn Sie sich frustriert fühlen, und der vernünftigen Haltung, die Michael zur Schau stellt und die Sie wieder in die Wirklichkeit zurückbringt?
Mrs. Rabin: Ja, und deshalb sind auch die Streitigkeiten nicht ernst. Wir haben ohnehin keine ernsthaften Probleme, soweit ich sehe.
Kaffman: Wenn Sie also einen Disput miteinander haben, dann besagt eine der Regeln, nach denen Ihre Familie funktioniert, daß Esther aufbraust, laut Kritik übt, Sie sich alles ruhig anhören und alles schlucken können, und dann der Sturm vorüber ist. Stimmt das?
Mrs. Rabin: Nur eine Berichtigung – und das ist sehr wichtig, besonders im Kibbuz. Gewöhnlich ist meine Kritik nicht laut. Ich glaube nicht, daß die Nachbarn den Streit mitkriegen. Vielleicht sehen Sie mal ein saures Gesicht oder hören auch einmal eine bissige Bemerkung, aber sie sind niemals Zeuge unserer Auseinandersetzung. Es geht auch nicht laut zu, sondern meistens ganz leise. Eben ein sanfter Sturm. Ich glaube, es ist sehr gut, daß die Nachbarn nicht an unseren privaten Angelegenheiten teilhaben.
Kaffman: Also immer der gleiche Kreislauf, und immer die gleiche Richtung. Wie wirkt sich das auf Sie aus?
Mr. Rabin: Es ist tatsächlich so, daß ich sehr oft vorhabe, Esther mit einem neuen

Möbelstück oder mit einer Hilfeleistung im Haus zu überraschen, aber es ist wirklich schwierig für mich, das zu bewerkstelligen, weil ich einfach nicht genug Zeit habe. Ich glaube, darin liegt das Problem. Es braucht alles Zeit, was Esther mich zu tun bittet. An einem Tag beschließen wir, in den Kibbuz Ma'agal zu gehen und meine Eltern zu besuchen. An einem anderen wieder gehen wir zum Kibbuz Ganim, wo Esthers ältere Schwester lebt. Das kostet alles Zeit, von der wir nicht allzu viel haben.

Kaffman: Sie sind also eine sehr beschäftigte und geteilte Familie – das weicht sehr stark von dem idyllischen Bild ab, das manche Leute sich vom Kibbuz machen.

Mr. Rabin: Ja. Bei uns ist immer Hochbetrieb. Da ist die Arbeit, die Familie, das Kind, die Verwandten; mal sehen wir uns ein Spiel an, dann gibt es wieder Arbeit für den Kibbuz, oder es ist Basketball. Und wenn man bei all diesem Druck noch über die Arbeitszeit hinaus bleiben und etwas machen möchte ...

Mrs. Rabin: Und am einzigen freien Abend der Woche mußt du schlafen (lacht).

Kaffman: Wenn Sie sich also nicht streiten, dann sind Sie sich beide einig, daß es an den objektiven Umständen liegt.

Mr. Rabin: Und doch sagt Esther manchmal, ich sei ein Müßiggänger, und da ist etwas dran. Ich halte das für eine positive Eigenschaft.

Mrs. Rabin: Eine positive Eigenschaft?

Mr. Rabin (lacht): Ja, manchmal ist es besser, wenn man nicht zu fleißig ist.

Mrs. Rabin: Ach, jetzt hast du eine Theorie, eine ideologische Grundlage. Wenn du Prinzipien siehst, dann weiß ich, daß es keinen Zweck hat, an dir herumzunörgeln, daß du mehr tun solltest.

Kaffman: Aber eines ist sicher, soweit ich das bisher gesehen habe. Esthers ständiges Nörgeln macht Sie in Wahrheit nicht aktiver.

Mr. und Mrs. Rabin (zusammen): Nein.

Kaffman: Ich frage mich, in welcher Weise dieses ständige Nörgeln Sie dann erreicht. Wenn es Sie schon nicht dazu veranlaßt, etwas zu tun, dann reizt es Sie vielleicht bis zu einem gewissen Grade und verursacht gerade Ihre Inaktivität. Vielleicht haben wir hier eine teilweise Erklärung für den Widerspruch zwischen Ihrer Betriebsamkeit draußen und Ihrem sogenannten Müßiggang zu Hause.

Mr. Rabin: Es ist etwas Wahres an dem, was Sie sagen. Ich glaube aber doch, daß der Hauptgrund eben die tatsächlichen Umstände sind. Das ist die Schwierigkeit hier im Kibbuz. Es gibt nicht genügend Arbeitkräfte, also wird jeder, der sich als Partner betrachtet, der nicht das Gefühl hat, daß er es mit einem Fabrikbesitzer zu tun hat, der ihn ausbeuten möchte, sondern der überzeugt ist, daß die Sache auch ihm selbst mitgehört, jeder, der die Situation so sieht, kann nicht umhin, Extrastunden zu leisten, wenn die Alternative die Einstellung der Produktion wäre. Es stimmt, daß manche Leute wirklich mit dem Glockenschlag aufhören zu arbeiten und sich um nichts mehr kümmern, aber die meisten Leute arbeiten so, wie sie sollten.

Mrs. Rabin: Von euren vier Technikern arbeiten zwei nicht länger als vorgeschrieben ist.

Mr. Rabin: Die haben beide ihre persönlichen Probleme, und deshalb verhalten sie sich so. Aber die meisten Leute sind mehr oder weniger bereit, sich anzustrengen, und sie interessieren sich auch wirklich für die Sache. Ich gebe zu, daß eine solche Situation sich auf das Familienleben auswirkt.

Kaffman: Und würden Sie ihn denn bitten, mit dieser Arbeit aufzuhören?

Mrs. Rabin: Um Gottes willen!

Kaffman: Aber Sie beklagen sich doch sehr über Michaels schwere Arbeitsbedingungen.

Mrs. Rabin: Das stimmt, aber es ist nichts, worüber ich mich endlos beschwere. Ich muß nur von Zeit zu Zeit Dampf ablassen. Es hat ganz egöistische Gründe, wenn ich ihn bitte, um drei Uhr nach Hause zu kommen, dann kann er sich bis vier ausruhen, und danach habe ich einen ausgeruhten und aktiven Mann.

Kaffman: Ja, und?

Mrs. Rabin: Deshalb lasse ich eben Dampf ab, aber wenn er es notwendig findet, länger zu bleiben, dann wird er wohl wissen, was er tut. Er mischt sich nicht in meine Arbeit ein, und ich mische mich nicht in seine ein.

Kaffman: Das heißt also, solange seine Arbeit ihn befriedigt, sind Sie zu einem Kompromiß bereit, auch wenn Sie einen gewissen Preis dafür zahlen müssen.

Mrs. Rabin: Mehr als das. Ich denke, der Preis, den ich zahle, ist sehr angenehm. Ich habe nicht das Gefühl, daß ich ein Opfer bringe. Aber ich glaube, das ist auch der Preis, den wir dafür zahlen, daß er sein Heim aufgegeben hat und hier mit mir im Kibbuz Regev lebt.

Kaffman: Ach ja, Sie kommen aus einem anderen Kibbuz. Sie sind in Ma'agal geboren.

Mrs. Rabin: Ja, und er hat seinen Kibbuz verlassen. Er wollte es nicht; ich habe Druck ausgeübt. Der Grund für meinen Druck war hauptsächlich ein familiärer. Schließlich gibt es in seiner Familie noch drei jüngere Brüder, und seine Eltern sind viel jünger. Er ist der Älteste, und ich war die Jüngste. Meine Eltern sind viel älter und nicht mehr so gesund. Deshalb habe ich ihn gedrängt, wegen der Familie.

Kaffman: Sie wollten also sehr gerne im Kibbuz Regev bleiben, und die spezielle Situation Ihrer Familie war Ihnen dabei eine Hilfe. Aber Sie waren sich nicht einig, offensichtlich war die Meinungsverschiedenheit zwischen Ihnen ziemlich ernsthaft. Es war doch nicht einfach für Sie, Ihre Heimat zu verlassen; Sie waren an verschiedenen Orten zu Hause, und Sie mußten sich entscheiden, wohin Sie gehen wollten, in Ihren Kibbuz oder in seinen! Wie sind Sie zu Ihrer Entscheidung gekommen?
Mr. Rabin: Wir haben tatsächlich einen sehr langen Kampf darum geführt.
Mrs. Rabin: Ich habe es zuerst in Michaels Kibbuz versucht. Wir haben probeweise acht Monate lang in Ma'agal gelebt, so daß ich später sehr viel besser begründen konnte, warum wir doch in meinem Kibbuz leben sollten.
Kaffman: Dann hatten Sie also Zeit, sich zu entscheiden. Wie sind Sie zu der gemeinsamen Entscheidung gekommen?
Mr. Rabin: Ich wollte nicht gerne hierher nach Regev kommen, aber man muß doch bei allem auch die objektiven Umstände berücksichtigen. Wenn Sie sich einer Familie anschließen, dann müssen Sie die Situation der Eltern und der Familie im allgemeinen bedenken. Das sind Dinge, die man nicht ignorieren kann. Dann kämpft man zwar immer noch, aber in Wahrheit wußte ich ja schon, daß ich gar keine andere Wahl hatte.
Kaffman: Und Sie hatten keinen überzeugenden und objektiven Grund, in Ihrem eigenen Kibbuz zu bleiben?
Mr. Rabin: Der einzige Grund bestand darin, daß es meine Heimat war. Am Arbeitsplatz und in der Gemeinschaft hatte ich in beiden Kibbuzim keine Schwierigkeiten und kam gut zurecht. Die familiären Gründe waren also die entscheidenden.
Kaffman: Dann sind Sie also mit einigen Vorbehalten in Esthers Kibbuz gekommen und mußten Ihren Widerstand erst überwinden.
Mr. Rabin: Es ist ganz einfach. Ich habe es um ihretwillen getan. Wenn man sein ganzes Leben mit einem Menschen verbringen will, dann muß man Rücksicht nehmen.
Kaffman: Sie hielten das also im Blick auf Ihre gegenseitige Beziehung für wichtig?
Mr. Rabin: Unsere Beziehung wäre auch in Ma'agal gut gewesen, aber ich hatte den Eindruck, daß die familiären Gründe sehr schwer wogen und für Esther sehr wichtig waren; deshalb habe ich schließlich eingewilligt. Um die Wahrheit zu sagen, es gab anfangs genug Schwierigkeiten.
Kaffman: Am Beginn Ihrer Ehe?

Mr. Rabin: Ich weiß nicht, ob es auf uns beide als Ehepaar einen Einfluß hatte, aber auf mich persönlich hatte es einen Einfluß. Ich kannte die Gemeinschaft in Regev nicht so gut. Ich kannte die Leute, aber ich fühlte mich ihnen nicht so zugehörig. Ich hatte ein gewisses Gefühl der Fremdheit, selbst bei der Arbeit. In Ma'agal haben uns meine alten Freunde mindestens einmal in der Woche besucht. Das habe ich hier vermißt.
Mrs. Rabin: Ja, das wußte ich, das hast du mir öfters gesagt. Aber ich glaube nicht, daß das unser gemeinsames Leben beeinflußte. Es hat doch wohl keine familiäre Krise heraufbeschworen, oder?
Mr. Rabin: Nein, die Krise bestand im Umzug aus dem einen Kibbuz in den anderen und darin, daß ich meine Freunde verlassen mußte. Ich glaube, mein Kreis in Ma'agal – ja, zum einen waren sie etwas älter als die junge Generation in Regev, und dann glaube ich auch, daß sie ernsthafter waren; das ist meine Meinung, und ich habe sie vermißt.
Mrs. Rabin: Das war auch ein unvermeidliches Problem. Es ergab sich durch die Umstände, dadurch, daß man den Ort wechselt, an dem man lebt, und die Leute, mit denen man befreundet ist. Es war kein Streit, der sich aus den Charakterunterschieden zwischen uns ergeben hätte. Ich war acht Monate lang in Ma'agal und konnte mich an meinem Arbeitsplatz nicht eingewöhnen. Nicht weil ich jemand wäre, der nicht arbeitet oder nicht bereit ist, Verantwortung zu übernehmen, sondern weil ich ganz einfach keine gemeinsame Sprache mit den Leuten dort finden konnte, mit den Leuten, die mit mir arbeiteten. Ich glaube, das liegt an den Unterschieden zwischen den beiden Kibbuzim, meinem und Michaels.
Kaffman: Was Ihre eigene persönliche Beziehung angeht, so haben Sie aber doch wohl ein festes und von beiden Seiten akzeptiertes Muster gefunden.
Mrs. Rabin: Fest ja, aber nicht immer von beiden akzeptiert. Aber man lernt, die Dinge zu glätten oder beiseitezuschieben und nicht aus Kleinigkeiten große Probleme zu machen. Ich finde, wir haben keine ernsthaften Streitereien. Was könnte denn auch der Grund sein, daß ein junges Paar sich ernsthaft über irgend etwas streitet, das mit seinem Familienleben zu tun hat? Das Problem der Kindererziehung?
Kaffman: Das könnte ein Grund sein.
Mr. Rabin: Dann sind wir bisher noch nicht so weit gekommen, wir haben ja auch nur einen Sohn.
Mrs. Rabin: Aber ich habe eine Krise durchgemacht, als der Junge geboren wurde. Es gefiel mir nicht, daß er im Kinderhaus lebte. Es gefiel mir nicht, daß er nachts

nicht bei mir war, sondern unter der Fürsorge der Kinderpflegerin, die nachts alle Kinder versorgte. Ich war auch mit der Kinderpflegerin selbst nicht zufrieden. Aber ich weiß, ich lebe in einem Kibbuz, und das Leben hier ist nun einmal so. Ich habe keine andere Wahl. Davon abgesehen kann ich mich tatsächlich über nichts beklagen. Im Kinderhaus tun sie alles für die Kinder. Unter uns gesagt, es ist natürlich unsinnig, eine große Sache daraus zu machen, daß das Kind nachts nicht bei mir ist. Wenn er bei uns zu Hause schlafen würde, würden wir ja auch schlafen. Im Kinderhaus ist dagegen nachts immer jemand wach und in der Nähe. Die Pflegerin hört jedes Geräusch und jeden Nieser. Er ist also wirklich nicht allein, aber ich habe dennoch die Empfindung, daß er nachts allein ist.
Kaffman: Wieder der Kampf zwischen Gefühl und Verstand.
Mrs. Rabin: Ja. Ich nehme an, beim nächsten Kind legt sich das, vielleicht gewöhne ich mich dran. Wenn der Junge in den Kindergarten und in die Schule kommt, wird es natürlich wieder andere Probleme geben. Aber da ich freiwillig und nicht gezwungenermaßen im Kibbuz lebe, akzeptiere ich diese Dinge.
Kaffman: Dann hat also der Junge keine neuen Gegensätze in Ihnen beiden zum Ausbruch kommen lassen. Und doch muß das Hinzukommen des Kindes Ihr Familienleben irgendwie beeinflußt haben.
Mr. Rabin: Mit der Geburt des Kindes war eben noch zusätzlich etwas da, was die Familie verband und vereinte; und wenn es so ein liebes Kind wie unseres ist, das sich auch noch so prächtig entwickelt, dann ist das natürlich eine große Bereicherung für uns beide.
Mrs. Rabin: Wir haben überhaupt keine Schwierigkeiten mit dem Kind. Früher gab es einige Probleme. Solange die Kinder im Babyhaus leben, beteiligt sich die Kinderpflegerin nicht am Zubettbringen; jede Mutter kommt zu ihrem Kind. Wenn sie vom Babyhaus ins Kinderhaus umgezogen sind, dann bringt die Kinderschwester sie abends zu Bett. Das hat uns etwas Kummer bereitet. Unser Sohn war wirklich gut entwickelt, und er war das erste von all diesen kleinen Kindern, das auf die Tatsache reagierte, daß ich am Tag wegging, und das erste, das schrie, wenn ich ihn abends verließ. Sechs volle Monate haben wir jeden Abend eine Stunde lang an seinem Bett gesessen, bis er endlich schlief. Alle anderen Kinder waren viel ruhiger. Manche Leute haben uns getadelt und gesagt, wir hätten gleich von Anfang an nicht nachgeben sollen, wir hätten ihn schreien lassen sollen. Aber ich wollte nicht, daß mein Kind jeden Abend vor dem Einschlafen eine Stunde lang weinte. Wenn ich mich zusammengenommen und ihn zwei oder drei Wochen lang hätte schreien lassen, dann hätten wir die Sache vielleicht

überstanden. Aber wir saßen bei ihm, so daß er entspannt und ruhig einschlafen konnte, und dabei verlor ich selbst die Ruhe. Ich war im Kibbuz verantwortlich für die Arbeitsverteilung, und ich hatte einfach keine Geduld mehr dafür. Deshalb setzte sich dann Michael jeden Abend neben das Kind. Als er dann zum Reservedienst eingezogen wurde, kam meine Schwester, um mir zu helfen, weil ich dachte, wenn ich als Nervenbündel neben dem Kind sitze, dann kann es sich ja nicht beruhigen. Ich war sehr angespannt wegen meiner Arbeit, immerzu in Eile, um alles zu schaffen, und ich hätte ihm nur geschadet. So habe ich mich nur teilweise um den Jungen gekümmert, bis Michael von der Armee wieder nach Hause kam, und habe mir von meinem Vater und meiner Schwester helfen lassen. Aber wenn Michael zu Hause war, dann war das seine Arbeit; bei mir dauerte es eine Stunde, bis das Kind schlief, bei Michael nur zwanzig Minuten. Bei mir spielte er dann immer noch und war ungehorsam; er hat es eben ausgenützt.

Mr. Rabin: Von dem Tag an, als er ins Kleinkinderhaus übersiedelte und das Zubettbringen Aufgabe der Kinderschwester wurde, waren die Schwierigkeiten vorbei. Er geht zur Kinderschwester, er sagt: „Wiedersehen, Mama, Wiedersehen, Papa." Er braucht nichts und niemanden.

Mrs. Rabin: Die Veränderung war so drastisch und überraschend vom ersten Tag an, als wir ihn abends in sein neues Haus brachten; er setzte sich mit der Schwester an den Tisch, besah ein Bilderbuch, und das war alles. Kein „Mama", kein „Papa", nichts. Ich wollte eigentlich in dem Moment verschwinden, in dem er den Kopf mal abwenden würde, aber natürlich tue ich das nicht. Ich rufe ihn und sage: „Auf Wiedersehen, die Mama geht jetzt." Der Junge weiß, daß ich gehe; er sieht mich fortgehen, es gibt keine Probleme.

Kaffman: Das ist bestimmt der beste Weg, das Kind daran zu gewöhnen, nicht durch plötzliches Verschwinden, denn dann ist sein Vertrauen zerstört, sondern so, wie Sie es gemacht haben, indem man den Jungen allmählich und ganz natürlich gegen den Abschied „immunisiert". Ich glaube, wenn ich das richtig verstanden habe, hat Ihre gemeinsame Sorge um den Jungen ein weiteres Thema auf den Plan gebracht, über das Sie reden konnten; es gab keine neuen Schwierigkeiten oder Dispute, sondern im Gegenteil . . .

Mrs. Rabin: Nein, bezüglich des Jungen gibt es keine Meinungsverschiedenheiten. Schon seine Geburt war geplant und von uns beiden gewünscht. Ich wollte noch studieren, ich wartete auf die Antwort von der Universität, und als sich herausstellte, daß ich doch nicht studieren würde, war es klar, daß wir auch keinen Grund hatten, länger auf ein Kind zu warten. Jetzt gehe ich für ein ganzes Jahr

nach Jerusalem an die Universität, und ich lasse Michael hier; er muß sechs Tage in der Woche zugleich Vater und Mutter sein.
Kaffman: Das tun Sie voller Vertrauen.
Mrs. Rabin: Ja, gewiß. Es tut ein bißchen weh, aber . . .
Mr.Rabin: Es wird schwierig werden. Ich weiß jetzt, wie der Junge reagiert, wenn ich zur Armee gehe; es wird also noch schwieriger sein, wenn seine Mutter ein ganzes Jahr lang weg ist. Aber ich denke, wir werden es schaffen.
Mrs. Rabin: Das Hauptproblem ist, daß Jerusalem so weit weg ist, und ich habe auch abends und auch noch am Freitag Vorlesungen. Im Kibbuz ist es noch nie vorgekommen, daß die Mutter eines kleinen Kindes am Sonntag früh wegfährt und am Freitagnachmittag erst zurückkommt.
Kaffman: Wie sind Sie denn überhaupt zu diesem Entschluß gekommen, daß Esther weggeht und noch ein Jahr studiert?
Mr. Rabin: Das sollte nicht so ein großes Problem sein. Es war uns beiden eigentlich klar, daß Esther studieren muß. Die einzige Frage war, ob ich mich um den Jungen kümmern und mir wirklich die Zeit für ihn nehmen könnte. Wenn das möglich wäre, sagten wir uns, dann würde es keine Schwierigkeiten geben. Das Studium verschieben, bis der Junge groß ist, würde bedeuten, daß Esther noch viele Jahre warten muß, denn vielleicht haben wir später noch mehr Kinder. Deshalb ist es besser, sie geht, solange sie nur ein Kind hat und nicht zwei. Ich sehe keine bessere Möglichkeit.
Mrs. Rabin: Ich hätte vielleicht mein Studium noch um zwei Jahre verschieben können, bis der Junge vier oder fünf ist. Vielleicht haben wir insofern einen Fehler gemacht, aber wir bereuen es nicht.
Kaffman: Es erscheint mir durchaus legitim, daß man sich um Selbstverwirklichung bemüht und danach strebt, besonders wenn Sie sich darauf verlassen können, daß Michael die Elternpflichten trotz aller Schwierigkeiten übernimmt.
Mrs. Rabin: Ja. Es war auch für mich schwierig, als er bei der Armee war. Es war schwierig, die Reaktion des Jungen mitanzusehen. Aber man muß sich eben entschließen, was man will. Schließlich bleibt der Junge ja nicht allein, er hat seinen Vater.
Kaffman: Wie ich sehe, treffen Sie Entscheidungen über gemeinsame Angelegenheiten immer nach klaren und vernünftigen Gesichtspunkten, nach der Regel, daß Sie am Ende immer zu einer Einigung gelangen, und in kontroversen Fragen siegt schließlich die Vernunft über die Emotionen.
Mrs. Rabin: Jedesmal, wenn ich so eine Kontroverse anfange, denke ich, daß ich in

Wahrheit eigentlich zu tadeln bin, weil ich meine Klagen immer übertreibe. Wenn ich die Dinge mal nüchtern betrachte, dann bin ich überzeugt, daß meine Anschuldigungen eigentlich in keinem Verhältnis zu den Tatsachen stehen.

Kaffman: Wenn ich das richtig verstanden habe, dann meinen Sie, daß Ihr Bedürfnis nach Streit und Klage gar nicht so viel mit dem zu tun hat, was er tut oder nicht tut.

Mrs. Rabin: Das stimmt. Oft rühren meine Ausbrüche gegen Michael von einer Sache her, die damit überhaupt nichts zu tun hat – von äußeren Einflüssen, von meinen Reaktionen auf alles mögliche.

Mr. Rabin: Manchmal bist du auf irgendjemanden böse oder ärgerst dich über Geschehnisse bei deiner Arbeit, und dann machst du dir zu Hause Luft. In solchen Fällen bist du gar nicht wirklich wütend auf mich, aber du kannst deine Wut an mir auslassen.

Mrs. Rabin: Weil ich sonst niemanden habe?

Mr. Rabin: So wirst du deinen Ärger los, und er geht vorbei. Man könnte sagen, daß ich insofern eine Hilfe bin. Aber es gibt auch Fälle, ja nun, in denen ich einen direkten Frontalangriff erleide. Es gibt immer mal solche kleinen Eruptionen, aber wir haben gelernt, deswegen keinen Groll zu hegen, und so was kommt eben und geht auch wieder.

Mrs. Rabin: In den ersten Jahren gab es allerdings in diesem Zusammenhang viel Ärger. Ich sagte immer: „Du bist so verschlossen, daß ich überhaupt nicht weiß, was du alles in dir trägst." Heute ist es kein Problem. Er braucht mir nicht mehr zu sagen, was er fühlt.

Mr. Rabin: Ja. Ich habe auch das Gefühl, daß wir einander jetzt besser kennen, und sie ist jetzt auch eher bereit, mir auf halbem Wege entgegenzukommen. Esther . . .

Mrs. Rabin: Das möchte ich gerne noch einmal hören.

Mr. Rabin: Esther hilft mir auch in praktischen Dingen. Unsere Kooperation wird immer besser. Zum Beispiel hatte ich mal einen Job im Kibbuz, und an einem Tag konnte ich nicht. Da hat Esther verschiedene Aufgaben für mich übernommen. Sie hilft mir oft.

Mrs. Rabin: Ich schreibe gern für dich. Aber ich will nicht nur die Sekretärin sein. Ich möchte die Arbeit selbst erlernen.

Mr. Rabin: Sie ist auch eine Hausfrau mit vielen nichthausfraulichen Eigenschaften. Zum Beispiel kann sie einen Nagel einschlagen, mit einem Bohrer umgehen und ähnliches.

Mrs. Rabin: Es klingt nicht nett, wenn ich es selbst sage, aber ich kann notfalls allein zurechtkommen.
Kaffman: Das ist gut. Ich habe den Eindruck, daß es im Laufe der Jahre mit Ihrer Kommunikation immer besser geklappt hat.
Mrs. Rabin: Das glaube ich auch. Zum Beispiel ist Michaels Schweigsamkeit schon seit ein paar Jahren kein Streitpunkt mehr.
Mr. Rabin: Es gibt eigentlich nichts, worüber wir uns nicht verständigen könnten.
Mrs. Rabin: Ja, wir können ohne Schwierigkeiten über alles miteinander sprechen.
Mr. Rabin: Das denke ich auch.
Mrs. Rabin: Es gab eine Zeit, als das anders war, aber seit ein paar Jahren haben wir da keine Probleme.
Kaffman: Verstehen Sie sich auch in sexueller Hinsicht?
Mrs. Rabin: Ja, natürlich, das ist eines der wichtigsten Themen überhaupt. Die Probleme, die wir in diesem Punkt hatten, existierten vor langer Zeit, als wir noch sehr jung waren. Sie hatten auch nichts mit der Beziehung zwischen uns zu tun, sondern eher mit der Beziehung zwischen uns und der „Öffentlichkeit".
Mr. Rabin: Wir waren ja ständig der Beobachtung und Kontrolle durch unsere Gruppe und andere Leute ausgesetzt – Lehrer und Verwandte –, die unbedingt wollten, daß wir noch warteten.
Mrs. Rabin: Ja, diese Situation hat viele Spannungen erzeugt, die uns beiden in unserem Verhältnis zueinander zu schaffen gemacht haben – aber heute ist das alles ganz unwichtig. Es hat sich nicht auf die Entstehung einer harmonischen Beziehung oder der sexuellen Gleichgestimmtheit ausgewirkt.
Kaffman: Sie sagen, daß auch Ihre Familien, die eine in Ma'agal und die andere in Regev, versucht haben, Sie zu beeinflussen. Wir sollten uns jetzt vielleicht etwas mit Ihren Familien beschäftigen. Sie haben viel vom Einfluß der Gruppe, der Gemeinschaft, der öffentlichen Meinung gesprochen, und bisher sind wir noch gar nicht auf Ihre Familien zu sprechen gekommen. Hat die Familie im Kibbuz irgendeine Bedeutung?
Mrs. Rabin: O ja, eine beträchtliche. Aber Michael soll mit seiner Familie anfangen. Dann habe ich es leichter.
Mr. Rabin: Meine Eltern haben zu meiner Beziehung zu Esther nicht sehr viel gesagt. Vielleicht gerade weil ich ihren Widerstand spürte, habe ich mich stärker zu ihr hingezogen gefühlt. Meine Eltern haben immer versucht, ihre Widerstände zu verbergen, aber es war zu offensichtlich. Zwischen mir und meinen Eltern gab es keine offenen Gespräche über Freundschaft und Liebe. Ich habe meine Eltern

auch niemals miteinander über emotionale Dinge sprechen hören. In dieser Hinsicht war unser Verhältnis sehr distanziert. Andererseits haben sie sich immer bemüht, mir und meinen Brüdern materiell alles zu bieten. Wir bekamen besonderes Essen, unser Zimmer war höchst komfortabel eingerichtet. Aber freie Gespräche und enge Bindungen gab es zwischen uns nicht.
Kaffman: Was könnte der Grund dafür gewesen sein?
Mr. Rabin: Wahrscheinlich ist es schon in ihren Elternhäusern so gewesen. Und manchmal erzählten sie uns von der Zeit gleich nach der Gründung des Kibbuz – ich war damals ein Kind –, als es noch selbstverständlich war, daß alle Probleme des Kindes oder des Heranwachsenden nur innerhalb des erzieherischen Bezugsrahmens behandelt wurden. Aber das liegt alles schon Jahre zurück. Inzwischen haben sich die Einstellungen gewandelt, und heute wird niemand versuchen, den Eltern das Recht zu nehmen, mit ihren Kindern über deren Probleme zu sprechen oder sich stärker für sie zu interessieren. Aber ich muß feststellen, daß sich in den Beziehungen zwischen meinen Eltern und meinen jüngeren Brüdern nichts geändert hat. Das hat nichts mit dem System zu tun. Sie haben ganz offensichtlich Schwierigkeiten, sich enger aneinander zu binden. Heute sehe ich diese Dinge anders. Ich bin ihnen gegenüber viel freier, aber damals waren die Beziehungen in dieser Hinsicht eben anders, denn auch ich habe nichts getan, um ihnen näherzukommen. Viele meiner Schwierigkeiten waren ihnen unbekannt. Außer den Gesprächen mit ihnen hatten wir alles: Beschäftigungen, Spielzeug, Kinobesuche in der Stadt und andere Unternehmungen.
Kaffman: Das war also offensichtlich die einzige Möglichkeit für sie, ihre Zuneigung zum Ausdruck zu bringen.
Mr. Rabin: Selbst heute schicken sie uns noch regelmäßig Kuchen und besondere Delikatessen, aber über persönliche Probleme kann man immer noch nicht mit ihnen reden. Aber die Kommunikation mit meinen Brüdern ist gut.
Kaffman: Das war vielleicht ein Grund, weshalb Sie sich von Esther angezogen fühlten. Bei ihr und ihren Eltern fanden Sie genau das, was Sie bei Ihren Eltern vermißten.
Mrs. Rabin: Nein, die erste Initiative ging ja von mir aus.
Kaffman: Wirklich?
Mrs. Rabin: Ja, ganz bestimmt. Es war allerdings eine ganz kleine Sache, glaube ich. Meiner Meinung nach ist die Wurzel aller Probleme zwischen Eltern und Kindern immer der Unterschied im intellektuellen Niveau. Ich glaube, das ist der Hauptgrund für familiäre Schwierigkeiten. Das intellektuelle Niveau reicht nicht

aus. Dein Vater ist vielleicht auf einem etwas höheren Niveau, aber Deine Mutter ist eben „eine jüdische Mutter" und weiter nichts. Es ist kaum zu glauben, aber wenn ich meine Mutter mit deiner vergleiche – meine Mutter hat in Polen studiert, und dann hat sie hier in Israel noch einmal die Universität besucht, und ihr ganzes Leben lang hat sie erzogen und unterrichtet. Sie ist viel gebildeter und viel interessierter, sie kommt mit vielen Leuten zusammen. Meine Eltern sind weltläufiger. Sie sind viel empfänglicher und aufgeschlossener, sie lesen mehr, sie kommen herum. Deine Eltern leben ihr Leben innerhalb ihrer vier Wände. Dein Vater ist in dieser Hinsicht offener, und deine Mutter ist sehr ehrgeizig. Sie ist so freundlich, daß es manchmal kaum zu ertragen ist. Sie umgibt dich mit äußerer Behaglichkeit und mit Herzenswärme, aber das reicht doch nicht.

Kaffman: Sie messen dem kulturellen Hintergrund, den kulturellen Interessen viel mehr Gewicht bei als Michael, während es ihm um zwei Dinge geht: es bekümmert ihn, daß es bei seinen Eltern längst nicht so kultiviert zugeht, und zudem empfindet er auch, daß es mit der Kommunikation nicht so klappt.

Mrs. Rabin: Die beiden Dinge überschneiden sich doch. Ich kenne viele Familien, in denen das kulturelle Niveau nicht besonders hoch ist, aber der emotionale Kontakt ist dafür tief und stark. Das stimmt. Aber ich glaube, diese Unterschiede im Niveau sind viel wichtiger als die kollektive Erziehung im Kibbuz, wo Eltern und Kinder in getrennten Häusern leben. Auch meine Mutter hat ihre Kinder in dieser Weise aufgezogen. Meine ältere Schwester war schon acht Jahre alt, als Michael geboren wurde. Er ist der älteste Sohn in seiner Familie. Ich habe eine Schwester, die 34 Jahre alt ist, und meine Mutter hat sie aufgezogen, als man alle die Regeln, nach denen die Aufzucht und Erziehung der Kinder von den Eltern auf die Kinderpflegerinnen überging, noch sehr viel strenger handhabte. Aber trotzdem sind wir ganz unterschiedlich aufgewachsen, und die Kommunikation zwischen mir und meiner Schwester und die zwischen meinen Eltern ist ganz anders, verglichen mit Michaels Familie. Bei uns sind die Familienzusammenkünfte viel intellektueller, sie sind ganz einfach auch interessanter, aber es gibt auch bei uns keinen menschlichen Kontakt, der sich in einem wirklich offenherzigen Gespräch äußern würde. Ich habe nicht das Bedürfnis, mit meinen Eltern über intime Dinge zu sprechen. Das ist wahrscheinlich das Resultat einer bestimmten Erziehung. Ich weiß nicht, wer schuld daran ist, aber es ist eine Tatsache. Die Erklärung liegt vielleicht darin, daß ich eine ältere Schwester habe, die meine Mutter in vieler Hinsicht vertrat. Mit meiner Schwester ist die Kommunikation ganz ausgezeichnet.

Kaffman: Gehört dazu auch, daß Sie intime Dinge mit ihr besprechen können, die Sie vor Ihren Eltern geheimhalten?
Mrs. Rabin: Nicht alles, nur zum Teil. Ich habe überhaupt nicht das Bedürfnis, immer jemanden in meine Probleme einzuweihen. Aber meine Schwester und ich sind sehr vertraut miteinander. Unser Verhältnis ist sehr offen und frei.
Kaffman: Es scheint, als ob Ihre Beziehungen zu Ihren jeweiligen Familien sich mehr oder weniger im Umgang mit Ihren Geschwistern erschöpfen.
Mr. Rabin: Aber gleichzeitig pflegen wir auch regelmäßige und geordnete Beziehungen mit unseren beiden Familien.
Mrs. Rabin: Die Beziehungen sind gut, aber niemand mischt sich in die Angelegenheiten des anderen ein! Ich glaube, daß ich mich in die Angelegenheiten meiner Eltern in Wahrheit mehr einmische als sie sich in meine. Ich habe mich schon mehr als einmal in eine Auseinandersetzung zwischen ihnen eingeschaltet. Natürlich streiten sie sich auch vor mir, so daß das verständlich ist. Meine Schwester und ich mischen uns häufig in die Auseinandersetzungen der Eltern ein; wir beziehen sogar Stellung. Ich finde, das ist ganz natürlich.
Kaffman: Und geschieht das mehr oder weniger regelmäßig? Ich sehe da eine Art festes Muster in Ihrer beider Verhalten. Wie ist es mit der weiteren Familie, gibt es da feste Muster?
Mrs. Rabin: Bei deiner Familie, Michael, gibt es, glaube ich, kaum geregelte Reaktionen, aber bei uns schon. Die Situation ist unangenehm, weil meine Schwester und ich uns mehr auf die Seite unseres Vaters stellen als auf die unserer Mutter. Obwohl sie häufig recht hat, unterstützen wir sie nicht. Wir haben so etwas wie eine gemeinsame Front gegen sie aufgerichtet, ob nun zu Recht oder zu Unrecht. Ich glaube, daß unser Vater uns einfach besser versteht, aber diese Dinge sind viel stärker emotional als rational geprägt. So haben sich die Beziehungen eben im Lauf der Jahre entwickelt. Manchmal ist mir völlig klar, daß meine Mutter im Recht ist, und trotzdem unterstütze ich weiter die andere Seite.
Kaffman: Wahrscheinlich haben Sie auch Ihre eigene Erklärung für diese besondere Situation.
Mrs. Rabin: Vater ist immer das starke Mitglied in der Familie gewesen. Er hat immer die Hauptrolle gespielt. Ich kann mich nicht gut erinnern, wie die Beziehungen zwischen mir und meinen Eltern waren, als ich noch sehr jung war. Meine Erinnerungen stammen fast alle aus den letzten Jahren. Gewöhnlich gehe ich mit meinen Angelegenheiten zu meinem Vater und nicht zu meiner Mutter. Zum Beispiel fällt es mir leichter, meinen Sohn bei ihm zu lassen; nicht daß ich

meiner Mutter weniger vertraute, um Gottes willen, aber ich finde, mein Vater kommt mit dem Jungen irgendwie besser zurecht als meine Mutter. Aber vielleicht ist auch das ein Vorurteil.

Kaffman: Wenn ich es richtig verstehe, dann funktioniert Ihre Familie, also Sie und Ihre Beziehung zu Michael, ganz anders als Ihre Mutter in ihrer Beziehung zu Ihrem Vater, vielleicht sogar genau entgegengesetzt.

Mrs. Rabin: Ja.

Mr. Rabin: Ich glaube, Esthers Vater ist geistig jünger, deshalb kann man mehr mit ihm anfangen. Esthers Charakter ist, glaube ich, wie der ihres Vaters, und sie haben auch den gleichen Humor. Auch die Impulsivität hat sie von ihrem Vater. Die Mutter ist anders.

Mrs. Rabin: Und von der ganzen Familie behandelt Michael meine Mutter am allernettesten. Er ist geduldig und hört ihr immer zu.

Mr. Rabin: Diese beiden Töchter reagieren etwas zu stark auf ihre Mutter. Esther hat ja schon gesagt, daß es gar nicht ums Rechthaben oder Nichtrechthaben geht. Sie betrachten die Dinge nicht auf ihren eigenen Wert hin; statt dessen haben sie eine ganz festgefügte Einstellung – die Mutter ist so, und der Vater ist so. Ich mag das nicht, weil ich eine andere Einstellung zu Hause gewöhnt bin. Wir behandeln unsere Eltern etwas anders.

Kaffman: Sie haben beide die ganz besondere Vertrautheit und Verbundenheit zwischen Esther und ihrem Vater erwähnt, durch die diese gemeinsame Front zustandegekommen ist. Michael wirkt dagegen moderierend auf die Beziehung zwischen Esther und ihrer Mutter. Er hilft Ihrer Mutter. Und er sagt, daß die Situation in seiner Familie anders ist. Was geschieht denn dort?

Mrs. Rabin: Ich glaube, Michael hat zum Teil die guten Eigenschaften seiner Mutter geerbt. Nicht ihre Zurückhaltung gegenüber der Welt, aber ihre Ruhe und Gelassenheit. Sie ist immer gut und freundlich.

Kaffman: Das ist interessant. Jeder von Ihnen hat in die gemeinsame Familie einen Elternteil oder besser gesagt die Wesenszüge eines Elternteils eingebracht. Esther hat ihren Vater eingebracht, und Sie haben Ihre Mutter eingebracht.

Mr. Rabin: Da ist wohl etwas Wahres dran.

Kaffman: Irgendwie wiederholen sich die Dinge in neuer und berichtigter Form. Wir sind jetzt gleich fertig mit unserem Interview. Wenn wir mal die Jahre Ihres gemeinsamen Lebens zusammenfassend betrachten, dann können wir sagen, daß . . .

Mrs. Rabin: Ich für meinen Teil finde, es könnte nicht besser sein, als es während dieser Jahre gewesen ist, weil ich alles habe; ich brauche wirklich nicht mehr als das. Es stimmt zwar, daß ich manchmal etwas eifersüchtig bin, wenn ich meine Schwester im Kibbuz Ganim besuche. Da gibt es einen Nachbarn, das ist der ideale, der perfekte Ehemann. Was meine ich wohl damit? Die Frau hat eine Peitsche in der Hand. Sie sagt zum Beispiel: „Heute ist Donnerstag; wir machen Großputz." Es ist ihr gleichgültig, ob er müde ist oder nicht. Er willigt ohne Widerspruch und anscheinend auch ohne Ärger ein. Dann fängt er an; er nimmt die Vorhänge von den Fenstern, er schrubbt das Haus. Sie sehen glücklich aus, sie scheinen es gut zu haben. Aber ich bin zufrieden mit dem, was ich habe. Ich glaube nicht, daß ich mit so einem gehorsamen Mann sehr glücklich wäre. Trotzdem hört meine Eifersucht nicht ganz auf, wenn ich diese Frau und all das sehe, was ihr Mann für sie tut, während ich niemals weiß, wann Michael das tun wird, worum ich ihn gebeten habe.

Kaffman: Sie würden Michael also nicht gerne gegen diesen perfekten Ehemann eintauschen? Aber vielleicht sagen Sie das nur, um mir einen Gefallen zu tun?

Mrs. Rabin: Michael weiß das sehr gut. Sehen Sie, es geht doch nun schon ein paar Jahre. Ich hätte mehr als eine Gelegenheit gehabt, aber ich wollte nicht.

Kaffman: Sie sagen gar nichts, Michael. Was ist denn Ihre Schlußfolgerung?

Mr. Rabin: Vielleicht gilt Esther im Kibbuz ein wenig als eine schwierige Ehefrau, aber alles in allem weiß ich nicht, ob es hier sehr viele Familien gibt, in denen die Beziehungen offener und besser sind. Ich glaube, es gibt nicht viele Mädchen, mit denen man eine solche Beziehung aufbauen kann. Vielleicht täusche ich mich, aber das ist nun mal mein Eindruck. Ich spreche nicht von rein erotischen und flüchtigen intimen Beziehungen, sondern von einer anhaltenden freundschaftlichen Bindung, von der Möglichkeit, miteinander zu reden, von wechselseitiger Fairneß, von Austausch und emotionaler Anziehung. Wenn ich an die Mädchen im Kibbuz denke, die ich so kenne, dann habe ich das Gefühl, daß Esther zu den loyalsten und treuesten gehört, eine Ehefrau, die einem nicht nur in kritischen Zeiten, sondern über die Jahre hinweg folgt.

Mrs. Rabin: Und wir haben ja noch einen weiten Weg vor uns.

Kaffman: Und nun vielleicht eine letzte Frage: Wenn Sie gebeten würden, das Geheimnis einer – trotz gelegentlicher Reibereien und Schwierigkeiten – mehr oder weniger harmonischen Ehe zu „verkaufen", wenn Sie etwas von Ihrer Erfahrung an andere weitergeben wollten, was würden Sie dann sagen?

Mrs. Rabin: Rezepte sind nicht meine Stärke; das kann Michaels Mutter besser. Es fällt mir schwer, dazu etwas zu sagen. Ich bin bestimmt nicht der richtige Mensch,

um andere Leute bei ihrer Lebensführung zu beraten. Es ist schwierig, aber ich möchte es so sagen: Ich glaube, das Geheimnis unseres ausgewogenen Lebens ist Michaels Charakter. Wenn mein Mann einen Charakter hätte, wie ich ihn habe, dann hätte ich es schwer. Ich glaube, Michaels Charakter gibt unserem Leben die Balance und die Stabilität, denn ich kann mich doch immer auf ihn verlassen. So verrückt und unbeherrscht ich mich auch benehme, ich weiß, er wird nie die Beherrschung wegen der Dinge verlieren, die mich in Wut versetzen. Es ist so eine Art Koexistenz von zwei Leuten mit komplementärer Veranlagung. Aber das ist kein Rezept, das man an andere weitergeben kann.
Mr. Rabin: Unsere Beziehung ist sehr persönlich. Es ist schwierig, sie anderen Paaren zu „verkaufen".
Kaffman: Aber es klingt doch ganz einfach: Die charakterliche Ergänzung zwischen Mann und Frau. Ist das nicht genug? Dann könnten wir vielleicht den Computer einsetzen, um die Paare in der richtigen Weise zusammenzubringen, und dann wären die Ehen stabil und harmonisch.
Mrs. Rabin: Nein, ich glaube, so einfach ist es nicht. Die Wahl des richtigen Partners allein reicht nicht aus. Später, in der Ehe selbst, muß man noch vieles dazulernen. Während unserer gemeinsamen Jahre haben wir uns gegenseitig kennengelernt. Es klingt einfach, aber es ist nicht leicht, einander zu kennen und zu respektieren. Im Grunde ist das das Geheimnis des Gelingens unserer Ehe, ein anderes Geheimnis gibt es nicht. Es hat Jahre gedauert, bis wir das erkannt haben.
Mr. Rabin: Und es wird noch weitere Jahre dauern.
Mrs. Rabin: Mag sein. Es gibt immer noch viele Probleme, denen wir noch nicht begegnet sind. Die Zeit wird uns vielleicht noch mehrfach auf die Probe stellen. Das werden wir ja erleben. Ich hoffe, wir bestehen sie gut.
Mr. Rabin: Das hoffe ich auch.
Kaffman: Und ich ebenfalls. Ich möchte Ihnen noch einmal dafür danken, daß Sie sich fast drei Stunden lang mit den Problemen herumgeschlagen haben, die wir in diesem Interview angeschnitten haben. Sie haben wirklich Ihr Bestes getan, das muß ich ehrlich sagen, und ich glaube, dieses Gespräch kann für jeden nur nützlich sein, der wissen möchte, wie sich die Beziehungen zwischen Partnern entwickeln, die jahrelang zusammen leben.

Der Leser kann die Parallelen zwischen den Wagners und den Rabins für sich selbst ableiten. Obwohl die beiden Paare verschiedenen Kulturen angehören, haben sie sich beim Aufbau ihrer Familie ganz ähnlichen Problemen gegenübergesehen – der Festlegung der Grenzen rund um die neue Struktur, der Auseinandersetzung mit den Schwiegerverwandten, dem Umgang mit Freunden und der Kinderaufzucht. Die Aufgaben sehen in den beiden Gesellschaften jeweils verschieden aus, aber die Unterschiedlichkeit der Kulturen beleuchtet nur umso intensiver die grundsätzliche Ähnlichkeit des Prozesses.

5 Therapeutische Implikationen des strukturellen Ansatzes

In seinem Kern geht der strukturelle Ansatz in der Familientherapie auf die Vorstellung zurück, daß die Familie nicht nur aus den individuellen biologisch-psychologischen Dynamiken ihrer Mitglieder besteht. In ihrem Umgang miteinander halten sich die Familienmitglieder an bestimmte Arrangements, die ihre Transaktionen lenken. Diese Arrangements sind zwar in der Regel nicht ausdrücklich festgelegt bzw. werden oft nicht einmal voll erkannt, aber sie bilden doch eine Gesamtheit, nämlich die Struktur der Familie. Die Realität der Struktur ist von anderer Art als die Realität der individuellen Mitglieder.
Die Familienstruktur ist dem Beobachter nicht unmittelbar zugänglich. Der Therapeut zieht seine Daten und seine Diagnose aus den Erfahrungen, die ihm sein Anschluß an die Familie vermittelt. Er hört, was die einzelnen Familienmitglieder ihm über die Art ihrer Realitätserfahrung berichten. Er beobachtet aber auch die Art und Weise, in der die Familienmitglieder mit ihm und miteinander umgehen. Der Therapeut analysiert das Transaktionsfeld, innerhalb dessen er und die Familie einander begegnen, um eine strukturelle Diagnose zu erstellen.
Dabei stellt er sich eine Reihe von Fragen. Dazu gehört zum Beispiel die Frage danach, wer der Sprecher der Familie ist. Was hat es zu bedeuten, wenn der Vater als Sprecher fungiert? Wer hat ihn dazu ausersehen, die Vorstellung der Familie und damit die Hauptverantwortung für den ersten Kontakt mit einer signifikanten Person außerhalb der Familie zu übernehmen? Hat er die Position des Sprechers eingenommen, weil er das exekutive Haupt der Familie ist? Oder ist in Wahrheit die Mutter die exekutive Führerin, die eingedenk einer ungeschriebenen Regel über die angemessene männliche Rolle ihre Macht vorübergehend dem Vater einräumt? Was tut sie, während ihr Mann spricht? Sekundiert sie ihm schweigend bei seinen Kommunikationen, oder mischt sie sich mit verbalen oder nonverbalen Beiträgen ein?
Und weiter, stützt das Verhalten der Familie den Inhalt der verbalen Kommunika-

tionen, oder widerspricht es ihm? Ist das, was sich in der Sitzung ereignet, typisch für andere Augenblicke im Leben der Familie? Würde der affektive Ton der familialen Interaktion sich ändern, wenn die Sitzung anders aufgebaut wäre? Sind die Transaktionen, die augenblicklich in der Sitzung in Gang sind, signifikanter als diejenigen, die sich in der gleichen Sitzung zu einem früheren Zeitpunkt abgespielt haben?

Während der Therapeut auf die Geschehnisse eingeht, wie sie in der Sitzung ablaufen, macht er auch seine Beobachtungen und stellt Fragen. Er faßt die transaktionalen Muster und die Grenzen genau ins Auge und stellt Hypothesen darüber auf, welche Muster funktional und welche dysfunktional sind. Er beginnt, eine Art Lageplan der Familie zu entwerfen.

Ein solcher Lageplan ist ein Organisationsschema. Er zeigt die Fülle der familialen Transaktionen nicht deutlicher als eine Landkarte die Vielgestaltigkeit des Territoriums abbildet. Er ist statisch, während die Familie ständig in Bewegung ist. Aber der Lageplan der Familie ist ein wichtiges Vereinfachungsmittel, das es dem Therapeuten gestattet, das ganz verschiedenartige Material zu organisieren, das er erhält. Der Plan macht es ihm möglich, Hypothesen bezüglich gut funktionierender wie auch bezüglich möglicherweise dysfunktionaler Gebiete innerhalb der Familie zu formulieren. Er hilft ihm auch bei der Feststellung der therapeutischen Ziele.

Die Funktion solcher Lagepläne wird in anderem Zusammenhang von Claude Lévi-Strauss so beschrieben: „Zu den Besonderheiten der kleinen Gesellschaften, die wir studieren, gehört es, daß jede sozusagen ein hausgemachtes Experiment darstellt . . . Andererseits sind diese Gesellschaften lebendig, und wir haben weder die Zeit noch die Mittel, sie zu manipulieren . . . Wir finden unsere Experimente bereits vorbereitet, aber wir haben keine Kontrolle über sie . . . daher . . . versuchen wir, sie durch Modelle zu ersetzen, durch symbolische Systeme, die die charakteristischen Eigenheiten des Experimentes bewahren, aber von uns manipuliert werden können."[1] Ebenso wie der Anthropologe benutzt auch der strukturell orientierte Familientherapeut eine Art Lageplan oder Landkarte, um das gewonnene Material ordnen zu können.

Sondierende Massnahmen im Rahmen des therapeutischen Systems

Im Zusammenhang seiner Suche nach Material für den strukturellen Lageplan der

Familie bedient sich der Therapeut auch bestimmter Sondierungsversuche. Schon seine bloße Anwesenheit ist in gewissem Sinne eine sondierende Maßnahme, denn die Familie organisiert sich ja im Blick auf ihn. Aber er kann zusätzlich Aufgaben stellen, mit deren Hilfe sich signifikante Aspekte der Familienstruktur erkunden lassen.

Der Familientherapeut betrachtet sich als agierendes und reagierendes Mitglied des therapeutischen Systems. Um sich der Familie anzuschließen, betont er die Gemeinsamkeiten, die zwischen seiner Persönlichkeit und seinen Erfahrungen und den Persönlichkeiten und Erfahrungen der Familienmitglieder bestehen. Zugleich behält er sich aber die notwendige Spontaneität bei seinen experimentellen Erkundungen vor.

Dieser Einsatz der eigenen Person unterscheidet sich sehr stark von dem des psychodynamisch orientierten Therapeuten. Der psychodynamischen Therapie liegt die Ansicht zugrunde, daß sich eine Veränderung im Individuum durch die kognitiv-affektive Neubegegnung mit der introjektierten Vergangenheit ergibt. Diese Neubegegnung findet mittels einer symbolischen Beziehung zum Therapeuten statt. Mithin ist der Individualtherapeut gehalten, seine persönlichen Reaktionen in Schach zu halten. Er muß seine Impulse kontrollieren und seine eigenen inneren Prozesse aufmerksam beobachten können. Er muß seine objektiven Reaktionen von denjenigen Reaktionen trennen können, die aus seiner eigenen Vergangenheit stammen und jetzt durch das augenblickliche Verhalten des Patienten im Wege der Gegenübertragung erweckt werden. Er lernt, passiv zu beobachten und seine spontanen Reaktionen mit Vorsicht zu beurteilen. Seine Rolle besteht darin, den Patienten zur Betrachtung seiner selbst und seiner Beziehung zu den signifikanten Figuren aus seiner Vergangenheit zu zwingen. Der Individualtherapeut legt das Schwergewicht auf die Erkundung der konfliktären Vergangenheit und auf ihre Deutung in der Gegenwart.

Die Familientherapie geht von anderen Prämissen aus. Der Grundgedanke lautet hier, daß eine Veränderung dadurch zustandekommt, daß der Therapeut sich der Familie anschließt und sie nach einem sorgfältigen Plan neu strukturiert, so daß die dysfunktionalen Transaktionsmuster umgewandelt werden. Wenn es ihm gelungen ist, sich der Familie anzuschließen und die Zwänge des Familiensystems an sich zu erfahren, dann braucht er vor spontanen Reaktionen nicht auf der Hut zu sein, weil solche Reaktionen wahrscheinlich systemkonform sein werden. Wenn sie es nicht sind, dann können sie doch als Sondierungsversuche von Wert sein.

Die dysfunktionale Struktur ist die einzige Familienstruktur, die dem Therapeuten unmittelbar zugänglich und erkennbar ist. Es gehört zu seinen Aufgaben, diese Struktur zu untersuchen und Gebiete möglicher Flexibilität und Veränderung in ihr auszumachen. Sein Beitrag wirft Licht auf Teile der Familienstruktur, die in die Versenkung geraten sind. Strukturelle Alternativen, die stillgelegen haben, werden aktiv. Wenn der Therapeut dann flexibel genug ist, sich zu lösen und die Wirkung seiner sondierenden Maßnahmen zu beobachten, dann wird sich sein diagnostisches Bild der Familie klären.

Gewöhnlich weist die Familie solche sondierenden Maßnahmen ab, die mit dem Familiensystem nicht in Einklang zu bringen sind. Wenn sie aber doch auf Resonanz stoßen, dann gibt es drei Möglichkeiten: Die Familie kann erstens die Eingabe des Therapeuten in bezug auf ihr bisheriges transaktionales Muster ohne Schwierigkeiten assimilieren. Das bedeutet eine Lernerfahrung, nicht aber Wachstum. Die Familie kann zweitens auch so reagieren, daß sie sich anpaßt, entweder durch eine Erweiterung ihrer transaktionalen Muster oder durch die Aktivierung alternativer Muster.

Und schließlich kann sie drittens auf die Eingabe des Therapeuten wie auf eine vollständig neue Situation reagieren. In diesem Fall ist die sondierende Maßnahme zu einer neustrukturierenden Intervention geworden. Wenn die Familie sie nicht zurückweist, wird die Belastung innerhalb des Systems größer werden. Die Homöostase der Familie ist nicht mehr im Gleichgewicht, der Weg zur Umformung ist frei.

Zwei Beispiele sollen deutlich machen, wie der Therapeut sondiert und seine Sondierungen innerhalb des therapeutischen Systems auswertet. Eine Familie, die aus Mutter, Vater und vier Kindern besteht, beginnt eine Behandlung. Das vorgestellte Problem bzw. der identifizierte Patient ist ein zehnjähriger Junge, der stiehlt und die Schule schwänzt.

Die Mutter bedeutet dem Vater, daß er beginnen soll. Während er spricht, überwacht sie schweigend das Verhalten der fünfjährigen Tochter (T) und des siebenjährigen Sohnes (S). Sie unterbricht ihren Mann, um eine Bemerkung von ihm zu kommentieren. Dann signalisiert sie der 14jährigen Tochter, sie möge ihren Standpunkt darlegen, und unterbricht sie mit der Aufforderung, offen und ehrlich mit dem Therapeuten zu sprechen. Während die Tochter spricht, beobachtet sie ihrerseits die Mutter, und einmal fragt sie die Mutter nach dem Tag, an dem sich der von ihr beschriebene Vorfall ereignet hat.

Aufgrund seiner bisherigen Beobachtungen kann der Therapeut (Th) versuchsweise die Struktur dieser Familie aufzeichnen. In seiner ersten diagnostischen

Hypothese erscheint die Mutter als die zentrale Schaltstelle, über die die Operationen der Familie zu leiten sind (Abb. 11).

		V
		————
Abb. 11	Th	M
		– – – – – –
		TSST

Jetzt stellt der Therapeut Sondierungen an, um die Flexibilität der inneren Grenzen der Familie zu erkunden. Er bittet die Mutter, sich abseits von den Kindern zu setzen und nichts zu sagen. Das versetzt ihn in die Lage zu beobachten, welche Kompetenzen der Vater im Umgang mit seinen Kindern besitzt und über welche autonomen Kapazitäten die Kinder verfügen, wenn ihre Mutter sich weniger aktiv zeigt. Wenn der Vater ohne Schwierigkeiten mit den Kindern interagieren kann, dann wird der Therapeut zu der Hypothese gelangen, daß das elterliche Subsystem klar umgrenzt ist, und bei seiner Suche nach dysfunktionalen Gebieten innerhalb der Familie nun anderswo ansetzen. Wenn sich der Vater dagegen als unfähig erweist und die Kinder nicht autonom mit ihm umgehen können, dann wird der Therapeut auf eine unangemessen starre Grenze schließen, die den Vater von den Kindern trennt und die Mutter in einem übermäßigen Engagement hält. Diese Hypothese umreißt ein dysfunktionales Gebiet, impliziert ein therapeutisches Ziel und legt bestimmte Schritte nahe, mit deren Hilfe sich dieses Ziel möglicherweise erreichen läßt.

In einem anderen Fall ist die identifizierte Patientin (IP) eine fünfzehnjährige Diabetikerin. Sie hält die vorgeschriebene Diät nicht ein, fälscht ihre Urinwerte und ist nicht zuverlässig, was die Insulinspritzen angeht, die sie sich selbst verabreichen muß. Mutter, Vater, die identifizierte Patientin und ihre jüngere Schwester kommen zur Behandlung.

Der Vater beginnt das Gespräch. Er beschreibt die Anfänge der Krankheit der Tochter und ihre Auswirkungen auf die ganze Familie. Als er endet, berührt er leicht seine Frau und sagt: „Jetzt mußt du reden." Der Therapeut sagt scherzend, das sehe aus wie ein Stafettenlauf. Die Familie lacht. Die Mutter schildert, wie die Krankheit der Tochter sie beeinflußt. Unter anderem sagt sie, daß sie immer aufpassen muß, daß die Tochter auch das richtige Essen zu sich nimmt. Während sie spricht, bleibt sie in Blickkontakt mit allen Familienmitgliedern. Das zuckerkranke Mädchen unterbricht seine Mutter, um seine Schwierigkeiten mit dem

Essen zu beschreiben. Aber ihre Erzählung ist immer wieder von langen Pausen unterbrochen, in denen die Mutter etwas einwirft.
Der Therapeut greift ein und fragt die jüngere Tochter, wie sie denn ihre Mutter aktiviere. Er erklärt, daß der Vater sie durch die Berührung und dadurch aktiviert habe, daß er ihr einen Auftrag gegeben habe, und daß die ältere Tochter sie durch die langen Pausen in ihrem Bericht aktiviert habe, die die Mutter dann mit ihren eigenen Beiträgen gefüllt hat. Die jüngere Tochter erwidert, daß sie nicht glaubt, ihre Mutter irgendwie anzuregen. An diesem Punkt ist der Therapeut im Besitz der grundlegenden Daten für einen Lageplan, der die Mutter in einer zentralen Stellung und in einem übermäßigen Engagement mit der identifizierten Patientin begriffen zeigt (Abb. 12).

Abb. 12

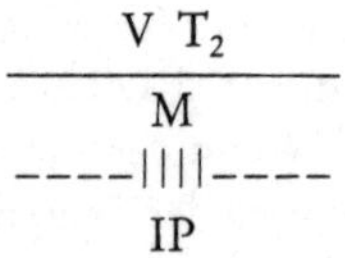

Jetzt setzt der Therapeut seine Sondierungen fort. Er stellt eine Regel auf: Niemand darf für den anderen sprechen, und niemand soll die Gedanken oder Gefühle eines anderen Familienmitgliedes zu erraten suchen. Dann fragt der Therapeut den Vater, ob es noch irgendwelche anderen Probleme in der Familie gibt. Der Vater sagt, seine Frau fühle sich ängstlich und beunruhigt, wenn er nicht zu Hause ist. Der Therapeut weist darauf hin, daß der Vater die Regel gebrochen hat, als dieser gerade zu der Bemerkung ansetzt: „Oh, ich soll ja nicht für jemand anderen sprechen“. Das ist ein günstiges Zeichen. Es deutet darauf hin, daß der Vater über ausreichende Ressourcen verfügt, um sich die Eingabe des Therapeuten nutzbar zu machen.
Die ältere Tochter sagt, daß der Vater zu wenig an ihr interessiert sei. Sie beklagt sich darüber, daß er nicht zum Schulkonzert gekommen ist. Die jüngere Tochter sagt, daß er ihr nicht bei den Hausaufgaben helfen will. An diesem Punkt läßt sich ein neuer Lageplan zeichnen, nach dem sich die Mutter mit ihren Töchtern in einer Koalition gegen den Vater befindet, der an der Peripherie steht (Abb. 13).

Abb. 13

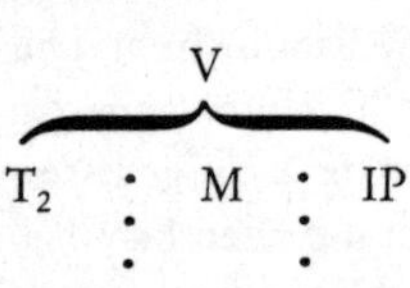

Diese beiden Lagepläne implizieren ein Ziel: Es muß eine Grenze um das eheliche Subsystem gezogen werden, die die Distanz zwischen der Mutter und der identifizierten Patientin vergrößert und den an der Peripherie stehenden Vater enger in die Familie einbezieht. Folgerichtig weist der Therapeut die beiden Mädchen dafür zurecht, daß sie die Regel gebrochen haben. Er sagt ihnen, daß sie die Klagen ihrer Mutter über die häufige Abwesenheit des Vaters von zu Hause übernommen haben. Auf diese Weise verwandelt er die Beschwerde der Ehefrau über ihren Ehemann in eine Beschwerde der Töchter über ihren Vater.
Später kommt es zu einer Auseinandersetzung der Eheleute über Geldangelegenheiten und über die Schwierigkeiten, die der Mann an seinem Arbeitsplatz hat. Als die Frau Kritik an ihm übt, mischt sich die ältere Tochter ein und sagt, daß sie ja Geld gespart hat und daß die Familie dieses Geld verwenden kann. Die Mutter beginnt mit der Tochter zu streiten und vergißt darüber die Auseinandersetzung mit ihrem Mann. Nachdem sich nun ein ehelicher Konflikt ergeben hat, bekommt der Lageplan eine neue Gestalt (Abb. 14).

Abb. 14 $\dfrac{V - || - M}{T_1 \quad T_2}$ wird zu $\dfrac{V \mid M - || - T_1}{T_2}$

In dieser Familie leiten die Ehegatten ihren ehelichen Konflikt in einen Konflikt zwischen der Mutter oder dem Vater einerseits und der Tochter andererseits um. Auch jetzt zeigt der Lageplan ein Ziel und einen Weg, wie dieses Ziel erreicht werden kann. Der Therapeut bittet beide Töchter, mit ihren Stühlen dicht an ihn heranzurücken und den Eltern den Rücken zuzukehren. Die Eltern sollen nun ihre Auseinandersetzung wieder aufnehmen und zu einem Abschluß bringen. Das tun sie, und den beiden Mädchen scheint die unnatürliche Sitzordnung zu gefallen.
Die erste Sitzung läßt einen anfänglichen Lageplan der Familie entstehen, der dem Therapeuten ein Ziel für die Familie weist und bestimmte Schritte andeutet, wie dieses Ziel zu erreichen ist. Weitere Sitzungen und ihre anschließende Auswertung und Beurteilung werden den Lageplan dann berichtigen, verfeinern und in seinen Einzelheiten verdeutlichen.
An häufig anzutreffenden familialen Mustern – denken wir an die erweiterte Familie, an die Familie mit einem „Elternkind", also einem Kind, das schon elterliche Funktionen übernimmt, oder an die Familie, die sich in einer Über-

gangssituation befindet – läßt sich die Anwendung der strukturellen Analyse weiter verdeutlichen. Kein familiales Muster ist in sich normal oder abnorm, funktional oder dysfunktional. Die Differenzierung innerhalb der Familie ist in jedem Falle „idiosynkratisch"; sie bezieht sich immer auf die jeweilige Zusammensetzung der Familie, ihr Entwicklungsstadium und ihre Subkultur, und mit jedem Modell läßt sich arbeiten. Jedes Modell hat aber auch seine inhärenten Schwächen, und es sind wohl diese schwachen Stellen, die unter Umständen vollends zusammenbrechen und dann dazu führen, daß die Kapazitäten einer Familie zur Bewältigung von Schwierigkeiten erschöpft sind.

Die erweiterte Familie

Die erweiterte Familie ist eine Familienform, der belastende Situationen und knappe Ressourcen wohlvertraut sind. Für viele mittellose Familien ist dieses Modell daher von hoher Signifikanz. Die Funktionen können in der erweiterten Familie geteilt werden. Ein Mitglied kümmert sich um die Kinder, während alle übrigen Erwachsenen arbeiten, um die ganze Familie zu erhalten. Eine Frau kann die Kinder ihrer Schwester mitbringen, wenn sie mit ihren eigenen Kindern zur Nachuntersuchung in die Beratungsstelle kommt. Die Gefährtschaft und die vielfältigen Hilfs- und Unterstützungsmöglichkeiten, die die erweiterte Familie bietet, machen sie häufig zur einzig möglichen Form für Menschen, die unter äußeren Beschränkungen zu leiden haben.

Die erweiterte Familie, insbesondere die „urban-matriarchalische" erweiterte Familie, hat sehr viel Beachtung dadurch gefunden, daß die helfenden Professionen im Zuge des „Feldzuges gegen die Armut" eine entsprechende Propaganda ins Werk setzten. Die Folge ist, daß ein Therapeut möglicherweise schon im vorhinein dazu neigt, diese Form als in sich pathogen anzusehen. Eine sorgfältige strukturelle Lagebestimmung kann aber durchaus erweisen, daß das System adäquat funktioniert.

Es gibt auch Fälle, in denen eine erweiterte Familie deshalb in Schwierigkeiten gerät, weil sie mit der deutlichen Zuschreibung von Verantwortlichkeiten nicht zurechtkommt. Aufgrund der Komplexität der Familieneinheit gibt es vielleicht eine Reihe recht vage gezogener Grenzen, was zu Verwirrung und Belastung führt.

So kommt beispielsweise eine Familie zur Behandlung, weil die jüngste –

zehnjährige – Tochter nicht gehorcht, von zu Hause fortläuft und häufig sehr spät von der Schule heimkommt, ohne daß sie zuvor der Familie gesagt hat, wo sie sich aufhält. Die Mutter hat schließlich den Therapeuten angerufen, und so ist der erste Kontakt mit ihr und den fünf Kindern zustandegekommen. In der ersten Sitzung stellt der Therapeut fest, daß die Mutter Schwierigkeiten mit der Lenkung aller fünf Kinder hat (Abb. 15).

Abb. 15

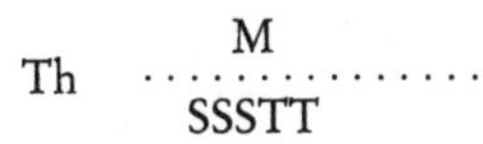

Nun dehnt der Therapeut das Problem aus, indem er darauf hinweist, daß die Mutter nicht nur mit der identifizierten Patientin, sondern mit allen ihren Kindern Schwierigkeiten hat. Dadurch stellt er einen therapeutischen Kontrakt auf, in dem die Übereinkunft niedergelegt ist, daß die Behandlung neben der Arbeit mit der identifizierten Patientin auch Hilfe für die Mutter bei der besseren Lenkung aller ihrer Kinder und die Suche nach Unterstützung für sie umfassen soll. Wenn der Therapeut feststellt, daß auch eine Großmutter in der Familie lebt, dann dringt er darauf, daß sie zur nächsten Sitzung mitkommt.
Sobald die Großmutter anwesend ist, wird deutlich, daß sie das exekutive Haupt der Familie ist. Macht und Kompetenz der Mutter schwinden in Gegenwart ihrer eigenen Mutter (Abb. 16).

Abb. 16

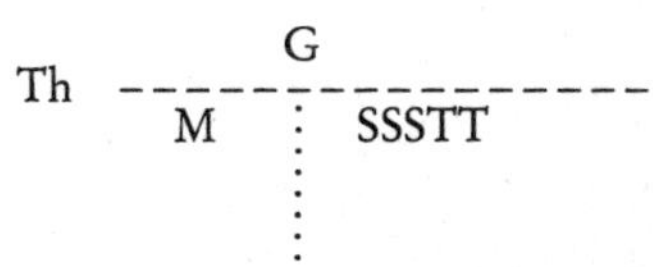

Der Lageplan, den der Therapeut nun von dieser elterlichen Struktur besitzt, läßt ihn seine neustrukturierenden Bemühungen auf das Ziel ausrichten, Mutter und Großmutter innerhalb des parentalen Subsystems zu einem Bündnis zu veranlassen, das durch gegenseitige Ergänzung und Unterstützung gekennzeichnet ist (Abb. 17).

Abb. 17
Das therapeutische Ziel

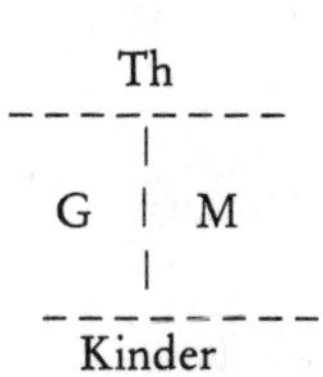

Viele Strategien lassen sich einsetzen, um dieses Ziel zu erreichen. Die Großmutter kann sich hinter einen einseitigen Spiegel begeben, um ihre Tochter in deren mütterlichem Umgang mit den Kindern zu beobachten (Abb. 18). Der einseitige

```
                      G
              ______________
Abb. 18            Th M              (einseitiger Spiegel)
              - - - - - - - -
                   Kinder
```

Spiegel bildet eine Grenze, die es gestattet, daß man sich beteiligt fühlt, ohne daß man einen eigenen Beitrag leistet. Der Therapeut kann die Großmutter auch weiter im gleichen Raum sitzen lassen, wobei er sie mit seiner eigenen Person daran hindert, die Dinge an sich zu reißen (Abb. 19). Er kann Sitzungen nur mit

```
               G  |  Th M
Abb. 19       - - - - - - - -
                  Kinder
```

der Großmutter und der Mutter abhalten und sich dabei selbst in die exekutive Allianz einschließen (Abb. 20). Oder er kann sich zwischen die Erwachsenen und die Kinder postieren und von dieser Position aus die Grenze rund um Mutter und

```
                  ¦     ¦
Abb. 20       Th  ¦  G  ¦  M
                  ¦     ¦
```

Großmutter deutlich machen, gleichzeitig aber auch beiden Subsystemen, dem elterlichen wie dem kindlichen, als Modell für exekutives elterliches Verhalten dienen (Abb. 21).

```
                  G    M
Abb. 21       - - - - - - - -
                    Th
              - - - - - - - -
                  Kinder
```

Bei diesen Strategien handelt es sich nur um einige wenige Beispiele für die vielen möglichen Ansätze, mittels derer dieses therapeutische Ziel bei dieser gegebenen Art von Familienstruktur erreicht werden kann. Zu unterschiedlichen Zeiten während der Behandlung kann der Therapeut alle diese oder auch noch andere Strategien einsetzen. Immer aber wird derjenige Ansatz, den er ursprünglich bei seinem Versuch der Neustrukturierung der Familie gewählt hat, sich in bestimmter Weise in den Reaktionen der Familie ihm gegenüber niederschlagen. Jeder Ansatz wird bestimmte Wege der Intervention eröffnen und andere versperren.

Die Familie mit einem Elternkind

Die Zuschreibung elterlicher Macht an ein Kind ist ganz üblich in großen Familien, in Familien mit nur einem Elternteil und in solchen Familien, in denen beide Eltern arbeiten. Das System kann gut funktionieren. Die kleineren Kinder werden versorgt, und das Elternkind kann Verantwortungsgefühl, Kompetenz und Autonomie über seine Jahre hinaus entwickeln.

Eine Familie mit dieser Struktur kann aber in Schwierigkeiten geraten, wenn die elterliche Autorität nicht deutlich genug an das Elternkind delegiert wird oder aber wenn die Eltern sich ganz aus ihrer Verantwortung zurückziehen, so daß das Kind an erster und oberster Stelle steht, was Führung, Kontrolle und das Treffen von Entscheidungen angeht. In diesem Fall können die Anforderungen, die an das Elternkind gestellt werden, mit seinen eigenen noch kindlichen Bedürfnissen kollidieren und seine Fähigkeit, ihnen gerecht zu werden, übersteigen.

Die Familie Gorden (Kapitel 11) ist ein Beispiel für dieses Problem. In dieser Familie ist die Grenze zwischen der Mutter und dem zehnjährigen Elternkind allmählich diffus geworden. Sie bilden zusammen ein festgefügtes Subsystem mit einer Grenze, die für die übrigen Kinder undurchdringlich ist. Die Autorität ist hier ganz deutlich delegiert worden, aber die Anforderungen an das Elternkind haben seine Fähigkeiten bei weitem überstiegen (Abb. 22). Die identifizierte

Abb. 22

Th   M ⋮ EK
____
Kinder

Patientin – die größere Tochter, siebenjährig – zündelt. Wegen der unangemessen starren Grenze, die durch die Aktivität des Elternkindes noch verstärkt wird, verfolgt die Mutter die identifizierte Patientin ständig als den Sündenbock der Familie, anstatt sie zu unterstützen (Abb. 23).

Abb. 23

M : EK

T

In diesem Fall besteht das therapeutische Ziel in einer Neuausrichtung der Familie, die so geartet ist, daß das Elternkind seiner Mutter weiterhin helfen kann. Die Grenze zwischen der Mutter und dem Elternkind muß deutlich gemacht werden. Die Grenze zwischen der Mutter und den übrigen Kindern muß so modifiziert werden, daß diesen der direkte Zugang zur Mutter möglich ist. Das Elternkind muß in die Untergruppe der Geschwister zurückkehren, wenn es auch seine Position als Führer und jüngerer Vertreter der Exekutive beibehält (Abb. 24).

Abb. 24
Das therapeutische Ziel

Th
- - - - - - - - - - - - - -
M
- - - - - - - - - - - - - -
EK : TTS

DIE FAMILIE IN EINER ÜBERGANGSSITUATION

Vorübergehender Verlust. Eine Familie kann durch alle möglichen Übergangssituationen unter Belastung geraten. Das gilt in besonderem Maße für Fälle von Trennung und anschließender Rückkehr. Wenn ein Elternteil die Familie verläßt, muß ein ganzes Paket von Anpassungsmustern ausgehandelt werden. Wenn der Ehemann seine Frau verläßt, ergeben sich bestimmte Veränderungen (Abb. 25). Wenn er zurückkehrt, müssen diese Veränderungen wieder umgekehrt werden.

Abb. 25

Mann / Frau
V M
- - - - - - - - - - - - - -
Kinder

wird zu

V
M
- - - - -
Kinder

Die ehelichen Transaktionen haben eine Unterbrechung erfahren und müssen neu zustande kommen. Die elterlichen Transaktionen verändern sich und müssen neu verhandelt werden. Der zurückkehrende Elternteil muß neue Beziehungen mit den Kindern eingehen. Drei Subsysteme verschwinden, tauchen von neuem auf und müssen als Teil der Funktionsweise des nun umgeformten Gesamtsystems absorbiert werden.

Manchmal können solche Übergangsverhandlungen auch blockiert werden. Dann werden die betroffenen transaktionalen Muster zu schwachen Gliedern. So setzt sich beispielsweise eine Familie mit dem Therapeuten in Verbindung, weil sie Schwierigkeiten mit der zehnjährigen Tochter hat, die nach Auskunft der Familienmitglieder zur Promiskuität neigt. In der Sitzung selbst sprechen sie aber vor allem von ihren Schwierigkeiten mit dem achtjährigen Sohn. Er verweigert den Gehorsam.

Der Therapeut beobachtet eine Familienstruktur, die allem Anschein nach Mutter und Kinder in einer Koalition gegen den Vater hält. Die Kinder unterbrechen die ehelichen Transaktionen, und aus den elterlichen Transaktionen ist der Vater ausgeschlossen (Abb. 26).

Abb. 26

Ehemann Ehefrau
. . . .
Th V { M
- - - - - - -
Kinder

In der Sitzung kommt der Vater freiwillig mit der Information, daß er vor vier Jahren für drei Jahre ins Zuchthaus mußte. Offensichtlich sind gewisse Probleme im Zusammenhang mit der erneuten Anwesenheit des Vaters in der Familie noch nicht gelöst worden. Es ist zu einer „chronischen Übergangssituation" gekommen, in der dysfunktionale Strukturen entstanden sind.

In dieser Familie besteht das therapeutische Ziel darin, die Grenze rund um Ehemann und Ehefrau zu stärken, um so die Kinder aus den ehelichen Transaktionen herauszuhalten und es dem Vater zu ermöglichen, elterliche Funktionen zu übernehmen. Um das zu erreichen, kann der Therapeut sich mit dem Vater zusammentun und so dessen Bedeutung in der Familie erhöhen (Abb. 27). Er kann auch die Transaktionen zwischen Mutter und Kindern blockieren, etwa indem er sie allein behandelt oder indem er die Verlautbarungen der Mutter in der Sitzung

Abb. 27

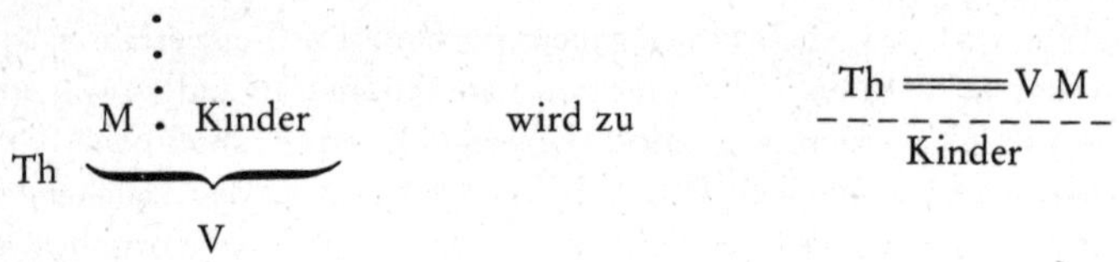

blockiert (Abb. 28). Diese Taktiken öffnen die Grenze zwischen Vater und Kindern und bringen die Mutter in größere Nähe zum Vater.

Abb. 28

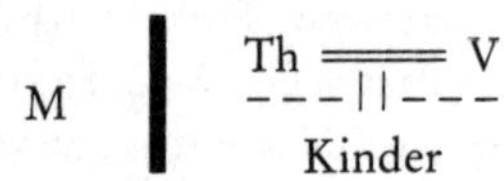

Schließlich kann der Therapeut sich mit Mutter und Vater in einer Koalition gegen die Kinder verbünden und diese wegen ihres Ungehorsams angreifen, oder er kann auf die Inkompetenz der Eltern gegenüber den Kindern hinweisen. Beide Techniken führen dazu, daß die Eltern sich verbünden und nun eine wirksame elterliche Einheit bilden (Abb. 29).

Abb. 29

Jede dieser Methoden kann der Familie helfen, das Problem zu lösen, das sich ergeben hat, als die Übergangsverhandlungen rund um die Wiederhereinnahme des Vaters in die Familie blockiert wurden. Ähnliche Probleme können entstehen, wenn die notwendige Umstellung nach dem endgültigen Verlust eines Familienmitgliedes, etwa durch seinen Tod oder durch eine Scheidung, blockiert wird.

Scheidung. Wenn ein Ehepaar sich scheiden läßt, kann der Mann sich in der Regel besser lösen als die Frau. Die sozialen Umstände, die verfügen, daß die Mutter die Kinder zu sich nehmen sollte, führen auf ihrer Seite zu einem anhaltenden Gefühl der Verpflichtung gegenüber dem früher geltenden System.

Beispielsweise kommt eine Familie zur Behandlung, weil die 16jährige ältere Tochter unter Depressionen leidet und sich immer stärker zurückzieht. Die Eltern haben sich vor sechs Monaten scheiden lassen, und der Vater lebt heute allein. Die

Mutter meint, daß der Therapeut eine Sitzung mit ihr und ihrem früheren Mann anberaumen sollte, damit man darüber sprechen kann, was für die Kinder getan werden könnte. Dieses Treffen findet statt, und die beiden geschiedenen Partner befehden sich während der ganzen Zeit sehr heftig. In einer sofort anschließend stattfindenden Unterredung mit dem Therapeuten sagt die Mutter, daß sie sich über den Abstand wundert, den sie inzwischen schon gewonnen hat. Aber sie berichtet dem Therapeuten auch, daß ihr ehemaliger Mann ihrer Meinung nach sehr krank ist, und bittet darum, er möge ihn in Einzelbehandlung nehmen.
Der Behauptung der Mutter, daß sie Abstand von ihrem ehemaligen Mann gewonnen hat, stehen verschiedene Faktoren entgegen. Zwei der Kinder, die sehr an ihrem Vater gehangen haben, verweigern jetzt jeden Kontakt mit ihm. Die jüngeren Kinder besuchen den Vater zwar, aber sie tun es äußerst ungern. Und die Mutter möchte, daß der Therapeut, der ja mit ihr und den Kindern arbeitet, ihren Mann in Behandlung nehmen soll.
Ein Lageplan der Situation zeigt, daß die Verhandlungen im Zusammenhang mit dem Weggang des Vaters dadurch blockiert worden sind, daß Mutter und Kinder am alten System festhielten. In dieser Situation würde die gleichzeitige Behandlung des früheren Ehemannes zusammen mit seiner Frau und den Kindern die starke Gegnerschaft zwischen den beiden ehemaligen Partnern nur noch verstärken. Eine Analyse der hier vorhandenen Systeme zeigt, daß die zu behandelnde Einheit aus Mutter und Kindern ohne den Vater besteht. Der Therapeut kann dann einige Sitzungen mit dem Vater und den Kindern ohne die Mutter anberaumen, um auf diese Weise Verhandlungen in Gang zu setzen, die es möglich machen, daß die Kinder und ihr Vater eine Beziehung zueinander aufrechterhalten, obgleich er für das alte System ja eine Figur an der Peripherie darstellt (Abb. 30).

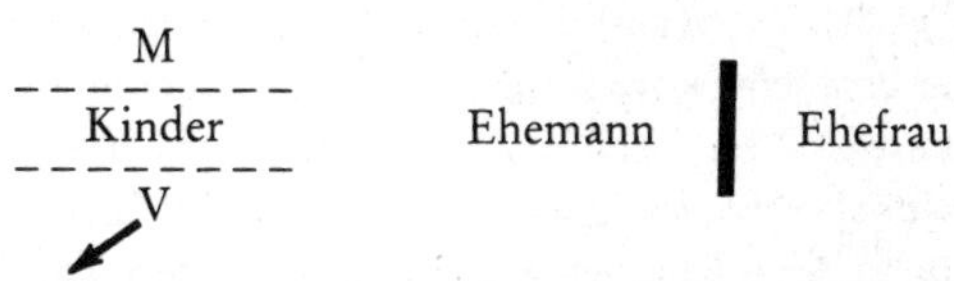

Abb. 30
Das therapeutische Ziel

Chronische Grenzprobleme. Wieder andere Familien kommen möglicherweise wegen der chronischen Grenzprobleme zur Behandlung, die damit zusammenhängen, daß Belastungen in einem Subsystem durch andere Subsysteme verhandelt werden. In einer gut funktionierenden Familie ist diese Art von Verhandlung möglich, weil das System von klaren, aber flexiblen Grenzen beherrscht wird.

Wenn aber das eine Subsystem ständig das gleiche Nichtmitglied zur Ausweitung seiner internen Konflikte einsetzt, dann können dysfunktionale Muster entstehen. Das kann man sehr häufig dann beobachten, wenn Eltern ein Kind dazu benützen, ihren ehelichen Konflikt umzuleiten oder abzubiegen. Die Grenze zwischen dem elterlichen Subsystem und dem Kind wird diffus, und die Grenze rund um die Eltern-Kind-Triade, die ja diffus sein sollte, wird unangemessen starr (Abb. 31). Eine solche Struktur wird als rigide Triade bezeichnet.

Abb. 31

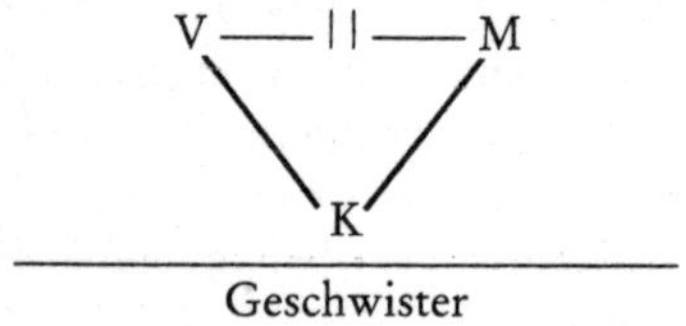

Der starr gehandhabte Einsatz eines Kindes im Rahmen ehelicher Konflikte kann verschiedene Formen annehmen. Im Rahmen dieser Dreiecksbeziehung verlangt jeder Elternteil, daß das Kind sich gegen den anderen Elternteil mit ihm verbündet. Sobald das Kind die Partei des einen ergreift, gilt es ganz automatisch als Angreifer des anderen. In dieser in hohem Maße dysfunktionalen Struktur ist das Kind gelähmt. Jede Bewegung von seiner Seite wird von einem der Eltern als Angriff bezeichnet.

Bei der Umleitung, ebenfalls einer Form der rigiden Triade, dient die Verhandlung ehelicher Spannungen durch und auf dem Weg über das Kind dem Zweck, das eheliche Subsystem in einer illusorischen Harmonie zu halten. Die Ehegatten bekräftigen jedes deviante Verhalten des Kindes, weil die Beschäftigung mit dem Kind es ihnen gestattet, ihre eigenen im ehelichen Subsystem liegenden Probleme in Probleme von Erziehung und Aufzucht umzuleiten oder darin untergehen zu lassen. Diese Umleitung kann die Form eines Angriffs auf das Kind annehmen, wobei dieses als Quelle aller Familienprobleme bezeichnet wird, weil es böse ist. In anderen Familien bezeichnen die Eltern das Kind als krank und schwach, um sich dann zu seinem Schutz zu verbünden.

Die rigide Triade kann auch die Form eines festen Bündnisses annehmen. Ein Elternteil schließt sich dann in einer starr umgrenzten intergenerativen Koalition gegen den anderen Elternteil mit dem Kind zusammen.

Alle drei Typen der rigiden Triade können in Familien auftauchen, in denen es

Verhaltensschwierigkeiten gibt. Diese Triade ist in Familien mit Kindern, die schwere psychosomatische Symptome zeigen, das typische transaktionale Muster, das von anderen signifikanten Merkmalen der Familie begleitet wird.
Gewöhnlich besteht das Ziel des Therapeuten in einer solchen Situation darin, die Organisation der Subsysteme nach dem Muster der üblichen Eltern-Kind-Beziehungen neu zu strukturieren (Abb. 32). Es gibt viele mögliche Vorgehensweisen

Abb. 32

Ehemann Ehefrau
____
V M
- - - - - - - - - - - - - -
Kinder

für die Neustrukturierung von Subsystemen, je nach Zusammensetzung, Kultur und Typ der einzelnen Familie. Wenn das Kind Teil eines konfliktvermeidenden transaktionalen Musters ist, kann es für den Therapeuten eine Hilfe bedeuten, es von seiner üblichen Position in den ehelichen Verhandlungen fernzuhalten. In dem Fall beispielsweise, in dem ein 15jähriges Mädchen mit psychogenen Brechanfällen die identifizierte Patientin ist, übernimmt der Therapeut die medizinische Verantwortung für das Symptom. Das Mädchen soll mit den Eltern überhaupt nicht mehr darüber sprechen. Es kann sich zu diesem Thema nur ihm, dem Therapeuten gegenüber, äußern. So setzt er sich selbst als Barriere zwischen das Mädchen und seine Eltern, und zwar in einem Manöver, das die Autonomie der Patientin und zugleich die Vertrautheit und Nähe zwischen den Eheleuten fördert (Abb. 33).

Abb. 33

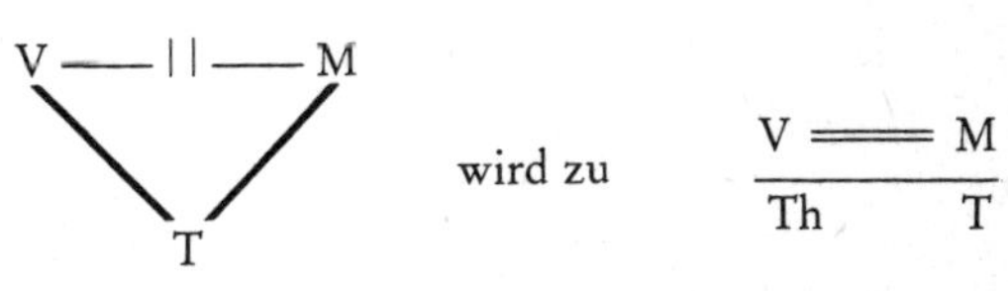

Die gleiche Strategie läßt sich auch dadurch verfolgen, daß man die Stärke der Grenze um das eheliche Subsystem erhöht, ohne das Kind offen von seiner Beteiligung abzuhalten. Im Falle eines 16jährigen, schwächlichen und zuckerkranken Mädchens stärkt der Therapeut die Eltern, indem er ihre beschützende und fürsorgliche Haltung belohnt. Während der Anfangsphase der Behandlung etikettiert er ihre gegenseitige Beziehung mit so positiven Begriffen, daß ihr

Zusammengehörigkeitsgefühl wächst. Mann und Frau sind dann in der Lage, die Probleme innerhalb ihres ehelichen Subsystems ohne die Unterstützung des ältesten Kindes zu verhandeln, das bisher stets an protektiven und konflikterweiternden Interventionen beteiligt war. Dann geht der Therapeut dazu über, sich mit dem ausgeschlossenen Mädchen zu verbünden, und erweitert so seine Strategie (Abb. 34).

Abb. 34

Ehemann ═══ Ehefrau
- - - - - - - - - - - - - - -
Th ═══ T

Man kann auch so vorgehen, daß man die Eltern in einer Koalition gegen dasjenige Kind neu zusammenbringt, das Mitglied der rigiden Triade gewesen ist. In der Familie Brown wurde die identifizierte Patientin, ein 10jähriges Mädchen, zur Behandlung überwiesen, weil sie an einer lebensbedrohenden Anorexia nervosa (nervöse Appetitlosigkeit) litt. Im Verlauf einer Sitzung, in der man gemeinsam ißt, instruiert der Therapeut den Vater, wie er das Kind zum Essen bewegen kann. Dem Vater gelingt es nicht, und so bittet der Therapeut nun die Mutter, die ebenfalls keinen Erfolg hat. Jetzt fühlen sich beide Eltern hilflos und von ihrer Tochter manipuliert. Der Therapeut bietet der Familie die Deutung an, daß das Mädchen, das von seinen Eltern bisher als krank, schwach und gehorsam angesehen worden ist, sie in Wahrheit beherrscht, daß es sie nämlich beide vor dem Therapeuten als hilflos und inkompetent erscheinen läßt. Die Eltern vereinigen sich nun gegen das Mädchen in einer Struktur, die der Therapeut als einen Schritt auf das therapeutische Ziel hin verstärken kann (Abb. 35).

Abb. 35

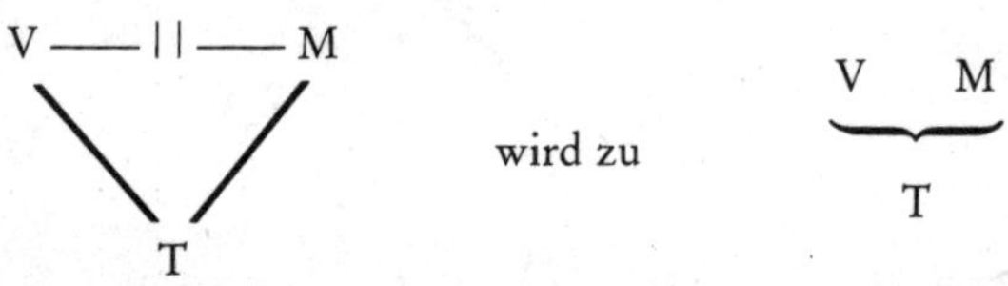

In einem ähnlichen Fall von Anorexie bei einem heranwachsenden Jungen betrachtet die Familie den mangelnden Appetit des Kindes als Reaktion auf das strenge und autoritäre Verhalten seines Vaters.[2] Die Mutter hat sich mit dem Jungen in einer stummen Koalition gegen den Vater verbündet, der sich ausgeschlossen und schuldig fühlt. Der Therapeut führt einen halbwüchsigen „Kotherapeuten" ein, dessen Aufgabe darin besteht, dem identifizierten Patienten bei der Annäherung an die Welt seiner Peers behilflich zu sein. Zugleich mit der größeren Distanz, die der Junge von seiner Familie gewinnt, ergibt sich eine Annäherung der Ehefrau an ihren Mann.

Es gibt noch viele weitere Strategien, die sich im Falle einer rigiden Triade einsetzen lassen. In der Familie mit einem phobischen Jungen etwa ruft die protektive Haltung der Mutter Angriffe von seiten des Vaters hervor, die die protektiven Bemühungen der Mutter nur noch verstärken. Der Therapeut stellt sich auf die Seite des Vaters, greift den Jungen noch stärker als dieser an und blockiert die automatische beschützende Reaktion der Mutter. Das wiederum drängt den Vater in eine protektive Haltung gegenüber dem Jungen hinein, wodurch sich schließlich das Zusammengehörigkeitsgefühl von Mann und Frau erhöht. In einem anderen Fall geht der Therapeut vielleicht so vor, daß er das Zusammengehörigkeitsgefühl zwischen dem übermäßig engagierten Elternteil und dem Kind bis zu einem Punkt hin noch verstärkt, an dem das System aus dem Gleichgewicht kommt. Es entsteht eine Krise, die die Familie zwingt, neue Formen der Reaktion zu entwickeln.

Wieder eine andere Technik besteht darin, einem anderen Familienmitglied die Position des identifizierten Patienten zuzuschieben, wie in dem Fall, in dem der Therapeut sich auf die Promiskuität der älteren Tochter konzentriert anstatt auf das vorgestellte Problem, das darin besteht, daß die jüngere Tochter die Schule schwänzt.

Die Transformation der Familie ist nicht das Ergebnis einer einzelnen therapeutischen Intervention, sondern sie erfordert ein ständiges Engagement in Richtung auf das therapeutische Ziel. Aber viele Therapeuten und Familien verbringen Jahre damit, sich durch die mittleren Phasen der Behandlung zu quälen, weil sie den Sinn für die Richtung verloren haben, die der Lageplan der Familie doch deutlich macht. Wenn die Komplexitäten der Behandlung auf die beiden Dimensionen einer Landkarte reduziert werden, ergeben sich natürlich gewisse Verzerrungen. Dennoch hat die strukturelle Analyse den großen Vorzug, daß sie den Beteiligten die Bedeutung der Behandlung als eines Prozesses nahebringt, der auf ein festgelegtes Ziel ausgerichtet ist.

Mögliche Gefahren und Fehlschläge im Zusammenhang mit der strukturellen Analyse

Das Hilfsmittel der strukturellen Analyse im Zusammenhang mit der Festlegung der therapeutischen Ziele und der Wahl der therapeutischen Strategien ist zwar sehr wirksam, aber nicht frei von inhärenten Fallen. Es besteht die Gefahr, daß der Entwicklungsprozeß der Familie nicht berücksichtigt wird oder nicht alle denkbaren familialen Subsysteme in die Betrachtung eingeschlossen werden. Es besteht weiter die Gefahr, daß der Therapeut sich einem einzelnen Subsystem anschließt und es gegen die übrigen unterstützt.

Mangelnde Berücksichtigung des Entwicklungsprozesses. Es kann sehr gefährlich werden, wenn der Therapeut sich des Entwicklungsprozesses der Familie und seiner Auswirkung auf die Familienstruktur nicht bewußt ist. Nehmen wir als Beispiel die therapeutische Arbeit mit einer Familie, die aus der Mutter, einer 25jährigen Tochter, einem 18jährigen Sohn und einer zehnjährigen Tochter besteht. Der Vater ist vor sechs Jahren gestorben. Die ältere Tochter verlobt sich, und nur wenige Wochen später entwickelt die jüngere Tochter eine Schulphobie und muß in eine Kinderstation aufgenommen werden. Nach etwa drei Wochen geht sie im Krankenhaus zur Schule, in dem sie insgesamt sechs Monate bleibt. Jetzt beginnt der Sohn, seine Mutter heftig zu befehden, und Mutter und Sohn werden zur Familienbehandlung geschickt. Jeder Therapeut arbeitet jetzt mit einem einzelnen Subsystem, ohne dessen Beziehungen zu den anderen Subsystemen in Betracht zu ziehen oder einen Blick auf den Entwicklungsprozeß der gesamten Familie zu werfen.

Sobald man diese Familie als System betrachtet, ändert sich die Perspektive ganz beträchtlich. Es wird dann klar, daß nach dem Tode des Vaters die ältere Tochter sich an die Mutter angeschlossen und durch die gemeinsamen Transaktionen mit ihr innerhalb des exekutiven Subsystems ein stützendes System geschaffen hat. Diese Struktur funktionierte gut, bis die ältere Tochter sich – bedingt durch ihre Verlobung – von der Familie zurückzuziehen beginnt. Um mit der herannahenden neuen Trennungssituation fertigzuwerden, geht die Mutter eine starke Bindung mit der Zehnjährigen ein. Die jüngere Tochter reagiert auf das Verlassenheitsgefühl der Mutter in der Weise, daß sie sich aus dem extrafamilialen System (Schule) zurückzieht und zu Hause bleibt, um ihrer Mutter ein Gefühl der Sicherheit zu geben.

Die Herausnahme des jüngeren Kindes aus der Familie durch eine Institution, die allein das Verhalten des Mädchens in Betracht zieht, beraubt die Mutter nun einer weiteren signifikanten Quelle der Unterstützung; sie erlebt den dritten größeren Verlust innerhalb von sechs Jahren. Mehr und mehr sucht sie nun die Nähe ihres Sohnes. Aus dem engeren Beieinander von Mutter und Sohn entsteht eine starke Feindseligkeit, je mehr der Sohn entsprechend seinem Alter auf Loslösung und erhöhte Autonomie bedacht ist und sich in Richtung auf die extrafamiliale Welt bewegt. Dieses neue Problem ist in Wahrheit iatrogener Natur, nämlich das Ergebnis des Eingreifens der Institution. Die Institution ist in einer Weise vorgegangen, die die Belastung der Familie noch erhöht, anstatt dafür zu sorgen, daß der Mutter zum Ausgleich für den Verlust ihrer älteren Tochter Unterstützungen zuteil wurden. Hätte die Einheit aus der Mutter und allen Kindern bestanden, dann hätte man die jüngere Tochter vor der devianten Position bewahren können, der Sohn hätte die deviante Position beim Weggang der Tochter nicht einnehmen müssen, und der Familie wäre eine Menge Kummer erspart geblieben.

Diese Blindheit gegenüber der Signifikanz der gegenseitigen Ergänzung der Mitglieder eines Familiensystems ist kennzeichnend für den individuellen Ansatz in der Behandlung. Aber auch ein am System orientierter Therapeut ist gegen sie nicht notwendig gefeit, wenn er in seiner Arbeit mit einem Subsystem den Aufprall ignoriert, den seine Interventionen bei den übrigen Systemen hinterlassen.

Die Außerachtlassung einzelner familialer Subsysteme. Ein vierzehnjähriger Junge zieht sich von seiner Umwelt zurück und zeigt „verrückte" Verhaltensweisen. Er hat Halluzinationen und spricht mit Tieren, die nur in seiner Vorstellung vorhanden sind. Seine Eltern, ein Geschäftsmann von 46 und eine Hausfrau von 42 Jahren, gehen mit ihm zum Psychiater, der einen schizophrenen Zusammenbruch diagnostiziert. Die Prognose ist düster; der Psychiater befürchtet, daß der Zustand des Jungen sich verschlechtern und zu lebenslanger chronischer Schizophrenie führen wird. Der Krankenhauspsychologe, an den der Junge überwiesen wird, schlägt eine Familienbehandlung ohne Hospitalisierung des Jungen vor. Da die Situation so hoffnungslos aussieht, stimmen der Psychiater und die Eltern diesem Vorschlag zu.

Das Gutachten des Therapeuten über die Familie lautet, daß die Interaktionen des ehelichen Subsystems spärlich und nicht belohnender Natur sind. Folglich haben Mutter und Kind eine übermäßig enge Beziehung zueinander, in der das Kind unreif und anhänglich bleibt und die den Vater ausschließt (Abb. 36).

Abb. 36

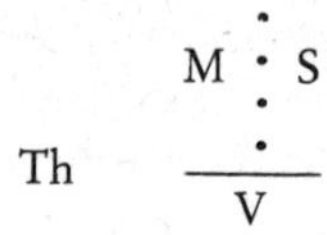

Die therapeutische Strategie besteht in der Arbeit mit den Erwachsenen mit dem Ziel, die Transaktionen zwischen Ehemann und Ehefrau zu erhöhen. Wenn das Kind sich bei den Familiensitzungen mit Bemerkungen beteiligt, die offensichtlich nichts mit der Situation zu tun haben, dann reagiert der Therapeut nicht darauf. Er rät auch den Eltern, nicht auf den Jungen zu reagieren, wenn er Bemerkungen von psychotischer Qualität macht. Er überredet die Eltern dazu, einmal wöchentlich abends ohne den Jungen auszugehen, etwas, was sie seit Jahren nicht mehr getan haben (Abb. 37).

Abb. 37

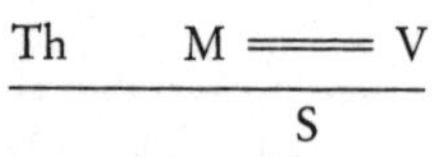

Das erste Mal, als die Eltern von einem solchen Ausgang nachts nach Hause kommen, stellen sie fest, daß der Junge seine Kleider mit einer Rasierklinge zerschlitzt hat. Der Therapeut interpretiert diesen Vorfall als Reaktion des Systems auf eine Veränderung. Er sagt den Eltern, daß dies ein gutes Zeichen ist: ihre eigene Beziehung bessert sich, und diese Besserung wird sich im Anwachsen der Symptome bei dem Kind manifestieren. Als sie das nächste Mal ausgehen, zerschlägt der Junge eine Fensterscheibe, schneidet sich dabei ins Handgelenk und rennt dann nackt auf der Straße herum. Die Eltern bringen ihn noch am gleichen Abend ins Krankenhaus, und der Psychiater möchte ihn stationär aufnehmen. Aber wieder überzeugt der Therapeut die Eltern, daß dies eine Reaktion auf ihre größere Vertrautheit untereinander und völlig im Einklang mit dem therapeutischen Plan ist.

Die Beurteilung der familiären Dynamiken, zu der der Therapeut gelangt ist, mag richtig sein, aber seine therapeutischen Interventionen sind unnötig belastend und möglicherweise auch gefährlich. Es kommt häufig vor, daß bei der Behandlung eines Systems im Grunde nur einem einzigen Subsystem Aufmerksamkeit zugewandt wird. Aber es ist nicht wünschenswert, es ist unwirtschaftlich und manchmal moralisch und menschlich ganz einfach falsch, die übrigen Subsysteme völlig zu ignorieren. In unserem eben beschriebenen Fall hätte der Therapeut Sitzungen mit dem Vater und dem Sohn abhalten können, bei denen die Mutter zwar anwesend gewesen wäre, sich aber nicht beteiligt hätte. Er hätte auch Sitzungen allein mit dem Sohn abhalten, ihm sein Interesse und seine Anteilnahme zeigen und ihn dann in die Familienbehandlung hineinnehmen können. Eine solche Betrachtung des Kindes als eines leidenden Individuums und nicht als eines Systemmitgliedes, das auf die Versuche zur Neustrukturierung mit antitherapeutischen und systemerhaltenden Manövern reagiert, wäre der gesamten Behandlungssituation zugutegekommen, ohne den Fortschritt auf das Ziel hin aufzuhalten (Abb. 38).

Abb. 38

```
            Ehemann  Ehefrau
            ________________
Th          V              M
            - - - - - - - -
                   S
```

Stützende Beteiligung an nur einem einzigen Subsystem. Ein weiteres Beispiel für die Gefahr der Nichtbeachtung von Teilen eines Systems haben wir im Fall der Familie, die sich aus Ehemann, Ehefrau und vier Kindern zusammensetzt – zwei Jungen von 21 und 18, zwei Mädchen von 16 und 12 Jahren. Der älteste Sohn war vor einem Jahr ausgezogen und hatte sich einer Hippiegruppe angeschlossen. Er hatte eine feste Beziehung zu einem Mädchen, rauchte Marihuana und experimentierte mit LSD und anderen Halluzinogenen. Nachdem er ebenso wie seine Freundin mit einer toxischen Psychose im Krankenhaus gelegen hatte, wurde er zu seinen Eltern nach Hause geschickt. In der Familie ist er der starke Führer der geschwisterlichen Untergruppe und fordert die Autorität der Eltern, besonders die des Vaters, ständig heraus. Die Mutter verbündet sich manchmal mit den Kindern gegen den Vater und beklagt sich dann auch über dessen autoritäre Haltung.

Die Therapeutin, eine unverheiratete junge Frau, stellt fest, daß die Eltern und insbesondere der Vater den Kindern nicht die Autonomie zugestehen wollen, die für Heranwachsende notwendig und angemessen ist. Sie sieht, daß die Kinder ihre Freiheit gegenüber den übermäßig starren Eltern erkämpfen, und sie schließt sich sehr stark an die Untergruppe der Geschwister an. Die Folge ist, daß der Vater noch stärker das Bedürfnis empfindet, die Kinder zu lenken und zu kontrollieren, damit aber immer weniger Erfolg hat. Seine Frau sieht sich gefangen zwischen dem

Mann, der immer mehr fordert und immer machtloser wird, und den Kindern, die von der Therapeutin sehr nachhaltig unterstützt werden (Abb. 39).

Abb. 39 V ═══ M ═══ STST ═══ Th

In diesem Fall belastet die Hereinnahme der Therapeutin ein bereits starres System noch mehr. Die Reaktion besteht in der weiteren Kristallisierung und noch stärkeren Erstarrung der Transaktionen. Die Grenze um das geschwisterliche Subsystem wird so starr, daß die Eltern ihre sozialisierende Funktion nicht länger vollziehen können. Wenn die Therapeutin die Eltern in ihrem Bedürfnis nach Respekt und Achtung von seiten der Kinder unterstützt hätte, dann wäre es ihr auch möglich gewesen, sie zu bitten, ihrerseits die Rechte der Kinder zu respektieren. Hätte sie im elterlichen Subsystem besonders auf die Verantwortung und im geschwisterlichen Subsystem besonders auf die Rechte hingewiesen, dann hätte sie als Brücke zwischen den beiden Subsystemen fungieren können (Abb. 40).

Abb. 40 VM ═══ Th ═══ Kinder

Ein Therapeut kann sich einem Subsystem anschließen, um zu erkennen, wie das System als Ganzes reagiert. Das ist ein wesentlicher Teil des diagnostischen Prozesses, durch den er sich der Familie anschließt und sie kennenlernt. Aber wenn er solange in dieser Position verbleibt, daß sich die dysfunktionale Organisation noch verfestigt, dann ist dies ein Akt der Blindheit. Diese Gefahr im

Zusammenhang mit der strukturellen Familientherapie läßt sich aber umgehen, wenn der Therapeut sich gerade so weit an das Familiensystem anpaßt, daß es ihm möglich wird, die von den Familienmitgliedern empfundenen Belastungen und Schmerzen selbst zu erfahren und zu beurteilen.

1. Claude Lévi-Strauss: The Scope of Anthropology. London: Cape 1967, S. 25
2. Salvador Minuchin: The Use of an Ecological Framework in the Treatment of a Child, in: The Child in His Family. E. James Anthony und Cyrille Koupernik, Hrsg., New York: Wiley 1970, S. 41–57.

6 Die Familie in der Behandlung

Der Grund, weshalb Familien zur Behandlung kommen, liegt gewöhnlich in den Symptomen eines einzelnen Familienmitgliedes. Dieser eine ist der identifizierte Patient, von dem die Familie sagt, daß er „Probleme hat" oder „das Problem ist". Wenn aber eine Familie eines ihrer Mitglieder als „den Patienten" bezeichnet, dann kann man annehmen, daß die Symptome des identifizierten Patienten ein systemerhaltendes oder vom System aufrechterhaltenes Muster darstellen. Das Symptom kann in der Zurschaustellung einer Dysfunktion innerhalb der Familie bestehen. Es kann aber auch zunächst im einzelnen Familienmitglied aufgrund von dessen besonderen Lebensumständen entstanden sein und dann vom Familiensystem gestützt werden. In beiden Fällen besagt die übereinstimmende Meinung der Familie, nach der eines ihrer Mitglieder das Problem darstellt, daß das Symptom auf einer gewissen Stufe durch das System verstärkt wird.
Die Familie als offenes soziokulturelles System sieht sich ständig mit der Forderung nach Veränderungen konfrontiert. Dieses Erfordernis ergibt sich aus den biologisch, psychologisch oder sozial begründeten Veränderungen eines oder mehrerer Familienmitglieder und aus den unterschiedlichen Eingaben aus dem größeren sozialen System, in das jede Familie sich eingebettet sieht. Die dysfunktionale Familie ist ein System, das auf diese inneren oder äußeren Forderungen nach einer Veränderung mit der Stereotypierung seiner Funktionsweise reagiert. Auf alle Forderungen nach Veränderung antwortet sie durch die Konkretisierung ihrer Familienstruktur. Die eingespielten transaktionalen Muster bleiben starr erhalten, was jede Möglichkeit einer Alternative ausschließt. Der Beschluß, ein einzelnes Mitglied als „das Problem" hinzustellen, ist eine einfache Methode, um die starre und unangemessene Familienstruktur aufrechtzuerhalten.
Der Familientherapeut hat die Aufgabe, dem identifizierten Patienten und der Familie zu helfen, indem er die Transformation des Familiensystems erleichtert. Dieser Prozeß besteht aus drei wichtigen Schritten: Der Therapeut schließt sich der Familie an und nimmt eine Führerstellung ein. Er deckt die zugrundeliegende

Familienstruktur auf und beurteilt sie. Und schließlich schafft er Umstände, die die Transformation dieser Struktur möglich machen. In der Behandlung selbst sind diese Schritte untrennbar voneinander.
Das Ergebnis der Behandlung ist die transformierte Familie. Die Erwartungen, die das Verhalten der einzelnen Familienmitglieder lenken, haben sich verändert. Damit hat sich auch die „extrazerebrale Geisteswelt" jedes Familienmitgliedes und seine Erlebensweise selbst geändert. Diese Transformation ist von Wichtigkeit für alle Familienmitglieder, ganz besonders aber natürlich für den identifizierten Patienten, der sich aus seiner devianten Position befreit sieht.
In der Familientherapie versteht man unter der Transformation der Struktur bestimmte Veränderungen in der Position der Familienmitglieder untereinander, mit denen eine Modifizierung ihrer komplementären Bedürfnisse und Forderungen einhergeht. Obgleich Veränderung und Transformation ganz ähnliche Termini sind, gehören sie in unserem Zusammenhang gewissermaßen zwei verschiedenen grammatischen Systemen an. In der Familientherapie führt die Transformation oder die Neustrukturierung des Familiensystems zur Veränderung bzw. zu neuen Erfahrungen des Individuums. Transformation verändert in der Regel nicht die Zusammensetzung der Familie. Die Veränderung ereignet sich gewissermaßen in der Synapse* – in der Art nämlich, in der die gleichen Menschen miteinander verbunden sind.
Wenn der Therapeut sich der Familie anschließt, übernimmt er die Führung des therapeutischen Systems. Diese Führung umfaßt die Verantwortung für das, was geschieht. Der Therapeut muß die Familie begutachten und therapeutische Ziele aufstellen, die auf dieser Begutachtung aufbauen. Er muß weiterhin seine Interventionen so gestalten, daß sie die Transformation des Familiensystems in Richtung auf diese Ziele hin erleichtern. Zielscheibe seiner Interventionen ist die Familie. Wenngleich die einzelnen Individuen nicht ignoriert werden dürfen, liegt doch das Schwergewicht für den Therapeuten in der positiven Veränderung des Familiensystems und seiner Operationen. Die Familie ist die Matrix für Heilung und Wachstum ihrer Mitglieder. Die Verantwortung dafür, daß diese Ziele erreicht werden bzw. nicht erreicht werden, liegt beim Therapeuten.

* Synapse: „Schaltstelle" (zwischen zwei Nerven bzw. zwischen Nerv und Muskel).

Transformation und die Störung des Gleichgewichts in der Familie

Um das Familiensystem zu transformieren, muß der Therapeut in einer Weise eingreifen, die das System aus dem Gleichgewicht bringt. Jay Haley hat auf die Gefahren aufmerksam gemacht, die entstehen können, wenn man ein starkes Bündnis mit einem Familienmitglied eingeht. Nach seiner Meinung muß der Therapeut, der sich in einer bestimmten Sitzung mit einem Ehepartner gegen den anderen verbündet, das Gleichgewicht rasch dadurch wieder herstellen, daß er anschließend auch mit dem anderen koaliert bzw. ein Bündnis eingeht.[1] Ein solcher Balanceakt ist in manchen Fällen nützlich, weil der Therapeut auf diese Weise die Flexibilität der Familie und ihre Fähigkeit zur Verhandlung von Konflikten vergrößert, indem er ihr hilft, ins Gleichgewicht zu kommen. In anderen Fällen aber tragen solche Balanceakte nur dazu bei, die Starrheit und Unbeweglichkeit einer Familie festzuschreiben.

Betrachten wir als Beispiel die Arbeit des Therapeuten Ronald Liebman mit einer starr pathogenen Familie, in der die einzige Tochter, eine 14jährige, die an Anorexia nervosa leidet, die identifizierte Patientin ist. Der Lageplan des Therapeuten von dieser Familie zeigt eine übermäßige Bindung zwischen Tochter und Mutter. Ehemann und Großmutter mütterlicherseits haben sich in einer Koalition zusammengeschlossen, die die Mutter innerhalb des Subsystems der Erwachsenen isoliert. Die einzige Möglichkeit der Mutter, ihre Fähigkeiten und Kompetenzen unter Beweis zu stellen, liegt in ihrer Beziehung zu der Tochter. Das Ziel des Therapeuten besteht in der Herbeiführung einer größeren Distanz zwischen Mutter und Tochter und in der Festlegung einer Grenze rund um das eheliche Subsystem, die es möglich machen soll, das Mädchen und die Mutter aus ihren devianten Positionen zu befreien.

Der Therapeut flüstert dem Mädchen zu: „Sag deiner Mutter, daß sie dich nicht richtig liebt, und daß du deshalb aussiehst wie eine Vogelscheuche". Das Mädchen, das die Unterstützung des Therapeuten sucht, gehorcht. Ein individuell arbeitender Therapeut würde diese Form der Intervention zumindest für fraglich halten. Da der Familientherapeut das Mädchen zur offenen Aggressivität gegenüber der Mutter ermuntert, von der es doch krankhaft abhängig ist, würde der Individualtherapeut sich Gedanken über die unweigerlich eintretenden Schuldgefühle des Mädchens machen. Er würde vermuten, daß sie gar nicht etwa unbewußten Zorn offen ausdrückt, sondern nur die Worte des Therapeuten nachplappert. Die Mutter für die Symptome der Tochter verantwortlich machen zu wollen, würde in seinen Augen bedeuten, daß die Verantwortung des Mädchens für sein eigenes Handeln heruntergespielt und die wechselseitige Abhängigkeit von Mutter und Tochter noch vertieft wird. Schließlich würde er diese Taktik auch als unfair gegenüber der Mutter ansehen, die sich ja schon durch ihren Mann und ihre eigene Mutter in ihren Äußerungen beschnitten sieht.

Der Familientherapeut dagegen tut auf diese Weise einen Schritt in Richtung auf das therapeutische Ziel. Die einzige Möglichkeit, in dieser Familie zu einer Besserung zu gelangen, liegt darin, zwischen Mutter und Tochter Distanz zu schaffen. Die Taktiken des Therapeuten sind darauf angelegt, Mutter und Tochter voneinander zu trennen. Daher geht er eine Koalition mit der identifizierten Patientin gegen die Mutter ein. Seine Intervention bringt alle vier Familienmitglieder aus ihrem Gleichgewicht. Die Mutter, die jetzt des Ventils in Gestalt ihrer Tochter beraubt und durch die kritische Haltung des Therapeuten noch zusätzlich belastet ist, hat keine andere Wahl, als ihre Forderungen und Wünsche an ihren Mann zu erhöhen. Die Nähe zwischen Mann und Frau macht es dann möglich, Mutter und Tochter voneinander zu trennen und aus ihren devianten Positionen zu befreien.

Der strukturell orientierte Therapeut erscheint einzelnen Familienmitgliedern vielleicht als unfair. Zu jedem Zeitpunkt während der Behandlung, der einen Übergang kennzeichnet, wird der Prozeß nämlich einseitig aussehen. Der Therapeut scheint die Komplexität der individuellen Dynamiken zu verkennen und zeigt in den Augen seiner Beobachter möglicherweise nicht einmal Einfühlungsvermögen und Verständnis für die Bedürfnisse der einzelnen Familienmitglieder. Der therapeutische Prozeß in seiner Gesamtheit wird aber dann enthüllen, daß der Therapeut doch ein Gefühl der Verbundenheit mit den Familienmitgliedern entstehen läßt und in einer Weise hegt und bewahrt, daß sie ihm sogar dann folgen, wenn er ihnen eigentlich unfair erscheint. Der Therapeut muß ein Gespür für die Dynamiken der Familienmitglieder haben, er muß sie unterstützen und bestimmte Aspekte ihrer Persönlichkeit bestätigen, selbst wenn er sie auf einem anderen Gebiet gerade disqualifiziert. Ein Therapeut, der der Familie nicht das sichere Gefühl vermitteln kann, daß er jeden einzelnen von ihnen als Individuum achtet und respektiert und sich seiner heilenden Aufgabe ernsthaft verschrieben hat, wird die Familie im Verlauf der Transformationsprozesse verlieren.

Das Vertrauen der Familie in den Therapeuten ist von äußerster Wichtigkeit in diesem ungleichgewichtigen Prozeß. Wenn der Therapeut durch den Zusammenschluß mit einem Familienmitglied ein Familiensystem aus dem Gleichgewicht hebt, dann erfahren die übrigen Mitglieder eine Belastung. Ihre Reaktion kann so aussehen, daß sie auf der Bewahrung des Systems bestehen. Der Therapeut muß dieser Forderung begegnen, indem er seinerseits verlangt, daß die Familienmitglieder sich in Richtung auf die therapeutischen Ziele bewegen und gleichzeitig die Unsicherheiten der Übergangsperiode ertragen. Ihr Marsch auf das Ziel hin wird dadurch erleichtert, daß der Therapeut Verständnis für die Erfahrungen und Bedürfnisse der Familienmitglieder zeigt und sie in diesen Erfahrungen und Bedürfnissen bestätigt und unterstützt.

Der Einsatz der eigenen Person des Therapeuten mit dem Ziel der Unterstützung der Familienmitglieder ist in der Arbeit mit pathologisch verstrickten Familien ganz besonders bedeutsam. Bei allen verstrickten Familien sind die Differenzierungsprozesse behindert. Im Bereich des Pathologischen macht die mangelnde Differenzierung in der Familie jede Trennung von der Familie zu einem Akt des Verrats. Das Gefühl der Zugehörigkeit dominiert über das Seinsgefühl, und zwar auf Kosten eines eigenen Selbstgefühls. Wenn er in eine solche Situation hineinkommt, bemüht sich der Therapeut gewissermaßen um eine psychologische und interaktionelle Parzellierung. Wenn er aber versucht, ein Mitglied des Familiensystems zu rasch aus diesem Muster zu reißen, dann wird er feststellen, daß das System stärker zieht als er selbst es kann. Es ist unmöglich, ein Mitglied aus dem System herauszulösen, es sei denn, der betreffende Mensch wäre zur gleichen Zeit auch noch auf einer anderen Ebene stark gebunden. Nehmen wir als Beispiel das Kind, das als Teil einer rigiden Triade stark an den Angelegenheiten des ehelichen Subsystems beteiligt und fest mit einem der beiden Eltern verbündet ist. Ein therapeutisches Ziel würde in diesem Falle darin bestehen, die starren transaktionalen Muster zu blockieren und so den weiteren Einsatz dieses Kindes und die Verstärkung seiner Symptome zu verhindern. Eine Taktik im Zusammenhang mit diesem Ziel, die zugleich ein eigenes Ziel darstellt, bestünde darin, das Kind in eine belohnende Position innerhalb des geschwisterlichen Subsystems zurückzuversetzen.

Manchmal lassen sich Bindung und Loslösung in der Familie miteinander verflechten. Zum Beispiel kann, während ein Kind aus einer rigiden Triade losgelöst und mit dem geschwisterlichen Subsystem verbunden wird, die Grenze um das eheliche Subsystem gestärkt werden, um das gegenseitige Engagement der Ehegatten zu erhöhen. Oder der Therapeut muß sich für eine Übergangszeit selbst als Mittler des extrafamilialen Engagements einsetzen, um die Loslösung eines Mitgliedes von der Familie zu erleichtern. Außerfamiliale Ressourcen können mit dem System verknüpft werden, etwa dadurch, daß man die Mutter dazu bringt, sich eine Arbeit zu suchen, die ihr außerhalb der Familie Befriedigung einträgt, oder dadurch, daß man als „Kotherapeuten" einen gleichaltrigen Gefährten mit hereinnimmt, der die Bewegung des stark introvertierten Halbwüchsigen auf die Welt seiner Peers hin erleichtern soll.

Der Therapeut muß die Auswirkungen der Behandlung und der jeweiligen Lebensumstände auf die Familie genau beobachten und stets bereit sein, seine Unterstützung anzubieten. Eine durch die Therapie bewirkte Veränderung wird wie alle anderen Veränderungen in der Familie nicht ohne Belastungen vor sich gehen, und das therapeutische System muß in der Lage sein, damit fertigzuwerden.

Das Ungleichgewicht, das entstanden ist, weil der Therapeut in die Familie hineingekommen ist und die Familie sich ihm angepaßt hat, mag in sich selbst wertvoll sein, aber es liegt vielleicht nicht immer in der Richtung der therapeutischen Ziele. Der Sog des Systems kann den Therapeuten unter Umständen in eine kontraindizierte Position treiben. So kommt zum Beispiel eine Familie zur Behandlung, weil der Ehemann an Anfällen von Migräne leidet. Er schämt sich seiner sehr einfachen Herkunft. Er war der erste in seiner Familie, der ein College besucht hat. Er hat eine Frau geheiratet, deren Familie er wegen ihrer intellektuellen Leistungen bewunderte, und er hat großen Respekt vor den Ansichten seiner Frau. Sie ist der Regelsetzer, dem er sich anpaßt und unterstellt.

Das therapeutische Ziel besteht in diesem Fall in der Änderung der relativen Machtpositionen der beiden Ehegatten, das heißt in der Transformation der Familienstruktur in der Weise, daß der Mann an Status gewinnt, mehr Achtung von seiten seiner Frau erfährt und Selbstachtung entwickelt. Zu diesem Ziel schließt sich der Therapeut in den ersten Sitzungen dem Mann an, unterstützt ihn und geht auch hin und wieder eine Koalition mit ihm ein, in der die Ehefrau mit Kritik belegt wird.

Nach der vierten Sitzung ruft die Frau ihn an, um ihn um eine Einzelsitzung zu bitten. Sie spielt mit dem Gedanken, ein Verhältnis mit einem anderen Mann zu beginnen, aber sie möchte ihren Mann nicht damit kränken, daß sie diese Überlegung in einer gemeinsamen Sitzung vorbringt. In der Einzelsitzung mit dem Therapeuten läßt sie durchblicken, daß er selbst der Mann ist, mit dem sie ein Verhältnis anfangen möchte. Mit Bedauern denkt der Therapeut daran, daß er als Analytiker die Gefühle der Frau als Übertragungsphänomene bzw. als Widerstand gegenüber der Behandlung deuten könnte. Als strukturell orientierter

Familientherapeut dagegen kann er diese Formel nicht benutzen. Er sieht sich zwei Fragen gegenüber. Erstens: Wie kann er der Frau helfen, die Sitzung zu verlassen, ohne an Selbstachtung eingebüßt zu haben, damit die Behandlung nicht behindert wird? Zweitens: Was hat er in den vorangegangenen Sitzungen getan, das ihren Mann ihm, dem Therapeuten, gegenüber degradiert hat, und was kann er tun, um diesen Schaden wiedergutzumachen?

Der Therapeut bittet die Frau, sich ein abstraktes Bild anzusehen, das an der Wand in seinem Arbeitszimmer hängt, und sich dabei vorzustellen, daß sie eine Verabredung mit dem Mann hat, den sie gerne zu ihrem Geliebten machen möchte. Als sie ihm ihre Vorstellungen mitteilt, sagt er, daß sie außerordentlich mager seien. Ihre Beschreibung des Mannes, sagt er weiter, ist so global und hat so wenig Inhalt, daß es ganz klar ist, daß sie in einer sexuellen Beziehung mit ihm nur ausgebeutet werden würde. Dies stellt indirekt einen Angriff auf die Frau dar, und zwar in mehrfacher Hinsicht. Als Schauspielerin ärgert es sie, daß man ihre erdachten Beschreibungen mager nennt. Als Verfechterin der weiblichen Emanzipation reagiert sie heftig auf die Andeutung, daß sie möglicherweise eine Beziehung sucht, in der sie ausgebeutet wird. Sie verläßt das Büro ärgerlich und enttäuscht über das mangelnde Gespür des Therapeuten und seine Beschränktheit, aber sie ist entschlossen, die Behandlung zusammen mit ihrem Mann fortzusetzen. Sie erzählt ihrem Mann von der Sitzung, ohne ihm dabei zu sagen, daß der Therapeut der von ihr ausersehene Liebhaber war. In der nächsten Sitzung mit dem Ehepaar behandelt der Therapeut den Mann mit großem Respekt, konzentriert sich auf seine Bemerkungen und wendet allem, was er sagt, seine volle und ungeteilte Aufmerksamkeit zu. Er greift die Frau in einer Weise an, daß der Mann ihr schließlich zu Hilfe kommt und seinerseits den Therapeuten attackiert. Dieses Vorgehen trägt dazu bei, das Ungleichgewicht, das in den vorangegangenen Sitzungen entstanden ist, zu korrigieren. Jetzt haben sich die beiden Ehegatten in einer Koalition gegen den Therapeuten gefunden. Innerhalb dieser Koalition nehmen sie gleiche Positionen ein. Dadurch wird es möglich, ein therapeutisches System zu schaffen, das auf der Kooperation von Gleichgestellten aufbaut.

Alternative Transaktionen im Rahmen der Transformation der Familie

Ein Mann trennt sich von seiner manisch-depressiven Frau, als seine Tochter sechs und sein Sohn fünf Jahre alt sind. Später heiratet er wieder und hat mit der neuen

Frau ebenfalls einen Sohn. Nach fünf Jahren holt er die beiden Kinder aus seiner ersten Ehe zu sich und in seine neue Familie hinein. Die Familie kommt zur Behandlung, weil die Tochter ungewöhnlich sensibel ist, Weinanfälle hat und glaubt, sie werde nicht geliebt.

Die zweite Ehefrau, die zwei Jahre älter ist als ihr Mann, kann ihre Gefühle nicht zum Ausdruck bringen. Ein Individualtherapeut, der als Beobachter an einer Sitzung mit der Familie teilgenommen hat, bemerkt, daß man sich seiner Meinung nach um den sehr eingeengten affektiven Funktionsbereich der Stiefmutter Gedanken machen müsse. Er glaubt, daß die identifizierte Patientin bei aller Labilität doch eine große Freude am Leben hat, die in der Behandlung ja geweckt werden könnte. Die Stiefmutter könnte diese Gabe möglicherweise wieder dämpfen.

Der Familientherapeut erwidert, wenn er sich nach einer Stiefmutter für die Tochter einer manisch-depressiven Frau umsehen müßte, dann würde er nach einer Frau mit einem begrenzten affektiven Reaktionsbereich suchen. Seinem Urteil nach kämpft die Familie mit Übergangsschwierigkeiten: Eine Familie, die aus drei Mitgliedern besteht, wird gezwungen, zwei neue Mitglieder aufzunehmen und zur fünfgliedrigen Familie zu werden. Die Schwierigkeiten, die sich daraus ergeben und vornehmlich im Bereich der wechselseitigen Anpassung aneinander und im Bereich der strukturellen Veränderungen liegen, sind der Grund dafür, daß die Familie zur Behandlung gekommen ist.

Der Vater versucht sich als Puffer, um seine Frau vor der Tochter zu beschützen. Er begibt sich in Machtkämpfe mit der Tochter, von denen die Stiefmutter ausgeschlossen bleibt. Diese Konflikte eskalieren, ohne daß es zu einer Lösung kommt. Vater und Tochter sind wütend und frustriert. Der Vater, der viele ähnliche Auseinandersetzungen mit seiner ersten Frau erlebt hat, sagt zur Tochter, daß sie ihrer Mutter zu ähnlich sei. Er äußert auch die Befürchtung, daß sie ebenfalls eines Tages verrückt wird.

Das Ziel des Therapeuten besteht darin, das Mädchen vom „Geist" seiner Mutter zu befreien und der Familie durch den Prozeß des Übergangs hindurchzuhelfen (Abb. 41). Dementsprechend konzentriert er sich auf die Stiefmutter, bemüht

Abb. 41 $\frac{V\,T_1}{M\,T_2}$ wird zu $\frac{V\,M}{T_1\,T_2}$

sich darum, sie zum Sprechen zu bringen, geht respektvoll auf ihre spärlichen Äußerungen ein und sagt, daß sie der Schlüssel für eine Veränderung in der Familie ist. Das verstärkt und erhöht ihre Aktivität in den Sitzungen. Der Therapeut geht eine Koalition mit ihr ein und sagt, daß die Annahme der Kinder ihres Mannes durch sie für die Familie lebenswichtig und für ihre Ehe jedenfalls sehr bedeutsam sei. Mit der „Annahme" des Geistes der ersten Frau, den ihr Mann ins Haus gebracht hat, ist es dagegen etwas anderes. Die zweite Frau muß ihrem Mann helfen, diesen Geist auszutreiben. Der Vater wird angegriffen, weil er nicht einsehen will, daß seine Tochter ja noch nicht erwachsen und mithin noch nicht die gleichgestellte Figur ist, der gegenüber ein Machtkampf angezeigt sein könnte. Er soll sich darüber klarwerden, daß sie ein eigenständiger Mensch und nicht etwa eine Zweitausgabe ihrer Mutter ist. Die Koalition aus dem Therapeuten, der Ehefrau und den Kindern transformiert die Familie, indem sie vorübergehend den Ehemann zur devianten Figur macht und die Tochter befreit.

Diese Art der Behandlung, die um die Frage kreist, wie Menschen Einfluß aufeinander nehmen und sich gegenseitig helfen können, ist kennzeichnend für den Therapeuten, der die Familie als heilende Matrix ansieht. Das Ziel besteht in gegenseitiger Anpassung und Unterstützung. Die Stiefmutter, eine Frau, die sich immer davor gefürchtet hat, ihren Mann herauszufordern, lernt von ihrer jungen Stieftochter. Und während die Stiefmutter von dem Mädchen lernt, wie man einen anderen Menschen herausfordert, lernt das Kind von ihr, wie man sich zurückzieht.

„Bewegung" im Laufe der Behandlung

Die Erfahrungen der Menschen verändern sich, wenn ihre wechselseitigen Positionen transformiert werden. Aber es erhebt sich die Frage, warum die Familienmitglieder diese neue Anordnung ihrer Positionen akzeptieren und wie die Transformationen beibehalten werden, wenn der Therapeut der Einheit nicht mehr angehört. Die Familie kommt ja nur mit der Bitte zur Behandlung, der Therapeut möge das vorgestellte Problem erleichtern oder beseitigen. Das Merkwürdige ist, daß ihre Mitglieder es dann zulassen und selbst für richtig halten, daß der Therapeut sondiert, herausfordert und auf einer Veränderung besteht.

Wie alle Therapeuten ist auch der Familientherapeut skeptisch gegenüber der Realitätswahrnehmung der Menschen. Er läßt ein Mitglied der Familie wissen, daß seine Erfahrungen zweifelhaft sind, weil der Therapeut weiß, daß die Realität komplexer ist. Er rüttelt an der Überzeugung der einzelnen Familienmitglieder von der Gültigkeit ihrer Erfahrungen. Hier handelt es sich nicht um eine Methode der Konfrontation. Eher unterstützt der Therapeut die Mitglieder der Familie, aber er läßt sie auch wissen, daß jenseits dessen, was sie wahrgenommen haben, noch andere Dinge verborgen sind. Im Grunde sagt er ständig: „Ja, aber . . ." bzw. „Ja, und . . .".

Er muß die Familienmitglieder davon überzeugen, daß seine mit „Ja, aber . . ." bzw. mit „Ja, und . . ." beginnenden Beiträge sich aus ihren jeweiligen Persönlichkeiten ableiten. Er muß seine zweifelnde Position durch Feststellungen stützen, die die Familienmitglieder auf der Basis ihrer eigenen früheren Erfahrungen für richtig halten. Zwar fordert er die Menschen mit dem Hinweis heraus, daß er ja mehr sieht als ihnen zu sehen möglich ist, aber er muß auch in der Lage sein, sich auf alternative Möglichkeiten der Erfahrung oder auf alternative Codes umzustellen, die den Familienmitgliedern bereits zugänglich sind. Was er ins Spiel bringt, muß Teil des bereits existierenden Repertoires der Familienmitglieder sein.

Zum Beispiel: Eine Frau vereinbart ein Treffen mit dem Therapeuten, weil ihr Mann persönliche Schwierigkeiten hat und auch mit den beiden Söhnen sehr schlecht zurandekommt. Zur ersten Sitzung empfängt der Therapeut das Ehepaar allein. Der Mann sagt, daß er dasjenige Familienmitglied ist, das Probleme hat. Er beschreibt sich als intellektuell und logisch denkend. Da er logisch denkt, ist er überzeugt, stets recht zu haben. Deshalb neigt er zu autoritärem Auftreten.

Der Therapeut unterbricht ihn mit der Bemerkung, daß ein Mensch, dem so viel an Logik und Recht liegt, sich im Leben oft vor den Kopf gestoßen fühlen muß. Er kritisiert den Mann, weil er seiner Frau niemals gestattet, seine Niedergeschlagenheit wahrzunehmen und ihm zu helfen. Auf diese Weise blockiert der Therapeut eine scheinbar reibungslose, aber dysfunktionale Beziehung, und zwar durch eine Erweiterung der Realität. Seine Beobachtung klingt für den Mann richtig, der seine Depressionen zugibt, und entspricht auch dem nie geäußerten Wunsch der Frau nach einer Gelegenheit, ihren Mann zu unterstützen. Beide Eheleute empfinden den herausfordernden, nach Veränderung rufenden Beitrag des Therapeuten als vertraut und willkommen, weil er den Bedürfnissen der Frau Rechnung trägt und auf Alternativen hindeutet, die dem Mann offenstehen. Der Therapeut erteilt dann eine Aufgabe, die in seiner durch ein „Ja, aber" gekennzeichneten Einstellung wurzelt: Unter ganz bestimmten Umständen soll die Frau, auch wenn sie das Gefühl hat, daß ihr Mann im Unrecht ist, sich dennoch mit ihm gegen die Kinder verbünden.

Zur nächsten Sitzung bringen die Eltern ihre Söhne mit. Die Erwachsenen haben die gestellte Aufgabe erfüllt und fühlen sich einander enger verbunden. Der Mann glaubt, daß seine Frau ihn unterstützt, und sie fühlt sich belohnt durch die erhöhte Aufmerksamkeit und die weniger autoritäre Haltung, die er in Reaktion auf ihre Unterstützung gezeigt hat.

Als die ganze Familie versammelt ist, wird deutlich, daß Kinder und Mutter in einer Koalition verbunden sind, die den Vater isoliert, ihn zur peripheren Figur macht und den Sozialisationsprozeß zu weitgehend nur der Mutter überträgt. Die Kinder fungieren als Rettungsmannschaft. Wenn der Vater Regeln setzt, dann tut er das in bombastischer Weise und gewissermaßen ex cathedra, so daß die Mutter sich vor den Kopf gestoßen und hilflos fühlt. Die Kinder legen dann ein mißliebiges Verhalten an den Tag, das geeignet ist, den Zorn ihres Vaters auf sie zu lenken. Vor allem der kleinere Sohn versteht sich darauf blendend, und die Beziehung zwischen ihm und seinem Vater ist ganz besonders gespannt.

Die Taktik des Therapeuten richtet sich darauf, die Koalition zwischen der Mutter und den Kindern aufzubrechen, die Grenze um das eheliche Subsystem deutlich zu machen und dafür zu sorgen, daß sich Mann und Frau bzw. Vater und Kinder näher kommen. Entsprechend müssen seine einzelnen Kunstgriffe den Vater unterstützen, selbst wenn er nicht mit diesem übereinstimmt.

Der Therapeut stellt deshalb eine Aufgabe, die den Vater und den jüngeren Sohn zusammenbringen und die Mutter ausschließen soll. Diese Aufgabe bestätigt zugleich den Vater in seiner zweifellos vorhandenen Fähigkeit zum logischen Denken und zur isolierten Beobachtung von Verhalten, aber sie dirigiert diese Fähigkeit jetzt in positivem Sinne auf die Anwendung gegenüber einem Sohn hin, der dem Vater immer ärgerlich gewesen ist: Der Vater muß sich mindestens drei Mal in der Woche mit dem Sohn beschäftigen, und zwar jeweils nicht länger als eine Stunde. In dieser Zeit soll er seine Fähigkeit zur klaren Beobachtung und Analyse dazu einsetzen, seinen Sohn genau zu studieren, so daß er in der nächsten Sitzung dem Therapeuten die besonderen Eigenschaften des Sohnes beschreiben kann. Auf diese Weise tritt der Therapeut als entfernter Beobachter in den Kontakt zwischen Vater und Sohn ein. Der Vater, der sich im Umgang mit dem Kind immer impulsiv, negativ und selbstherrlich gezeigt hat, spürt, daß der Therapeut ihn zur Anwendung seiner logischen Fähigkeiten im Umgang mit dem Sohn ermuntert, wodurch seine Impulsivität gehemmt wird. Die Mutter, die unter

ihrem Ausgeschlossensein aus dieser Interaktion leidet, fühlt sich nichtsdestoweniger in einem wichtigen Bereich unterstützt, in bezug auf ihren Wunsch nämlich, daß ihr Mann ein guter Vater werden möge.
Vater, Mutter und Sohn werden durch die Interventionen des Therapeuten alle in eine neue Position gebracht. Zunächst haben sie diese Veränderung ihrer jeweiligen Position akzeptiert, weil der Therapeut ihnen Alternativen innerhalb ihrer Möglichkeiten anbot und sie sich auf jeden Fall Hoffnungen auf ein befriedigenderes Arrangement machen konnten. Die Transformation der Familie bleibt dann aber auch bestehen, wenn der Therapeut nicht mehr zugegen ist, weil sie neue Dynamiken unter den Familienmitgliedern aktiviert hat und die neuen transaktionalen Muster stützt. Diese neuen Muster neigen also zur Selbsterhaltung.
Es gibt drei Gründe dafür, daß Patienten in dieser Weise „in Bewegung geraten". Erstens sehen sie sich in ihrer jeweiligen Realitätswahrnehmung herausgefordert. Zweitens werden ihnen alternative Möglichkeiten geboten, die ihnen vernünftig erscheinen. Und drittens schließlich tauchen neue, sich selbst verstärkende Beziehungen auf, nachdem einmal die alternativen transaktionalen Muster erprobt worden sind.

„Der Gang bestimmt den Zustand der Strasse"

Das Konzept der Transformation bezieht sich auf weitreichende Bewegungen im Rahmen der Therapie, die im Laufe der Zeit stattfinden. Der Therapeut muß wissen, wie er seine Ziele absteckt. Er muß aber auch wissen, wie er die kleinen Schritte erleichtern kann, die die Familie diesen Zielen näher bringen. Seine Hilfe muß so geartet sein, daß die Familienmitglieder sich nicht durch einen größeren „Ortswechsel" erschreckt und bedroht fühlen. Wie gut ein Mensch sich aus den gegebenen Umständen lösen und in neue Umstände eintreten kann, hängt von der Unterstützung ab, die er dabei erfährt; in einer gefährlichen Situation wird er sich nicht ins Ungewisse bewegen. Deshalb ist es von äußerster Wichtigkeit, stützende Systeme innerhalb der Familie zu schaffen, die den Schritt aus einer Position in die andere erleichtern.
Der therapeutische Kontakt entsteht durch das direkte Gegenüber von Mensch zu Mensch innerhalb eines spezifischen Kontextes. Der Dichter Jiménez sagt: „Die Straße ist nicht die Straße; es ist dein Gang, der ihren Zustand bestimmt". Der Inhalt einer therapeutischen Sitzung hängt von vielen jeweils ganz spezifischen

und eigenartigen Faktoren ab, nämlich vom transaktionalen Stil der Familie und von der Persönlichkeit des Therapeuten. Deshalb ist es nicht verwunderlich, daß therapeutische Berichte in ihrem Versuch zu verallgemeinern die jeweiligen Techniken isoliert diskutieren. Aber der therapeutische Inhalt hängt eng mit der gegenwärtigen Lebenserfahrung einer Familie zusammen. Die familiären Dynamiken und die Struktur der Familie werden durch den Inhalt der Kommunikationen unter den Mitgliedern und auch durch die Reihenfolge dieser Kommunikationen gleichfalls weitergegeben.

Der Inhalt einer Sitzung wird auch durch den jeweiligen Beitrag des Therapeuten beeinflußt. Zwei Therapeuten können im Grunde die gleichen Ziele und Taktiken für eine Familie im Auge haben, aber die Mittel, wie diese Ziele erreicht werden sollen, unterscheiden sich in der Regel deutlich voneinander, weil die Therapeuten aufgrund ihrer je eigenen Lebenserfahrungen unterschiedlich vorgehen.

Mein Arbeitsstil ist beispielsweise zum Teil das Produkt einer Kindheit, die ich in einer verstrickten Familie mit 40 Tanten und Onkeln und etwa 200 Cousins und Cousinen verbrachte, die alle zusammen ein mehr oder weniger enges Familiennetz miteinander bildeten. Meine Heimatstadt im ländlichen Argentinien, in der es nur eine Hauptstraße gab, die „Hauptstraße Nr. 11", hatte 4000 Einwohner. Meine Großeltern, zwei Onkel, ein Cousin und deren Familien wohnten im gleichen Block. Wenn ich durch die Straße ging, kam ich mir vor wie ein Bewohner von Chinatown, weil die Augen von hundert Cousins mir auf meinem Weg folgten.[2] So mußte ich als Kind lernen, mich in Situationen der räumlichen Nähe wohlzufühlen, mich aber dennoch so weit loszulösen, daß meine Individualität bewahrt blieb.

Am Anfang meiner beruflichen Laufbahn neigte ich dazu, Kindern mein ganzes Einfühlungsvermögen zuzuwenden und ihre Eltern zur Verantwortung zu ziehen. Nachdem ich geheiratet hatte, selbst Kinder besaß und die gleichen Fehler machte, die alle Eltern unweigerlich begehen, begann ich die Eltern zu verstehen und mit ihnen zu sympathisieren. Die Jahre in Israel, wo ich mit jüdischen Kindern ganz unterschiedlicher kultureller Herkunft arbeitete, und in den Vereinigten Staaten, wo ich mit schwarzen und portorikanischen Familien zu tun hatte, weckten mein Verständnis für die Universalität menschlicher Phänomene und auch für die unterschiedlichen Regeln, die in den einzelnen Kulturen die Reaktion der Menschen auf diese Phänomene bestimmen. Ganz besonders hellhörig wurde ich für die Art, in der die einzelnen Gesellschaften ihre jeweilige Nachhut, also die Getretenen und Zukurzgekommenen, unter Zwang setzen.

Im Lauf der Jahre habe ich einige Erfolge gehabt, aber auch unzählige Schnitzer begangen, und beides hat mir ein Gefühl von Kompetenz und Autorität vermittelt. In meinen schlimmsten Augenblicken äußert sich dieses Gefühl, etwas erreicht zu haben, in autoritärer Haltung, zu anderen Zeiten wieder gestattet es mir, als Fachmann zu handeln. In dem Maße, in dem ich gelernt habe, mich selbst zu akzeptieren und zu erkennen, daß ich mich in bestimmten Bereichen niemals mehr ändern werde, habe ich auch einen gewissen Respekt für die Verschiedenheit der Ansätze im Zusammenhang mit menschlichen Problemen entwickelt.
Mein therapeutischer Stil ist an zwei Konstanten ausgerichtet: Bewahrung der Individualität, Förderung der Gegenseitigkeit. Mir geht es immer darum, die Grenzen zu erhalten, die die individuelle Identität ausmachen. Ich lasse nicht zu, daß ein Familienmitglied über andere spricht, die in der Sitzung ebenfalls anwesend sind. Diese Regel läßt sich lebendig darstellen, indem man einem Familienmitglied sagt: „Er hat sich Ihre Stimme ausgeliehen". Oft trenne ich Leute, die nebeneinander sitzen, und mache Bewegungen wie ein Verkehrspolizist, um Unterbrechungen oder unangemessene Bitten um Bestätigung zu blokkieren. Ich greife ein, wenn ein Familienmitglied zum Aufbewahrungsort für die Erinnerungen anderer gemacht werden soll. Ich zolle Beifall, wenn mir von kompetentem Verhalten berichtet wird, und ermutige die Familienmitglieder dazu, jedes kompetente Verhalten zu belohnen, das in einer Sitzung zur Schau gestellt wird. Ich bin großzügig mit positiven Bemerkungen über individuelle Eigenschaften, über die Kleidung, einen gut formulierten Satz oder einen kreativen Gedanken. Ich ermutige die Getretenen in der Familie, verbünde mich mit ihnen und unterstütze sie, so daß sie angenommen werden und ihre Position sich ändert. Ganz besonders unterstütze ich den Kampf heranwachsender Kinder um die ihrem Alter entsprechende Unabhängigkeit. Häufig kann man ein Problem in diesem Bereich mit Hilfe eines Altersvergleichs formulieren: „Manchmal handelst du wie ein sechsjähriges Kind und manchmal wie ein richtiger Siebzehnjähriger." Diese Formulierung wird zum Werkzeug, mit dem sich allmählich „siebzehnjähriges" Verhalten erreichen läßt.
Wenn ich Gegenseitigkeit fördern will, dann besteht meine beste Technik darin, daß ich einen gewissen Sinn für Humor und ein allgemeines Verständnis für menschliche Schwächen zur Schau stelle. Für mich existiert das Ich nicht ohne das Du. Statt daß ich einem Familienmitglied sage, es müsse sich ändern, sage ich einem anderen Angehörigen, der eine signifikante komplementäre Beziehung zu dem ersten unterhält, er müsse dem ersten bei seiner Änderung helfen, weil der

erste sie allein nicht zuwegebringen kann. Diese Taktik macht Gebrauch vom familieneigenen System der gegenseitigen Zwänge und Beschränkungen, die es schwierig für den einzelnen machen, sich ohne die Unterstützung und das komplementäre Verhalten der anderen irgendwohin zu bewegen. Tatsächlich mache ich andere Familienangehörige gewissermaßen zu meinen Kotherapeuten und damit die größere Einheit zur heilenden Matrix. Ich vermeide es, individuelle Deutungen zu geben. Wenn ein Ehemann allzu stark lenkt und kontrolliert, dann kann es beispielsweise vorkommen, daß ich seine Frau angreife, weil sie die Dominanz ihres Mannes noch unterstützt.

Ich gehe Familienkonflikte in der Weise an, daß ich mehrere Deutungen aufeinander folgen lasse, so daß das gleiche Muster jeweils von unterschiedlichen Standpunkten her beleuchtet wird. Im Falle des 14jährigen Jungen beispielsweise, der Schwierigkeiten in der Schule hat und dessen Eltern sich darüber streiten, wie sie mit diesem Umstand am besten fertigwerden können, interveniere ich in drei Formen. Ich schlage mich auf die Seite des Ehemannes und sage: „Die Koalition zwischen Ihrer Frau und Ihrem Sohn macht Sie hilflos.“ Wenn ich dann Partei für die Frau ergreife, sage ich: „Die Unfähigkeit Ihres Mannes und Ihres Sohnes, Konflikte zu lösen, ist eine zu große Belastung für Sie, das bedeutet ja, daß Sie die Verantwortung für beide tragen.“ Dem Sohn schließlich sage ich: „Deine Eltern streiten über deine Schwierigkeiten in der Schule, ohne dir die Möglichkeit zu geben, dich zu beteiligen. Sie tun, als wärest du noch ein kleines Kind.“ Dann bitte ich alle drei, in der Sitzung eine Veränderung ins Werk zu setzen.

Im allgemeinen lasse ich meine Klienten nicht über vergangene Geschehnisse sprechen. Lieber verleihe ich der problematischen Situation den Charakter des Unmittelbaren, indem ich sie in die Sitzung einbaue. Wenn ich mit einer magersüchtigen Patientin arbeite, dann esse ich mit der Familie. Wenn ein Ehepaar über einen Konflikt spricht, dann bitte ich die Partner, ihn hier in Szene zu setzen. Ich nutze den Raum, um Nähe und Distanz zum Ausdruck zu bringen; ich bitte die Menschen, sich darin zu bewegen, weil ich auf diese Weise Kommunikation und gefühlsmäßige Äußerungen erleichtern oder aber blockieren kann.

Ich habe gelernt, mich loszulösen und die Familienmitglieder anzuhalten, daß sie ihr eigenes Drama aufführen, während ich zuschaue und beobachte. Ich interveniere spontan, nachdem ich meinen Reaktionen auf Familien zu trauen gelernt habe. Aber ich beobachte ständig Reihenfolge und Rhythmus der familialen Kommunikationen und weiß genau, wann ich mit wem sprechen muß.

Als Therapeut neige ich dazu, wie ein entfernter Verwandter zu handeln. Ich erzähle gerne kleine Geschichten über meine eigenen Erfahrungen und Gedanken und schließe Dinge ein, die ich gelesen oder gehört habe und die für die betreffende Familie von Belang sind. Ich versuche, mir die Sprache der Familie zu eigen zu machen und meine bildlichen Vergleiche in dieser Sprache und unter Zuhilfenahme der in dieser Familie vorhandenen Mythen abzufassen. Diese Methoden lassen die Zeit zusammenschrumpfen und geben der Begegnung zwischen Fremden etwas vom Zusammentreffen alter Bekannter. Es sind Anpassungstechniken, die für den Anschluß an die Familie von größter Wichtigkeit sind.

1. Jay Haley: Family Therapy, in: Comprehensive Textbook of Psychiatry. Alfred M. Friedman, Harold I. Kaplan und Benjamin J. Sadock, Hrsg., Baltimore: Williams and Wilkins, in Vorbereitung.
2. R. T. Sollenberger: Why No Juvenile Delinquency? Vortrag, gehalten vor der American Psychological Association, New York City 1966.

7 Der Aufbau des therapeutischen Systems

Die Methoden, die der Therapeut anwendet, um ein therapeutisches System zu schaffen und sich zu dessen Führer zu machen, lassen sich als Anschlußmanöver bezeichnen. Sie sind die Grundlage aller therapeutischen Bemühungen. Wenn es dem Therapeuten nicht gelingt, sich an die Familie anzuschließen und mit ihr zusammen ein therapeutisches System zu begründen, dann ist eine Neustrukturierung nicht möglich, und jeder Versuch, die therapeutischen Ziele zu erreichen, muß fehlschlagen.

Anschluss und Anpassung*

Anschluß und Anpassung sind zwei Möglichkeiten der Beschreibung des gleichen Prozesses. Wir sprechen von „Anschluß“, wenn wir vor allem solche Aktionen des Therapeuten meinen, die direkt auf seinen Umgang mit den Familienmitgliedern oder dem Familiensystem gerichtet sind. Der Ausdruck „Anpassung“ wird verwendet, wenn es eher um die eigenen Anpassungsmanöver des Therapeuten geht, mit deren Hilfe er den Anschluß erreichen möchte. Um sich einem Familiensystem anzuschließen, muß der Therapeut die Organisation und den Stil der Familie akzeptieren und sich ganz zu eigen machen. Er muß die transaktionalen Muster der Familie und die Stärke dieser Muster an sich selbst erfahren. Das heißt, er sollte den gleichen Schmerz empfinden können wie das Familienmitglied, das ausgeschlossen oder als Sündenbock verfolgt wird, und die gleiche Freude wie derjenige, der geliebt wird, auf den man angewiesen ist oder der in anderer Weise in der Familie seine Bestätigung findet. Der Therapeut erkennt die vorherrschende Stellung, die bestimmte Themen in dieser Familie genießen, und erkundet diese

* Zur Übersetzungsproblematik von „accomodation“ in „Anpassung“ siehe Einführung, S. 11.

Themen zusammen mit den Familienmitgliedern. Er muß ihren Kommunikationspfaden folgen und entdecken, welcher Weg ihm offen, welcher teilweise verschlossen und welcher völlig blockiert ist. Wenn er über die Schwellen der Familie dringt, werden die devianzbekämpfenden Mechanismen des Systems ihn zur Wachsamkeit aufrufen. Im Zusammentreffen der Familie mit dem Therapeuten liegen die Faktoren, die ihm die Familie bekannt machen. Dieser Prozeß kann nicht einseitig sein: in dem Maße, in dem der Therapeut sich anpaßt, um sich der Familie anzuschließen, muß sich auch die Familie anpassen, um sich ihm anzuschließen.

Diese Anpassungsmanöver werden im Zusammenhang der Diskussionen über die Therapie nicht häufig beschrieben, sie gelten als Selbstverständlichkeit. Der Kitt, der die Familie und den Therapeuten während der ganzen Behandlung zusammenhält, gilt zwar als notwendig, wird aber dennoch ignoriert, und die Aufmerksamkeit richtet sich auf die dramatischen Prozesse der Neustrukturierung. Manchmal erfolgt diese Unterlassung auch bewußt. Viele Familientherapeuten ziehen es vor, die Anpassungstechniken nicht zu analysieren, und zwar mit der Begründung, daß sie spontaner Natur sind und häufig außerhalb des Bewußtseins des Therapeuten liegen. Sie fürchten, daß die Analyse der Anpassungstechniken eines Therapeuten seine Spontaneität einschränken könnte.

Um Einsicht in die Anpassungsprozesse zu gewinnen, muß man sich der Anthropologie zuwenden. Der Anthropologe begibt sich in die von ihm untersuchte Kultur hinein, um ihre Struktur subjektiv zu verstehen. Mit diesem Ziel paßt er sich nach Claude Lévi-Strauss der betreffenden Kultur an: „Er verläßt sein Land und seinen Heimatort für lange Zeit . . . ohne innere Vorbehalte oder letzte Motive, er nimmt die Lebensformen einer fremden Gesellschaft an. Der Anthropologe praktiziert totale Beobachtung, jenseits deren es nichts mehr gibt außer . . . der vollständigen Absorption des Beobachters durch das Objekt seiner Beobachtungen." Gleichzeitig löst sich der Anthropologe von der beobachteten Gesellschaft los, um sie zu analysieren: „Wir können tatsächlich bestätigen, daß das gleiche Hirn, das sich der Erfahrung überlassen und sich gestattet hat, von ihr geformt zu werden, zum Schauplatz mentaler Operationen wird, die die Erfahrung, ohne sie zu unterdrücken, in ein Modell transformieren, das weitere mentale Operationen freiläßt. In der letzten Analyse basiert die logische Kohärenz dieser mentalen Operationen auf der Aufrichtigkeit und Ehrlichkeit des Menschen, der sagen kann . . . ‚Ich bin dort gewesen'."[1]

Wie der Anthropologe schließt sich auch der Familientherapeut der Kultur an, mit der er es zu tun hat. Im gleichen pendelnden Rhythmus bindet und löst er sich wieder. Er erlebt die Pressionen des Familiensystems. Zugleich beobachtet er das System und zieht Schlüsse, die ihn in die Lage versetzen, seine Erfahrungen in einen Lageplan der Familie umzusetzen, von dem er therapeutische Ziele ableitet. Es gehört zu den wichtigsten Komponenten der Familientherapie, die Familie in dieser intimen und durch eigene Erfahrung zustandegekommenen Weise zu kennen und zu verstehen.

Strukturelle Lagepläne und der „Schachspiel"ansatz, der hier verwendet wird, um die Therapie zu beschreiben, verleiten zwar möglicherweise zu dem Eindruck, daß der Therapeut hilflose Marionetten manipuliert. Aber die Realität der Familientherapie sieht ganz anders aus. Jeder, der sich mit Familientherapie befaßt, ist immer wieder beeindruckt von den unglaublichen Schwierigkeiten im Zusammenhang mit der Umformung eines Familiensystems. Die Familie gerät nur in Bewegung, wenn der Therapeut in der Lage gewesen ist, so in das System einzutreten, daß der Gleichklang gewahrt bleibt. Seine Art der Anpassung und der Intervention muß von der jeweiligen Familie akzeptiert werden können. Im Gegensatz zum Anthropologen ist der Therapeut entschlossen, die Kultur, der er sich angeschlossen hat, zu verändern, und er besitzt auch die dazu nötigen Fertigkeiten. Aber seine Ziele, seine Taktiken und seine einzelnen Maßnahmen und Kunstgriffe hängen sämtlich vom Verlauf seines Anschlusses an die Familie ab.

Im Laufe der Behandlung sind die wichtigsten Interventionen des Therapeuten darauf gerichtet, das therapeutische System in Richtung auf die therapeutischen Ziele hin in Bewegung zu bringen. Aber der Therapeut muß auch auf das unmittelbare Geschehen in jeder Sitzung reagieren. Diese Sofortreaktionen brauchen sich mit den endgültigen Zielen der Behandlung keineswegs zu decken, denn eine erfolgreiche Neustrukturierung erfordert häufig, daß die Strukturen, die letzten Endes angegriffen werden sollen, zunächst einmal gestützt werden. Tatsächlich wird das therapeutische Geschehen nach zwei unterschiedlichen Zeitskalen gemessen. Die Fortschritte der Familie auf die therapeutischen Ziele hin gelten gewissermaßen als Langzeitbewegungen; der Anschluß des Therapeuten an die Familie und die Beschäftigung mit unmittelbar anstehenden Problemen werden als spezifische Transaktionen betrachtet, die in einer einzigen Sitzung zustandekommen. Die Techniken, die den Anschluß bewirken, werden die Familie nicht in jedem Fall den therapeutischen Zielen näherbringen, aber sie haben sich bereits bewährt, wenn sichergestellt ist, daß die Familie zur nächsten Sitzung wiederkommt.

Der Anschluß an die Familie erfordert ein gewisses Anpassungsvermögen auf seiten des Therapeuten. Diese Anpassung kann bewußt oder unbewußt erfolgen. Wenn sie bewußt eingesetzt wird, kann sie die frühen Phasen der Behandlung beschleunigen und die gesamte Behandlung erleichtern.

Aufrechterhaltung. Aufrechterhaltung bezieht sich hier auf eine bestimmte Anpassungstechnik, und zwar auf die Technik der geplanten und bewußten Unterstützung der Familienstruktur, wie der Therapeut sie wahrnimmt und analysiert. Das System kann auf allen seinen Ebenen aufrechterhalten werden, von der Familienstruktur als ganzem bis hin zu den Eigenschaften der einzelnen Mitglieder. In seiner Arbeit mit der Familie Gorden (Kapitel 11) erkennt Montalvo zum Beispiel sehr rasch die ausgeprägte Führerrolle der Mutter und spürt das ganze Gewicht ihrer hartnäckigen Forderung, daß sie auch weiterhin das Haupt der Familie bleiben und die Kommunikation mit ihren Kindern überwachen müsse. Dementsprechend stellt er den Kontakt mit den Kindern auf dem Weg über die Mutter her und erhält so die Familienstruktur aufrecht.

Der Therapeut kann sich auch dafür entscheiden, nur einzelne transaktionale Muster innerhalb eines familialen Subsystems aufrechtzuerhalten. In seinem Gespräch mit Mr. und Mrs. Dodds (Kapitel 10) über die komplementäre Natur ihrer Transaktionen stützt und betont er die für dieses Ehepaar altgewohnten Muster. So sagt er beispielsweise: „Nun zu Ihnen, Dad. Begegnen Sie denn dieser Stärke, die Ihre Frau zeigt, mit Freundlichkeit und Gelassenheit?" Er verstärkt dann diesen Ansatz noch, indem er ein Beispiel aus seinem eigenen Leben einführt: „Ich habe eine temperamentvolle Frau geheiratet, weil ich eher sanft und ruhig bin."[2]

In der Familie Smith (Kapitel 9) stellt der Therapeut fest, daß Mr. Smith erwartet, den Kontakt mit seiner Frau zu überwachen. Als diese Regel gebrochen wird, reagiert Mr. Smith mit bizarrem Verhalten und verstärkt so einen Familienkontrakt, den der Therapeut in Mißkredit zu bringen sucht. Folgerichtig honoriert der Therapeut das bevorzugte transaktionale Muster und stellt auf diese Weise sicher, daß er Mr. Smiths Erlaubnis besitzt, sowohl Mrs. Smith als auch ihren Sohn anzusprechen. Später, als die therapeutische Einheit fester etabliert ist, läßt er diese Struktur außer acht und schwächt so die Mittelpunktstellung des identifizierten Patienten.

Ein häufig anzutreffendes „aufrechterhaltendes" Manöver ist die tätige Bestätigung und Unterstützung von familialen Subsystemen. Der Therapeut bestätigt die exekutive Position der Eltern in der Familie, wenn er seine ersten Fragen an sie richtet, wenn er den Wunsch der Familie respektiert, auf dem Weg über dasjenige

Mitglied angesprochen zu werden, das als zentrale Schaltstelle gilt, oder wenn er vorübergehend damit einverstanden ist, daß sie den identifizierten Patienten mit einem entsprechenden Etikett versehen. Wenn der Therapeut die Definition akzeptiert, die die Ehegatten hinsichtlich ihrer komplementären Beziehung vortragen, wenn er sich offen über die Späße und Scherze der Familie freut oder wenn er ihr seine Zuneigung zum Ausdruck bringt, dann setzt er „aufrechterhaltende" Manöver ein.

Der Therapeut unterstützt familiale Subsysteme, wenn er die Ehepartner ermutigt, einander im Umgang mit dem Subsystem der heranwachsenden Kinder zu helfen. Er kann auch eine Untergruppe von Halbwüchsigen in einem großen geschwisterlichen Subsystem dadurch unterstützen, daß er empfiehlt, die jüngeren Kinder zu bestimmten Sitzungen nicht mitzubringen, oder dadurch, daß er diesen etwas zu spielen gibt, was keinen Lärm macht, während er sich mit den übrigen Teilnehmern unterhält.

Aufrechterhaltende Manöver tragen häufig auch die Form der Bestätigung und Förderung der Stärken und Potentiale eines einzelnen oder der Untermauerung der Position eines Mitgliedes in der Familie: der Therapeut macht eine Bemerkung des Inhalts, wie gut die Wahrnehmungen eines Kindes sich in seiner Beschreibung einer Situation spiegeln, wie gelungen die soeben von einem Familienmitglied benützte Metapher war, wie logisch der Beitrag eines Dritten oder wie überlegen die Bewältigung einer bestimmten Situation durch einen Vierten. Er kann ein Kompliment über eine hübsche Frisur oder eine gelungene Aufmachung äußern. Jeder Therapeut hat seinen eigenen Stil der Bestätigung des einzelnen. Whitaker versteht es meisterhaft, seine Klienten in der Weise zu unterstützen, daß er ihnen mehr Möglichkeiten für die Erweiterung ihres Selbst bietet. Montalvo erkundet Gebiete besonderer Kompetenz und richtet seine Aufgaben so aus, daß sie den Familienmitgliedern helfen, bestimmte Fertigkeiten zu erwerben. Beide Therapeuten spenden großzügig Beifall.

Im gesamten Geflecht der Therapie können die aufrechterhaltenden Manöver auch eine neustrukturierende Funktion haben. Wenn der Therapeut ein einzelnes Subsystem unterstützt, dann müssen andere Teile der Familie unter Umständen eine Neustrukturierung vornehmen, um sich an diese Unterstützung anzupassen. Wenn der Therapeut den schwächeren Ehepartner unterstützt, dann bildet dies die Aufforderung an den stärkeren, eine Neustrukturierung zu vollziehen. Wenn das elterliche Subsystem unterstützt wird, dann impliziert das die Notwendigkeit einer Neustrukturierung im geschwisterlichen Subsystem.

Spurenaufnehmen und -verfolgen. Auch das Spurenaufnehmen ist eine Anpassungstechnik. Der Therapeut folgt dem Inhalt der Kommunikationen und Verhaltensweisen der Familienmitglieder und regt sie an, damit fortzufahren. Er ist wie die Nadel, die eine Rille in die Schallplatte gräbt. In der einfachsten Form bedeutet das Spurenaufnehmen beispielsweise, daß klärende Fragen gestellt und zustimmende Kommentare geäußert werden oder daß der Therapeut darum bittet, daß ein Punkt noch einmal etwas eingehender dargestellt wird. Der Therapeut zieht nicht in Zweifel, was gesagt worden ist. Er nimmt die Position des interessierten Beteiligten ein. Die Technik des Spurenaufnehmens wird besonders von solchen Therapeuten angewendet, die sich um Zurückhaltung bemühen. Das nur durch einen gemurmelten Laut geäußerte Interesse, die kurze Bemerkung, die den Sprecher sofort zum Weiterreden veranlaßt, die Wiederholung dessen, was ein Teilnehmer soeben gesagt hat, die Belohnung einer Äußerung dadurch, daß man sich an ihr besonders interessiert zeigt, und das Fragen nach weiteren Einzelheiten sind bewährte Mittel, mit denen dynamische und nichtdirektive Therapeuten Richtung und Fluß der Kommunikation steuern.
Auch eine einzelne Handlung während einer Sitzung kann in dieser Weise verfolgt werden. Beispielsweise sieht Montalvo, daß die identifizierte Patientin in der Familie Gorden während der Sitzung liest. Er stellt eine Aufgabe: das Mädchen soll lesen, und die Mutter soll das Lesen überwachen. In diesem Fall wird das Aufnehmen der Spur – der Umstand, daß man das Kind weiter so handeln, nämlich lesen läßt – noch um eine zwischenmenschliche Transaktion erweitert, bei der elterliche Funktionen erkundet werden.
Das Spurenaufnehmen im Hinblick auf Kommunikationsinhalte kann für die Erkundung der Familienstruktur sehr nützlich sein. So hörte ein Therapeut, der mit einer in hohem Maße verstrickten Familie arbeitete, den Vater sagen, daß er geschlossene Türen nicht leiden könne. Der Therapeut ging der Sache mit den Türen nach. Es stellte sich heraus, daß die Kinder niemals die Tür ihres Zimmers hinter sich schließen durften. Der zehnjährige Sohn hatte zwar ein eigenes Zimmer, aber er schlief gewöhnlich im Zimmer seiner älteren Schwester und häufig sogar mit in deren Bett. Intimität und Sexualleben der Ehegatten waren stark beschnitten, weil auch ihre eigene Tür niemals geschlossen wurde. Die Art, in der diese Familie die ihr zur Verfügung stehende Wohnfläche und die Türen nützte, wurde zu einer Metapher für den Mangel an klaren Grenzen[2].
Das Spurenaufnehmen und -verfolgen bestätigt die einzelnen Familienmitglieder, indem es ihnen Informationen entlockt. Der Therapeut setzt nicht von sich aus

eine Aktion in Gang; er führt, indem er folgt. Er heißt die Familie gewissermaßen dadurch gut, daß er sie zur weiteren Kommunikation anregt und den Inhalt akzeptiert.

Ebenso wie die Aufrechterhaltung läßt sich auch das Spurenaufnehmen und -verfolgen im Blick auf die Neustrukturierung nutzen. Ronald Liebman setzte diese Technik mit dem Ziel ein, vorübergehend eine Grenze zwischen den Eltern eines anorektischen Kindes und der Patientin zu schaffen. Die ganze Familie traf sich mit dem Therapeuten zum Essen. Die Eltern, die das Problem sehr stark beschäftigte und die sehr ängstlich waren, nörgelten an dem Kind herum, um es zum Essen zu bewegen. Der jüdische Therapeut bat den Vater, einen orthodoxen Juden, über die rituellen Diätvorschriften und diejenigen Regeln zu sprechen, die die Sabbatvorschriften an Dringlichkeit noch übertreffen. Mit der Mutter sprach er über die Gewohnheit, Suppe als ersten Gang zu servieren, über die Zubereitung von Borschtsch und darüber, ob zu diesem Gericht sowohl Rote Bete als auch Kohl gehörten. Es schien, als wollte der Therapeut nur den Interessen der Eltern nachspüren. Aber während die Eltern den ungemein interessierten Therapeuten mit Auskünften versorgten, aß die Tochter ihr Mittagessen. Der Therapeut hatte das Spurenaufnehmen dazu eingesetzt, sich selbst anstelle der Tochter zum Adressaten der elterlichen Aufmerksamkeit zu machen, und war so zur Grenze zwischen Eltern und Tochter geworden.

Mimese oder Nachahmung. Mimese oder Nachahmung ist ein universal geübtes Vorgehen. Die Mutter, die ihr Baby mit dem Löffel füttert, öffnet ihren Mund, wenn das Baby den Mund aufmacht. Wer mit einem Stotterer spricht, verlangsamt seine Sprechweise und beginnt unter Umständen ebenfalls zu stottern. Der mimetische Langzeiteffekt zeigt sich in der bei Adoptivkindern beobachteten Tendenz, den Adoptiveltern allmählich ähnlich zu sehen.

Der Therapeut bedient sich der Mimese, um sich an Stil und affektiven Radius der jeweiligen Familie anzupassen. Er übernimmt das Kommunikationstempo der Familie; zum Beispiel wird er gegenüber einer Familie, die gewöhnlich lange Pausen macht und in der die Antworten jeweils eine Weile auf sich warten lassen, ebenfalls langsamer werden. In einer fröhlichen Familie wird er sich fröhlich und expansiv geben. In einer restriktiven Familie werden seine Kommunikationen spärlich ausfallen.

Was die allgemeinen menschlichen Lebensbedingungen und -umstände angeht, ist der Therapeut ein Mensch wie die Familienmitglieder auch. Deshalb werden immer Situationen entstehen, in denen sie gemeinsame Erfahrungen besitzen. Auf diesen Umstand kann der Therapeut besonderes Gewicht legen, um sich so, gewissermaßen in einem mimetischen Manöver, der Familie harmonisch anzuschließen. Mitteilungen wie etwa: „Ich habe den Talmud studiert", „Ich weiß, was es heißt, arm zu sein", „Ich habe zwei heranwachsende Kinder" und „Ich hatte auch so eine Tante", erhöhen das verwandtschaftliche Gefühl und deuten an, daß beide, der Therapeut wie auch die Familienmitglieder, wie Harry Stack Sullivan es formuliert hat, in erster Linie und vor allen Dingen Menschen sind.

Innerhalb des therapeutischen Systems sind mimetische Manöver gewöhnlich implizit und erfolgen spontan. In der Familie Dodds (Kapitel 10) spielt Mr. Dodds mit dem Baby, während der Therapeut eine Pfeife raucht. Als der Therapeut mit dem Kind zu spielen beginnt, zündet sich der Vater seine Pfeife an. Erfahrene Therapeuten vollziehen mimetische Manöver, ohne sich dessen überhaupt bewußt zu sein. Mr. Smith legt sein Jackett ab und zündet sich eine Zigarette an. Der Therapeut, der ihn um eine Zigarette bittet, ist sich darüber im klaren, daß dies ein mimetisches Vorgehen ist. Aber er ist sich nicht der Tatsache bewußt, daß auch er seine Jacke auszieht. Im Gespräch mit Mr. Smith kratzt er sich ebenfalls den Kopf und gibt sich verwirrt und täppisch, was ihm seine Autorität nimmt und dafür seine „Verwandtschaft" mit dem verwirrten und linkischen Patienten erhöht.

Wie die übrigen Anpassungsprozesse lassen sich auch mimetische Manöver zur Neustrukturierung einsetzen. Wenn der Therapeut sich mit Mr. Smith bzw. mit Mr. Dodds verbündet, indem er die jeweilige „Verwandtschaft" deutlich hervorhebt, dann wächst die Macht der beiden Patienten.

Anpassung und Neustrukturierung sind miteinander verflochten; ihre getrennte Darstellung diente hier der deutlicheren Unterrichtung des Lesers. Aber die Anpassungsprozesse, zu denen auch die Menschlichkeit und Vollkommenheit der therapeutischen Begegnung gehört, lassen sich nur dann gründlich untersuchen und lehrend weitervermitteln, wenn sie differenziert werden. Nur so kann der Therapeut seine Fähigkeit zur Anpassung analysieren und damit seinen affektiven Radius erweitern und sein Können verbessern.

Diagnose

In der Familientherapie ist die Diagnose die Arbeitshypothese, die der Therapeut sich aus den Erfahrungen und Beobachtungen im Zusammenhang mit seinem Anschluß an die Familie zurechtlegt. Diese Art der Beurteilung, die das Schwergewicht auf die zwischenmenschlichen Aspekte legt, unterscheidet sich grundsätzlich von dem Prozeß, der in der psychiatrischen Terminologie gewöhnlich als Diagnose bezeichnet wird. Eine psychiatrische Diagnose umfaßt das Zusammentragen von Daten vom Patienten oder über den Patienten und die Etikettierung des gesamten Paketes von Informationen, die zusammengekommen sind. Zur Familiendiagnose dagegen gehört die Anpassung des Therapeuten an die Familie mit dem Ziel der Bildung eines therapeutischen Systems und die anschließende Beurteilung der familialen Interaktion im gegenwärtigen Zeitpunkt, wie er sie erlebt und erfahren hat.

In der Art, wie eine Familie ihr Problem angeht, orientiert sie sich gewöhnlich am Individuum und an der Vergangenheit. Die Familie kommt aufgrund der Devianz oder der Schwierigkeiten eines ihrer Mitglieder, des identifizierten Patienten, zur Behandlung. Für ihre Mitglieder besteht das Ziel darin, daß der Therapeut den identifizierten Patienten verändert. Sie wollen, daß der Therapeut die Situation verändert, ohne ihre üblichen transaktionalen Muster mitzuverändern. Tatsächlich wünscht die Familie eine Rückkehr zu der Situation, wie sie bestand, bevor die Symptome des identifizierten Patienten sich der Bewältigung entzogen.

Der Therapeut dagegen betrachtet den identifizierten Patienten lediglich als dasjenige Familienmitglied, das am sichtbarsten ein Problem zum Ausdruck bringt, von dem das gesamte System betroffen ist. Das heißt nicht, daß der identifizierte Patient für die Therapie etwa nicht von Belang wäre. Er braucht sogar besondere Aufmerksamkeit. Zielscheibe der therapeutischen Interventionen muß aber die ganze Familie sein. Ein Ziel des diagnostischen Prozesses ist die weitergefaßte Sicht des Problems. Der individuelle Brennpunkt, von dem die Familie bei der Betrachtung und Inangriffnahme des Problems ausgegangen ist, muß so erweitert werden, daß er auch die Interaktionen der Familie in ihrem gegenwärtigen Kontext erfaßt.

Bei der Beurteilung der familialen Interaktionen konzentriert sich der Therapeut auf sechs wichtige Bereiche: Erstens betrachtet er die Familienstruktur, ihre bevorzugten transaktionalen Muster und die möglichen Alternativen dazu. Zweitens bewertet er die Flexibilität und Kapazität des Systems im Hinblick auf eine Neustrukturierung. Diese Flexibilität und Kapazität enthüllt sich ihm in Form der Umgruppierungen, die innerhalb der Allianzen, Koalitionen und Subsysteme vonstatten gehen, wenn die Umstände sich wandeln.

Drittens untersucht der Therapeut die Resonanz des Familiensystems, seine Hellhörigkeit in bezug auf die Aktionen der einzelnen Mitglieder. Familien sind irgendwo zwischen Verstrickung (bzw. extrem hoher Sensibilität für die Eingaben der einzelnen Mitglieder) einerseits und Loslösung (bzw. extrem geringer Sensibilität für die Eingaben der einzelnen Mitglieder) andererseits angesiedelt. Im ersten Fall ist die Schwelle für die Aktivierung konterdevianter Mechanismen zu niedrig, im zweiten zu hoch.

Viertens revidiert der Therapeut den Lebenskontext der Familie und geht in diesem Zusammenhang der Frage nach, welche Unterstützungen und Belastungen in der familialen Umwelt bestehen. Fünftens untersucht er die augenblickliche Entwicklungsstufe der Familie und die Frage, ob die Familie die Aufgaben erfüllt, die dieser Entwicklungsstufe entsprechen. Und sechstens schließlich erkundet er, in welcher Weise die Symptome des identifizierten Patienten für die Aufrechterhaltung der in dieser Familie bevorzugten transaktionalen Muster eingesetzt sind.

In der Familientherapie gelangt man durch Interaktion, nämlich im Wege des Anschlusses an die Familie, zu einer Diagnose. Die Familienstruktur, ihre Flexibilität, die Resonanz des Systems und die Position des identifizierten Patienten sind sämtlich unsichtbare Gegebenheiten, die sich nur dadurch wahrnehmen lassen, daß der Therapeut sich an das System anpaßt und es sondiert. Die Diagnose der Familie erscheint dann im Lageplan. Da dieser Lageplan aber in engem Zusammenhang mit den „idiosynkratischen", also den jeweils ganz spezifischen und charakteristischen Merkmalen sowohl des Therapeuten als auch der Familie in ihrem Zusammenschluß steht, umfaßt die Diagnose auch die Art, in der die Familie auf den Therapeuten reagiert.

Beispielsweise hält der Familienvater einen Monolog, in dessen Verlauf er gewisse Aspekte aus dem vergangenen Leben des einen Kindes erklärt, die nach Meinung der Familie das jetzt vorgestellte Problem dieses Kindes verursacht haben. Der Therapeut hört sich dieses historische Material an, stellt aber gleichzeitig auch fest, daß der Vater der Familiensprecher ist und alle übrigen Mitglieder sehr still sind. Also sondiert der Therapeut. Vielleicht fragt er die Mutter nach ihrer Version dessen, was der Vater vorträgt. Die Reaktion der Familie auf diese sondierenden Manöver ist ebenfalls ein wesentliches Element der Informationen, die der Therapeut zusammenträgt. Eine derartige Untersuchung der Familienorganisation bildet gewissermaßen eine Krise im Kleinformat, die wertvolle Daten hinsichtlich der Flexibilität und der Toleranzgrenzen vermittelt.

Der Inhalt der Kommunikationen einer Familie an den Therapeuten ist, besonders in den Anfangsstadien, in der Regel sorgfältig geordnet und häufig durch die mehrfache Einübung und Wiederholung starr geworden. Es handelt sich dann um die offizielle Version der Geschehnisse, die für den Therapeuten nur ganz geringe Informationen erbringt. Das Material, das der Therapeut zutage fördert, wenn er sich der Familie anschließt, ist längst nicht in dieser Weise kognitiv gesteuert und wird gewöhnlich nicht so aufmerksam bewacht; es gestattet daher einen Blick auf die zugrundeliegenden transaktionalen Muster.

Man könnte sagen, daß die interaktionelle Diagnose durch den Prozeß des Zusammentragens unterschiedlicher Arten von Informationen zustandekommt. Was die Menschen – unter Beachtung einer logischen Abfolge je nach der Signifikanz des präsentierten Materials – sagen, ist wichtig. Wichtig sind aber auch die nonverbalen Hinweise und Stichworte, wie etwa der Tonfall oder das häufige Zögern und Innehalten. Zusätzliches Material läßt sich aus der Rangordnung der Bemerkungen herauslesen: Wer spricht wann und mit wem? Das heißt also, der Therapeut gelangt durch sein beharrliches Bohren zu Informationen über alternative transaktionale Muster und gewinnt so einen Hinweis auf die Flexibilität der Familienorganisation, wenn sie im Kontext der therapeutischen Sitzung mobilisiert wird.

Auch im Zusammentreffen des Therapeuten mit der Familie steckt ein Teil der Familiendiagnose. Das Auftreten des Therapeuten ist in sich eine massive Intervention. Der Familientherapeut muß seinen Einfluß auf das Bild der Familie, wie es ihm präsentiert wird, erkennen. Er kann nicht einfach die Familie beobachten und „von außen her" eine Diagnose erstellen.

Die interaktionelle Diagnose wandelt sich ständig, während die Familie den Therapeuten aufnimmt, sich an ihn anpaßt und sich neu strukturiert bzw. den neustrukturierenden Interventionen Widerstand entgegensetzt. Dabei handelt es sich wiederum um einen Unterschied zwischen unserer Art von Diagnose und der üblichen psychiatrischen Diagnose. Die individuelle Diagnose ist ein statisches Etikett, das die hervorstechendsten psychologischen Merkmale des Individuums in den Mittelpunkt rückt und davon ausgeht, daß sie sich einer Veränderung des sozialen Kontextes gegenüber resistent verhalten werden. In der Familientherapie betrachtet man den Umgang der Individuen und Familien miteinander und die Veränderungen, die sie vollziehen, als im Einklang mit dem jeweiligen sozialen Kontext stehend. Der Vorteil einer sich allmählich entfaltenden Diagnose, die den Kontext berücksichtigt, liegt darin, daß sie für die therapeutische Intervention offen ist. Diagnose und Therapie sind dann untrennbar.

Diese Art der Diagnose ist auch von der Prognose untrennbar. Die Inszenierung familialer Transaktionen nach dem Zusammenschluß von Familie und Therapeuten enthüllt alternative transaktionale Muster, die als für die therapeutische Entwicklung signifikant erkannt werden können. Jede Diagnose ist im Grunde nur eine bestimmte Art der Zusammenfügung von Daten. Der Familientherapeut hat den Vorteil, daß er mit dem Konzept eines Systems untereinander verbundener Menschen arbeitet, die einander gegenseitig beeinflussen. Wenn ihn daher seine Zusammenfügung der Daten zu einem unlösbaren Problem führt, dann sucht er nach einem anderen Gesichtswinkel gegenüber den gleichen komplexen Erscheinungen. Beispielsweise liefert die Diagnose des Patienten Smith als eines agitierten und depressiven Menschen dem ihn behandelnden Psychiater nur begrenzte Anweisungen für die Behandlung und zudem eine düstere Prognose. Die erste und flüchtige Diagnose des Familientherapeuten, die sich auf die Tatsache der Interaktion zwischen Mr. und Mrs. Smith stützt, lautet, daß Mrs. Smith die Hilfe ihres Mannes braucht, um ihre sexuellen Schwierigkeiten zu überwinden. Diese Diagnose ist so korrekt und so unvollständig wie die frühere, aber sie hat den Vorzug, daß sie zu einer völlig anderen Behandlungsweise führt, die der Familie Smith hilft.

Der therapeutische Kontrakt

Ein wesentliches Element beim Aufbau des therapeutischen Systems ist die Einigung auf einen therapeutischen Kontrakt. Die Familie wünscht eine Lösung des vorgestellten Problems, ohne daß dabei in ihre bevorzugten transaktionalen Muster eingegriffen wird. Aber die Veränderung des identifizierten Patienten wird wahrscheinlich davon abhängig sein, daß die Familie eine Transformation erfährt. Der Familientherapeut erweitert den Brennpunkt des Problems, das heißt, er nimmt die familialen Interaktionen mit hinein, und in den meisten Fällen werden gewisse Aspekte der familialen Interaktionen Zielscheibe seiner therapeutischen Bemühungen werden. Das bedeutet, daß die Familie und der Therapeut zu einer Übereinkunft bezüglich der Natur des Problems und der angestrebten Veränderungen kommen müssen. Dieser Kontrakt ist nicht in jedem Fall klar definiert, aber er muß vorhanden sein. Zunächst kann er, wenn dies notwendig erscheint, ganz eng begrenzt sein; er wird sich aber mit der Zeit ausdehnen oder verändern. Ebenso wie die Diagnose entwickelt sich auch der Kontrakt im Laufe der Behandlung.

Der Kontrakt verspricht der Familie Hilfe in bezug auf das Problem, das sie zur

Behandlung geführt hat. Wenn sich die Brennweite nicht sofort erhöhen läßt, beschränkt sich der Kontrakt möglicherweise auf das Indexproblem: „Ich will Ihnen in bezug auf Joe helfen." Bald jedoch wird er mehr umfassen: „Sie haben Schwierigkeiten bei der Erziehung Ihrer Kinder, ich will Ihnen auch dabei helfen." Schließlich kann der Kontrakt dann ein vollkommen neues Gebiet umfassen: „Sie und Ihr Ehepartner nehmen entgegengesetzte Standpunkte ein, was die Kinderaufzucht angeht. Wir müssen diesen Bereich gemeinsam erkunden."

Der therapeutische Kontrakt legt auch die technischen Aspekte der Behandlung im einzelnen fest. Die Behandlung kann im Sprechzimmer des Therapeuten, in der Wohnung der Familie, in der Schule oder abwechselnd an allen diesen Schauplätzen durchgeführt werden. Der Therapeut kann sich auf die intrafamiliären Probleme beschränken oder aber der Familie auch bei ihren schwierigen Verhandlungen mit anderen Institutionen helfen. Der therapeutische Kontrakt legt Häufigkeit und Dauer der Sitzungen im einzelnen fest. Alle seine Bedingungen können sich mit fortschreitender Behandlung ändern, aber eine gewisse Übereinstimmung muß von Anfang an vorhanden sein.

Der Anschluss an einzelne Subsysteme

Im allgemeinen bildet der Anschluß an ein Subsystem eine neustrukturierende Intervention, weil die übrigen Familienmitglieder sich umgruppieren müssen, um mit der schwerwiegenden Tatsache des Bündnisses zwischen dem mächtigen Therapeuten und einem einzelnen Subsystem fertigzuwerden. Allerdings ist diese Technik des Anschlusses an ein Subsystem davon abhängig, wie geschickt der Therapeut bei seinen Bemühungen um Anpassung und Bestätigung vorgeht.

Im Rahmen seiner Arbeit mit der Familie schließt sich der Therapeut den verschiedenen Subsystemen in unterschiedlicher Weise an, indem er sich den jeweiligen internen Transaktionsmustern des Subsystems, seinem Stil, seiner affektiven Funktionsweise und seiner Sprache anpaßt. So sind beispielsweise Sprache, Wünsche und Gefühle heranwachsender Kinder sehr verschieden von den bei jüngeren Kindern vorhandenen Mustern. Themen und gefühlsmäßige Reaktionen des elterlichen Subsystems können sich dramatisch verändern, wenn der Therapeut die Eltern ohne ihre Kinder empfängt. Die Anpassungstechniken des Therapeuten müssen die jeweils unterschiedlichen Stile und Denkweisen

berücksichtigen, die in den einzelnen Subsystemen in unterschiedlichen Kontexten in Erscheinung treten.
Eine therapeutische Fertigkeit, die häufig vernachlässigt wird, ist die Anpassung an Kinder. Manche Familientherapeuten tendieren zur Anpassung an die erwachsenen Mitglieder der Familie, was sich zum Nachteil der Kinder auswirkt. Dieses Ungleichgewicht kann unter Umständen gerechtfertigt sein, weil die Eltern mehr Macht haben und eher geeignet sind, als natürliche Instrumente für die Neustrukturierung der Familie zu dienen. In anderen Fällen dagegen liegt der Grund für diesen Ansatz wohl eher im mangelnden Geschick des Therapeuten, sich den Kindern in ihrem jeweiligen Entwicklungsstadium anzupassen.
Ein kleines Kind antwortet auf abstrakte Fragen von seiten eines Fremden oft mit „Ich weiß nicht" oder mit einer einsilbigen Erwiderung. Es blickt vielleicht zu seinen Eltern hin, weil es hofft, daß sie an seiner Stelle antworten oder ihm zumindest einen nonverbalen Hinweis geben werden, wie es antworten soll. Das kann der Fall sein, weil das Kind defensiv reagiert. Es ist aber auch möglich, daß die Frage in die „Sprache der Erwachsenen" gekleidet oder zu abstrakt war und damit dem Stand der kognitiven Entwicklung des Kindes nicht gerecht wurde.
Der Familientherapeut muß in der Lage sein, sich der kindlichen Sprechweise anzupassen. In der Sitzung mit der Familie Dodds kommt es zum eindrucksvollsten Anschlußmanöver des Therapeuten, als dieser versucht, mit dem zehnmonatigen Baby in Kontakt zu treten. Er setzt sich auf den Fußboden und kitzelt das Kind. Die Stimmung unter den Familienmitgliedern ändert sich, und die vorwurfsvolle Mutter des einnässenden identifizierten Patienten wird zur stolzen Mutter des aktiven und fröhlichen kleinen Kindes. Deutlich wächst das Gefühl von Annahme und Unterstützung unter den Familienmitgliedern an. In der Familie Gorden benützt der Therapeut bei seinem ersten Kontakt mit dem verschreckten und verfolgten Kind die konkrete Sprache der Gestik. „War das Feuer so groß?", zeigt er mit den Händen, „oder war es so groß?" Um überhaupt Antworten von dem ängstlichen Kind zu erhalten, stellt er auch weiterhin Fragen, die nur ein „Ja" oder ein „Nein" erforderlich machen. Als Mandy drei oder vier Mal geantwortet hat, wagt der Therapeut eine Frage, die eine Beschreibung erforderlich macht. Ganz allmählich geht er zu einer weniger einfachen Sprache über. Im Umgang mit dem Elternkind benutzt er das Mittel des körperlichen Kontaktes und harmloser Neckereien, um mit seiner neustrukturierenden Botschaft anzukommen, das Elternkind solle die mütterlichen Veranstaltungen mehr

seiner Mutter überlassen. „Du bist ja unheimlich beschäftigt, Mensch“, sagt er, und „du hast ja viel zu viel zu tun!“

Es kann sich als sehr nützlich erweisen, wenn man die verschiedenen Subsysteme einer Familie in seine Bemühungen einspannt. Manche Familientherapeuten sind der Meinung, daß die Behandlung immer in Anwesenheit aller Familienmitglieder durchgeführt werden sollte, damit die offene Kommunikation gewährleistet ist. Gewiß verhindert diese Form der Arbeit die Entstehung von Familiengeheimnissen und das Auftreten von „Geistern“, aber es gibt Fälle, in denen das Arbeiten mit jeweils nur einem Subsystem zu einer bestimmten Zeit im Hinblick auf die Neustrukturierung des Systems besonders große Erfolge zeitigt. In der stark verstrickten Familie zum Beispiel ist die Schwäche der Grenzen, die ein hochresonantes System umgeben, pathogen. In der Familie mit den offenstehenden Türen setzte die Neustrukturierung bei der Festlegung klarer Grenzen rund um Ehemann und Ehefrau und um die heranwachsende Tochter an, was beiden Subsystemen ein gewisses Eigenleben ermöglichte.

In einer Familie, in der die Ehepartner ihren ständig eskalierenden Konflikt und ihre gegenseitigen Angriffe nur dann unterbrachen, wenn sie sich im Tadel gegenüber einem ihrer heranwachsenden Kinder verbündeten, konnte der Therapeut dieses dysfunktionale Muster abbiegen, indem er den Eltern sagte, sie sollten nur die drei Kinder mitbringen, die unter sechs Jahren alt waren. In den nächsten drei Sitzungen saßen der Therapeut, die Eltern und die Kinder miteinander am Fußboden und spielten mit Bauklötzchen und Rennautos. In Anwesenheit der Kleinen war es möglich, den Eltern ein Gefühl der gegenseitigen Unterstützung zu vermitteln, das sich mit der vorher üblichen Zusammensetzung nicht hatte erreichen lassen.

Zu Beginn der Behandlung bittet der Therapeut alle Mitglieder des Haushaltes zu den Sitzungen. Wenn er weiß, daß es sich um eine erweiterte Familie handelt, schließt er auch die Großeltern mit ein. Wenn in einer Familie mit nur einem Elternteil noch ein weiterer Erwachsener in signifikantem Ausmaß beteiligt ist, versucht er, den Kontakt zu dieser Person ebenfalls herzustellen. Er bittet, daß alle Kinder einschließlich des Allerjüngsten zur ersten Sitzung mitgebracht werden. Seine Beobachtung der gesamten Familie hilft dem Therapeuten bei der Klärung der Frage, in welcher Weise die einzelnen Familienmitglieder jeweils an der Aufrechterhaltung der dysfunktionalen Transaktionsmuster beteiligt sind. Er gewinnt so auch Hinweise bezüglich der relativen Macht der einzelnen Familienmitglieder, Veränderungen in der Familie zu bewirken oder zu verhindern. Mit

Hilfe dieser Erkenntnis kann der Therapeut sich gezielt mit bestimmten Familiensubsystemen in Verbindung setzen und andere ausschließen.
Die Einbeziehung einzelner Familienmitglieder in die augenblickliche therapeutische Einheit bei gleichzeitigem Ausschluß anderer ist ein wirkungsvolles Vorgehen bei der Erkundung der Frage, wie Subsysteme in sich wandelnden Kontexten funktionieren. Ein „Elternkind" ist möglicherweise gehorsam, wenn seine Eltern anwesend sind, und verwandelt sich in einen Despoten, sobald es die Verantwortung für das geschwisterliche Subsystem übernommen hat. Eine Mutter, die mit ihren Kindern durchaus zurande kommt, versagt vielleicht in Gegenwart ihrer eigenen Mutter. Ein Kind, das von seiner Mutter geschützt wird, dient dem geschwisterlichen Subsystem als Sündenbock. In kinderreichen Familien ist das geschwisterliche Subsystem noch weiter unterteilt. Das Zusammentreffen mit den Eltern und den verschiedenen geschwisterlichen Untergruppen vermittelt ein sehr unterschiedliches Bild der transaktionalen Muster in der Familie.
Es gibt Fälle, in denen der Therapeut immer mit der ganzen Gruppe arbeitet. In anderen Fällen wählt er die Gruppe aus, die er für die geeignetste hält, und geht dann je nach den sich entwickelnden Dynamiken dazu über, andere Gruppierungen vorzunehmen. In der Regel sollte der Therapeut die private Sphäre der Ehepartner vor einer Invasion schützen. In seiner Arbeit mit Familien, zu denen heranwachsende Kinder gehören, kann der Therapeut Einzelsitzungen mit jedem der Halbwüchsigen anberaumen. Das gestattet dem Jugendlichen die autonome Erkundung bestimmter Sachverhalte und die Begründung einer Beziehung zu einem signifikanten außerhalb der Familie stehenden Erwachsenen, die innerhalb der gesamten familialen Gruppe nicht möglich wäre.
Die Arbeit mit unterschiedlichen Segmenten der Familie kann eine neustrukturierende Technik darstellen. Zum Beispiel kann der Therapeut die Mitglieder einer Koalition trennen. Er kann die beiden Familienmitglieder, die eine feste Koalition eingegangen sind, mehrmals nacheinander ohne das Mitglied empfangen, gegen das sie sich stellen, und damit eine Beziehung zwischen ihnen entwickeln, die auf die Koalition gegen einen Dritten nicht mehr angewiesen ist. Zwei Gegner können in dem Versuch, ihr transaktionales Muster zu verändern, gemeinsam empfangen werden. So erteilt der Therapeut beispielsweise der Mutter Gorden die Aufgabe, dem Kind, das sie als Sündenbock verfolgt, den Umgang mit Zündhölzchen beizubringen. In der Sitzung, an der alle Familienmitglieder teilnehmen, errichtet er eine Grenze, die die drei anderen Kinder davon abhält, sich in die Entwicklung

einer erfreulichen Transaktion zwischen Mutter und Patientin einzumischen. Manchmal kann die Aktivität eines allzu sehr im Mittelpunkt stehenden Mitgliedes der Familie innerhalb der Sitzung beschnitten werden. Der Therapeut kann seine Eingaben blockieren, indem er die eigene Aktivität steigert. Er kann das zentrale Mitglied mit der Aufforderung hinausschicken, die Sitzung durch einen einseitigen Spiegel zu beobachten. Oder er kann ganz einfach die Distanz zwischen diesem Mitglied und der übrigen Familie erhöhen, indem er die Sitzordnung ändert und damit die Beteiligung des einen Mitgliedes limitiert. Dann tauchen möglicherweise Prozesse auf, die unter anderen Umständen verborgen geblieben wären.

Der Therapeut kann als Grenzenzieher innerhalb der Familie fungieren, indem er sich einem Subsystem anschließt und andere für eine bestimmte Zeit von der Sitzung mit der gesamten Familie ausschließt. Er kann beispielsweise gewisse geographische Areale abstecken, die die Kommunikation nur zwischen bestimmten Mitgliedern der Familie erleichtern. Alle diese Interventionen in einzelne Subsysteme sind auch als sondierende Maßnahmen im diagnostischen Prozeß von Wert.

Anschluss und Neustrukturierung

Die Trennung zwischen Anschluß und Neustrukturierung ist eine künstliche Unterscheidung und nicht kennzeichnend für die allmähliche natürliche Entfaltung des therapeutischen Prozesses. Die therapeutische Einheit ist in ständiger Bewegung, und die Prozesse von Anschluß, Sondierung, Beobachtung, Hilfe, Aufstellung des therapeutischen Kontraktes und „Zündung" der Transformation ereignen sich immer und immer wieder in kaleidoskopartiger Abfolge. So ist beispielsweise die Erstellung einer Diagnose der Familie bereits Teil des Anschlußprozesses. Aber es ist auch durchaus möglich, daß bereits eine neustrukturierende Intervention erfolgt, bevor auch nur versuchsweise eine Diagnose aufgestellt worden ist.

Die wechselseitige Verflochtenheit von Anpassung und Neustrukturierung ist so interessant wie komplex. Es wäre möglich, Familientherapeuten danach einzustufen, wieviel sie erklärtermaßen von Anpassungs- und neustrukturierenden Manövern Gebrauch machen. In der Gruppe derer, die auf die Übertragung eingeschworen sind, glaubt man nicht, daß der Therapeut sich der Familie anschließt.

Seine Anpassung an die Familie gilt hier eher als zufällige Begleiterscheinung der Behandlung, die nur dann der Steuerung und Kontrolle bedarf, wenn Phänomene der Gegenübertragung ins Spiel kommen. Der Prozeß der Neustrukturierung der Familie wird als das Ergebnis der Deutungen des Therapeuten betrachtet – also der von seiner losgelösten Warte aus erfolgenden Eingaben in die Familie. Der Therapeut steht draußen und blickt nach innen.
Die „existentialistisch" orientierte Gruppe betrachtet den Therapeuten und die Familie als in gegenseitiger Anpassung aneinander begriffen. Die Veränderungen in der Familie gelten hier als das Ergebnis dieser wechselseitigen Anpassung, und deshalb erwartet man, daß Wachstum und Entwicklung unspezifischer und allgemeiner Art sein werden. Neustrukturierende Maßnahmen und Strategien werden als manipulativ und dem persönlichen Wachstum entgegenstehend abgetan. Der Therapeut operiert von innen, ohne sich zu lösen.
Der „strukturelle" Ansatz betrachtet beide Vorgehensweisen als wesentlich für die Behandlung: Die Anpassungsprozesse sind spezifische Operationen, durch die der Therapeut eine subjektive Kenntnis der transaktionalen Muster der Familie gewinnt und sich zum Führer des therapeutischen Systems macht. Die neustrukturierenden Manöver – zu denen Aufgaben gehören können, die in Abwesenheit des Therapeuten zu Hause ausgeführt werden müssen – erfordern spezifische Veränderungen in der familialen Organisation. Der Therapeut pendelt zwischen der „engagierten" Position, die für den existentialistisch orientierten Ansatz typisch ist, und der „losgelösten" Position des Fachmannes hin und her. Alle diese Schulen stellen allerdings eher eine theoretische Position dar als daß sie das tatsächliche Auftreten und Verhalten des Therapeuten beschreiben. Dieses Verhalten kann sehr stark von der theoretischen Position abweichen, zu der der Therapeut sich im Grunde bekennt.

1. Claude Lévi-Strauss: The Scope of Anthropology. London: Cape 1967, S. 26 (Kursivdruck vom Verfasser).

8 Die Neustrukturierung der Familie

Neustrukturierende Maßnahmen sind solche therapeutischen Interventionen, die die Familie herausfordern, und zwar in dem Versuch, einen therapeutischen Wandel zu erzwingen. Von den Anschlußmaßnahmen unterscheiden sie sich durch die Herausforderung, die sie darstellen. Anschlußversuche sind keine Herausforderung; sie vermindern die Distanz zwischen der Familie und dem Therapeuten und helfen dem Therapeuten in seinem Versuch, von der Familie aufgenommen zu werden, während beide Seiten gemeinsam an den Geschehnissen der therapeutischen Sitzung beteiligt sind.

Dennoch sind neustrukturierende und anschlußbewirkende Maßnahmen interdependent. Therapie ist ohne Anschluß nicht möglich und ohne Neustrukturierung nicht erfolgreich. Häufig ist es schwierig, zwischen beidem zu unterscheiden. Der Anschluß an die Familie läßt sich nämlich auch als neustrukturierende Technik einsetzen. Wenn aber eine auf Anschluß gerichtete Maßnahme zur Neustrukturierung eingesetzt wird, dann geschieht dies nicht in Form der Konfrontation. Die Technik läßt sich mit dem Jiu-Jitsu vergleichen. Ein guter Jiu-Jitsu-Kämpfer benützt die Bewegungen des Gegners dazu, ihn aus dem Gleichgewicht zu werfen. Wenn der Therapeut Anschlußmanöver mit dem Ziel der Neustrukturierung einsetzt, dann macht er Gebrauch von den Bewegungen der Familie selbst, um sie in die Richtung der therapeutischen Ziele zu treiben.

Im Rahmen seiner Bemühungen um Anschluß wird der Therapeut zum Mitspieler im Familiendrama. Bei der Neustrukturierung fungiert er als Regisseur und zugleich als Schauspieler. Er schafft das Szenarium, er ist Choreograph, er stellt bestimmte Themen in den Mittelpunkt und veranlaßt die Familienmitglieder dazu, innerhalb der Beschränkungen des Familiendramas zu improvisieren. Aber er macht auch Gebrauch von der eigenen Person, er tritt in Allianzen und Koalitionen ein, er schafft, verstärkt oder schwächt Grenzen und bekämpft bzw. stützt transaktionale Muster. Er benutzt seine führende Position innerhalb des therapeutischen Systems dazu, Herausforderungen zu schaffen, denen die Familie sich anpassen muß.

Neustrukturierende Schritte sind gewissermaßen die Glanzlichter der Therapie, die dramatischen Interventionen, die zur Bewegung auf das therapeutische Ziel hin führen. Aber ihr Erfolg hängt davon ab, daß die therapeutische Einheit fest gefügt ist. Wenn sie solide aufgebaut ist, müssen die neustrukturierenden Manöver auch Perioden der Konsolidierung und der Umgruppierung ermöglichen, während die Familie sich verändert.

Wenn der Therapeut sich der Familie anschließt, hat er zwei wichtige Aufgaben: Er muß sich der Familie anpassen, aber er muß auch seine führende Position innerhalb der therapeutischen Einheit halten. Er darf dem Sog des Familiensystems nicht zu stark nachgeben. Er muß sich so weit der Familienorganisation anpassen, daß er in der Lage ist, in sie einzutreten, und gleichzeitig die Freiheit behalten, Interventionen vorzunehmen, die die Familienorganisation herausfordern und ihre Mitglieder zwingen, sich ihrerseits so an ihn anzupassen, daß die Bewegung auf das therapeutische Ziel hin erleichtert wird.

Wenn der Therapeut dem Druck der Familie erliegt, sich ihr so anzuschließen, daß die Familienorganisation ergänzt und perpetuiert wird, dann wird er unter Umständen seine Handlungsfreiheit einbüßen. Er hat dann nicht mehr die Macht, neustrukturierende Interventionen durchzusetzen. Seine Eingabe ergänzt dann lediglich ein dysfunktionales System und sorgt für die Verfestigung der fehlangepaßten transaktionalen Muster, die er eigentlich neu strukturieren sollte. So kommt beispielsweise eine Familie zur Behandlung, weil die Mutter mit ihren sehr lebhaften Kindern im vorpubertären Alter nicht mehr fertig wird. Der Therapeut stellt fest, daß es unmöglich ist, inmitten der chaotischen Aktivität dieser Familie eine Sitzung durchzuführen. So beginnt er selbst, die Kinder zu steuern und zu lenken, und übernimmt damit die elterlichen Funktionen innerhalb der Familie. Dadurch, daß er das System nicht neu strukturiert, sondern ergänzt, wird er in das Familiensystem hineingesogen. Die Mutter gibt nun ihren ohnehin schwachen Einfluß auf die Kinder völlig auf und wird in einer Weise vom Therapeuten abhängig, die ihn zwingt, auch weiterhin elterliche und andere exekutive Funktionen für seine „Adoptiv"familie zu übernehmen, damit sie überhaupt weiterbestehen kann.

Der Therapeut kann seine Manövrierfähigkeit und seine Freiheit, sich selbst wie auch die Familie zu manipulieren, nur aus einer führenden Position heraus beibehalten. Der Ausdruck „Manipulation" führt wegen seines negativen Bedeutungsinhaltes manchmal zu Schwierigkeiten, wenn er auf die Therapie angewandt wird. Aber Familien kommen nun einmal zur Therapie, weil sie Sorgen haben und

Hilfe brauchen. Familien mit chronischen dysfunktionalen Mustern kann nur geholfen werden, wenn man solche Muster verändert. Der Schmerz läßt sich nur vermindern, wenn die Familie besser funktioniert. Aufgabe des Therapeuten ist es, das Familiensystem so zu manipulieren, daß die geplante Veränderung erreicht wird. Der Therapeut muß in der Lage sein, zusammen mit der Familie Schritte zu unternehmen, die einen Wandel erleichtern. Der therapeutische Kontrakt muß die Position des Therapeuten als eines Experten in der experimentellen sozialen Manipulation anerkennen.

Es gibt mindestens sieben Kategorien neustrukturierender Manöver: die Aktualisierung bzw. realistische Darstellung der transaktionalen Muster der Familie, die klare Kennzeichnung der Grenzen, die gewollte Eskalation von Belastungen, die Erteilung von Aufgaben, der bewußte Einsatz der Symptome, die Manipulation der Gemütslage und schließlich unterstützende, erzieherische oder anleitende Bemühungen. Diese Aufzählung ist keineswegs erschöpfend und kann nicht die vielen Variationen umfassen, die durch den Stil des jeweiligen Therapeuten und seiner Klientenfamilie gegeben sind. Jeder Therapeut gibt bestimmten Techniken den Vorzug vor anderen und setzt sie entsprechend seiner Persönlichkeit und seinen Ressourcen und entsprechend den Persönlichkeiten und Ressourcen der einzelnen Familie, die er behandelt, wieder anders ein.

Die Aktualisierung der transaktionalen Muster der Familie

Der Therapeut muß zwar seine führende Position aufrechterhalten, er muß aber zugleich die Gefahren dieser Position umgehen, das Risiko nämlich, allzu stark in den Mittelpunkt zu rücken. Eine Familie kommt zur Therapie, weil sie die Hilfe eines Experten sucht. Die Familienmitglieder erwarten, daß sie ihm ihr Problem vortragen und erklären können und von ihm beraten werden. Daher neigen sie dazu, sich ausschließlich an ihn zu wenden, und beschreiben die Situation so, wie sie sie sehen.

Wenn der Therapeut diese Tendenz nicht unter Kontrolle hat, dann ist von vornherein damit zu rechnen, daß er im Mittelpunkt bleibt, selbst wenn er schweigt. Alles wird dann auf ihn ausgerichtet und entsprechend modifiziert. Er findet sich möglicherweise ständig an wechselnden Dyaden beteiligt und ist unfähig, sich daraus zu lösen, um die Dinge nur zu beobachten. Dann ist es möglich, daß die Sitzung sich in ihrem Ablauf an den vorsichtigen Vermutungen

und Annahmen des Therapeuten ausrichtet. Oder sie verläuft entsprechend den Plänen desjenigen Familienmitgliedes, das im Kontext der therapeutischen Sitzung das aktivste ist. Die so hervorgerufenen Transaktionen können sich sehr weitgehend von den normalen Transaktionen der Familie unterscheiden.
Eine weitere Gefahr liegt in dem Umstand, daß die Sitzung auf die Schilderungen der Familie beschränkt bleibt. Die wirklichen transaktionalen Muster liegen nämlich möglicherweise außerhalb des Bewußtseins der Familienmitglieder. Sie können im einzelnen beschreiben, wie sie ihrer Meinung nach miteinander umgehen, und dabei gar nicht bemerken, daß ihre transaktionalen Muster in Wahrheit ganz anders aussehen. Um ein echtes Bild zu gewinnen, braucht der Therapeut mehr als nur die verbalen Selbstbeschreibungen der Familie.
Dementsprechend macht er sich auf die Suche nach nonverbalen Hinweisen, die die Schilderungen der Familie erhärten oder ihnen widersprechen. Jede Kommunikation wird durch den interpersonalen Kontext der Transaktion bekräftigt, qualifiziert oder widerlegt. Die Familie Smith ist ein gutes Beispiel für diese mehrfache und unterschiedliche Präsentation von Daten. Mrs. Smith beklagt sich, daß ihr Mann so schweigsam ist. Wenn er aber zu sprechen beginnt, unterbricht sie ihn ständig und bringt ihn so wieder zum Schweigen. Sie sagt, daß sie ihren Mann achtet, ja sogar fürchtet. Aber ihre ins kleinste gehende Schilderung seiner Bemühungen um Kontrolle und Lenkung läßt deutlich die Achtung für einen Menschen vermissen, den sie in Wahrheit für krank und schwach hält. Nach ihren Worten bestimmt ihr Mann über den Kontakt beider Eheleute mit der außerfamilialen Welt. Aber ihre Beharrlichkeit und der Nachdruck, mit dem sie ihre Monologe vorträgt, erweisen deutlich, daß sie im gemeinsamen Kontakt mit dem Therapeuten „das Heft in der Hand hat".
Während der Therapeut den Worten von Mrs. Smith zuhört, registriert er gleichzeitig die Prozesse, die außerhalb der Wahrnehmung der Eheleute liegen. Er sammelt das eingeübte Material, in dessen Rahmen beide Eheleute Mr. Smith als das Problem hinstellen; er sieht, erkennt und bewertet aber auch die transaktionalen Muster, die Mr. Smiths Symptome verstärken. Dieses gekoppelte Vorgehen erbringt eine Vielfalt von Daten, die unter anderen Umständen nicht erreichbar wären.
Die Inszenierung der transaktionalen Muster. Es ist von großem Wert, die Familie nicht nur zur Beschreibung ihres Familienlebens zu veranlassen, sondern seine „Inszenierung" zu verlangen. Aus den Berichten der Familie kann der Therapeut nur begrenzte Informationen ziehen. Um dieses Material zu erweitern, muß er

ihnen helfen, in seinem Beisein ihr übliches Vorgehen bei der Lösung von Konflikten, der gegenseitigen Unterstützung, der Begründung von Bündnissen und Koalitionen oder der Bewältigung einer Belastung darzustellen. Seine Gegenwart ist immer ein modifizierender Faktor. Dennoch kann er familiäre Szenarien schaffen, indem er bestimmte Familienmitglieder anweist, in einem deutlich abgesteckten Rahmen miteinander zu interagieren. Die Instruktionen müssen klar sein und etwa lauten: „Sprechen Sie mit Ihrem Vater über dieses Thema". Dieses Szenarium verringert die Tendenz, den Therapeuten in den Mittelpunkt zu stellen, und verhilft der Familie dazu, ihre eigenen Transaktionen bewußter zu erleben. Dem Therapeuten hilft es zugleich, die Familienmitglieder in Aktion zu beobachten. Nur so kann er allmählich die Familienstruktur erkennen, die dem jeweils ganz spezifischen und eigentümlichen Verhalten der einzelnen Mitglieder zugrundeliegt.

Wiederbelebung der Kommunikationskanäle. Es ist verhältnismäßig einfach, einen realistischen Dialog in Gang zu setzen. Der Therapeut kann zuhören, wenn ein Familienmitglied über das Verhalten eines anderen spricht, und den Sprecher anweisen, nicht über den anderen, sondern mit ihm zu sprechen. Dieser Prozeß kann allerdings von einer Familie, die darauf besteht, den Therapeuten als Zuhörer zu benützen, blockiert werden. Die Familie wird vielleicht offen einwenden, daß sie das Problem unter sich schon viele Male besprochen hat und daß sie jetzt mit dem Therapeuten darüber sprechen möchte. Oder die Familienmitglieder fangen zwar an, miteinander zu sprechen, wenden sich dann aber sehr rasch wieder dem Therapeuten zu. Der Therapeut braucht daher Techniken, um die intrafamiliale Kommunikation in der Sitzung anzuregen: Er kann verlangen, daß die Familienmitglieder miteinander sprechen. Er kann es vermeiden, irgendeinen der Anwesenden anzusehen, und seinen Blick statt dessen auf einen beliebigen toten Gegenstand richten. Er kann seinen Stuhl zurückrücken. Er kann sich weigern, auf eine Anrede hin zu antworten, und nur mit einer Geste auf ein anderes Familienmitglied verweisen. Er kann sogar den Raum verlassen, um die Familie durch einen einseitigen Spiegel zu beobachten. Wenn er diese Techniken wiederholt angewandt hat, werden die Familienmitglieder einsehen, daß es zu den Regeln des therapeutischen Systems gehört, daß sie miteinander sprechen.

Nun steht dem Therapeuten eine neue Perspektive offen. Er braucht jetzt dem inhaltlichen Zusammenhang nicht mehr so viel Aufmerksamkeit zu schenken, sondern kann seine Aufmerksamkeit verstärkt den üblichen und eingefahrenen Mustern der familialen Transaktionen zuwenden. Seine Beobachtungen liefern ihm möglicherweise zunächst nur Daten, aus denen sich später ein Fokus für seine Interventionen ergibt. Sie können aber auch zum Fokus für sofortige therapeutische Interventionen werden. Bei der Familie Smith erkennt der Therapeut durch seine Beobachtung der ehelichen Interaktionen, daß er in seinem Bemühen, einen Dialog in Gang zu setzen, keinen Erfolg haben wird, wenn er nicht eine starke führende Position einnimmt und aus dieser Position heraus den Ehemann unterstützt. Er schließt sich deshalb dem Ehemann in einer Koalition gegen die Frau an, und zwar mit dem Ziel, Mr. Smiths Beteiligung so zu organisieren, daß er kompetenter erscheint.

Manipulation der räumlichen Gegebenheiten. Die „geographische" Umordnung ist ebenfalls eine Technik, die dazu verhilft, die Schilderungen der Familie szenisch darzustellen. Die Sitzordnung kann eine Metapher für die Nähe bzw. die Distanz zwischen Menschen darstellen. Bei der Familie Gorden ist die Grenze, die das elterliche Subsystem (Mutter und ältesten Sohn) umgibt, für den Sündenbock Mandy unüberschreitbar geworden. Der Therapeut wechselt den Platz mit der Mutter, so daß sie direkt neben ihrer als Sündenbock geltenden Tochter sitzt, während sie gemeinsam einen Sachverhalt erkunden. Der Therapeut sitzt jetzt neben dem Elternkind, um so die Einmischung des Jungen in die Transaktionen zwischen Mutter und Tochter zu blockieren (Abb. 42). Der Therapeut bringt also vier Menschen in eine andere räumliche Gruppierung, um ein therapeutisches Ziel

Abb. 42

```
   M
  ||||
   S
 ——————
   T
```

wird zu

```
M  |  Th
|| | ||
T  |  S
```

anzudeuten: Transaktionen zwischen Mutter und Tochter ohne Einmischung von seiten des Sohnes.

Wenn eine Familie zur ersten Sitzung erscheint, kann man schon aus der von ihr gewählten Sitzordnung auf Bündnisse und Koalitionen, auf Mittelpunktstellung und Isolation schließen. Wenn ein Kind sich beeilt, auf den Stuhl neben seiner Mutter zu kommen, und diesen Stuhl auch noch nahe an den ihren heranrückt, dann kann der Therapeut sich eine Vorstellung hinsichtlich dieser Dyade machen. Später stellt er vielleicht fest, daß das Kind zu seiner Mutter hinsieht, bevor es auf eine Frage antwortet. Wenn er diese Sequenz blockieren oder andeuten möchte,

daß er in der größeren Distanz zwischen dem Kind und der Mutter ein therapeutisches Ziel sieht, dann kann er dies tun, indem er die beiden Personen trennt und das Kind so setzt, daß es keinen Blickkontakt mit der Mutter hat.
In der Familie Dodds sitzt der Indexpatient abseits von der übrigen Familie auf der anderen Seite neben dem Kotherapeuten. Der leitende Therapeut bittet den Kotherapeuten, den Platz mit dem jüngeren Bruder des Patienten zu tauschen, und setzt die beiden Jungen zusammen, so daß der Indexpatient gestützt und zurück in die Familie gebracht wird. Später setzt sich der Therapeut zu dem Kleinkind auf den Fußboden und benützt diese Position, um den Gedanken an Unterstützung und Fürsorge in der Familie leichter aufkommen zu lassen.
Dieses Spiel mit der Sitzordnung kann auch dazu eingesetzt werden, einen Dialog in Gang zu setzen. Bei der Familie Smith bittet der Therapeut Mr. Smith, seine Frau anzusehen und zu ihr hin zu sprechen. Als Mr. Smith seinen Stuhl von seiner Frau wegzieht, rückt der Therapeut nahe an Mr. Smith heran und stellt dessen Stuhl wieder näher an den von Mrs. Smith. Mr. Smith stellt daraufhin einen Papierkorb zwischen sich und den Therapeuten. Das ganze Drama der Furcht vor zu großer Nähe kommt in diesen einfachen Bewegungen zur Aufführung.
Die Manipulation der Sitzordnung kann sich auch bei der Behandlung der Grenzen in einer Familie als wirksam erweisen. Wenn der Therapeut eine Grenze schaffen oder verstärken will, kann er Mitglieder eines Subsystems in die Mitte des Raumes setzen und andere Familienmitglieder veranlassen, ihre Stühle zurückzustellen, so daß sie zwar beobachten, aber nicht unterbrechen können. Wenn er den Kontakt zwischen zwei Mitgliedern blockieren möchte, kann er sie trennen oder sich zwischen sie setzen und als Mittler fungieren. Die Manipulation der räumlichen Gegebenheiten hat den Vorzug der Einfachheit. Ihre bildliche Eloquenz läßt die Botschaft, die der Therapeut vermitteln möchte, noch deutlicher erscheinen.

Die klare Kennzeichnung der Grenzen

Um in gesunder Weise zu funktionieren, muß die Familie die Integrität des gesamten Systems und die funktionale Autonomie seiner Teile schützen. Jedes Familienmitglied und jedes familiale Subsystem muß die Autonomie und Interdependenz seines psychodynamischen Eigenbereichs verhandeln.
Der Familientherapeut bemüht sich, der Familie zu jenem flexiblen Verhältnis

zwischen Autonomie und Interdependenz zu verhelfen, das die psychosoziale Entwicklung ihrer Mitglieder am stärksten fördert. Unabhängigkeit um ihrer selbst willen ist nicht das Ziel. Der schädliche Bedeutungsinhalt, der dem Begriff der Abhängigkeit in der psychodynamischen Theorie anhaftet, gilt nicht für die Familientherapie, die die Interdependenz aller Systeme anerkennt. Das Ziel liegt hier in der angemessenen Überschreitbarkeit der Grenzen.

In der verstrickten Familie müssen die Grenzen verstärkt werden, um die Individuierung der Familienmitglieder zu erleichtern. Wenn der Therapeut sich einer solchen Familie anschließt, dann mit dem Ziel der deutlicheren Kennzeichnung der Grenzen. Bei Familien, die eher dem „losgelösten“ Ende des Kontinuums von Verstrickung und Loslösung zuneigen, bemüht er sich um eine Auflockerung der Grenzen, indem er den Austausch zwischen den Subsystemen in einer Weise fördert, die die stützenden und lenkenden Funktionen in der Familie zunehmen läßt.

Die Beschreibung individueller Grenzen. Die Autonomie des einzelnen kann durch einfache Regeln geschützt und gefördert werden, die Teil des Regelsystems sind, das die therapeutische Einheit insgesamt lenkt. So sollten beispielsweise der Therapeut und die übrigen Angehörigen den Worten eines einzelnen Familienmitgliedes zuhören und seine Kommunikation anerkennen. Die Mitglieder der Familie sollten miteinander, nicht übereinander sprechen. Sie sollten nicht auf eine Frage antworten, die einem anderen Mitglied gestellt ist, nicht über andere Mitglieder sprechen, wenn diese selbst anwesend sind, und nicht verlangen, daß ein einzelnes Familienmitglied als Datenbank für die ganze Familie fungiert.

Es ist nicht schwierig, diese Regeln in der Sitzung aufzustellen. Wenn ein Familienmitglied eine an einen anderen Teilnehmer gerichtete Frage beantworten will, kann der Therapeut den Sprecher mit einer Geste zum Schweigen bringen oder notfalls sagen: „Joe, diese Frage galt dir!“ Im allgemeinen neige ich dazu, jede Kommunikation von seiten eines Familienmitgliedes zu verhindern, die die Handlungen oder Gefühle eines anderen beschreibt. Das läßt sich in freundlicher Weise erreichen, etwa indem man sagt: „*Er* war dort, und Sie waren nicht dort, deshalb kann *er* es wohl besser erzählen.“ Man kann eine derartige Kommunikation natürlich auch entschiedener und strenger unterbinden, indem man dem betreffenden Familienmitglied deutlich zeigt, daß es sich eingemischt hat.

Die Kinder in der Familie müssen differenziert behandelt werden und individuelle Rechte und Vorrechte je nach ihrem Alter und ihrer Stellung in der Familie erhalten. Der Therapeut kann die in der Familie selbst vorhandene Differenzierung erkunden, indem er etwa fragt: „Wer bestimmt, was der Achtjährige anziehen soll?“ oder „Wann geht er zu Bett?“ „Wie halten Sie es in Ihrer Familie mit dem Essen, dem Fernsehen, dem Baden der Kinder?“ Der Therapeut kann auch beobachten, wie ein Kind auf ihm gestellte Fragen antwortet. Manche Kinder antworten selbständig; andere sehen zur Mutter oder zum Vater hin, bevor sie ihre Antwort geben, oder sie geben die Frage an einen Elternteil weiter.

Wenn es so aussieht, als werde die individuelle Autonomie der Kinder in der Familie gehemmt, dann muß der Therapeut der Familie helfen, Unterschiede unter den Kindern deutlich zu machen und die entsprechenden Rechte der Kinder besonders zu unterstreichen; den Eltern muß er helfen, je nach der Entwicklungsstufe des einzelnen Kindes spezifische Anforderungen zu stellen bzw. spezifische Belohnungen zu vergeben. In der Familie beispielsweise, die keine geschlossenen Türen duldete – einem in hohem Maße verstrickten System also –, ging der Therapeut so vor, daß er der älteren Tochter eine Aufgabe stellte, die ihrer Entwicklungsstufe entsprach. Sie sollte die Tür ihres Schlafzimmers geschlossen halten. Der jüngeren Tochter sagte er, daß sie das gleiche tun sollte, wenn sie älter wäre.[1]

Grenzen der Subsysteme. Die Grenzen um das eheliche Subsystem müssen deutlich genug umrissen sein, um das Ehepaar vor dem Eindringen der Kinder oder erwachsener Mitglieder der erweiterten Familie zu schützen. Auf diesem Gebiet muß der Familientherapeut sehr häufig tätig werden, denn es ist oft gerade die allzu große Starrheit oder die allzu starke Verwischtheit der Grenzen um das eheliche Subsystem, die dysfunktionale Transaktionsmuster hervorruft. Manchmal hilft es schon, wenn der Therapeut Aufgaben stellt, die die Transaktionen der ehelichen Untereinheit fördern. In der Familie mit den offenstehenden Türen sagt der Therapeut den Eltern beispielsweise, daß sie die Kinder jeden Abend für eine Stunde aus dem ehelichen Schlafzimmer hinausschicken sollen. Die Eltern sollen diese Stunde allein in ihrem Schlafzimmer verbringen und die Tür geschlossen halten. Im Fall der Smiths bittet der Therapeut den Großvater und den Sohn, den Raum zu verlassen, bevor er sich mit dem Ehepaar über sexuelle Themen unterhält.

Die Familie braucht auch ein exekutives Subsystem, das Entscheidungen treffen kann, insbesondere bezüglich der Kindererziehung. In der Regel bilden die Eltern dieses Subsystem. Das elterliche Subsystem muß Autorität besitzen. Ein Kind muß in der Lage sein, mit dem Heranwachsen zu experimentieren, wobei es weiß, daß das elterliche Subsystem die Grenzen des Zulässigen bestimmt. Der Therapeut muß daher so in die Familie eingreifen, daß die differenzierte Zuschreibung von Macht gewährleistet bleibt. Es kann beispielsweise vorkommen, daß ein Sohn, der sich die Ansicht der Familie zu eigen gemacht hat, alle Probleme rührten aus der psychischen Krankheit seines Vaters her, den Vater ungestraft kritisiert. Der Therapeut zeigt seinen Ärger darüber und deutet an, daß der Junge seinem Vater Respekt bezeigen soll.

Auch das geschwisterliche Subsystem braucht eine schützende Grenze, damit es seine Aufgabe erfüllen, nämlich den Kindern die Möglichkeit bieten kann, Kooperation, Wettstreit, Meidung und Nachgeben, Bündnisbildung und -auflösung und andere Fertigkeiten im Zusammenleben unter Gleichen zu erlernen. Die Eltern müssen diese Chance für das innere Wachstum respektieren, ohne helfen oder sich einmischen zu wollen.

Bei der Familie Brown (Kapitel 12) ist die Unterstützung und Verstärkung, die die Magersucht des neunjährigen Mädchens von seiten des geschwisterlichen Subsystems erfährt, ebenso signifikant wie die Verstärkung von seiten des ehelichen Subsystems. Deshalb entwickelt der Therapeut Aufgaben für das geschwisterliche Subsystem, und die Eltern sind ausdrücklich von einer Einmischung ausgeschlossen. Der Therapeut benützt hier die Technik, die Kinder in die Mitte des Raumes zu setzen und sie dort bestimmte Sachverhalte verhandeln oder erkunden zu lassen. Er selbst bleibt mit den Eltern an der Peripherie und macht es ihnen auf diese Weise leichter zu beobachten, ohne selbst teilzunehmen. Das heißt, er lehrt sie, die Autonomie ihrer Kinder zu respektieren.

Die rigide Triade stellt ganz besondere Anforderungen an das Grenzenziehen. Wenn ein intergeneratives Transaktionssystem, an dem in der Regel die Eltern und ein Kind beteiligt sind, in eine starre Grenze gefaßt ist, dann erzeugt es dysfunktionale Transaktionsmuster. Der Therapeut muß sich bemühen, die Grenzen neu zu ziehen: er muß die Grenze um das eheliche Subsystem stärken, so daß die Ehegatten eheliche Probleme verhandeln können, ohne daß ein drittes Mitglied beteiligt ist; er muß auch die Grenze festigen, die die Autonomie des Dritten schützt, und schließlich jene Grenze schwächen, die die rigide Triade umgibt, so daß das Subsystem sich stärker öffnet.

Wenn die Grenzen rund um ein Subsystem verstärkt werden, dann hat das einen stärkenden Einfluß auf die Funktionsweise dieses Subsystems. Es erscheinen jetzt Prozesse, die sich nicht entwickeln konnten, solange andere Familienmitglieder in das Subsystem eindrangen. Das wird bei der Familie Gorden deutlich. Der Therapeut umreißt zwei Subsysteme. Er läßt die Mutter allein mit dem Kind arbeiten, das sie vorher als Sündenbock verfolgt hat, und stärkt so die Grenze rund um diese Dyade, die bisher zu schwach gewesen ist. Er betraut das Elternkind mit der Verantwortung für die übrigen Kinder und schwächt auf diese Weise die Grenze rund um das elterliche Subsystem, die den kindlichen Sündenbock ausgeschlossen hat. Innerhalb dieses neuen Grenzsystems kann die Mutter nun in kompetenter und fürsorglicher Weise mit dem Sündenbock umgehen.

In manchen Familien sind schärfere Trennungen notwendig oder nützlich. Ein System kann sich größeren Konflikten ausgesetzt sehen, wenn die Anzahl seiner Mitglieder steigt. Änderungen in der Zahl der Mitglieder eines Systems können in sich schon eine signifikante Transformation des Systems hervorrufen. Manchmal führt die Entfernung des Symptomträgers nur zur Verschiebung des ungelösten Konfliktes auf einen anderen Symptomträger. In anderen Fällen aber können Veränderungen einfach im Gefolge der Trennung eines Familienmitgliedes von der übrigen Familie eintreten. Ein kurzer Krankenhausaufenthalt eines Familienmitgliedes während einer Periode akuter familiärer Belastung kann nicht nur eine notwendige Linderung darstellen, sondern zugleich auch in ganz wesentlichem Ausmaß zum Prozeß der Veränderung der Familie als eines Systems beitragen.

Der Therapeut kann Grenzen aufrichten, indem er selektiv mit den einzelnen Subsystemen der Familie arbeitet. Er beginnt mit allen Mitgliedern der Kernfamilie, aber mit dem fortschreitenden Entwurf eines Lageplans der Familie stößt er vielleicht auf ein Gebiet, auf dem es nützlich sein könnte, die Zusammensetzung der therapeutischen Einheit zu erweitern oder einzuschränken. Manche Therapeuten arbeiten am liebsten nur mit den Eheleuten bzw. den Eltern. Andere ziehen es vor, mit so vielen Angehörigen des sozialen Netzwerks der Familie zu arbeiten, wie sie überhaupt auftreiben können. Wieder andere halten es für das Beste, mit der erweiterten Familie zu arbeiten.

Ich arbeite am liebsten mit der Kernfamilie und ändere gelegentlich die Zusammensetzung der Gruppe. Wenn ich es mit Heranwachsenden zu tun habe, schließe ich immer auch Einzelsitzungen mit den halbwüchsigen Kindern ein. Wenn ich mit großen Familien arbeite, nehme ich mir die einzelnen Subsysteme vor – die Eltern allein, die Eltern mit den größeren Kindern, die Eltern mit den kleineren Kindern, das geschwisterliche Subsystem. In manchen Fällen ist es wichtig, daß man auch signifikante Mitglieder der erweiterten Familie heranzieht. Manchmal wollen die Eltern bestimmen, welche Mitglieder an einer Sitzung teilnehmen. Bei anderen Familien bestimmt sich die Zusammensetzung der Untergruppen durch die dynamischen Prozesse der Neustrukturierung. Der Therapeut kann sich einem isolierten Vater und seinen Kindern anschließen und die Mutter heraushalten, so daß sich neue Funktionen entwickeln können. Ein dominierender Elternteil kann hinter den Einwegspiegel gesetzt werden, um so zwar weiter teilzunehmen, ohne indessen irgendeine Kontrolle ausüben zu können. Kleinere Kinder können zu den Sitzungen mitgebracht werden, um eine Entschärfung des Konfliktes zu bewirken. Der Therapeut arbeitet stets mit dem Gedanken an seinen Lageplan der ganzen Familie. Selbst bei der intensiven Beschäftigung mit einer Untergruppe ist sein Ziel die totale Neustrukturierung der Familie.

Die gewollte Eskalation von Belastungen

Die Familien, die zur Behandlung kommen, haben in der Regel dysfunktionale Transaktionsmuster entwickelt, als sie versuchten, mit einer belastenden Situation fertigzuwerden. Im Mittelpunkt dieser Muster steht der identifizierte Patient. Die Familie ist häufig festgefahren und nicht mehr in der Lage, mit alternativen Formen des Umgangs zu experimentieren. Der Therapeut, der sich ihr im Rahmen des therapeutischen Systems anschließt, muß erkunden, welche alternativen Verhaltensweisen die Familienorganisation zulassen kann. Er muß die Flexibilität des Familiensystems und seine Fähigkeit zu Neustrukturierung und Wachstum unter seiner, des Therapeuten, Mithilfe in Erfahrung bringen und im einzelnen erproben.
Die Fertigkeit des Therapeuten, in den einzelnen Teilen des Familiensystems Belastungen hervorzurufen, liefert ihm und manchmal auch den Familienmitgliedern selbst einen Hinweis auf die Fähigkeit der Familie, sich neu zu strukturieren, wenn die Umstände sich wandeln. Seine Eingabe und sein fachmännisches „Nachstoßen" führen zu neuen Kontexten bzw. geänderten Umständen, an die die Familie sich unter seinen Augen anpassen muß.
Die Blockierung transaktionaler Muster. Die einfachste Maßnahme, die der Therapeut einsetzen kann, um Belastung zu bewirken, besteht in der Blockierung des Kommunikationsflusses entlang den üblichen Kanälen. In der Familie Gorden nimmt beispielsweise das Elternkind seine übliche Rolle auf, die Kommunikationen der Mutter für die übrigen Kinder und die der Kinder für die Mutter zu „übersetzen". Der Therapeut greift ein und sagt „Entschuldige, Morris" und „Mach weiter" zu dem Kind, das in seiner Rede unterbrochen wurde. Die Blockierung der Einmischung des Elternkindes führt zum erhöhten Kontakt zwischen der Mutter und den übrigen Kindern, die bisher durch Morris'

Dazwischentreten voneinander getrennt gewesen sind. Fünf Minuten später wird in der gleichen Sitzung die Flexibilität der Familienorganisation deutlich. Als Morris wieder versucht, seiner Mutter dabei zu helfen, daß sie seine Schwester auch wirklich versteht, sagt ihm die Mutter in Nachahmung des Therapeuten, daß er nicht unterbrechen soll.

Die Betonung der Unterschiede. Der Therapeut kann Belastungen hervorrufen, indem er auf Unterschiede aufmerksam macht, über die die Familie bisher hinweggegangen ist. Er ist auf die Art eingestimmt, in der die Familienmitglieder die Bemerkungen des jeweils anderen qualifizieren, die Botschaft eines Mitgliedes „verbessern" oder einfach zeigen, daß sie anderer Meinung sind. Er kann sich die Ansicht des einen über einen bestimmten Sachverhalt anhören und sich dann dem anderen zuwenden und fragen: „Und was ist *Ihre* Meinung dazu?". Oder er kann seine Intervention spezifischer gestalten, indem er beispielsweise sagt: „Mir scheint, Sie sehen diese Sache etwas anders als Ihre Frau; können Sie mal darüber diskutieren?"

Das Sichtbarmachen verborgener Konflikte. Die Methoden der Familie, einen Konflikt zu entschärfen, setzen rasch und automatisch ein. Ein Ehemann attakkiert sich möglicherweise selbst, wenn er glaubt, daß seine Frau ihn jetzt gleich angreifen wird; er nimmt ihr damit den Wind aus den Segeln und präsentiert sich selbst als Schwächling, der mithin geschützt werden muß. Er gibt jede Position der Stärke auf, weil das eheliche Subsystem eine Konfrontation nicht zuläßt, die das Auftauchen eines verborgenen Konfliktes erzwingen könnte. Ein Kind kann zu zerstörerischem Verhalten übergehen oder andere Symptome zur Schau stellen, wenn sich zwischen seinen Eltern gerade ein Konflikt anbahnt. Im ersten Fall handelt der Therapeut als der klassische „Helfer"; er bietet sich als Sekundant an. Als er wahrnimmt, daß der Ehemann zu selbstzerstörerischen Maßnahmen greift, um so den Kontakt und damit den Konflikt mit seiner Frau zu vermeiden, zwingt der Therapeut das Ehepaar, miteinander Kontakt aufzunehmen. Im zweiten Fall bemüht er sich um die Zerstörung des dysfunktionalen konfliktumleitenden Mechanismus, indem er die rigide Triade aufbricht und die Einmischung des Kindes in den elterlichen Konflikt blockiert.

Anschluß: Bündnisse oder Koalitionen. Der Therapeut kann eine Belastung des Familiensystems hervorrufen, indem er sich vorübergehend einem einzelnen Mitglied oder einem Subsystem anschließt. Diese Art des Eintretens in die Familienstruktur erfordert sorgfältige Planung und die Fähigkeit zur Loslösung, damit der Therapeut nicht in den Krieg der Familie hineingezogen wird.

Er kann sich den einzelnen Familienmitgliedern nacheinander anschließen. In diesem Fall wird er sich zunächst mit einem Mitglied verbünden und an seiner Seite kämpfen, dann aber zum nächsten überwechseln, seine Gunstbezeigungen also fair verteilen und sukzessive Belastungen in den einzelnen Teilen des Familiensystems entstehen lassen. Wenn er beispielsweise mit einer hochgradig verstrickten Familie arbeitet, stellt er sich zunächst auf die Seite des Vaters und hilft diesem, seinen Groll gegen seine Frau zu äußern, sodann auf die Seite der Frau, um ihr in der gleichen Weise gegen den Vater behilflich zu sein, und schließlich nacheinander auf die Seite jedes der Kinder, während die Familie sich zur gleichen Zeit bemüht, differenzierte Regeln und angemessene stützende Reaktionen zu entwickeln.

Der Therapeut muß auch wissen, wann und wie er sich einem Familienmitglied für längere Zeit anzuschließen hat. Dieser Ansatz ist insbesondere bei Familien erforderlich, die ihre Konflikte starr leugnen oder zu entschärfen suchen, und bei Familien, die sich fortgesetzt weigern, die Vorstellung zu akzeptieren, daß die Familie als Ganzes das Problem darstellt. Solche starren Systeme können in Bewegung versetzt werden, indem man sich einem Familienmitglied, gewöhnlich einem der beiden Eltern, für längere Zeit, also etwa über vier oder fünf Sitzungen hinweg, anschließt. Wenn der Therapeut sich für lange Zeit mit dem einen Ehepartner gegen den anderen verbündet, belastet er beide Ehegatten. Das Gewicht dieser Maßnahme stellt eine Herausforderung an die Belastbarkeit des ehelichen Subsystems, seine altgewohnten Transaktionsmuster und seine bevorzugten Methoden der Verhandlung oder Meidung von Konflikten dar.

Beispielsweise werden in einer Familie Konflikte im ehelichen Subsystem dadurch umgangen, daß man den Sohn zum Sündenbock erklärt. Wenn die Frau ihren Mann beschimpft, weil er zu wenig verdient, dann richtet der Mann seine Aufmerksamkeit auf den Jungen, korrigiert dessen Verhalten und festigt so von neuem sein eigenes bedrohtes Kompetenzgefühl. Wenn der Mann seiner Frau schlampige Haushaltführung vorwirft, fängt sie an, über das schlechte Betragen des Kindes in der Schule zu sprechen. Der Therapeut schließt sich dem Ehemann in einer gegen die Frau gerichteten Koalition an und unterstützt nachhaltig seine Forderung nach mehr Ordnung und Sauberkeit im Haus. Diese Technik bringt sofort den ehelichen Konflikt an die Oberfläche, der nun mit Hilfe des Therapeuten innerhalb des ehelichen Subsystems verhandelt wird, während der Junge sich befreit sieht.

Wenn der Therapeut sich einem Familienmitglied anschließt, muß er sich über die

Belastbarkeit seines Bündnispartners und der übrigen Familienmitglieder genau im klaren sein. Er geht das große Risiko ein, die Zielscheibe der Koalition und häufig sogar die ganze Familie dem Gedanken der Therapie zu entfremden. Selbst auf dem Höhepunkt eines Angriffs ist es wichtig, dem jeweiligen Opfer eine gewisse Unterstützung angedeihen zu lassen. Wenn der Therapeut mit einem Kotherapeuten zusammenarbeitet, muß dieser letztere die Zielscheibe der Koalition stützen. Wenn der Therapeut allein arbeitet, muß er das Gefühl vermitteln, daß er auch den Standpunkt des Opfers im gegebenen Zusammenhang anerkennt. So interpretiert der Therapeut beispielsweise das Verhalten der Frau als Widerstand gegen das willkürliche und autoritäre Auftreten des Mannes, und zwar im gleichen Augenblick, in dem er dem Ehemann hilft, seine Frau wegen ihrer Schlamperei anzugreifen.

Wenn eine bestimmte Sequenz beendet ist, weil das Ziel oder aber die Toleranzschwelle in bezug auf eine Belastung erreicht worden ist, dann muß der Therapeut die Position wechseln und nun ein Bündnis mit dem bisherigen Opfer eingehen. Es kann sogar vorkommen, daß er sich in der neuen Koalition nun gegen seinen früheren Bundesgenossen wendet.

Diese Technik ist nicht ungefährlich. Das angegriffene Familienmitglied greift seinerseits vielleicht nicht den Therapeuten, sondern dessen neuen Verbündeten an. Das kann dann dazu führen, daß dieses Familienmitglied, das ja schon unter schwerer Belastung steht, nun übermäßig belastet wird. Bei der Familie Gorden schließt sich der Therapeut dem kindlichen Sündenbock an und verteidigt das Mädchen durch einen Angriff auf die Mutter; die Mutter wird ihrer Tochter gegenüber noch aggressiver, und so löst sich der Therapeut, der ja den wachsenden Druck empfindet, aus dieser übermäßig belastenden Koalition.

Das endgültige Ziel des Therapeuten ist das Wohl der ganzen Familie, und die Familie sollte sich dieser Tatsache immer bewußt sein. Wenn der Therapeut in eine Koalition gegen bestimmte Familienmitglieder eintritt, dann müssen diese wissen, daß es sich dabei um eine vorübergehende Maßnahme handelt und daß der Therapeut in erster Linie mit der ganzen Familie im therapeutischen System verbündet ist.

Die Erteilung von Aufgaben

Ihre jeweiligen Aufgaben bilden einen Bezugsrahmen, innerhalb dessen die Familienmitglieder „funktionieren“ müssen. Der Therapeut kann Aufgaben dazu benützen, einen bestimmten ihn interessierenden Bereich deutlicher hervortreten zu lassen, an dem der Fluß der familialen Transaktionen bisher etwas vorbeigegangen ist. Oder er beleuchtet ein Gebiet, auf dem die Familie zu arbeiten hat.

Aufgaben während der Sitzung. Aufgaben, die im Verlauf einer Sitzung gestellt werden, beziehen sich unter Umständen nur darauf, wie und mit wem die Mitglieder der Familie kommunizieren sollen. Der Therapeut sagt vielleicht: „Diskutieren Sie doch das Problem einmal hier.“ Oder er sagt: „Sprechen Sie so mit dem Kind, daß es Sie wirklich hört.“ Oder: „Sprich weiter, laß dich nicht von deinem Bruder unterbrechen.“

Die Aufgaben können sich auf räumliche Veränderungen beziehen. Der Therapeut sagt dann etwa: „Dreh doch bitte deinen Stuhl um, so daß du die Signale deiner Mutter nicht sehen kannst.“ Oder: „Ich möchte, daß Sie sich neben Ihre Frau setzen und ihre Hand nehmen, sobald Sie glauben, daß sie Angst hat.“

Aufgaben können dazu benützt werden, familiale Transaktionen zu dramatisieren und Veränderungen anzuregen. In einer Familie bittet der Therapeut die Kinder, einmal für drei Minuten das eine Kind nicht als den Sündenbock zu betrachten und zu behandeln, und gibt dem ältesten Kind seine Uhr, damit diese Zeitspanne auch wirklich eingehalten wird. In einer anderen Familie macht er den Vater zu seinem Stellvertreter, indem er sagt: „Sorgen Sie doch bitte dafür, daß Jim in dieser Sitzung Joe nicht mehr unterbricht.“ In einer Familie mit einer ständig in Bewegung befindlichen Mutter und einem eher an der Peripherie angesiedelten Vater verlangt der Therapeut, daß nur der Vater die Probleme mit den Kindern schildern soll, wenn er die beiden Eheleute allein empfängt. Wenn die Mutter wünscht, daß ein bestimmter Sachverhalt im Zusammenhang mit den Kindern besprochen wird, muß sie ihren Mann darum bitten.

Dadurch, daß er während der Sitzung bestimmte Aufgaben erteilt, macht der Therapeut seine Position als Regelsetzer deutlich: Er ist derjenige, der bestimmt, welche Regeln für das Verhalten während der therapeutischen Sitzung gelten sollen.

„Hausaufgaben“. Der Therapeut kann auch Aufgaben stellen, die zu Hause durchgeführt werden müssen. Wenn die Familie die ihr gestellte Aufgabe vollzieht, dann hat sie tatsächlich den Therapeuten „mit nach Hause genommen“. Er wird dann auch außerhalb der therapeutischen Sitzung zum Regelsetzer.

Die Aufgabe, die der Familie Gorden gestellt ist, zielt sowohl auf das vorgestellte Problem als auch auf das zugrundeliegende strukturelle Problem. Das vorgestellte Problem ist die Freude des Familiensündenbocks am Zündeln. Der Therapeut weist die Mutter an, täglich fünf Minuten lang mit dem Kind das sichere und gefahrlose Anzünden von Streichhölzern zu üben. Das Elternkind, dessen helfende Aktivitäten den „Sündenbock" vom direkten positiven Kontakt mit der Mutter ferngehalten haben, erhält die Aufgabe, die übrigen Kinder zu beaufsichtigen, während die Mutter sich allein mit dem „bösen" Kind beschäftigt. Auf diese Weise stellt der Therapeut sicher, daß die Indexpatientin jeden Tag in einen gewissen Kontakt mit der Mutter kommt, die nun nicht als Zankteufel, sondern als kompetente Erzieherin fungiert, und daß das Elternkind sich nicht mehr einmischen, seine Position in der Familie aber dennoch halten kann.
In der Familie mit den offenstehenden Türen soll die Aufgabe die einzelnen Familienmitglieder untereinander differenzieren. In dieser Familie, in der der Vater sich mit den Kindern verbündet hat und die Mutter ausgeschlossen ist, soll die Mutter bestimmen, wann die Kinder aus dem elterlichen Schlafraum hinausgeschickt werden sollen und die Tür geschlossen wird. Der Mann soll sich seiner Frau in diesem Punkt anschließen. Die ältere Tochter soll ihr Zimmer dreimal wöchentlich sogar für mehrere Stunden geschlossen halten. Während dieser Zeit muß der Vater anklopfen, wenn er das Zimmer betreten möchte.
Im Falle des Paares, bei dem die Frau viele Aspekte des Lebens ihres Mannes bestimmt und lenkt, einschließlich seiner Eßgewohnheiten, der Schlafenszeit und der Frage, wie oft er ein Bad nimmt, zielt die Aufgabe darauf ab, den Graben zwischen Mann und Frau zu vertiefen, um so die Neustrukturierung des ehelichen Subsystems zu erleichtern. Der Mann soll nun zum ersten Mal in seinem Leben seine Kleidung selbst kaufen und sich dabei nur von seinem eigenen Geschmack und seinen eigenen Wünschen leiten lassen. Die Frau soll ihre ständige Kritik an ihrem Mann fortsetzen und sogar noch steigern, weil es für ihren Mann wichtig ist, ihr zu helfen, indem er ihre irrationale Autorität in Frage stellt.
Die Methode des Aufgabenstellens hat viele Vorteile. Zunächst zwingt sie den Therapeuten, sich mit der Struktur der Familie und ihren transaktionalen Mustern anstatt mit den besonderen Eigenschaften der einzelnen Mitglieder zu beschäftigen. Neuen Möglichkeiten für die Umstrukturierung der Familie kommt auf diese Weise besondere Beachtung zu. Bei der Formulierung der Aufgaben muß der Therapeut seinen Lageplan der Familie klären und spezifische Ziele wie auch spezifische Schritte in Richtung auf diese Ziele hin festlegen. Aufgaben sind auch

ein nützliches Hilfsmittel, wenn man die Flexibilität einer Familie erkunden will. Andererseits ist die Aufgabe wie viele andere therapeutische Interventionen nichts anderes als eine sondierende Maßnahme innerhalb des Familiensystems. Der Therapeut, der eine Aufgabe stellt, weiß nicht, wie die Mitglieder der Familie schließlich damit fertig werden. Da er in bezug auf die Erfüllung der Aufgabe zu nichts verpflichtet ist, kann er auch nicht enttäuscht sein. Indem er eine Aufgabe erteilt, schafft er einen neuen Bezugsrahmen für die Transaktionen der Familie. Er beobachtet die Ergebnisse im Hinblick darauf, ob sie alternative transaktionale Muster zutage treten lassen.

Manchmal akzeptiert die Familie die jeweilige Aufgabe und stellt fest, daß die alternativen Verhaltensweisen, die sie hervorgerufen hat, den früheren Verhaltensweisen vorzuziehen sind, das heißt, daß die Familie in diesem erweiterten Bereich besser funktionieren kann. In anderen Fällen modifizieren die Familienmitglieder die Aufgabe, widersetzen sich ihr oder umgehen sie. Die unterschiedlichen Reaktionen vermitteln sowohl dem Therapeuten als auch der Familie ein besseres Verständnis für ihren augenblicklichen Standort und für die nun einzuschlagende Richtung.

Der bewusste Einsatz der Symptome

Ein Therapeut, der innerhalb des familialen Bezugsrahmens arbeitet, betrachtet die Symptome eines individuellen Familienmitgliedes als den Ausdruck eines Problems im Umfeld. Folglich wird er sich gegen die Tendenz der Familie wenden, sich auf ihren Symptomträger zu konzentrieren. Er kann sich aber auch dafür entscheiden, direkt an dem vorgestellten Problem zu arbeiten. Manchmal ist das Symptom so quälend oder gefährlich (denken wir nur an das Zündeln, die Phobie oder die Anorexia nervosa), daß es vorrangig angegangen werden muß. Manchmal ist die Familie zunächst nicht in der Lage, einen therapeutischen Kontrakt abzuschließen, der irgendetwas anderes außer dem vorgestellten Problem umfaßt.

Konzentration auf das Symptom. Oft ist die Beschäftigung mit den Symptomen des identifizierten Patienten der schnellste Weg, um die dysfunktionalen Transaktionsmuster der Familie zu diagnostizieren und zu ändern. Die Symptome des identifizierten Patienten haben eine besondere Stellung im Transaktionssystem der Familie inne. In ihnen konzentrieren und verfestigen sich die Belastungen, die auf der Familie liegen. Häufig stellen sie zugleich eine Art der Bewältigung solcher Belastungen durch die Familie dar. In jedem Fall werden die Symptome des identifizierten Patienten von einer Reihe signifikanter familialer Transaktionsmuster gestützt. Die Beschäftigung mit ihnen kann, um mit Freud zu sprechen, der Königsweg zur Struktur der Familie sein.

Bei der Behandlung der Familie Gorden ist es offensichtlich dringend, das vorgestellte Problem zu beseitigen (es handelt sich darum, daß eines der Kinder zündelt). Es leuchtet auch ohne weiteres ein, daß das Feuerlegen und die damit im Zusammenhang stehenden Transaktionen gewissermaßen das Sammelbecken der Belastungen dieser Familie darstellen. Deshalb ruft der Therapeut nicht sofort nach der Darstellung des Problems durch die Familie. Vielmehr verfolgt er die Strategie der Beeinflussung der übrigen Familie dahingehend, daß sie der identifizierten Patientin im Bereich des Symptoms zu Hilfe kommen. Er läßt niemals erkennen, daß er selbst sich auf die Familienstruktur konzentriert, verändert dabei aber die Position der Mutter innerhalb dieser Struktur, erhöht die Nähe zwischen Mutter und Tochter und sorgt für größere Distanz zwischen der Tochter und dem Elternkind – dies alles mit Hilfe einer Aufgabe, die mit dem Feueranzünden zu tun hat.

Bei der Familie Brown ist das vorgestellte Problem, eine lebensbedrohende Anorexia nervosa, von gleicher Dringlichkeit und steht ebenfalls im Zentrum der Belastungen der Familie. Der Therapeut läßt die Familie einen Konflikt zwischen Eltern und Kind rund um dieses Symptom inszenieren, der die Nähe zwischen den Ehegatten erhöht und das protektive Band zwischen Mutter und Tochter schwächt.

In einem anderen Fall kommt ein Kind zur Behandlung, das an einer so schweren phobischen Furcht vor Hunden leidet, daß es mehr oder weniger ans Haus gefesselt ist.[2] Die Diagnose des Therapeuten lautet, daß das Symptom durch einen implizit vorhandenen ungelösten Konflikt zwischen den Ehegatten gestützt wird, der sich in dem engen Zusammenschluß von Mutter und Sohn manifestiert, von dem der Vater ausgeschlossen bleibt. Seine Strategie richtet sich nun zunächst darauf, Vater und Sohn enger aneinander zu binden, bevor er sich mit den Problemen im ehelichen Subsystem beschäftigt. Er rät also dem Vater, der als Briefträger „im Umgang mit Hunden Fachmann ist“, seinem Sohn beizubringen, wie man mit fremden Hunden umgeht. Das Kind, ein Adoptivkind, „adoptiert“ seinerseits einen Hund, und Vater und Sohn haben nun durch den Hund eine Gemeinsamkeit gefunden. Das stärkt ihre Beziehung und fördert die Trennung zwischen Mutter und Sohn. Als das Symptom verschwindet, lobt der Therapeut beide Eltern für ihr Geschick im Umgang mit dem Kind. Dann wendet er sich den ehelichen Konflikten zu.

Ein anderer Therapeut ermutigt ein Kind, das sich ständig beschmutzt, sein Symptom aufrechtzuerhalten, „wenn nicht in der Familie irgend etwas passiert". Er macht die Eltern darauf aufmerksam, daß sie sich genau überlegen müssen, wie die Konsequenzen für sie selbst aussehen würden, wenn das Kind aufhören würde, sich zu beschmutzen, und „normal würde". Dieses Verfahren, das einen ganzen Monat lang geübt wird, dient zur Erkundung der Art, in der die Familie das Symptom einsetzt, und enthüllt die dysfunktionalen Muster in der Familie, die dem Symptom zugrundeliegen.

Bewußte Übertreibung des Symptoms. Der Therapeut kann seine Macht innerhalb der therapeutischen Einheit dazu benützen, das Symptom des identifizierten Patienten noch zu verstärken, indem er seine Intensität erhöht. Diese Taktik dient der Neustrukturierung des Familiensystems.

Ein Ehepaar in mittleren Jahren kommt zur Behandlung, weil die schweren Depressionen des Mannes ihn arbeitsunfähig machen. Der Therapeut stellt fest, daß dieses kinderlose Paar sich gegenseitig nicht in ausreichendem Maße unterstützt. Er deutet die Depressionen als die völlig richtige Einsicht des Mannes, daß er sein Leben vertan hat, und rät ihm, um den abgestorbenen Teil seiner Persönlichkeit zu trauern. In Übereinstimmung mit dem Glaubensbekenntnis der Familie empfiehlt der Therapeut, daß der Mann täglich acht Stunden lang klagen und trauern soll, während seine Frau ihm Essen bringen und ihn trösten muß. Der Mann weint drei Tage lang ununterbrochen, die nächsten vier Tage fühlt er sich gelangweilt. Seine Depression verschwindet, und er kehrt an seinen Arbeitsplatz zurück. Das Paar setzt die Behandlung in dem Bewußtsein fort, daß nicht der Mann depressiv ist, sondern die gesamte eheliche Beziehung.

In einer anderen Familie besteht das vorgestellte Problem darin, daß das Kind stiehlt. Der Therapeut stellt fest, daß es sich dabei um eine Reaktion auf die Tatsache handelt, daß in der Familie keine wirksame Führung und Lenkung vorhanden ist, und sagt dem Kind offen, es solle weiter stehlen und sogar seinen Vater bestehlen. Er sagt: „Ich möchte doch einmal sehen, ob du es so geschickt anstellen kannst, daß du sogar deinem Vater etwas wegnimmst." Durch dieses Vorgehen findet das antisoziale Verhalten Eingang in die augenblickliche Situation, und auf diese Weise werden die exekutiven und kontrollierenden Funktionen der Familie mobilisiert. Die Technik ähnelt den Methoden, die A. Aichorn bei delinquenten Kindern angewandt hat.[3] Auch hier wird das deviante Verhalten eines Familienmitgliedes zur Frage der interpersonalen Steuerung und Lenkung in der Familie.

Herunterspielen des Symptoms. In manchen Fällen ist es möglich, das Symptom so einzusetzen, daß man sich vom identifizierten Patienten entfernt. Die Methode, eine Mahlzeit zusammen mit dem anorektischen Patienten und seiner Familie einzunehmen, erleichtert zum Beispiel das Heraufbeschwören eines starken interpersonalen Konfliktes im Bereich des Essens, der dann gegenüber dem Symptom Vorrang gewinnt.[4]

In einer Familie, die aus Vater, Mutter und drei Kindern im Alter von 13, zehn und acht Jahren besteht, ist der Vater der identifizierte Patient. Er leidet an psychogenen Anfällen von Erbrechen. Die Frau möchte an der Behandlung nicht teilnehmen und will auch die Beteiligung der Kinder nicht zulassen. Sie bleibt dabei, daß die Schwierigkeiten bei ihrem Mann liegen. Allerdings willigt sie ein, zur ersten Sitzung mitzukommen. In der Sitzung mit dem Ehepaar wird deutlich, daß die Frau „die Regeln in der Familie gepachtet hat". Abgesehen von seinen Brechanfällen ist der Mann stets entgegenkommend und willig. Nach der Beschreibung, die die Eltern von ihren Kindern abgeben, ist die 13jährige Tochter sehr ängstlich und fürchtet, ihr Vater müsse sterben. Der jüngere Sohn macht sich über die Brechanfälle des Vaters lustig und ahmt sie zum Schein nach. Der Therapeut bietet dem Paar die folgenden Möglichkeiten an: Er kann dem Vater helfen, indem er ihn lehrt, wie er sich übergeben kann, ohne dabei allzu viel Lärm zu machen, oder wie er es anstellen kann, daß er sich nur im Bad übergeben muß, oder wie er die Anfälle ganz vermeiden kann. Aber das wird dem Paar nicht zur gegenseitigen Achtung und den beiden Kindern, auf deren Leben der elterliche Konflikt übergegriffen hat, nicht zur Individuierung verhelfen. Diese beiden Bereiche sind in viel stärkerem Maße behandlungsbedürftig.

Überwechseln zu einem neuen Symptom. Das systemtheoretische Konzept von der Funktion eines Symptoms in der Familie macht es möglich, eine Strategie zur Bekämpfung des identifizierten Problems zu entwickeln, die darin besteht, die therapeutischen Bemühungen vorübergehend auf ein anderes Familienmitglied zu konzentrieren. Eine solche Verlagerung des Brennpunktes erfolgt zum Beispiel in der Familie, die wegen der Schlafstörungen des 12jährigen Sohnes zur Behandlung kommt. Während der Behandlung beschreibt die Mutter ihre eigenen Schlafstörungen, die schon seit zehn Jahren bestehen, und gibt später ihre heimliche Genugtuung darüber zu erkennen, daß sie in schlaflosen Nächten Gesellschaft hat. Die Technik der Verlagerung des Interesses findet auch bei den Gordens Anwendung. Bei der Familie Smith zielt der zweite Teil des Interviews darauf ab, das schiefe Etikett des Krankseins vom Ehemann auf die Ehefrau zu verlagern.

Neuetikettierung des Symptoms. Eine neue Betrachtung des Symptoms vor dem Hintergrund der zwischenmenschlichen Beziehungen kann auch neue Wege zu einer Veränderung eröffnen. In einem Fall wird so die Anorexie eines Mädchens unter dem Gesichtspunkt der Unbotmäßigkeit betrachtet und als der Versuch angesehen, die Eltern hilflos und inkompetent erscheinen zu lassen.

Veränderung der affektiven Seite des Symptoms. Manchmal ist es nützlich, wenn man das affektive Element im Zusammenhang mit den symptombezogenen Transaktionen verändert. Ein Beispiel für dieses Vorgehen haben wir in der Aufgabe, die der Gorden-Tochter erteilt wird. Diese Aufgabe ermutigt die Mutter, ihrer Tochter in bezug auf das Problem des Zündelns als kompetente Erzieherin und Lehrerin zu begegnen.

Die Manipulation der Gemütslage

In vielen Familien ist eine bestimmte Gemütslage vorherrschend. Sie verharren auf einem eingeschränkten Stimmungspegel, was auch immer im einzelnen gerade zur Diskussion steht. Die eine Familie ist ständig in gedrückter und apathischer Stimmung, in der anderen ist man ständig zu Scherzen und Neckereien aufgelegt. Die Gemütslage, die die familialen Transaktionen kennzeichnet, ist einer der vielen Hinweise, die das Verhalten des Therapeuten bestimmen. Sie deutet an, was in der jeweiligen Familie möglich ist.

Die Einstimmung auf die Gemütslage der Familie ist zunächst ein Anschlußmanöver, sie kann aber auch zur neustrukturierenden Maßnahme werden. Durch die übertriebene Nachahmung des Stils, der in der Familie gepflegt wird, kann der Therapeut die konterdevianten Mechanismen des Systems auslösen. Wenn er es zum Beispiel mit einer Familie zu tun hat, in der die übermäßig strenge und mächtige Mutter ihre drei heranwachsenden Töchter durch Zetern und Keifen zum Gehorsam zwingt, wird der Therapeut sich den Kindern gegenüber sogar noch aggressiver geben. Damit zwingt er die Mutter, sanfter mit den Töchtern umzugehen und ihnen mehr Autonomie zuzugestehen. In anderen Familien möchte der Therapeut vielleicht eine andere und angemessenere Stimmungslage demonstrieren. In seiner Arbeit mit einer Familie, der es im wesentlichen um

Kontrolle und Führung geht, kann der Therapeut sich beispielsweise locker, entspannt und aufgeschlossen geben.[5]
Manche Familien, insbesondere sehr arme Familien oder solche mit einem psychosomatisch kranken Mitglied, sind an Bedrängnis und plötzliche Notfälle so gewöhnt, daß es für sie eine Hierarchie der Probleme gar nicht gibt. Wenn eine Krisensituation entsteht, wird ihr Gewicht sogleich durch das Gefühl vermindert, daß „es mal wieder so weit ist". Solchen Familien muß der Therapeut einen gewissen Sinn für die Intensität der Probleme vermitteln, damit sie in angemessener Weise auf eine Situation reagieren können, die als ernst zu bezeichnen ist. Nur dadurch, daß er die Intensität ihrer Reaktion erhöht, kann er erreichen, daß sie sich auch der Notwendigkeit einer Veränderung bewußt werden.[6]
Affektive Komponenten lassen sich zur Manipulierung der Distanz zwischen Menschen einsetzen. In einer verstrickten Familie beschuldigt der Mann seine Frau der Infantilität. Der 11jährige Sohn schließt sich dem Vater an und sagt: „Sie stellt sich dumm an, wenn sie ein Spiel mit mir spielt". Der Therapeut sagt unwillig zum Vater, er dürfe es nicht dulden, daß der Sohn so wenig Respekt vor seiner Mutter zeigt. Dieses Manöver des Therapeuten „verleiht" dem Vater ein Gefühl der Entrüstung, und das Kind schämt sich. Entrüstung und Scham schaffen gemeinsam eine Distanz und helfen, die schwachen Grenzen innerhalb der Familie zu festigen.
Die Umbenennung einer vorherrschenden Gemütslage kann sich auch als hilfreich erweisen. Wenn eine Mutter ihre Kinder in übertriebener Weise kontrolliert und lenkt, kann der Therapeut ihre kontrollierenden und lenkenden Manöver als „Interesse" und „Anteilnahme" an den Kindern auslegen. Eine solche Umbenennung dient häufig dazu, verborgene Aspekte der Empfindungen der Frau ihren Kindern gegenüber zu beleuchten. Dadurch, daß er ihre Anteilnahme und ihr Interesse an den Kindern hervorhebt, weist der Therapeut in seinem Umgang mit der Mutter auf eine Übereinstimmung zwischen ihnen hin, die schließlich neue Transaktionen zwischen Mutter und Kindern erleichtert.

Unterstützung, Erziehung und Anleitung

Unterstützung, Erziehung und Anleitung sind gewöhnlich Anschlußmanöver, sie können aber gleichzeitig auch eine neustrukturierende Funktion haben. Die Wärme, Heilkraft und Unterstützung, die eine Familie ihren Mitgliedern bietet, sind für das einzelne Mitglied und für das Weiterbestehen des Familiensystems lebenswichtig. Der Therapeut muß die Bedeutung dieser Funktionen kennen und wissen, wie er sie fördern kann. Oft muß er die Familienmitglieder lehren, wie sie einander gegenseitig bestätigen können. Er muß den Eltern zeigen, wie sie differenziert auf ihre Kinder eingehen können. In der Familie mit den offenstehenden Türen zum Beispiel zielte die gestellte Aufgabe vornehmlich darauf ab, die Erfahrung differenzierender bzw. differenzierter Sozialisation zu vermitteln.

Wenn eine Familie ihren exekutiven Funktionen nicht in ausreichendem Maße gerecht wird, muß der Therapeut sich unter Umständen in das System hineinbegeben, diese Funktionen vorübergehend übernehmen, ihren Vollzug beispielhaft vorführen und sich anschließend wieder zurückziehen, so daß die Eltern ihre Funktionen von neuem übernehmen können. Manchmal muß der Therapeut einzelne Familienmitglieder lehren, wie sie mit der extrafamilialen Welt umzugehen haben. So ist beispielsweise ein heranwachsender Junge, der an Anorexia nervosa leidet, nahezu vollständig von den Aktivitäten seiner Peers isoliert. Wenn das vorgestellte Problem erst einmal behoben ist, bietet der Therapeut dem Jungen an, eine Woche lang Gast in seinem Heim zu sein und seine heranwachsenden Kinder – einen Sohn und eine Tochter – kennenzulernen. Später sorgt er dafür, daß ein anderer Junge, der im gleichen Alter wie der Patient steht und in einer Peergruppe Heranwachsender seinen festen Platz hat, dem Patienten beibringt, wie man in der Gruppe interagiert.[7]

Oft zeigt der Therapeut einem Kind, wie es in der Schule am besten zurechtkommen kann. Wenn er mit einer Familie arbeitet, deren ausgedehnter Kontakt mit anderen gesellschaftlichen Einrichtungen in signifikantem Ausmaß auf das Familienleben durchschlägt, kann er die Familie lehren, wie sie auch mit diesen Einrichtungen gut zurechtkommt.

Die hier gegebene Darstellung therapeutischer Techniken ist keineswegs erschöpfend. Tatsächlich haben wir weite Bereiche nicht einmal erwähnt. Hier sei nur auf die Techniken hingewiesen, die dem Therapeuten zur Verfügung stehen, wenn es um den Grenzbereich zwischen Familie und Gesellschaft geht. Elie Wiesel schreibt, daß die Traktate des Talmud sämtlich mit der Seite zwei beginnen, um den Leser daran zu erinnern, daß er – selbst wenn er den Talmud von Anfang bis Ende kennt – im Grunde noch nicht einmal begonnen hat, ihn zu verstehen.[8] Auch dieses Kapitel hätte sehr wohl mit Seite zwei beginnen können, um anzudeuten, daß der Leser „noch nicht einmal begonnen hat", selbst wenn er alle diese Techniken sehr gut kennt.

1. Harry Aponte und Lynn Hoffman: The Open Door: A Structural Approach to a Family with an Anorectic Child, in: Family Process, Nr. 12, 1973, S. 1–44.
2. „A Modern Little Hans". Film im Verleih der Philadelphia Child Guidance Clinic.
3. A. Aichhorn: Wayward Youth. New York: Viking 1935.
4. Ronald Liebman, Salvador Minuchin und Lester Baker: An Integrated Treatment Program for Anorexia Nervosa. Unveröff. Manuskript der Philadelphia Child Guidance Clinic.
5. Salvador Minuchin u. a.: Families of the Slums; An Exploration of Their Structure and Treatment. New York: Basic Books 1967.
6. Salvador Minuchin und Avner Barcai: Therapeutically Induced Family Crisis, in: Science and Psychoanalyses, vol. XIV: Childhood and Adolescence. Jules Masserman, Hrsg., New York: Grune & Stratton 1969, S. 199–205.
7. Salvador Minuchin: The Use of an Ecological Framework in The Treatment of a Child, in: The Child in His Family. E. James Anthony und Cyrille Koupernik, Hrsg., New York: Wiley 1970, S. 41–57.
8. Elie Wiesel: Souls on Fire: Portraits and Legends of Hasidic Masters. New York: Random House 1970.

9 Die Technik des „Ja, aber . . .“: Die Smiths und Salvador Minuchin

Die Smiths sind zur Beratung an den Familientherapeuten überwiesen worden, und zwar von einer Psychiaterin, die gerade an einem einführenden Seminar über Familientherapie teilnimmt. Mr. Smith ist seit zehn Jahren in psychiatrischer Behandlung und war zweimal wegen agitierter Depression im Krankenhaus. Vor kurzem sind die Symptome wieder aufgetaucht. Er ist ruhelos, unkonzentriert und ängstlich, und er hat um erneute Aufnahme ins Krankenhaus gebeten. Das Familieninterview ist der Versuch seiner Psychiaterin, eine Alternative zur Hospitalisierung zu finden.

An dem Interview nehmen Mr. Smith, 49jährig, seine 42jährige Frau, ihr 12jähriger einziger Sohn Matthew und Mrs. Smiths Vater, Mr. Brown, teil, der mit dem Ehepaar seit dessen Heirat zusammenlebt. Die überweisende Psychiaterin, Dr. Farrell, ist ebenfalls anwesend.

Das Transkript des Interviews selbst erscheint in der linken Spalte. Die rechte Spalte enthält Kommentare und Analysen. Dabei erscheinen die therapeutische Strategie und die jeweiligen Techniken in Antiquabuchstaben; die Gedanken und Gefühle des Gesprächsleiters und der Familie über sich selbst und über den jeweils anderen während der Sitzung sind kursiv gesetzt. Anpassungs- und neustrukturierende Manöver sind mit A. bzw. mit N. bezeichnet.

(Minuchin geht auf und ab, rückt Stühle zurecht, setzt einen Aschenbecher an eine andere Stelle).

Minuchin: Haben Sie Verwandte in Israel?

A. Er eröffnet die Sitzung mit einer Bemerkung, die ihn als Teil des verwandtschaftlichen Netzwerks der Familie ausweist („Ich bin wie ihr").

Mr. Smith: Verwandte in Israel? Nein.

Minuchin: Ich kenne eine Familie Smith in Israel. Na gut, wir wollen versuchen . . . Dr. Farrell kennt bisher nur Sie und niemanden sonst von Ihrer Familie.

A. Trifft eine Unterscheidung zwischen sich und der früheren Therapeutin. Er ist Familienberater und kann die Dinge in anderer Weise angehen.

Mrs. Smith: Entschuldigen Sie, aber Dr. Farrell und ich haben uns vor ein paar Jahren auch einmal miteinander unterhalten. Ich weiß nicht, ob Sie sich erinnern. Drüben im Krankenhaus.

Dr. Farrell: Das stimmt. Aber nur einmal.

Mrs. Smith: Ja.

Dr. Farrell: Mr. Smith war mindestens ein oder zwei Jahre lang Patient bei mir . . .

Mr. Smith: Ich war Ihr Patient.

Dr. Farrell: . . . als ich an der psychiatrischen Klinik war. Und dort bin ich, oh, ich glaube, vor vier oder fünf Jahren weggegangen. Seitdem kümmert sich Dr. Post um ihn, der heute auch gerne hergekommen wäre, es aber so . . . kurzfristig nicht einrichten konnte.

Minuchin: Haben Sie Dr. Post jede Woche aufgesucht?

Mr. Smith: Einmal im Monat.

Minuchin: Einmal im Monat. Worin besteht das Problem? Sehen Sie, ich weiß nicht sehr viel von Ihnen. Und

A. Distanziert sich wiederum von der früheren Therapeutin mit dem Hinweis, daß er sich lieber auf das

zu meiner Arbeitsweise gehört es, daß ich lieber nicht allzuviel weiß. Deshalb habe ich Dr. Farrell gar nicht gefragt. Wahrscheinlich wollen Sie mir Ihre eigene Ansicht zu den Problemen mitteilen, und so beginnen wir am besten damit. Wer möchte anfangen?
Mr. Smith: Ich glaube, es ist mein Problem. Ich bin derjenige, der das Problem hat . . .

verlassen will, was die Familie ihm hier und jetzt direkt mitteilen wird.
N. Richtet seine erste Frage nach dem Problem an die ganze Familie, nicht an den identifizierten Patienten, was den Gedanken in Frage stellt, daß es nur *einen* Patienten gibt.

Minuchin: Seien Sie sich dessen nicht so sicher. Seien Sie sich niemals so sicher (Mr. S. beugt sich vor und hört sehr gespannt zu. Minuchin rekelt sich. Matthew sieht zu Mr. Smith hin, und beide lachen über Minuchins Antwort).

N. Pariert Mr. Smiths Versuch, die Struktur dadurch zu erhalten, daß er sich selbst als das Problem hinstellt. Der Therapeut stellt Mr. Smiths Identifizierung seiner selbst mit „dem Patienten“ in Frage und reagiert auf Mr. Smiths Ernsthaftigkeit mit Scherzen. Zugleich fordert er die Realitätserfahrung des Patienten und der Familienmitglieder heraus.

Mr. Smith: Jedenfalls scheint es so.
Minuchin: Schön.
Mr. Smith: Also – *ich* war schließlich im Krankenhaus, und so.
Minuchin: Ja, aber das sagt mir noch nicht, daß es Ihr Problem ist. Sprechen Sie weiter. Worin besteht das Problem?

N. Fordert die Realitätswahrnehmung des Patienten wiederum heraus.
A. Ermuntert den identifizierten Patienten zum Sprechen, was ihn weiter im Mittelpunkt des Geschehens hält.

Mr. Smith: Halt immer nervös und aufgeregt.
Minuchin: Sie sind aufgeregt?
Mr. Smith: Ja, ich bin niemals richtig entspannt. Oh, manchmal, ja, da bin ich entspannt. Aber die meiste Zeit eben nicht. Und dann ging es mir neulich mal so schrecklich schlecht, daß ich sie gebeten habe, mich ins Krankenhaus zu bringen. Und im

Krankenhaus habe ich mit Dr. Farrell gesprochen.

A./N. Nachdem er zunächst am Anspruch des Mannes auf die Rolle des Patienten gerüttelt hat, stellt der Therapeut nun eine Frage, die die vorhandene Spur aufnimmt und verfolgt, dabei aber auch gewisse Zweifel anklingen läßt und so bereits der Neustrukturierung dienen soll.

Minuchin: Und Sie glauben also, daß Sie selbst das Problem sind?

Mr. Smith: Irgendwie denke ich das schon. Ich weiß nicht, ob es von irgendjemandem hervorgerufen ist, aber jedenfalls bin *ich* derjenige, der das Problem hat.

Mr. Smith paßt sich dem vorangegangenen Angriff auf die Familienstruktur an, indem er einräumt, daß möglicherweise irgend jemand sein Problem verursacht.

Minuchin: Hm. Wenn nun . . . verfolgen wir Ihren Gedankengang mal etwas weiter. Wenn es nun von jemandem oder von etwas außerhalb Ihrer Person verursacht wäre, wie würden Sie Ihr Problem dann bezeichnen?

A. Anpassung an die von Mr. Smith gezeigte Anpassung. Das heißt, der Therapeut betrachtet Mr. Smiths Interesse an der Verursachung des Problems durch andere Menschen nun als gegeben. Die enggefaßte Diagnose wird durch die weiter gefaßte Frage ersetzt: Was ist das Problem?

Mr. Smith: Wissen Sie, da wäre ich sehr überrascht.

Mr. Smith kontert.

Minuchin: Bleiben wir mal in der Familie. Wer regt Sie denn da auf?

N. Der Therapeut besteht auf dem interpersonalen Bezugsrahmen und meldet weiter Zweifel an der Identifikation von Mr. Smith mit dem Problem an. Zudem bestätigt dieser Ansatz Mr. Smiths zentrale Position in der Familie und würdigt sie als die eines Torhüters, greift aber zugleich die Struktur an.

Mr. Smith: Ich glaube nicht, daß irgend jemand in der Familie mich aufregt.

Minuchin: Ich will mal Ihre Frau fragen. Einverstanden?

A. Bestätigt Mr. Smiths Position als Torhüter.

Der Therapeut erlebt deutlich die Macht eines rigiden Systems, denn seine bisherigen Herausforderungen sind stets durch den identifizierten Patienten gekontert worden, der weiter behauptet, selbst das Problem zu sein. Also geht der Therapeut dazu über, mit einem anderen Familienmitglied Kontakt aufzunehmen.

Mr. Smith: Ja, einverstanden.
Minuchin: Wer ist denn nach Ihrer Meinung . . .
Mrs. Smith: Ich habe auch schon manchmal darüber nachgedacht; ich glaube wirklich, daß er sich seine Probleme selbst schafft.
Minuchin: Hm.
Mrs. Smith: Weil er sich zum Beispiel Sorgen um die Bezahlung der Stromrechnung macht. Das ist für jeden Menschen eine völlig normale Sache. Und er hat einen sicheren Job. Er braucht sich um solche Dinge keine Sorgen zu machen. Er macht sich Sorgen um das Haus. Wenn er heimkommt – als wäre das Haus uns beinahe genommen worden! Es kommt doch keiner, der irgendetwas wegholt. Deshalb meine ich, daß er sich ganz einfach seine Probleme selber macht. Und ich glaube wirklich nicht, daß ich ihn so reize, es sei denn, es ist mir gar nicht bewußt geworden. Denn ich versuche immer, mich ganz besonders anzustrengen – ich versuche, so zu denken, wie er denkt, und versuche, Dinge zu tun, die . . . es ihm vielleicht leichter machen. *(Mr. Smith beginnt, nervös zu werden und in seltsamer Weise herumzuzappeln. Er langt herüber, als wolle er seine*

Dieser lange Monolog betont besonders die Kontrolle, die der Ehemann über seine Frau ausübt, und das Ausmaß, zu dem sie nachgibt. Aber ihre ausführlichen Beschreibungen der Art, in der ihr Mann Kontrolle ausübt, sollen ihn als kranken Menschen hinstellen. Während sie spricht, zeigt Mr. Smith ein Gebaren, das den Inhalt ihrer Mitteilungen noch unterstreicht.

Frau anfassen, streicht aber dann nur mit der Hand über den Rand ihres Stuhles. Dann untersucht er die Ecken seiner eigenen Stuhllehne. Er stößt einen langen Seufzer aus, um „Dampf abzulassen". Plötzlich beugt er sich nach vorn, drückt seine Zigarette aus und wischt dann sorgfältig jeden Zoll seiner Armlehne ab. Er sieht auf die Uhr und betrachtet seine Fingernägel). Zum Beispiel frage ich ihn: „Also, soll ich einkaufen gehen?", und er sagt nein. Er möchte immer selbst einkaufen gehen. „Soll ich hinuntergehen und die Rechnung bezahlen?" Nein! Er will es tun. Wenn uns jemand anruft und uns einlädt, dann sage ich immer: „Ja, da muß ich erst Bob fragen." Ich sage nicht einfach auf eigene Faust zu. Ich warte immer ab . . . ich meine, er ist schließlich das Haupt der Familie, und es steht ihm zu, daß ich ihn immer erst frage, bevor ich selbst irgend etwas tue. Deshalb glaube ich nicht . . .

Minuchin: Sie tun also nichts, was ihn reizen könnte?

N. Meldet erneut Zweifel an der Frage an, ob es richtig ist, den Mann als krank zu bezeichnen, ohne den transaktionalen Kontext der Familie in Betracht zu ziehen. Stellt wiederum die Realitätswahrnehmung der Familienmitglieder in Frage.

Mrs. Smith: Nein, und deshalb sage ich ja, wenn nicht . . . ich weiß nicht. Ich weiß es tatsächlich nicht. Als ich damals wieder anfing zu arbeiten, so vor 14 Jahren, nicht? Ja, etwa vor 14 Jahren . . .

Mr. Smith: Sieben . . .

Mrs. Smith: Er wollte es nicht, daß ich wieder arbeiten ging, aber ich habe es getan, weil es uns damals finanziell schlecht ging. Wir hatten kaum unser Auskommen. Und er hatte zwei Jobs. Er hat sich damals nicht wohlgefühlt, und ich habe gesagt, vielleicht hilft es dir, wenn ich wieder arbeite. Dann brauchst du doch nicht an zwei Stellen zu arbeiten. Er hat natürlich zugestimmt, aber er mochte es nicht, daß ich arbeitete. Aber er hat zugestimmt, weil es damals eine finanzielle Überlegung war. Und . . .
Minuchin: Wo arbeiten Sie?

Die Sondierungen, die der Therapeut im Blick auf die Neustrukturierung vorgenommen hat, sind durch den schonungslosen Monolog und durch Mr. Smiths symptomatisches Verhalten abgebogen worden. Der Therapeut fühlt sich eingeengt und frustriert; er weiß, daß er die Sitzung wieder unter seine Kontrolle bringen muß. Er kann diese Frau aber nicht zu schroff unterbrechen. Das würde wie ein weiterer Angriff auf einen Menschen aussehen, der bereits genügend gequält worden ist.
A. Bestätigt Mrs. Smith, indem er einen Dialog mit ihr beginnt.
N. Da sie von sich selbst bisher nur im Zusammenhang ihrer Beziehung zu ihrem Mann gesprochen hat, veranlaßt der Therapeut sie jetzt dazu, nicht mehr sich selbst als Opfer eines kranken Mannes zu beschreiben, sondern ihr Leben außerhalb der Familie zu schildern.

Mrs. Smith: Ich arbeite bei einer Bank.
Minuchin: Und was tun Sie dort?
Mrs. Smith: Ich bin in der Registratur beschäftigt, und ich schreibe Schreibmaschine. Eigentlich alles, was im Büro anliegt. Und er . . . ihm hat es niemals gefallen, daß seine Frau arbeitet. Aber es hat eben die Dinge im ganzen doch leichter gemacht. Es ist zwar nicht so, daß wir im Geld schwimmen, aber wir brauchen uns auch keine Sorgen zu machen.

Wieder ist der Therapeut blockiert. Jeder der beiden Ehepartner hat sich gehorsam den Gedanken zu eigen gemacht, daß der Ehemann vielleicht nicht das alleinige Problem ist; man kann ihnen also nicht vorwerfen, daß sie sich nicht kooperativ verhalten. Mrs. Smith ist auf den Versuch des Therapeuten, ihre Aufmerksamkeit auf ein anderes Gebiet zu lenken, eingegangen. Aber nach zwei Sätzen geht sie wieder dazu über, ihren Mann als kranken Menschen zu beschreiben.

Innerhalb dieses sehr starren Systems verlaufen die Interventionen des Therapeuten im Sande. Die Erkenntnis, daß er wiederum blockiert ist, läßt ihn eine neue Strategie entwickeln. Es ist ihm klar, daß er sich zunächst enger anschließen muß, bevor irgendwelche neustrukturierenden Manöver angenommen werden können. Er beschließt, sich den Ehepartnern anzuschließen, indem er jeden von ihnen individuell bestätigt, und hofft, daß es ihm dann gelingen wird, eine Interaktion zwischen ihnen hervorzurufen. Im Kern wird er sagen: „Sie sind beide nette Menschen, aber in der Art, in der Sie miteinander umgehen, stimmt etwas nicht."

Minuchin: Mr. Smith, warum mögen Sie es nicht, daß Ihre Frau arbeitet?

A. Benützt den Inhalt von Mrs. Smiths Monolog dazu, Kontakt herzustellen.
N. Der Ausdruck „nicht mögen" ist mit normalem Verhalten assoziiert, nicht mit Kranksein.

Mr. Smith: Ach, jetzt habe ich mich so ziemlich daran gewöhnt. Aber zu der Zeit, von der sie gerade spricht, dachte ich, eine Frau sollte nicht arbeiten. Und . . .
Minuchin: Ist Ihre Familie eher konservativ?
Mrs. Smith: Oh ja.
Mr. Smith: Vielleicht kommt es daher, daß meine Mutter nie gearbeitet hat. Ich meine, niemals außerhalb des Hauses. Und ich wollte immer für den Lebensunterhalt sorgen, und . . .
Minuchin: Daß Ihre Frau arbeitete,

hat also etwas bedeutet? Daß Sie sie nicht erhalten konnten?
Mr. Smith: Damals hatte ich zwei Jobs, und ich habe mich natürlich manchmal etwas beklagt, und deshalb hat sie gesagt, sie würde . . .
Minuchin: Was arbeiten Sie denn?

N. Unterbricht einen Gedankengang, der letztlich wieder auf die Aussage zielt, daß Mr. Smith krank ist, und bringt das Gespräch auf ein anderes Thema

Mr. Smith: In der Industrie.
Minuchin: Und was tun Sie da?
Mr. Smith: Ich bin Techniker und Prüfer im Labor.
Minuchin: Also mehr oder weniger in der Produktion?

A. Wenn auch der Therapeut von Mr. Smiths Arbeit nichts versteht und nicht daran interessiert ist, eröffnet seine Frage doch ein gemeinsames Gebiet; man kann sich über geschäftliche Dinge unterhalten.
N. Der Inhalt betrifft normale Dinge im Leben des identifizierten Patienten.

Mr. Smith: Ja, wenn ich Überstunden mache, arbeite ich in der Produktion. Während der Woche arbeite ich im Labor, ich habe da mit Proben zu tun und muß verschiedene Tests machen. Wir arbeiten sehr viel mit dem Mikroskop; wir untersuchen Proben unter dem Mikroskop.
Minuchin: Wie lange arbeiten Sie dort schon?

A. Die Erkundung seiner Lebensumstände ist eine Bestätigung für den Mann.
N. Fährt fort, die normalen Aspekte des Lebens zu betonen.

Mr. Smith: Seit 30 Jahren.
Minuchin: 30 Jahre! Meine Güte!
Mr. Smith: Ja. Bei der gleichen Firma,

aber nicht seit 30 Jahren am gleichen Arbeitsplatz. Diesen Job habe ich erst seit ungefähr sieben Jahren.

Minuchin: Ich weiß nicht. Ich habe niemals länger als sieben Jahre an der gleichen Stelle gearbeitet. Das ist die längste Zeit, die ich irgendwo gearbeitet habe. Ich bin bestimmt viel ruheloser als Sie. Ich bin ein schrecklich unsteter Mensch. *(Er kratzt sich den Kopf, sieht auf die Uhr, spielt an seinem Jackett herum).*

A. Ist jetzt nicht mehr so sicher und bestimmt, ahmt Mr. Smith nach und bringt sein eigenes Leben ins Gespräch, indem er als Arbeitender zu einem Arbeitenden spricht.
N. Durch seinen Anschluß an Mr. Smith deutet der Therapeut an, daß der Patient vielleicht gar nicht krank ist. Dadurch, daß er „ruhelos" ist, schafft der Therapeut eine paradoxe Situation, in der der Schwächere, Mr. Smith, als der Stärkere erscheint. Wenn ein derartiges Verwechselspiel möglich ist, dann kann auch die Krankheit des identifizierten Patienten in Frage gestellt werden. Die Starrheit des Familienschemas wird in Zweifel gezogen.
Der Therapeut ist sich darüber im klaren, daß er eine Strategie verfolgt, die ihn in die Lage versetzen wird, näher an Mr. Smith heranzukommen. Er bemerkt aber nicht, daß er ein täppisches Betragen an den Tag legt und an Macht eingebüßt hat. Er benützt die Informationen über sich selbst zu dem doppelten Zweck, näher an sein Gegenüber heranzukommen und die Kennzeichnung des Mannes als krank anzugreifen. Er fühlt sich stärker akzeptiert, entspannter und zuversichtlicher, daß seine Interventionen jetzt von dem System akzeptiert werden.

Mr. Smith: Hm.
Minuchin: Sie sind das ganz offensichtlich nicht.

N. Verdeutlicht seine Botschaft weiter.

Mr. Smith: Nein, ich würde auch nicht sagen, daß ich ruhelos bin. Ich meine, ich kann schlafen. Aber ich . . .

Minuchin: Aber Sie bleiben doch fest an einem . . .

A. Bestätigt Mr. Smith als kompetenten Arbeiter.

Mr. Smith: Soweit es den Job angeht, ja. Ich habe da mit 19 angefangen und bin seitdem dortgeblieben.

Minuchin: Sie sind jetzt 49?

Mr. Smith: Ja.

Minuchin (zögert, als denke er nach): Dann sind wir gleichaltrig.

A. Der Therapeut und Mr. Smith sind sich ähnlich, was Alter und Ruhelosigkeit angeht, und sie sind beide „Arbeiter".

Mr. Smith: Tatsächlich?

Mr. Smith paßt sich in einer Art Bestätigung dem Therapeuten an.

Minuchin: Und seit wann machen Sie sich solche Sorgen?

N. Löst sich jetzt und wird wieder zum Fachmann, der sich an einen ratsuchenden Menschen wendet.

Mr. Smith: Seit zehn Jahren.

Minuchin: Seit zehn Jahren. Und macht vielleicht Ihr Sohn – ist es Ihr einziger?

A. Vergewissert sich, daß er Mr. Smiths Erlaubnis hat, mit Matthew in Kontakt zu treten.

Mr. Smith: Ja.

Minuchin: (zu Matthew): Dein Vater sagt, daß er das Problem ist, und auch deine Mutter ist der Meinung, daß er das Problem in der Familie ist. Aber was ist es denn nun, was deinen Vater . . . was ihn reizt, was ihn aufregt, so daß ihm alles stinkt?

A. Beläßt den Vater in der Position des identifizierten Patienten, während er mit dem Sohn Kontakt aufnimmt.

N. Um die interpersonalen Transaktionen zu erkunden, die Mr. Smith in Unruhe versetzen und reizen, stellt er wiederum das vorgestellte Problem des innerpsychischen Fehlverhaltens in Frage.

Nachdem er mit Erfolg den Kontakt zu zwei Familienmitgliedern begründet hat, zieht der Therapeut nun einen dritten hinein. Er benützt eine Sprache, die dem Heranwachsenden vertraut ist, und behandelt ihn als Beobachter der Vorgänge in der Familie.

Matthew: Ich weiß nicht. Ich glaube nicht, daß es . . . daß irgend jemand daran schuld ist. Es ist halt . . . ich weiß nicht.

Durch Matthews Einbeziehung hoffte Minuchin einen Bundesgenossen zu finden – er sah hier eine Möglichkeit für die angestrebte Neustrukturierung. Statt dessen plappert der Junge nach, was seine Mutter gesagt hat. Der Therapeut ist irritiert, und sein Ärger findet Eingang in seine nächste Kommunikation an die Familie.

Minuchin: Das kann ich eigentlich gar nicht glauben. Die Menschen beteiligen sich immer . . . Wenn Menschen zusammen leben, dann irritieren sie einander, nicht wahr. Ich bin sicher, daß dein Vater dich manchmal reizt. (Mrs. Smith nickt heftig). Und ich bin sicher, daß dich auch dein Großvater manchmal reizt. Und du wiederum reizt deinen Großvater und deine Eltern. Da bin ich ganz sicher. Stimmt's?

N. Besteht darauf, daß die Familie ihre zwischenmenschlichen Transaktionen erkundet. Der Therapeut hat das System nur indirekt herausgefordert, solange er mit dem Vater und der Mutter sprach, aber im Gespräch mit dem Sohn greift er heftig an. Wieder stellt er die Realitätswahrnehmung eines Familienmitgliedes in Frage.

A. Beendet seinen Angriff mit einer Bitte um Annäherung und Bestätigung.

Matthew: Ja. Aber soviel reize ich ihn gar nicht, daß er richtig nervös werden müßte. Vielleicht bin ich manchmal böse. Aber ich glaube nicht, daß ich ihn so stark reize.

Minuchin: Und dein Großvater? Reizt der deinen Vater?

A. Behandelt den Jungen als kompetenten Beobachter der familiären Szene.

Matthew: Nein. Er sagt nicht viel.

Minuchin: Der Großvater sagt nicht viel. Wie alt sind Sie, Mr. Brown?

A. Nimmt Kontakt mit dem vierten Familienmitglied auf und nähert sich ihm in jovialem Ton.

Mr. Brown: Ach, manchmal glaube ich, ich sage schon zuviel.

Minuchin: Wie alt sind Sie?

Mr. Brown: Was schätzen Sie?

Minuchin: Oh, vielleicht 53?
Mr. Brown: 78.
Minuchin: 78! Sie sehen gut aus.

Der Therapeut gibt sich achtungsvoll gegenüber der älteren Generation. Er hat das Gefühl, den Großvater schützen zu müssen, der in der Familie anscheinend etwas an die Wand gedrückt wird.

Mr. Brown: Ich will Ihnen sagen, was ich denke. Bob ist selbst schuld daran. Er macht sich immer Gedanken um mich. Er will immer, daß alles in einer bestimmten Weise gemacht wird. Er ist sehr eigen, mit anderen Worten, verstehen Sie? Und wenn er sieht, daß irgend etwas nicht gemacht worden ist, dann muß er gleich hingehen und es selbst tun. Und wenn jemand sagt: „Ich mache es schon", dann sagt er: „Nein, ich. Ich mache es". Das ist das eine. Und dann kommt noch dazu . . .

Auch der Großvater hält die Familienstruktur aufrecht.

Minuchin: Sie sagen, er macht gern alles selbst, anstatt . . . er macht es also für die anderen?

N. Gibt Mr. Browns Beschreibung der Handlungen von Mr. Smith ein anderes Etikett. Mr. Brown spricht im Grunde von „Kontrolle", der Therapeut möchte statt dessen von „Hilfsbereitschaft" sprechen.

Mr. Smith: Ich glaube, er sieht das falsch.

Mr. Smith besteht auf seiner Position als Patient. Er unterbricht den Dialog zwischen Mr. Brown und Minuchin und löst damit eine Kommunikation von seiten des Großvaters aus, die wieder auf Beibehaltung der Struktur ausgerichtet ist.

Mr. Brown: Nein, nein. Für sich selbst. Nehmen wir mal an, es ist Schmutz auf dem Teppich oder so etwas. Dann sagt er: „Da ist ja Dreck auf dem Teppich!", und sie sagt: „Ich putze ihn weg." „Laß nur, ich mach es schon!", und dann geht er gleich und nimmt den Schmutz selbst weg. Ich finde, das sollte er nicht tun.

Minuchin: Er hilft eben auf diese Weise.

N. Gibt den Dingen wieder ein neues Etikett.

Mr. Brown: Ich finde es nicht richtig. Ich finde, er sollte das nicht tun. Es gibt eine Menge Dinge, die er tut, aber eben eigentlich nicht tun sollte. Er sollte auch mal jemand anderen etwas tun lassen.

Mr. Brown scheint aufrichtig besorgt um Mr. Smith, nicht nur im Bündnis mit seiner Tochter. Aber der Großvater hat in diesem System keine Macht. Der Therapeut behandelt ihn respektvoll, aber es ist ihm klar, daß neustrukturierende Interventionen unter Einsatz des Großvaters keinen Erfolg haben können.

Minuchin: Wen zum Beispiel?

Mr. Brown: Jeden von uns dreien.

Minuchin: Nimmt er alles auf seine Schultern?

Mr. Brown: Fast alles. Ja, so gut wie alles.

Minuchin: Und du . . . wie heißt du nochmal?

A. Nachdem er Mr. Brown nähergekommen ist, wendet der Therapeut sich wieder an eines der anderen Familienmitglieder und gibt sich Matthew gegenüber jetzt vertraulicher.

Matthew: Matthew.

Minuchin: Matthew. Du bist nicht einverstanden mit dem, was dein Großvater gesagt hat.

Matthew: Ich glaube, daß er zum Teil recht hat. Ich denke nicht, daß er alles . . . Er versucht tatsächlich, sehr vieles zu tun. Zum Beispiel, jemand bietet ihm an, etwas zu tun. Dann sagt er: „Nein, das kann ich schon selbst". Ich finde nicht, daß er alles auf sich nimmt. Er tut eine Masse, aber doch auch nicht zu viel. Er sagt mir, ich soll den Abfall hinaustragen und alles. Solche Sachen, die muß meistens ich machen.

Mrs. Smith: Aber wenn du sie nicht machst, dann läuft es eben doch darauf hinaus, daß er sie macht.

Matthews Beschwerde ist typisch für die Schwierigkeiten zwischen heranwachsenden Söhnen und ihren Vätern. Mrs. Smith schaltet sich ein, stellt sich auf die Seite ihres Mannes und definiert so die Grenzen des elterlichen Subsystems.

Mr. Smith: Ich glaube nicht, daß die Schwierigkeiten hier liegen, denn ... Ich könnte meiner Frau mehr helfen, was das Saubermachen angeht.

Mr. Smith begründet erneut seine Position als Kranker und zeigt wiederum, daß sein Sohn ihn eben als Kranken behandelt.

Matthew: Er kommt nach Hause und holt gleich den Teppichkehrer.
Mr. Smith: Das geht doch auch ganz schnell.
Matthew: Ja.
Mrs. Smith: Aber das ist eine große Hilfe.
Mr. Smith: Den Großputz, den mache ich nicht für sie. Und das Geschirr auch nicht. Doch, ich helfe ihr schon beim Abwaschen, seit wir verheiratet sind, aber nicht immer. Meistens.
Matthew: Ich glaube, er meint, wenn irgendetwas kaputtgegangen ist im Haus, oder ...

Minuchin (indigniert): Einen Augenblick. Wer meint ...?

N. Modelliert für Mr. Smith eine Möglichkeit, die intergenerativen Grenzen zu definieren. Indignation verhilft sehr nachhaltig zur Trennung. *Der Therapeut findet, daß Matthew seinen Vater allzu ungeniert kritisiert. Daher beschließ er, den Sohn anzugreifen, und zeigt ihm seine Empörung.*

Matthew: Mein Großvater.
Minuchin: Dein Großvater. Du sprichst also für deinen Großvater.
Matthew: Ja. Wenn etwas kaputt ist im Haus oder so, dann will er es immer selber machen.
Mr. Smith: Nein, da bin ich gar nicht so schrecklich geschickt. Ich will wahrscheinlich, daß es gleich und richtig gemacht wird . . .
Matthew: Ja, du willst es gleich gemacht haben.

Mrs. Smith: Er hat nicht die Geduld, mal zu warten.

Mrs. Smith: Aber ich finde nicht, daß das schlimm ist. Viele Leute sind so.

Alle drei Bemerkungen halten Mr. Smith in der Rolle des Kranken. Es herrscht Übereinstimmung hinsichtlich dieses dysfunktionalen Transaktionsmusters, und diese Übereinstimmung hält die Familie zusammen. Mr. Smith hatte wiederum begonnen, sich als krank hinzustellen. Das bringt Mrs. Smith dazu, sich beschützend zu geben und so zu verhindern, daß das Thema weiter ausgesponnen wird.

Minuchin: Was deine Mutter eben gesagt hat, hat geheißen: „Kritisiere den Papa nicht!"

A. Verteidigt und definiert die Grenze um das eheliche Subsystem, so daß stützende und positive Transaktionen sich entfalten können.
Der Therapeut hat den Eindruck, daß er sich gegenüber Mrs. Smith zu negativ verhalten hat, und korrigiert sich nun selbst.

Matthew: Es hat *was* geheißen?
Minuchin: Sie hat doch im Grunde eben gesagt: „Kritisiere den Papa nicht." Weil du gesagt hast: „Er hat keine Geduld", hat sie gesagt: „Viele Leute sind so". Beschützt sie deinen Vater?

Matthew: Ich glaube nicht.

Minuchin: Das ist doch ganz richtig. Ich finde, das ist sehr nett.

A. Unterstützt wiederum das eheliche Subsystem, indem er ausführlich bei den positiven Transaktionen zwischen Mann und Frau verweilt. Damit vermittelt er Matthew die Überzeugung, daß er in diesem Bereich nichts zu suchen hat.

Matthew: Ein bißchen beschützend ist sie schon, glaube ich. Aber nicht gerade übermäßig.

Minuchin: Ich meine nur eben beschützend, in einer netten Art. So weit wie es dein Vater ja anscheinend allen anderen gegenüber auch ist, wie dein Großvater sagt. Stimmt das? Versucht Ihr Mann, etwas zu tun, Ihnen etwas abzunehmen?

A. Bestätigt Mr. und Mrs. Smith als positiv und gut.

N. Betont die positiven Aspekte in der Beziehung zwischen Ehemann und Ehefrau. Fordert das Familienschema heraus.

Mrs. Smith: Er macht sich übermäßig viele Sorgen um mich.

(Mr. Smith seufzt auf, dann springt er plötzlich auf, zieht sein Jackett aus und hängt es auf. Er zündet sich eine Zigarette an).

Der Therapeut hat das Gefühl, daß er Mr. Smith soeben verliert, dessen Blick glasig und in die Ferne gerichtet ist. Er weiß, daß er jetzt in Kontakt mit Mr. Smith treten muß, aber Mrs. Smith spricht weiter, und er möchte sie nicht grob unterbrechen.

Minuchin: Er macht sich Sorgen um Sie. Und das gefällt Ihnen nicht?

Mrs. Smith: Nein. Ich finde, er sollte das nicht tun. Ich bin doch ein eigener Mensch, und er sollte sich nicht so viele Sorgen machen. Er hat eine Menge eigener Schwierigkeiten, um die er sich kümmern müßte.

Mrs. Smiths Bemerkung über die Schwierigkeiten von Mrs. Smith ist eine distanzbewirkende Kommunikation und erfolgt in Reaktion auf das vorangegangene Manöver des Therapeuten, das den Kontakt zwischen Mann und Frau erhöhen sollte.

Minuchin: Sie meinen also, er macht sich Gedanken um Sie, und manchmal

N. Kontert Mrs. Smiths Versuch der Verteidigung der augenblicklichen

stört Sie das. Kann ich eine Zigarette von Ihnen haben, Mr. Smith?

Struktur mit einer Bemerkung, die die zwischenmenschlichen Beziehungen bestätigt, und stützt so das eheliche Subsystem.

Mr. Smith: Natürlich *(Bietet dem Therapeuten eine Zigarette an).*
Minuchin: Ich rauche nur, wenn ich nicht weiter weiß, und jetzt ist es so, daß ich nicht weiß, was ich tun soll, und das macht mir Kummer. Deshalb rauche ich.
(Der Therapeut zieht sein Jackett aus, hängt es auf und kommt zurück, um sich von Mr. Smith Feuer geben zu lassen.)

A. Das sind spontane mimetische Manöver, die sich aus dem Engagement des Therapeuten erklären. Mr. Smiths symptomatisches Verhalten und Mrs. Smiths distanzbewirkende Bemerkungen haben von neuem dazu geführt, daß der Therapeut sich ausgeschlossen und machtlos fühlt. Beide Männer, der Therapeut und Mr. Smith, haben es sich nun bequem gemacht, und beide rauchen.

Minuchin: Wie heißt Ihre Frau mit Vornamen?

A. Sucht die Distanz zu verringern, indem er sich nach den Vornamen erkundigt.

Mr. Smith: Rosemary.
Minuchin: Rosemary. Und Sie?
Mr. Smith: Bob. Robert.
Minuchin: Aha, Bob. Rosemary sagt, daß Sie sich manchmal zuviel Sorgen um sie machen. Was meint sie damit?

Der Therapeut hat seine bisherigen Schritte zurückverfolgt, weil er beobachtet hat, daß der direkte Kontakt mit Mrs. Smith Mr. Smiths Ruhelosigkeit nur verstärkt. Er wendet sich jetzt über den Ehemann an die Frau. Nachdem er sich wiederum angepaßt hat, indem er Mr. Smiths Mittelpunktstellung genügend Beachtung geschenkt und ihn nachgeahmt hat – er hat sein Jackett ebenfalls ausgezogen und sich ebenfalls eine Zigarette angezündet –, spürt Minuchin, daß er den Kontakt zu Mr. Smith wiederhergestellt hat.

Mr. Smith: Ja, also, ich bin ... Ich weiß nicht recht, was sie damit meint. Ich mache mir Gedanken um sie, und ich liebe sie sehr, aber ich finde nicht, daß ich mir zuviele Sorgen mache.

Minuchin: Wir wollen mal sehen. Wir wollen sehen. *(Er fordert Mr. und Mrs. Smith durch eine Geste zum Sprechen auf.)*

N. Erteilt den beiden die Aufgabe, miteinander zu sprechen.

Der Therapeut hat das Gefühl, daß die Familienmitglieder seinen Anweisungen jetzt folgen werden. Daher beginnt er eine neue Phase des Interviews. Er bedeutet den Teilnehmern, daß sie miteinander sprechen, also ihre altgewohnten und üblichen Transaktionsmuster in Szene setzen sollen. Jetzt möchte er sich soweit wie möglich aus dem Gespräch heraushalten.

Mr. Smith: Ich weiß nicht, was du meinst, wenn du sagst ...

Mrs. Smith (spricht, ohne dabei ihren Mann anzusehen): Also manchmal, wenn ich zum Beispiel von der Arbeit nach Hause komme, oder so, vielleicht am Samstag. Oder auch nicht am Samstag. Egal an welchem Tag.

Mr. Smith: Hm.

Minuchin: Wissen Sie was? Der Stuhl da, der in der Mitte, der steht ja so etwas zwischen Ihnen *(Er rückt den Stuhl weg).*

N. Fordert weiter die distanzbewirkenden Mechanismen in der ehelichen Beziehung heraus, indem er eine räumliche Änderung vornimmt.

Mr. Smith: So ist es vielleicht eher ... *(Er rückt mit seinem Stuhl ab).*

Minuchin: Ja.

Mrs. Smith: Er fragt mich eben nach jedem Schritt, und es gibt nichts, was . . .

Minuchin: Können Sie mal den Blick . . . können Sie Ihren Stuhl mal umdrehen?

N. Verstärkt seine sondierende Maßnahme.

Mr. Smith: Meinen Stuhl umdrehen?

Minuchin: Ja. So daß Sie sie ansehen können *(Er steht auf und hilft den beiden, ihre Stühle so umzustellen, daß sie einander ins Gesicht sehen können).*

N. Nimmt weitere räumliche Veränderungen vor, erhöht die Belastung in der Hoffnung, daß sich alternative Transaktionsmuster nun leichter entfalten werden.

Mr. Smith: Ja.

Minuchin: Weil Sie sonst vielleicht nicht . . . weil Ihnen sonst vielleicht die eine oder andere Mitteilung entgeht.

A. Bestätigt Mr. Smith, indem er den Grund für seine Bitte erklärt. Das Anwachsen der Belastung wird so durch eine stützende Bemerkung wieder kompensiert.

Mr. Smith: Die letzten 23 Jahre.

Mrs. Smith (lacht): Nein, aber es ist sehr schwer zu erklären. Ich weiß wirklich nicht, wie ich es erklären soll.

Mr. Smith: Ich glaube, sie meint . . .

Beide Eheleute verteidigen ihr übliches Transaktionsmuster; sie richten ihre Worte an den Therapeuten, anstatt miteinander zu reden.

Minuchin: Nein, nein, nein (Er deutet mit einer Geste an, daß sie miteinander reden sollen).

N. Besteht darauf, daß sie miteinander sprechen und den Therapeuten ausschließen sollen.

Mrs. Smith: Er ist eben immer . . .

Minuchin: Ihm müssen Sie es sagen. Ihm, ihm!

Mrs. Smith: Ach ja, natürlich. Wenn ich also nach Hause komme: „Was hat dieser gesagt, was hat jener gesagt?“ Oder wenn ich beim Friseur war. Wenn du irgendwohin gehst und irgendjemanden triffst, zum Beispiel Mary oder auch jemand anderen, und ich sage: „Was hat Mary gesagt?“ – ich

Als Folge der verminderten Distanz zwischen den Eheleuten und der Festigung der Grenze rund um das eheliche Subsystem ist nun ein neues Muster aufgetaucht. Es handelt sich nicht mehr um die Sorge der Frau um ihren kranken Mann, sondern um ihre Klagen darüber, daß ihr Mann

meine, das ist ja noch nichts Schlimmes. Aber es ist eben so, daß er mir überhaupt nichts erzählt. Oder nehmen wir an, ich bin krank. Dann kommt er von der Arbeit heim, und ich liege oben im Bett und warte, daß du heraufkommst und fragst, wie es mir geht. Da kommst du nicht herauf. Du setzt dich unten hin und trinkst ein Bier und rauchst eine Zigarette, und dann fällt es dir ein, daß du heraufkommen könntest. Und ich – erinnerst du dich, als ich im Krankenhaus lag? Wie schlecht du mich da behandelt hast? Du – du bist mal so und mal so. Ich weiß einfach nicht, wie ich es erklären soll, tatsächlich.

selbstsüchtig ist und zuviel Kontrolle ausübt.

Mr. Smith: Ja.

Mrs. Smith: Und dabei weiß ich, daß er – daß du mich liebst, und ich liebe dich auch. Aber – vielleicht ist das das Problem. Vielleicht weißt du nicht, wie man Liebe zeigt. Glaubst du, daß es das sein könnte?

Mr. Smith (zu Minuchin): Soll ich antworten?

Minuchin: Ja, bitte. Antworten Sie ihr. Sie hat Sie etwas gefragt.

N. Festigt weiter die Grenze um das eheliche Subsystem.

Mr. Smith: Hm. Ich weiß nicht, ob man das so sagen kann. Ich möchte nicht sagen, daß es kein Problem ist. Aber ich halte es auch nicht für *mein* Problem. Ich weiß doch, daß ich mich für viele deiner persönlichen Angelegenheiten sehr interessiere, was dir vielleicht nicht gefällt, und was ich vielleicht wirklich nicht tun sollte. Aber . . . ja, ich meine, sie . . . es

Mr. Smith versucht, das übliche transaktionale Muster wieder zu errichten, indem er selbst das kranke Mitglied darstellt. Er spricht zum Therapeuten hin und zieht ihn in den ehelichen Konflikt hinein, um so die Distanz wieder zu erhöhen. Aus seiner üblichen schwachen Position heraus versucht er seine Frau zu besänftigen.

stimmt. Ich kam nach Hause, ich wußte, daß sie krank war, und ich ging eben nicht gleich nach oben, sondern . . .

Minuchin: Bob, Rosemary hat Sie etwas gefragt. Sie brauchen nicht mir zu antworten, denn sie hat die Frage ja an Sie gerichtet. Also antworten Sie ihr.

N. Verstärkt die Grenze.

Mr. Smith: Was hast du gefragt?

Mrs. Smith: Oh, ich habe es vergessen; du hast so viele andere Dinge gesagt.

Dr. Farrell: Sie sagten, daß er vielleicht seine Liebe nicht zeigen kann.

Mrs. Smith: Ja, stimmt. Vielleicht war's das.

Dr. Farrell: Ja.

Mrs. Smith: Glaubst du, daß das das Problem ist? Obwohl ich ja weiß, daß du mich liebst, weil du es mir hin und wieder wirklich sagst *(Minuchin lacht).* Und doch kannst du es nicht zeigen.

Minuchin: Das ist spaßig.

Der Therapeut hält diese Bemerkung für sehr spaßig, er fängt an zu lachen, findet aber plötzlich sein Lachen fehl am Platz, weil es sich nicht an irgendeines der Familienmitglieder richtet.

Mrs. Smith: Ja, wirklich. Und doch sind für mich diese kleinen Dinge sehr wichtig.

Minuchin: Natürlich.

Mr. Smith: Das ist eine gute Frage. Wie zeigt man Liebe? Wie kann man sie zeigen? In materiellen Dingen, oder in . . .

Mrs. Smith: Also, ich finde, in materiellen Dingen zeigt man sie nicht. Das glaube ich nicht. Ich glaube, man zeigt Liebe, indem man etwas für den anderen tut und sich ganz besonders bemüht, einander zu helfen, es einander zu erleichtern. Das ist meine Meinung. Vielleicht bist du anderer Ansicht.

Mr. Smith: Ich glaube, wir kommen vom Thema ab.

Mr. Smith fühlt sich unbehaglich angesichts der verringerten Distanz und der Tatsache, daß jetzt die Schwierigkeiten zwischen seiner Frau und ihm ans Licht kommen.

Mrs. Smith: Nein, wir sprechen doch über . . .

Minuchin: Vielleicht kommen wir dem Problem sogar näher, anstatt uns davon zu entfernen. Ich möchte gerne wissen, wie Sie beide miteinander zurechtkommen.

N. Stärkt die Grenzen und hält das Problem auf der zwischenmenschlichen Ebene.

Mrs. Smith: Ja, Bob hat eben nicht allzuviel zu sagen. Es ist tatsächlich so, daß ich ihn immer frage: „Wieso bist du nur so ruhig?“

Beeinflußt von der vorangegangenen Bemerkung ihres Mannes wendet sich die Frau nun wieder dem Therapeuten zu, das heißt, sie vermindert nun wieder die Festigkeit der Grenze um das eheliche Subsystem.

Mr. Smith: Ich habe nicht allzuviel zu . . .

Mrs. Smith: Er spricht nicht viel. Meistens rede ich, und die Hälfte bekommt er wohl ohnehin nicht mit. Aber wenn ich sage: „Hast du gehört, was ich gesagt habe?“, dann heißt es: „Ja, ich habe es gehört.“ Stimmt's?

Die Frau unterbricht ihren Mann, als er zum Reden ansetzt, und läßt ihn damit in der Position des schweigenden Mitgliedes, während sie sich über seine Schweigsamkeit beklagt.

Dr. Farrell: Sie sagten etwas der Art, daß er Sie im Krankenhaus nicht gut behandelt hat?

Mrs. Smith: Hm.

Mr. Smith: Nicht beim letzten Mal, als du dort warst.

Mrs. Smith: Nein, das letzte Mal nicht, denn da haben wir es ja geregelt. Ich habe einen Bruch, und der Arzt wollte, daß ich 18 Tage im Krankenhaus bleiben sollte. Nein, ich habe vergessen, wie lang. Entschuldigung, das habe ich vergessen.

Mr. Smith: Du warst etwa zwei Wochen drin.

Sie benutzt ihren Mann als „Datenbank", womit sie seine Kontrolle über sie verstärkt.

Mrs. Smith: Ja. Aber schon in der ersten Woche war er sehr ungehalten darüber. Er rief den Arzt an und wollte, daß ich wieder nach Hause kommen sollte, und er ließ mich ans Telefon rufen und verlangte immer wieder, ich solle herauskommen. Er dachte, daß ich zu Hause ebensogut im Streckverband liegen könnte wie im Krankenhaus. Dann sprach sogar mein Arzt mit Bob und sagte, er könne es Bob einfach nicht begreiflich machen. Er sagte, er hätte ebenso gut gegen die Wand sprechen können. Bob wollte mich einfach zu Hause haben. Und schließlich konnte ich eben nicht mehr anders als heimgehen, und ich habe wirklich den Arzt gefragt, ob er mich jetzt bitte nach Hause gehen lassen und mir den Streckverband zu Hause anlegen lassen könnte; und dann war Bob endlich zufrieden.

(Minuchin wechselt die Stellung, fegt mit der Hand über den Tisch, bewegt sich unruhig hin und her).

Die Frau hat vor dem Therapeuten ihre Klagen über ihren Mann ausgebreitet. Das bedeutet, daß seine Krankheit nun von neuem im Mittelpunkt steht. Der Therapeut zeigt sich ungeduldig angesichts der Länge ihrer Ausführungen.

Mr. Smith: Ich glaube, in diesem Fall dachte ich, was sie sagte, könnte auch zu Hause gemacht werden. Sie lag ganz einfach im Streckverband im Krankenhaus, und – ich nehme an, ich hätte still sein sollen. Dieses eine Mal habe ich etwas gesagt. Aber das ist schon drei oder vier Jahre her.
Mrs. Smith: Drei Jahre.

Minuchin: Sie standen nicht mehr im Mittelpunkt. Nun also – Sie haben Bob einiges gefragt, und Sie haben versucht, darauf zu antworten. Wissen Sie, Bob, wenn Sie Schwierigkeiten haben, so versuche ich immer herauszufinden, was zum Teufel zwischen Ihnen und Ihrer Frau vor sich geht. Damit wollen wir uns jetzt einmal beschäftigen. Einverstanden?

N. Erteilt wiederum die Aufgabe, die zwischenmenschlichen Probleme innerhalb dieser Dyade zu erkunden. Der Therapeut, der den starken Widerstand dieses Familiensystems gegenüber einer Veränderung kennt, interveniert jetzt beharrlicher, um die Aufgabe voranzutreiben.
Der Therapeut sieht, daß Mr. Smith jeder Kritik von seiten seiner Frau die Spitze nimmt, indem er sich entschuldigt und auf seine Inkompetenz verweist. Er beschließt, seine sondierenden Bemühungen nun so zu gestalten, daß er Mr. Smith ermutigt, für seine Frau einzutreten, indem er einen Konflikt heraufbeschwört.

Mrs. Smith: Hm.
Minuchin: Denn mir scheint, daß Rosemary gerade einige kritische Ansichten geäußert hat. Und vielleicht will sie, daß Sie darauf antworten.

A. Unterstützt die Beschwerde der Ehefrau, während er freundlich mit dem Mann redet.

Mrs. Smith: Ach, diese Dinge habe ich ihn auch schon früher gefragt.

An den Therapeuten gewendet, weist Mrs. Smith die Aufgabe zurück.

Minuchin: Fragen Sie ihn jetzt.
Mrs. Smith: Also, ich . . . denk nur einmal daran, daß du immer gehen und meinen Kleiderschrank betrachten und nachsehen mußt, ob noch alles da ist, daß du meine

Schubladen aufmachst, was ich nicht . . . ich meine, daß du das nicht tun solltest. Nein, ich finde, das solltest du nicht machen. Und trotzdem werde ich nicht wütend, weil du es machst.

Minuchin: Oh doch, Rosemary. Sie sind wütend. Erzählen Sie mir doch nicht, daß Sie nicht wütend sind.

N. Fördert den Konflikt.

Mrs. Smith: Nein, also, lassen Sie mich das bitte näher erklären. Das sind doch meine Sachen, und ich würde ja auch nicht . . . weil er es mir gesagt hat. Er läßt mich nicht einmal seinen Schreibtisch abstauben, damit ich nichts von seinem Platz rücke. Aber er sieht immer in meine Schubladen und überzeugt sich, daß alles da ist, als ob ich irgendjemandem etwas geben würde. Ich gebe doch nichts weg. Ich habe ihn schon so oft gefragt: „Warum mußt du immer meine Kleider und meine Sachen untersuchen?"

(Minuchin stellt sich hinter Mr. Smith und läßt ihn seinen Stuhl so umdrehen, daß er seine Frau noch unmittelbarer vor sich hat. Minuchin setzt sich dicht neben den Mann. Mr. Smith rückt den Papierkorb so, daß er zwischen ihm und Minuchin steht, und drückt seine Zigarette darin aus. Minuchin rückt etwas nach hinten).

N. Rüttelt an dem üblichen transaktionalen Muster, dem zufolge Mr. Smith der Patient ist und das die Eheleute voneinander isoliert. Indem er die Belastung aufrechterhält, die durch die Nähe von Mann und Frau gegeben ist, erleichtert der Therapeut das Aufkommen eines Konfliktes, der Mr. Smith aus seiner devianten Position befreien soll. Mr. Smith ist jetzt nichts weiter als der typische selbstsüchtige Ehemann.

Mr. Smith: Das ist eben so eine Angewohnheit.

Mrs. Smith: Aber du willst nicht, daß

ich es ebenso mache, und ich darf nicht mal den Schreibtisch abstauben. Warum?

Mr. Smith: Ich weiß nicht warum. Vielleicht weil ich mich an Sachen erinnere, die ... ich weiß nicht, ob das normal ist oder nicht. Du hast recht. Ich bin wütend geworden, als sie meine Papiere und Sachen anders hingelegt hat. Ich dachte einfach, daß ich den Schreibtisch ja auch selbst abstauben kann. Das ist alles.

Mrs. Smith: Ja, aber er ist schon sehr lange nicht mehr abgestaubt worden. Und das macht mich verrückt, weil du ja meine Sachen auch betrachtest. Weil du mich nicht nach deinen Dingen sehen läßt.

Mrs. Smith hat sich der Forderung des Therapeuten nach Verstärkung der Grenzen des ehelichen Subsystems angepaßt. An dem Punkt, an dem sie normalerweise einen Dritten hineinziehen würde, zieht sie nun den Therapeuten hinein. Dann fährt sie fort, ihren Mann mit den Dingen zu konfrontieren, anstatt den Therapeuten dazu einzusetzen, den ehelichen Konflikt abzubiegen.

Mr. Smith: Mir ist es egal, ob du in eine Schublade siehst oder nicht. *(Er vermeidet es, seiner Frau in die Augen zu sehen. Minuchin tippt ihm auf die Schulter und bedeutet ihm, er solle sie ansehen).*

Mrs. Smith: Wenn das nicht wäre, dann wäre ich vielleicht nicht so wütend geworden. Aber unter diesen Umständen werde ich wütend. Du solltest ... wenn der eine es tun kann, warum nicht auch der andere?

Mr. Smith: Wenn du in meine Schränke sehen willst, bitte.

Mrs. Smith: Ja eben. Aber dennoch wirst du so furchtbar ärgerlich.

Mr. Smith: Ich werde gar nicht richtig ärgerlich.
Mrs. Smith: Oh, Bob. Du kreischst dann richtig. Das weißt du doch selbst. Sei ehrlich.

Mr. Smith: Ich glaube nicht, daß ich wütend werde . . .

Mr. Smith versucht, das System aufrechtzuerhalten, indem er seine Frau besänftigt. Sie geht nicht auf seine Andeutungen ein, daß sie jetzt die Grenze der noch zulässigen Meinungsverschiedenheiten erreicht haben und es Zeit ist, sie beizulegen; sie fährt fort, ihn herauszufordern. Der Ehemann zieht sich zurück.

Minuchin: Gerät sie leicht in Zorn?

A. Schließt sich Mr. Smith in der Kritik an der Ehefrau an. Der Konflikt läßt sich auch dadurch am Leben erhalten, daß der Therapeut den Ehemann stützt, indem er sich mit ihm gegen die Frau verbündet.

Mr. Smith: Nein, wir sind immer . . .
Minuchin: Nein, sie. Ihre Frau.

N. Gestattet keinen Rückzug.

Mr. Smith: Nein, nicht so sehr.
Mrs. Smith: Oh, jetzt schreie ich. Ich schreie!
Mr. Smith: Ach, du willst jetzt eine Minute schreien.
Minuchin: Sie geben nicht zu, daß sie leicht zornig wird.
Mr. Smith: Nein, ich habe nie gedacht, daß sie leicht in Zorn gerät.
Minuchin: Ich sehe es ja hier. Sie ist wie Pfeffer. Wie Pfeffer! Sie ist imstande . . .
Mr. Smith: Sie kann sich sehr gut äußern.
Minuchin: Sie kann sich sehr aufregen, nicht wahr?

Der Therapeut hat erkannt, daß sein Angriff direkter kommen muß, da Mr. Smith von sich aus seine Frau nicht attackieren wird. Der Therapeut reagiert auch auf die rasche Umleitung seiner Sondierungsmaßnahmen, obwohl er gerade erst gedacht hatte, sie würden ihn zu etwas führen.

Mr. Smith: Ich glaube nicht. Glaubst du?
Mrs. Smith: Ich glaube es schon.
Minuchin: Oh ja.
Mr. Smith: Werden wir eigentlich von den TV-Kameras aufgenommen?

Angesichts der Allianz zwischen seiner Frau und dem Therapeuten, die darauf gerichtet ist, eine Konfrontation inneralb des ehelichen Subsystems zu bewirken, begibt sich Mr. Smith außerhalb des Kontextes und zeigt sich besorgt wegen der Fernseh-Kameras, deren Zweck ihm vor der Sitzung erklärt worden ist. Das deutet darauf hin, daß die Grenzen seiner Belastbarkeit erreicht sind.

Im weiteren Verlauf der Sitzung besteht das unmittelbare Ziel des Therapeuten angesichts der Panikstimmung von Mr. Smith darin, sich weiter an diesen anzupassen, bevor er seine Erkundungen fortsetzt. Es kommt einiges Konfliktmaterial zutage. Mr. Smith gesteht, daß er zu einem bestimmten Zeitpunkt der Meinung war, daß der Großvater zuviel Raum in ihrem Leben einnehme, aber er hat das niemals deutlich gemacht. Mr. Smith betrachtet sich als einen Menschen, der sehr leicht in Zorn gerät und dann in der Lage ist, Schaden anzurichten, wenn er sich gehen läßt. Mrs. Smith stimmt zu und sagt, sie sei über sein Temperament manchmal erschrocken.

Das konfliktäre Muster, das bisher zutage gekommen ist, wiederholt sich. Mrs. Smith beklagt sich, Mr. Smith streitet ab, Mrs. Smith unterbricht ihn, und er besänftigt sie wieder, indem er auf seine Unzulänglichkeit hinweist. Oder Mrs. Smith beschwert sich, und Mr. Smith stimmt mit ihr darin überein, daß er anders hätte handeln sollen. Jedesmal, wenn der Therapeut Zweifel an Mr. Smiths Sicht der eigenen Person als krank und der Person seiner Frau als gesund anmeldet oder aber Mrs. Smith kritisiert, reagiert Mr. Smith mit einem Hinweis auf seine Unzulänglichkeit und Schwäche. Immer wieder werden die Beiträge des Therapeuten von Mr. Smith disqualifiziert.

Der nächste Ausschnitt gibt wieder, was sich etwa eine halbe Stunde später ereignet. Minuchin hat Mr. Brown und Matthew gebeten, aus dem Zimmer zu gehen, und das Gespräch auf das sexuelle Leben des Ehepaares gebracht, zu dem beide sich sehr ausweichend äußern.

Minuchin: Haben Sie irgendetwas an Rosemary auszusetzen?

N. Versucht, eine Kritik von seiten des Ehemannes hervorzurufen, die das Ungleichgewicht zwischen den Partnern ausbalancieren könnte.

Mr. Smith: An ihr auszusetzen? Finde ich etwas an dir auszusetzen?
Mrs. Smith: Ich weiß nicht, Bob. Er hat dich gefragt. Ich weiß nicht.

Mrs. Smith hat sich dem Therapeuten stärker angepaßt, aber das System mit seinen starren transaktionalen Mustern hält sich noch immer selbst aufrecht.

Mr. Smith: Wenn sie irgendwohin gehen möchte, dann . . .
Minuchin: Ich frage, ob es irgendetwas gibt – ich weiß, daß sie Kritik an Ihnen übt. Ich frage Sie, haben Sie irgendetwas an Rosemary zu kritisieren? Möchten Sie, daß sie sich in irgendeiner Weise ändert?
Mr. Smith: Nein.
Minuchin: Nicht?
Mr. Smith: Nein, ich glaube nicht. Ich liebe sie wie sie ist. Und . . .
Minuchin: Ich habe hier eine kleine Notiz von Dr. Farrell. Sie besagt, daß Mrs. Smith in sexueller Hinsicht niemals sehr aufgeschlossen gewesen ist. Und ich weiß nicht . . .

Der Therapeut, der sich immer wieder disqualifiziert gesehen hat, hat jetzt eine Strategie zur Intervention in die ungleiche Beziehung der beiden Ehepartner entwickelt. Er möchte jetzt alles daransetzen, daß die Frau als krank betrachtet wird. Das läßt sich nur durch eine enge Koalition zwischen ihm und dem widerstrebenden Mr. Smith erreichen. Wenn er auf diese Strategie setzt, dann werden in dem starren System wohl endlich alternative Muster stärker zur Anwendung kommen.

Mr. Smith: Aha, ich habe mir schon gedacht, daß wir auf dieses Thema kommen würden. Ich habe mit Dr. Farrell gesprochen. Wir haben darüber geredet. Sie ist eben – und ich habe auch mit meiner Frau gesprochen. Sie ist das, was ich mal kühl veranlagt nennen möchte. Sie ist nicht sehr – ich komme nicht auf das Wort – sie ist sexuell nicht sehr interessiert. Vor Jahren hat mich das sehr bekümmert. Aber mit der Zeit habe ich es mehr oder weniger hingenommen. Vielleicht weil ich älter geworden bin und meine sexuellen Bedürfnisse auch nicht mehr so stark sind. Aber es gab eine Zeit, da hatten wir sexuelle Schwierigkeiten, und ich sagte ihr damals, sie solle zum Arzt gehen, und sie hat es auch unserem Hausarzt gegenüber erwähnt, und – das ist ein paar Jahre her. Und – aber ich habe mich mehr oder weniger daran gewöhnt. Es war für mich kein Grund für eine Scheidung oder so etwas. Andere Sachen – ich dachte immer, es gibt noch andere Sachen in der Welt außer dem Sex. Denn das ist ja ein sehr wichtiger Teil des Ehelebens . . .
Minuchin: Aber Sie haben doch zusammen geschlafen.

Mr. Smith: Ja. Also, ich meine, Sie sind ja Ärzte. Sie hat mir mein Recht niemals verweigert. Nur konnte sie eben nicht sehr viel dabei empfinden. Und in den letzten paar Jahren ist mir der Gedanke gekommen, daß es an meiner Art zu fühlen liegt und so. Man muß ja in der richtigen Stimmung sein, und so. Und – es ist sehr schwierig, darüber zu reden.

Minuchin: Wann haben Sie denn das letzte Mal zusammen geschlafen?

A. Unterstützt Mr. Smith.

Mr. Smith: Das letzte Mal? Oh, ich glaube, kurz bevor ich ins Krankenhaus kam. Aber ich weiß nicht, ob es da eine normale und feste Regel gibt, wann man es tut, oder ob man es einfach tut, wenn man den Drang spürt.

Minuchin: Hm. Wie häufig spüren Sie denn den Drang?

Mr. Smith: Ja, also, vor Jahren – da spürte ich ihn jede Nacht. Aber in den letzten ein bis zwei Jahren vielleicht nur alle zwei Wochen, oder so. Ich habe ja anderes, was mich beschäftigt. Wenn das nicht wäre, dann würde ich wahrscheinlich sehr viel häufiger daran denken.

Mr. Smith paßt sich allmählich den Therapeuten an. Er ist nahe daran, eine Verbindung zwischen seinen augenblicklichen Symptomen und seinen ehelichen Schwierigkeiten herzustellen.

Minuchin: Und was war mit Rosemary? Was war mit Ihnen? Sie haben einfach keine Lust?

N. Um Mr. Smiths Normalität und seine Kräfte ins richtige Licht zu setzen, während er Mrs. Smith als das eigentliche Problem erkundet, läßt der Therapeut seine Frage ein wenig abfällig klingen.

Mrs. Smith: Ich, ja . . . ich habe nie . . . ich weiß nicht. Der Arzt sagte mir, als ich wegen dieses Problems zu ihm kam, ich sei ein sehr nervöser Mensch, und ich müsse entspannen. Ich weiß nicht, wie ich entspannen soll. Und das war das Problem. Tatsächlich hat er damals, wenn du dich erinnerst, Bob, vorgeschlagen, daß ich abends einen Cocktail oder so etwas trinken soll, um mich ein bißchen zu entspannen. Das hat wohl auch geholfen. Aber es muß alles schön langsam gehen. Und vor dem Zubettgehen darf ich mich nicht aufregen. Wenn ich aufgeregt bin, dann kann ich nicht in Stimmung kommen.

Minuchin: Was passiert, wenn er in Stimmung ist und Sie nicht? Was geschieht dann?

A. Nimmt die Spur auf.
N. Erkundet den Konflikt, wobei jetzt die Frau als der diviante Teil erscheint.

Mrs. Smith: Ja, also, ich lasse ihn immer kommen. Er darf mich immer anfassen und – Sie wissen schon. Auch wenn bei mir nichts ist.

Minuchin: Und ihm kommt es dann so vor, als ob Sie ihn nicht mögen.

N. Manipuliert jetzt den affektiven Bereich, indem er Mr. Smith das Gefühl von Abgewiesensein und Ärger „verleiht".
Der Therapeut, der in Koalition mit Mr. Smith arbeitet, ist ärgerlich auf diesen, weil er sich nicht selbst schützt. Sein Ärger aktualisiert sich als Attacke gegen Mrs. Smith.

Mrs. Smith: Das Gefühl habe ich nicht.

Minuchin: Na schön.

Dr. Farrell: Er hat mir gesagt, daß es ihn immer sehr verärgert hat, als Sie beide noch jünger waren. Haben Sie das nicht bemerkt?

Mrs. Smith: Er wollte es eben jeden Abend, wie er schon sagte, und ich konnte einfach nicht jedesmal in Stimmung kommen, denn wenn ich müde war oder etwas anderes an dem betreffenden Tag gewesen war – wie ich schon sagte, ich bin jemand, bei dem alles schön langsam gehen muß.

Und ich darf mich überhaupt nicht aufregen, denn wenn ich mich aufrege, dann kann ich nicht – und deshalb bin ich zum Arzt gegangen.

Mr. Smith: Ja, das war eine Zeitlang vielleicht mein größtes Problem, und ich wußte auch, daß es ganz normal war, so ein Problem zu haben.

Minuchin: Sie sind ein Mensch mit einem starken sexuellen Trieb.

A. Betont Mr. Smiths Kraft.

Mr. Smith: Ja, da stimme ich Ihnen zu. Vielleicht hatte es etwas mit der Kondition zu tun, die ich damals hatte. Denn ich weiß, damals habe ich mich immer schon gefreut, nach Hause zu kommen und mit meiner Frau zu schlafen, bevor sie zur Arbeit mußte. Und es hat mich immer sehr gereizt und gestört.

Mr. Smith stimmt mit dem Therapeuten überein, daß seine Schwierigkeiten und die seiner Frau dem gleichen Bereich zugehören.

Minuchin: Sie nehmen sie gerne in die Arme, und Sie küssen sie gern?

Mr. Smith: Ja, ja.

Mrs. Smith: Ich wäre froh, wenn wir es in Ordnung bringen könnten.

Mrs. Smith akzeptiert das Etikett des Kranken.

Minuchin: Da ist ganz offensichtlich ein Teil von Bob, der romantische Teil, der fühlt, daß Sie ihn nicht voll akzeptieren.

N. Zu einem früheren Zeitpunkt in der Sitzung versuchte der Therapeut, Mr. Smith dazu zu bewegen, seine Frau herauszufordern. Nun fordert er sie selbst heraus, wobei er als Mr. Smiths Bevollmächtigter handelt. Mrs. Smith akzeptiert den Therapeuten als Stimme ihres Mannes.

Im weiteren Verlauf der Sitzung beschreibt Mrs. Smith ihren Mann noch einmal. Angesichts der machtvollen Koalition, die ihr Mann und der Therapeut miteinander eingegangen sind, reagiert sie mit einem Angriff auf ihren Mann, das schwächere Mitglied dieses Bündnisses. Das altbekannte transaktionale Muster setzt ein. Mr. Smith gibt sich besänftigend, während Mrs. Smith ihn nicht beachtet, sondern fortfährt, sich zu beschweren. Aber ein kleines Anzeichen für eine Veränderung ist nun doch zu sehen: Mr. Smith, der sich zwischen der Notwendigkeit, seine Frau zu beschwichtigen, und dem Erfordernis, sich seinem Bündnispartner, dem Therapeuten, anzupassen, gefangen sieht, läßt erkennen, daß er seine Unselbständigkeit hinter sich lassen will. Das Muster entwickelt sich wie folgt:

Mrs. Smith: Aber er . . . das ist es eben, was ich für falsch halte. Es ist nun einmal unser Haus. Aber ich habe nicht das Gefühl, daß es auch mein Haus ist. Ich habe Angst davor, Leute einzuladen, weil ich weiß, daß Bob . . . es ist genau so, wie er es vor ein paar Minuten gesagt hat; wenn er wütend wird, dann gleich richtig. Und ich habe immer Angst davor, ihn zu verärgern. Ja, und eine Menge von meinen Freundinnen und Bekannten, die mag er nicht, und so lade ich sie nicht ein. Weil ich weiß, er wird doch nur wütend. Also lade ich sie gar nicht erst ein.	*Angriff*
Minuchin: Ich glaube nicht, daß Sie solche Angst vor ihm haben.	
Mrs. Smith: Oh doch. Wenn er wütend wird, dann habe ich schreckliche Angst vor ihm.	
Mr. Smith: Wann hätte ich – welche von deinen Freundinnen mag ich nicht?	*Verteidigung*
Mrs. Smith: Du magst es nicht, wenn Martha mal vorbeikommt. Du findest dich – du sagst, du findest dich mit ihnen ab. Aber du sprichst nicht mit ihnen. Ann hast du niemals leiden mögen. Sie ist dir immer gleichgültig gewesen.	Angriff
Mr. Smith: Aber Joanne habe ich immer gemocht.	*Verteidigung*

Mrs. Smith: Und als Barbara noch kam . . . Aber andererseits, wenn deine Freunde kommen, vor allem die Kerle aus deiner Firma, wenn die kommen, dann bringst du dich fast um. Und wenn sie uns besuchen, bin ich immer freundlich mit ihnen. Da gebe ich mir ganz besondere Mühe.	*Fortgesetzter Angriff, ohne die Verteidigung zur Kenntnis zu nehmen.*
Mr. Smith: Halt mal an, halt doch mal . . .	*Versuch der Verteidigung*
Mrs. Smith: Das machst du mit meinen Freundinnen nicht.	*Fortgesetzter Angriff ohne Beachtung der Verteidigung, gleichzeitig Veränderung des Brennpunktes.*
Mr. Smith: Ich bin nun mal kein guter Unterhalter, das weiß ich selbst.	*Verteidigung mit dem Hinweis auf Inkompetenz.*
Mrs. Smith: Gegenüber deinen Freunden aber doch, Bob.	*Beachtung und Unterstützung.*
Mrs. Smith: Ich habe nicht so viel mit deinen Bekannten gemeinsam wie mit den Leuten, mit denen ich arbeite. Aber ich – der Arzt ist da anderer Meinung als ich – ich glaube nicht, daß das die Wurzel meiner Schwierigkeiten ist. Vielleicht indirekt. Aber was drängt mich denn, zu tun, was ich tue? Es ist wie ein Zwang.	*Anpassung an den Therapeuten. Aufrechterhaltung des Systems. Anpassung an den Therapeuten. Aufrechterhaltung des Systems.*

Gegen Ende der Stunde faßt Minuchin den Inhalt für das Ehepaar zusammen und weist dabei darauf hin, daß ihr Problem in ihren zwischenmenschlichen Beziehungen liegt und daß die therapeutische Einheit in ihren Bemühungen weiter von diesem Gedanken ausgehen wird.

Mr. Smith: Sie glauben, mein Problem liege hier?

Minuchin: Ich weiß nicht. Aber ich denke, daß es hier, zwischen Ihnen beiden, liegt. Sie holen es gewissermaßen vollständig nach innen. Aber es liegt hier. Und das beachten Sie überhaupt nicht. Sie achten nicht auf die Art, in der Sie beide einander behandeln. Sie haben festgestellt – und zwar Sie beide –, daß es leichter ist zu sagen: „Es ist meine Schuld", als einmal darauf zu achten, was mit Ihnen beiden geschieht. Warum ist es denn leichter zu sagen: „Es ist meine Schuld", als zu sagen: „Rosemary, es hat etwas mit der Art zu tun, in der wir zusammen tanzen. Es ist einfach keine Musik dabei". Im Grunde sagen Sie nämlich das. Es ist keine Musik bei diesem Tanz. – Wir hören jetzt auf. Aber wissen Sie, Dr. Farrell, ich bin überzeugt, daß Sie Bob nicht helfen können, solange Rosemary sich nicht ändert. Und dabei ist er überhaupt keine Hilfe. Denn er sagt ja doch viel lieber: „Es ist meine Schuld", als daß er wirklich mit seiner Frau spricht.

Dr. Farrell: Mh.

Mrs. Smith: Ich weiß nicht, wie ich mich ändern soll.

Mrs. Smith akzeptiert die Rolle des Kranken.

Minuchin: Nein, Sie, Bob, Sie müssen sie ändern.

N. Weist auf eine Aufgabe hin: Mr. Smith soll Mrs. Smith ändern.

Mr. Smith: Ich habe niemals gemeint, daß sie schuld ist.

Minuchin: Natürlich. Es ist leichter für Sie, wenn Sie denken, es sei Ihre Schuld. Wollen Sie es für sie tun, oder nicht?

Mr. Smith: Was? Versuchen, sie zu ändern?

Minuchin: Ja.

Mr. Smith: Das will gut überlegt sein.

Minuchin: Nein, es erfordert kein
Überlegen. Es braucht – es erfordert
Handeln, Mensch. Ist das klar?
Mr. Smith: Ja.

In dieser Familie ist man einhellig der Ansicht, daß Mr. Smith das Problem sei. Er ist der lautstärkste Verkünder seiner Position in der Familie. Die sehr starre Familienstruktur ist noch dadurch verstärkt worden, daß auch die Ärzte seit zehn Jahren darin übereinstimmen, daß Mr. Smith psychisch krank ist.

Minuchins taktische Maßnahmen beziehen sich auf das Ziel, Mr. Smith aus seiner devianten Position zu befreien. Zu diesem Zweck bringt er zunächst einmal Mr. Smiths Meinung ins Wanken, daß er die deviante Figur in der Familie ist. Dann rüttelt er an der entsprechenden Überzeugung nicht nur des Patienten, sondern der Familie insgesamt.

Seine erste Herausforderung gründet auf dem Bild von Alice in ihrem Raum. Wenn Alices Zimmer größer wird, während Alice selbst sich nicht verändert, dann wird Alice die Veränderung wahrnehmen. Minuchin imitiert also Mr. Smith. Die Bewegungen, die Mr. Smith unternimmt, um immer wieder bestätigen, daß er der Deviante ist, werden vom Therapeuten nachgeahmt. Wenn Mr. Smith raucht, dann raucht der Therapeut ebenfalls. Wenn er sein Jackett ablegt, dann tut der Therapeut das gleiche. Der Therapeut weist darauf hin, daß sie gleichaltrig sind. Sie sind beide „Arbeiter". Auch der Therapeut ist ein „ruheloser" Mensch.

Diese mimetischen Veranstaltungen reißen Mr. Smith aus seiner devianten Position heraus. Da der Therapeut Fachmann und mächtigster Angehöriger des therapeutischen Systems ist, kann es nicht eine Form von Devianz bedeuten, wenn man ihm gleicht. Die gleichen auf „enge Verwandtschaft" deutenden Manöver sind es auch, die die Erfahrungen der übrigen Familienmitglieder herausfordern. Wenn das deviante Mitglied ihrer Familie dem mächtigen Therapeuten gleicht, dann kann man es nicht länger als deviant betrachten. Dieser Prozeß beginnt schon gleich zu Anfang der Sitzung. Als Mr. Smith sagt: „Ich bin das Problem", antwortet der Therapeut: „Seien Sie sich dessen nicht so sicher."

Im weiteren Verlauf der Sitzung verlangt der Therapeut, daß Mr. Smith auf bestimmte Vorkommnisse in der Familie eingeht. Wenn diese Forderung auch zunächst auf hartnäckigen Widerstand trifft, setzt sie sich schließlich doch durch. Mr. Smiths Verhalten wird allmählich als eine Reaktion auf das Verhalten der übrigen Familienmitglieder betrachtet. Wieder wird die Gültigkeit der Erfahrungen der Familie in Zweifel gezogen.

Gegen Ende der Sitzung entwickelt der Therapeut eine Strategie, mit deren Hilfe er Mrs. Smith zur Patientin machen möchte. Da diese Sicht in völligem Gegensatz zu der Erfahrung der Familie steht, daß Mr. Smith der Deviante ist, wird sie abgelehnt. Doch akzeptiert dann Mrs. Smith das Etikett des Krankseins, weil es für sie das Versprechen birgt, daß ihre eigenen Bedürfnisse befriedigt werden, die sich bisher immer den Bedürfnissen von Mr. Smith unterzuordnen hatten. Das ursprüngliche Verhältnis erfährt eine Umkehrung. Mrs. Smith, die gequälte, opferbereite Helferin des devianten Mr. Smith, wird nun ihrerseits zur Patientin. Der frühere indentifizierte Patient soll jetzt dem neuen Devianten helfen.

Zugleich bleibt Mr. Smiths zentrale Stellung innerhalb des Systems erhalten. Diese Position ist deutlich von Wichtigkeit für ihn und für seine Familie. Aber bestimmte Aspekte seiner Persönlichkeit, die bisher ungenutzt waren, können jetzt auftauchen, und so kann er zum Helfer werden, anstatt Hilfe zu empfangen. Diese Strategie läßt sich gut an, und ihr Erfolg wird durch verschiedene Umstände ermöglicht. Der Therapeut hat Mr. Smith unmittelbar gestützt. Da Mr. Smith sich durch die Allianz mit dem Therapeuten bestätigt sieht, wird dieses Bündnis ihm wichtig. Um es zu erhalten, muß Mr. Smith die Realität der Bedürfnisse seiner Frau anerkennen. Er muß sich als ihren Helfer betrachten und nicht länger als denjenigen, der ständig Hilfe von ihr empfängt. Diese Verlagerung wirft die Familie aus ihrem gewohnten Fahrwasser. Mr. Smiths Erfahrungen, das Produkt innerer und äußerer Faktoren, verändern sich. Er wird nicht länger als deviant betrachtet, sondern als „Zwilling" des Therapeuten. Er wird auch nicht mehr als Hilfeempfänger, sondern als Helfer angesehen. Diese Transformation der Familienstruktur macht es möglich, daß bisher verborgene transaktionale Muster an die Oberfläche kommen. Diese neuen Muster stützen sich nicht nur selbst, sondern werden durch die Behandlung auch noch verstärkt.

Im Anschluß an diese Sitzung findet eine Diskussion mit Dr. Farrell über das weitere Vorgehen bei der Arbeit mit dem Ehepaar statt. Als Dr. Farrell die Meinung äußert, daß sie nicht genügend Erfahrungen in der Familientherapie besitzt, um mit den Eheleuten zu arbeiten, wird der Fall an einen Familientherapeuten, Mariano Barragan, überweisen. Er trifft sich in den nächsten zehn Monaten etwa 20 Mal mit den Smiths. Der Brennpunkt verlagert sich auf Mrs. Smith und die sexuellen Schwierigkeiten des Ehepaares, und es werden Techniken eingeführt, wie sie von Masters und Johnson entwickelt worden sind.[1] Der Therapeut ist der Familie auch behilflich, einen fester umrissenen Lebensraum für Mr. Brown abseits vom Leben des Ehepaares zu schaffen. Der Großvater ist nun häufiger mit seinen eigenen Bekannten zusammen und legt Wert darauf, sich abends in seine eigenen Räume zurückzuziehen. Die Behandlung wird im gegenseitigen Einvernehmen abgeschlossen. Eine drei Jahre später durchgeführte Kontrolluntersuchung ergibt, daß Mr. Smith noch immer mit Erfolg am gleichen Platz arbeitet und die Familie in Harmonie miteinander lebt. In diesem Fall hat die familienorientierte Intervention eine Aufnahme ins Krankenhaus vermeiden können.

1. William H. Masters und Virginia E. Johnson: Human Sexual Inadequacy. Boston: Little, Brown 1970.

10 Die Technik des „Ja, und ...“: Die Dodds' und Carl A. Whitaker

Das Gespräch, das Carl A. Whitaker hier mit den Dodds führt, dient als Demonstration der Befragung einer Familie. Die Familie Dodds befand sich bereits seit einem guten Monat in der Behandlung eines familientherapeutischen Teams der Philadelphia Child Guidance Clinic, das aus einem Psychologen und einem angehenden Sozialarbeiter bestand. Die hier transkribierte Sitzung zeigt die Schwierigkeiten, die mit einer derartigen Demonstration stets verbunden sind. Der Gesprächsleiter wird weder mit der Familie noch mit deren Therapeuten jemals wieder in Kontakt kommen. Er hat es mit zwei Zuhörerkreisen zu tun – der Familie, die eine Behandlung braucht, und dem Fachpublikum, das eine Lektion erwartet. Seine Interventionen richten sich auf beide Kontexte und beide Ziele. Allerdings hat das Demonstrationsinterview den Vorteil, die wichtigsten Merkmale des Stiles, der dem Gesprächsleiter eigen ist, deutlich werden zu lassen.

Carl Whitaker fordert die Familie Dodds heraus und sucht nach einem Ansatzpunkt für ihre Veränderung, indem er eine erweiterte Realität als jedem ihrer Mitglieder zugänglich postuliert. Er unterstützt die Reaktionen der Familienmitglieder auf die jeweiligen Umstände und läßt die Familie spüren, daß er ihre Versuche, mit den Dingen fertigzuwerden, anerkennt und respektiert. Er schließt sich der Familie an und verweilt bei positiven Aspekten und Möglichkeiten. Mr. und Mrs. Dodds reagieren auf diesen „sehr netten Mann“, wie sie ihn noch nach anderthalb Jahren beschreiben, mit erhöhter Selbstachtung und größerem gegenseitigem Respekt. Vor diesem Hintergrund rät Whitaker nicht zu Veränderung, sondern zur Erweiterung des Selbst, nicht weil der jeweilige Partner dies braucht, sondern im eigenen Interesse. Beispielsweise beschreibt Mr. Dodds sich selbst als sanft und ruhig. Whitaker sagt: „Erschrickt Ihre Frau, wenn Sie wirklich einmal Stärke zeigen?“ Zur Frau sagt er: „Wenn er sich stark gibt, dann werden Sie sanft. Halten Sie sich an seine Art, wenn er sich an Ihre hält.“

Der identifizierte Patient ist ein stiller, verschreckter Junge von 11 Jahren, der von seiner strengen Mutter beherrscht wird. Im Zusammenhang seiner Erkundungen, wie weit der einzelne in sich selbst diejenigen Gefühle wahrnimmt, die er anderen Familienmitgliedern zuschreibt, mit denen ihn eine komplementäre Beziehung verbindet, fragt Whitaker: „Schlägst du sie manchmal beim Kartenspielen? Wie nimmt sie das auf? Ist sie beleidigt?" Später fragt er: „Hast du dir jemals vorgestellt, wie es wäre, wenn du die Mutter deiner Mutter wärest? Nein, nie? Oh, aber das ist wunderbar!"

Whitaker wendet sich nicht direkt gegen die Proximität von Mutter und Sohn. Statt dessen versucht er, die Synapse* der interpersonalen Transaktionen zu verändern, indem er das Selbstgefühl der Teilnehmer steigert. Im Blick auf die Familienstruktur vergrößert er die Proximität von Mann und Frau, indem er ihre Transaktionen fördert, dabei Mutter und Sohn voneinander trennt und die Mittelpunktstellung der Mutter schwächt. Dieses Vorgehen führt dazu, daß sich die Erfahrungen der Familienmitglieder wandeln.

Das hier folgende Interview zeigt eine interessante Technik der „Veränderung von Alices Umwelt". Whitaker erkennt sich als zu mächtig in der Sitzung. Er setzt sich daher auf den Fußboden. Nun, da er „niedrig" und klein erscheint, fühlen sich die übrigen erhoben und mächtiger. Sein Wechsel der Position und sein Spiel mit dem kleinen Kind machen es möglich, daß sich eine freundliche, stützende Atmosphäre in der Familie entwickelt, in der sonst gewöhnlich Strenge herrscht und die starke Schuldgefühle kennt.

Wir geben nur die ersten 20 Minuten des Interviews wieder. Zu Beginn erhält Whitaker einzige kurze Informationen von seiten des Psychologen. Die kleineren Kinder sind ebenfalls zugegen: die neunjährige Cathy, der siebenjährige David und das Baby. Die Sitzordnung der Teilnehmer ist die folgende:

Mrs. Dodds	Mr. Dodds (der dem Baby die Flasche gibt)
Wise (Kliniktherapeut)	Cathy
David	Schwartz (Kliniktherapeut)
Whitaker	Jason

* Synapse: „Schaltstelle" (zwischen zwei Nerven bzw. zwischen Nerven und Muskeln).

Die Beobachter verfolgen das Geschehen hinter einem einseitigen Spiegel bzw. am Fernsehgerät, so daß ihre Anwesenheit nicht störend empfunden wird.

Schwartz: . . . das Problem des Einnässens von Jason, dessentwegen sich die Familie nicht einig war. Mrs. Dodds war der Meinung, daß es ein echtes Problem sei. Mr. Dodds war in diesem Punkt toleranter, er meinte, es würde vorübergehen.

Whitaker: Wollen Sie dazu noch etwas sagen? Zu dem, was er berichtet hat?

N. Richtet seine Frage an die ganze Familie.

Mrs. Dodds: Es ist sehr schwierig, eine Situation hier ausführlich zu beschreiben, über die wir schon seit Wochen mit den Therapeuten sprechen. Im Laufe dieser Sitzungen ist mir schon der Gedanke gekommen, daß ich vielleicht zuviel von meinem Ältesten erwarte. Ich erwarte, daß er Verantwortlichkeiten übernimmt, von denen ich nicht glaube, daß sie zu hoch sind für einen Elfjährigen. Ich finde, es ist nicht zuviel verlangt, daß er zum Beispiel schmutzige Kleidungsstücke aus seinem Zimmer trägt und in den Wäschekorb legt. Und nachts . . . ich beziehe das Bett nicht jeden Morgen neu, weil es naß ist. Ich sage ihm also: „Jason, du kannst das doch selbst. Es sind genügend saubere Laken da. Du kannst dein Bett frisch beziehen." Abends, wenn das Bett schon etwas naß ist, gehe ich hinein. Ich habe ein Deodorant, das ich in dem Zimmer benütze, denn er ist ein großer Junge. Verstehen Sie, ich möchte gerne den Geruch vermeiden.

Whitaker: Stört der Geruch ihn auch, oder ist er nur Ihnen lästig?

A. Folgt dem Inhalt.
N. Deutet Individuation an.

Mrs. Dodds: Ja, es ist mir lästig, ich will diesen Geruch nun mal nicht in der Wohnung haben. Und Jungen in diesem Alter – wenn man da nicht ein bißchen aufpaßt – ich weiß nicht, ob Sie das so genau wissen, Herr Doktor, aber es passiert eben. Ich bin schon in anderen Wohnungen gewesen, da hat es geradezu nach Urin gestunken – also nein, Sie verstehen mich sicher.

Whitaker: Ist es nur eben der Harngeruch, der Sie stört, oder sind es noch andere Gerüche, die Ihnen zuwider sind?

A. Therapeut folgt dem Inhalt der Mitteilungen und hält den Kontakt mit der Mutter aufrecht, die sich als die Schaltstelle der Familie bezeichnet. Sie war es auch, die sich ursprünglich an den Therapeuten gewandt hat.

N. Anstatt sich auf das Problem des Kindes zu konzentrieren, fragt der Therapeut danach, was die Mutter als störend empfindet, d. h. er betrachtet sie als Patienten.

Mrs. Dodds: Ja nun, vielleicht riecht es auch bei Ihnen mal nach etwas – Knoblauch vielleicht – und Sie haben es auch nicht gern, wenn der Geruch zu stark wird.

Whitaker: Nein, ich meine an ihm.

Mrs. Dodds: Oh nein. Wir sehen drauf, daß er sich wäscht.

Whitaker: Es klang anfangs, als hätten Sie jemanden gegen sich. Ist es nur Jason, der auf der anderen Seite steht, oder ist der Papa vielleicht auch gegen diese Bemühungen von Ihnen, den Geruch loszuwerden?

A. Aufnahme der Spur (folgt dem Inhalt der Mitteilungen) und Aufrechterhaltung der Struktur (spricht mit der „Schaltstelle“)

N. Erkundet die Möglichkeit einer Koalition zwischen Vater und Sohn gegen die Mutter.

Mrs. Dodds: Nein, nein. Er . . . ich mache das ausschließlich aus eigenem Antrieb. Ich glaube, daß Jack tagsüber nur die Hälfte davon mitbekommt, wie ich herumschreie: „Tu das nasse Laken aus dem Bett! Wirf es in den Wäschekorb!" Und jeden Tag wird der Korb geleert, und jeden Tag wasche ich. Ich bin bestimmt nicht der sauberste Mensch auf der Welt. In meiner Wohnung, wenn Sie da morgens hinkommen, Herr Doktor, dann müssen Sie vielleicht über Spielsachen klettern, oder die Kinder haben ihre Sachen auf dem Fußboden verstreut, und das Eßzimmer müßte mal wieder gewischt werden. Aber . . .

Whitaker (zu Wise): Würden Sie mir einen Gefallen tun? Den Platz mit Jason tauschen? *(Jason und der Therapeut wechseln den Platz, so daß Jason nun zwischen David und seiner Mutter sitzt).*

N. Ändert eine Sitzordnung, durch die Jason außerhalb der Familie plaziert war.

Mrs. Dodds: Was die Gesundheit der Kinder angeht, da bin ich wohl etwas empfindlich. Besonders weil ich weiß, daß er einnäßt. Und er wird nun groß, und morgens muß er sich waschen, und morgens ist auch immer alles sauber und trocken. Ich passe auf, daß er sich wäscht – man will ja nicht ungewaschen in die Schule gehen. Denn ich habe die Erfahrung gemacht – andere Kinder sind mir nahe gekommen, und sie haben ganz einfach gerochen, und es hat ihnen überhaupt nichts ausgemacht. Und wenn ich nicht hinterher bin, dann kann es schon mal vorkommen, daß er es vergißt. Und dann kommt er in meine Nähe, und ich sage: „Du hast keine frische Wäsche angezogen", oder „Du hast dich nicht richtig gewaschen.“ Das ist dann morgens, bevor er in die Schule geht . . .

Whitaker: Man hat das Gefühl, Sie hätten Feuer in den Augen, wenn Sie so reden.

A. Obwohl er Kritik an der Art übt, wie die Mutter über ihren Sohn spricht, tut er es doch in einer Weise, daß sie sich nicht persönlich kritisiert fühlt. Die Bemerkung könnte auch ein Kompliment über ihre Lebhaftigkeit sein.

Mrs. Dodds: . . . und ich denke mir: „So gehst du mir nicht in die Schule!“

Whitaker: Und dann?

Mrs. Dodds: Wir tragen vielleicht nicht die allerfeinsten Kleider, aber wir können doch sauber sein. Seife kostet ja nicht die Welt. Aber es ist sehr schwierig. Ich finde, er müßte das können. Die schmutzige Wäsche aus seinem Zimmer tragen und in den Wäschekorb legen.

Whitaker (zum Vater): Sie wollten etwas sagen.

A. Reagiert auf eine Geste des Vaters, um den Kontakt mit ihm herzustellen.

Mr. Dodds: Er hatte auch Schwierigkeiten mit sich selbst. Das scheint in den letzten paar Monaten besser geworden zu sein.

Whitaker: Was halten Sie denn von Ihrem Therapeuten-Team?

N. Erinnert den Vater und die übrigen Anwesenden daran, daß er nur in einer beratenden Rolle ist. Er möchte eine klare Lösung von den übrigen Therapeuten bewirken, damit er seine Erkundungen dann anschließend mehr auf Wachstum und persönliche Möglichkeiten ausrichten kann anstatt auf pathologische Momente.

Mr. Dodds: Oh, sie machen ihre Sache sehr gut.

Whitaker: Sie arbeiten gut zusammen?

Sie fühlen sich gut aufgehoben bei den beiden?
Mr. Dodds: Ja, recht gut. – Er wollte auch kein Toilettenpapier benützen. Warum, das weiß ich nicht. Was er im Wäschekorb gefunden hat, das hat er genommen, um sich abzuputzen. Warum er etwas gegen Toilettenpapier hatte, weiß ich nicht. Das war auch so ein Problem, das uns sehr gestört hat.
Whitaker: Vielleicht ist es ihm unangenehm, daß es so dünn ist. Wie ist das jetzt? Kommst du besser mit deiner Familie zurecht, seit die Sache hier läuft? *(Jason sieht seine Mutter an)*

N. Der Therapeut nennt versuchsweise einen logischen Grund für das Verhalten des Kindes, anstatt es als verrückt zu betrachten. Er benützt die Bemerkung des Vaters als Brücke, um in direkten Kontakt mit dem identifizierten Patienten zu treten, der bisher nur passiver Gegenstand des Gesprächs gewesen ist. Seine Frage bezieht sich auf die zwischenmenschlichen Transaktionen zwischen dem identifizierten Patienten und der Familie; sie beschäftigt sich nicht mit pathologischen Momenten.

Mrs. Dodds: Er spricht mit dir, Jason.
Whitaker: Kommst du gerne hierher, oder ist es dir unangenehm? *(Jason zuckt mit den Schultern.)* Du bist sehr sorgfältig angezogen. Ziehst du dich immer so sorgfältig an? *(Jason schüttelt den Kopf.)* Du siehst aus, als wärest du 17.

A./N. Spricht mit dem identifizierten Patienten, der als schmuddlig und ungepflegt beschrieben worden ist, und macht eine Bemerkung über sein gepflegtes Aussehen und seine scheinbare Reife.

Mrs. Dodds: Gehst du nicht in die Schule, Jason? Gehst du nicht jeden Morgen so weg?
Jason: Doch.
Mrs. Dodds: Also, warum hast du dann nein gesagt? Das sind seine

Schulkleider, denn wir wollen die Kinder ja dann gleich hinschicken. Deshalb habe ich auch Cathy gesagt, sie soll ihre Schuluniform anziehen.

Whitaker: Du siehst sehr würdig aus. Ich wollte, ich könnte meinen elfjährigen Sohn dazu bringen, daß er sich so anzieht.

N. Lehnt das Ansinnen der Mutter ab, weiterhin den Kontakt mit dem Therapeuten stellvertretend für die ganze übrige Familie zu pflegen.
A. Hält den Kontakt mit dem identifizierten Patienten aufrecht und stellt ihn als Beispiel hin. Identifiziert sich als Vater eines gleichaltrigen Kindes, das nicht gehorcht.

Mr. Dodds: Allerdings sieht er nicht mehr so aus, wenn er heimkommt.
Mrs. Dodds: So sieht er aus, wenn er geht, aber nicht, wenn er kommt.
Whitaker: Gott sei Dank!

N. Der Therapeut verstärkt die Botschaft, daß ein wenig Unordnung ganz normal ist. Sein Ton ist beiläufig, und er spricht niemanden direkt an. Dennoch ist diese Bemerkung eine von vielen, die der Familie sein Wertsystem zur Kenntnis bringen sollen.

Mrs. Dodds: In der Schule muß er jeden Tag ein weißes Hemd und ein Jackett tragen, deshalb gehen sie jeden Morgen sauber aus dem Haus. Das sind seine Schulkleider. Die Hosen sind neu, aber . . .
Whitaker: Trägst du erst seit kurzem lange Hosen?

A. Benützt die Bemerkung der Mutter als Brücke, um in Kontakt mit einem anderen Mitglied zu treten, ohne sie dabei zurückzuweisen.

Mrs. Dodds: Er spricht mit dir, David.
Whitaker: Wie lange schon?
Mrs. Dodds: Antworte doch, David.
Whitaker: Das ist sehr früh für lange

A. Wenn auch der Inhalt nur zeigt,

Hosen. Ich dachte immer, Kinder wären . . . In welchem Alter tragt ihr lange Hosen? Wie alt bist du? Zehn?

daß der Therapeut über die wechselnde Kindermode nicht Bescheid weiß, so wird doch seine Absicht, einen Dialog mit dem Kind zu beginnen, deutlich.

Mrs. Dodds: Kannst du denn nicht reden? Sprich doch mit ihm.
Schwartz: Das ist das erste Mal, daß David und ich uns treffen. Ich sehe dich heute zum ersten Mal. Und es fällt mir gerade auf, wie ähnlich David und Jason einander sind, wenn sie Fragen beantworten sollen. Mit Jason haben wir es ja auch erlebt, daß es sehr schwierig war, überhaupt miteinander zu reden. Und wir wissen nicht so genau, warum das so ist. Manchmal schaltet sich Mrs. Dodds dazwischen und antwortet auf die Fragen.

A. Schwartz baut eine Brücke zwischen dem früheren therapeutischen System und dem heute tätigen Berater. Sein Stil unterscheidet sich deutlich von dem Whitakers; ihm geht es um die pathologischen Momente und den Widerstand.

Whitaker: Mir scheint, die Mama hat soviel Feuer in der Stimme, daß er tatsächlich zögern muß, oder?

N. Erklärt das Verhalten des Kindes vor dem Hintergrund seiner Interaktionen mit der Mutter. Das wiederholt vorgebrachte Bild (Feuer) ist nicht negativ, denn es spielt nicht auf die Strenge oder den Zorn der Mutter an. Eher läßt es an eine Göttin denken, die Furcht, Respekt und ein Gefühl der Verehrung einflößt und der man sich nur zaudernd und unschlüssig nähert.

Mrs. Dodds: Ach nein, ich habe sie nur in keiner Weise angetrieben oder beeinflußt, weil ich ja nicht weiß, was Sie für Fragen stellen werden. Das einzige, was ich gesagt habe, war – Jason, erzähl Dr. Whitaker, was ich euch für den Fall gesagt habe, daß man euch etwas fragt.

Die Mutter fühlt sich herausgefordert und paßt sich dem Therapeuten an.

Jason: Was?

Mrs. Dodds: Zu Hause habe ich euch doch gesagt: Was man euch auch fragt, was solltet ihr tun?
Cathy: Antworten.
Mrs. Dodds: Was, Cathy? Ja, richtig, antworten! Das ist das einzige, was ich ihnen gesagt habe. Wenn ihr irgendetwas gefragt werdet, ganz egal was, dann antwortet.
Whitaker: Nun zu Ihnen, Dad. Begegnen Sie denn dieser Stärke, die Ihre Frau zeigt, mit Freundlichkeit und Gelassenheit?

N. Setzt sich mit dem Vater in Verbindung und vermeidet es, der Mutter direkt zu antworten und sie herauszufordern. Der Therapeut spricht von der komplementären Natur der ehelichen Beziehung. Wieder betonen seine Worte die positiven Aspekte: Die Mutter ist stark, der Vater ist freundlich. Ein Therapeut, dem es mehr um das pathologische Muster zu tun wäre, würde sie wahrscheinlich streng und manipulativ, ihn dagegen passiv nennen.

Mr. Dodds: Ja, ich glaube, wir sind von unserem Naturell her das genaue Gegenteil. Sie ist, wie Sie sagen, sehr feurig.
Whitaker: Finden Sie das gut? Gefällt es Ihnen?
Mr. Dodds: Ja, in mancher Hinsicht ist es sicher gut.
Whitaker: Ich habe das Gefühl, daß das mit den Ehen immer so ist. Ich habe eine temperamentvolle Frau geheiratet, weil ich eher sanft und ruhig bin.

A. Beide Ehepartner und ihre transaktionalen Muster werden gestützt. Die Grenze um das eheliche Subsystem wird definiert, was beide Partner schützt. Die Mutter ist nicht wie zu Beginn der Sitzung als die alles steuernde Schaltstelle isoliert, und der Vater ist nicht in seiner Rolle als

„Ernährer" isoliert (Er hat nichts gesagt, seit er dem Baby die Flasche gegeben hat). Die Erhöhung der tätigen Nähe der Ehegatten befreit auch den identifizierten Patienten von der ständigen Aufmerksamkeit seiner Mutter. Die mimetischen Bemühungen des Therapeuten stützen Mann und Frau gleichfalls, sie zeigen ihnen nämlich, daß er gerade so ist wie sie auch.

N. Das Gespräch mit dem Vater rückt diesen mehr in den Mittelpunkt und beschneidet das Terrain der Mutter.

Mr. Dodds: Und sie ist dann eben der lebendige Teil der Gesellschaft.

Whitaker: Nein, ich glaube, ich habe viel durch ihr Feuer gewonnen. Und ich nehme an, andersherum ist es ebenso: Ihre Frau hat Sie geheiratet in der Hoffnung, das eigene Feuer ein wenig zu besänftigen.

A. Die Mimese erhöht noch seine Anpassung an die Familie. Therapeut und Vater werden durch eine ganz ähnliche Erfahrung zu „Zwillingen".

N. Vermittelt der Mutter indirekt eine Botschaft des Inhalts, daß eine Veränderung („das eigene Feuer ein wenig zu besänftigen") wünschenswert wäre, die von ihr ausgehen müßte. Das verstärkt die Grenze um das eheliche Subsystem, denn dem Mann wird damit die Funktion der aktiven Unterstützung seiner Frau zugeteilt.

Mr. Dodds: Ich halte es für einen ausgleichenden Effekt. Es ist gut so.

Whitaker: Ich denke mir oft, wenn zwei Feuerbälle, wie Ihre Frau einer ist, einander heiraten würden, dann würde sich alles in Rauch auflösen. Und zwei sanfte und stille Menschen wie Sie oder ich würden als Ehepaar nur noch bla-bla-bla machen.

Mrs. Dodds: Da stimme ich Ihnen zu. Das sage ich auch immer. Meine Güte, was wäre passiert, wenn er ein Mädchen geheiratet hätte, das so ist wie er? Das wäre nicht lustig, mein Lieber!
Mr. Dodds: Das ist wahr. Wahrscheinlich ist das der Grund, daß man sich findet.

Whitaker (zum Baby): Hallo. Willst du mal zu mir kommen? Komm mal her, komm her *(er nimmt das Baby auf den Schoß).* Wie gefällt dir das? Möchtest du wieder herunter? *(Das Baby gleitet von seinem Schoß.)*

A. Der Therapeut schließt sich der Familie im Bereich der nährend-fürsorglichen Funktionen an, indem er das Baby hochnimmt, das zwischen den einzelnen Familienmitgliedern herumgetappt ist, um auf den Schoß genommen zu werden.

Mrs. Dodds: Er ist ein sehr freundliches Kind.
Whitaker: Ein süßes Lächeln. Tschüs! *(Das Baby kriecht zu seiner Mutter.)*
Mrs. Dodds: Komm, zeig dem Mann doch mal, wie gut du schon allein aufstehen kannst.

Whitaker: Wunderbar. Möchtest du hier herüberkommen, zu meiner Hand? Komm her *(er setzt sich auf den Fußboden und streckt die Arme nach dem Baby aus).*

A. Läßt die Förmlichkeit beiseite. Die Aktion erfordert auch eine Anpassung der Familie an den Therapeuten und sein zur Schau gestelltes Wertsystem – nährend-fürsorgliche Haltung, Gelöstheit, Toleranz, Sanftheit und Gelassenheit.
N. Unterstützt implizit den Vater, der, als „Zwilling" des Therapeuten, nun ebenfalls „sanft, aber stark" ist.

Mrs. Dodds (das Kind kriecht zu ihr zurück): Möchtest du doch lieber wieder zur Mama? Also, dann komm. Du willst da stehenbleiben und den Doktor begrüßen? Er ist ein sehr

Jetzt erscheint ein alternatives Transaktionsmuster in Reaktion auf das Verhalten des Therapeuten. Die Mutter gibt sich sanfter, fast verführerisch, und es breitet sich

netter Mann, nicht wahr?

allgemein Stolz und Zufriedenheit aus, während das Baby im Mittelpunkt steht.

Cathy: Komm *(Sie nimmt das Baby).*
Whitaker (der noch immer am Fußboden sitzt): Sind die Jungen manchmal auch so temperamentvoll wie die Mama? Oder sind sie eher so wie Sie?

N. Fährt fort, den Vater in den Mittelpunkt zu stellen, wobei er den Gedanken an dessen Vorbildstellung für die Kinder ins Spiel bringt.

Mr. Dodds: Ich weiß nicht. Sie sind ziemlich ausgeglichen. Manchmal bricht es natürlich auch aus.
Whitaker: Bricht es gelegentlich auch bei Ihnen aus?

A. Nimmt die Spur auf. Die Erkundung eines bestimmten Aspektes im Verhalten des Vaters stellt für diesen eine Bestätigung dar.

Mr. Dodds: Gelegentlich, ja.
Whitaker: Und wie sieht das aus?
Mr. Dodds: Es kommt sehr selten vor. Es muß sich schon um eine Sache handeln, die schon lange im Raum steht, bevor es bei mir wirklich losbricht.
Whitaker: Erschrickt Ihre Frau, wenn Sie wirklich einmal in dieser Weise Stärke zeigen?

N. Präsentiert die Möglichkeit eines „erschreckenden" Verhaltens von seiten desjenigen Familienmitgliedes, das in der Familie als sanft und gelassen gilt. Der Therapeut dehnt die möglichen individuellen Alternativen aus, eine Technik, die er auch später noch einsetzen wird.

Mr. Dodds: Nein! *(Beide Eltern lachen).*
Mrs. Dodds: Ich wollte eigentlich nicht lachen, aber wirklich, Jack schafft es nicht, daß ich mich wirklich einmal vor ihm fürchte. Er schreit mal herum, und ich lasse ihn. Wenn er einen Ausbruch hat, dann lasse ich ihn eben schreien.

Whitaker: Sie verhalten sich in seiner üblichen Art, wenn er sich mal in Ihrer üblichen Art verhält. Wenn er sich stark gibt, dann werden Sie sanft.

A. Eine erzieherisch gemeinte Bemerkung.
N. Betont die komplementäre Natur des jeweiligen Verhaltens der Ehepartner.

Mrs. Dodds: Also, wenn ich meine, daß er vollkommen im Unrecht ist, oder – herrjeh, ich kann mich gar nicht erinnern, worüber wir uns gestritten hätten, was wirklich wichtig gewesen wäre. Er schreit vielleicht mal wegen einer Sache, und ich denke dann, gut, laß ihn doch, und ich antworte ihm gar nicht. Und wenn es was Wichtiges ist, etwas, was mich vermutlich sehr aufregen würde, dann warten wir, bis die Kinder im Bett sind. Wir sprechen über alles, wo vielleicht eine wichtige Entscheidung getroffen werden muß. Wir besprechen nicht alles vor den Kindern, aber doch das meiste. Aber es gibt Dinge, die wir entscheiden müssen, und die besprechen wir nicht vor den Kindern.

Whitaker: Glauben Sie denn, daß sie das . . . wenn sie Sie nicht streiten sehen . . .

A. Bewahrt den Kontakt mit der Mutter, die sich als zentrales Familienmitglied bezeichnet hat.
N. Führt eine neue Wertvorstellung ein – die Überlegung, wie wichtig es für die kindliche Entwicklung ist, die Eltern auch einmal in Streit und Meinungsverschiedenheit oder bei der Bewältigung eines Konfliktes zu erleben.

Mrs. Dodds: In den meisten Fällen . . . oh nein, wir verbergen nichts. Zum Beispiel, eine wichtige Entscheidung über etwas, was wir uns leisten oder nicht leisten können, die schließt auch die Kinder ein. Ich meine, Jason weiß durchaus, daß Jack und ich mal über eine Sache streiten. Aber bei allen großen Entscheidungen werde ich sehr nervös – wir besprechen das in Ruhe, weil Jack ein ruhiger Typ ist. Ich sage: „Komm, wir wollen die Sache mal überlegen."

Whitaker: Wenn Sie nervös werden, dann ist er gewissermaßen Ihr Therapeut.

N. Betont wieder die komplementäre Natur der Beziehung der Ehepartner untereinander.

Mrs. Dodds: Ja, das glaube ich auch. Ich respektiere es, daß er lange und gründlich über die Dinge nachdenkt, bevor er Ja oder Nein zu einer Sache sagt, für die ich mich schon entschieden hatte. Wir haben auch darüber diskutiert, ob wir hierherkommen sollten, und wir haben die Frage von allen Seiten betrachtet. Wir haben überlegt, daß es Zeit kostet. Ein paar Mal konnten wir dann nicht kommen, weil immer jemand krank war. Aber als wir dann beschlossen hatten herzukommen, da haben wir beschlossen, *beide* zu kommen, daß Daddy auch kommt, wenn er gebeten wird. Er kommt mit. Und das ist viel für einen, der schließlich berufstätig ist, immer schnell heimrennen und dann hierher rennen. Er könnte ja jetzt auch in aller Ruhe zu Hause sitzen. Aber er sagte: „Nein, Schatz, ich gehe schon mit."

Whitaker (das Baby kitzelnd): Und wenn er wirklich mal Nein zu einer Sache sagt, bearbeiten Sie ihn dann?

Mrs. Dodds: Nein. Wenn er sagt, daß es seiner Meinung nach nichts ist, nicht das Richtige ist, dann füge ich mich gewöhnlich seinem Urteil. Das passiert nicht allzu oft. Jack läßt mir mehr oder weniger Freiheit. Er weiß, ich bin den ganzen Tag zu Hause, und ich muß mit bestimmten Dingen leben. Ich meine, ich kann da nicht allzu sehr ins einzelne gehen, weil ich sonst . . .

Whitaker: Nein, das ist schon in Ordnung. Haben Sie manchmal das Gefühl, daß es doch eine rechte Last ist, alles auf die eigene Schulter zu nehmen?

N. Benützt ein neues Etikett, indem er den Gedanken einführt, den er später noch weiter ausspinnen wird, daß nämlich die „Pflichten" der Frau (ihre übermäßig kontrollierende Art) ihr vielleicht lästig fallen.

A. Zeigt Sympathie und Achtung, während er in Form des teilnehmenden Fragens ein neues Etikett einführt.

Mrs. Dodds (zögert): Nein, es ist keine Last für mich. Ich glaube nicht, daß ich immer alles ganz richtig mache, wissen Sie.

Whitaker: Natürlich, das geht uns doch allen so. Das gehört nun mal dazu, wenn man Kinder hat.

A. Diese Botschaft („wir sind ja alle in erster Linie und vor allen Dingen Menschen" – wie es H. S. Sullivan formulierte) ist in vielen Bemerkungen des Therapeuten enthalten. Der Gedanke ist Teil seiner humanistischen, auf Normalität abhebenden Einstellung.

Mrs. Dodds: Ich mache mir Sorgen um Jason, und ich weiß nicht warum, weil er bisher niemals in Schwierigkeiten geraten ist. Er ist ein nettes Kind. Wir haben soviel Spaß, wenn wir zusammen spielen oder . . . Was spielen wir denn zusammen *(zu Jason):* Monopoly? Er ist kein so

besonders guter Verlierer. Wenn ich ihn mit 500 oder so schlage, dann . . .
Whitaker: Schlägst du sie auch manchmal?

N. Bietet wiederum einem Familienmitglied die Chance einer Ausweitung seiner Verhaltensweisen. Das Wort „schlagen" wird hier in beiden Bedeutungen angewandt, im Sinne von Gewinnen und von Prügeln. Das Vorgehen des Therapeuten gegenüber Jason, einem ruhigen Jungen, ähnelt dem gegenüber dem Vater.

Jason (lacht): Manchmal.
Whitaker: Wirklich? Wie nimmt sie das auf? Ist sie beleidigt?
Mrs. Dodds: Sieh den Doktor an.
Whitaker: Läßt sie es später an dir aus?
Jason: Nein *(er lacht).*
Whitaker: Nicht?
Mrs. Dodds (zu Whitaker) Nein, nein.

A. Bestätigt den identifizierten Patienten als kompetenten Beobachter des mütterlichen Verhaltens.

Whitaker: Ist sie stolz auf dich, wenn du sie schlägst?

N. Erweitert wiederum die Grenzen des „akzeptablen Selbst", indem er mögliche Verhaltensperspektiven einführt, an die der identifizierte Patient noch nicht einmal gedacht hat – daß die Mutter ihn akzeptieren und womöglich sogar noch stolz auf ihn sein könnte, wenn er sie schlagen würde.

Jason: Nein.
Whitaker: Ich kann mich noch erinnern, wie mir mein Sohn zum ersten Mal ein blaues Auge verpaßt hat.

A. Spricht über seine eigenen Erfahrungen als Vater. Hier hat das zweideutige „Schlagen" ganz deutlich eine Beimischung von Gewalttätigkeit.

Mrs. Dodds: Ich spreche über das Kartenspielen.
Whitaker: Weiß der Kuckuck, ich war wirklich wütend auf ihn, aber

A. „Modelliert" normales Verhalten, die Tatsache nämlich, daß man

irgendwie war ich auch sehr erfreut. So ein Teufelskerl, nicht wahr.

zugleich wütend und stolz sein kann. Nachdem er sich zunächst als „Zwilling" des Vaters und dann als „Zwilling" der Mutter erwiesen hat, zeigt er nun seine eigenen Gefühle und regt seine Zwillingsgeschwister an, diese Möglichkeit ebenfalls wahrzunehmen.

Mrs. Dodds: Das ist nur beim Kartenspielen so. Sonst schlägt er mich noch nicht. Ich sage „noch", weil ich manchmal denke, wenn ich wegen irgendeiner Sache hinter ihm her bin, dann ist es nur die Tatsache, daß ich seine Mutter bin, nicht wahr, die ihn die Hand nicht gegen mich erheben läßt. Denn er wird sehr jähzornig auf mich.

Whitaker: Dann bist du also genau wie dein Papa. Du bläst den Kamin nur hin und wieder sauber. Was würde wohl geschehen, was meinst du *(unterbricht sich, um das Baby zu kitzeln)* – was glaubst du, was geschehen würde, wenn du in einer Auseinandersetzung mit deiner Mutter Sieger wärest und ihr nachweisen könntest, daß sie im Unrecht ist?

N. Zeigt, daß das Verhalten des Sohnes in Reaktion auf seine Mutter dem Verhalten des Vaters gleicht. Der Therapeut spricht mit dem Sohn und sendet dabei eine Botschaft an den Vater.

Jason: Ich weiß nicht.

Whitaker: Nimm mal an, du kriegst sie dran, und zwar so richtig *(er kitzelt das Baby).*

Mrs. Dodds: Sag doch, was du meinst, Jason.

Whitaker: Glaubst du, daß sie weinen würde? Hast du sie schon weinen sehen?

N. Erweitert wiederum die Erfahrungen der übrigen Familienmitglieder. Zu Beginn der Sitzung hat der Therapeut die Mutter gebeten, ihren Sohn als würdigen „Siebzehnjährigen“ zu betrachten, der in mancher Hinsicht besser ist als sein eigener Sohn. Jetzt bittet er den Sohn, seine starke Mutter schwach zu sehen.

Jason: Manchmal.

Whitaker: Gut. Bist du ihr dann eine Mutter gewesen? Hast du dir schon mal vorgestellt, wie es wäre, wenn du die Mutter deiner Mutter wärest? Wenn sie so richtig nervös und aufgeregt ist und am liebsten weinen würde, kommst du dann her und streichelst sie und sorgst dafür, daß sie sich wieder besser fühlt? Machst du das manchmal?

N. Das Bild der „Mutter der Mutter“ fordert den Jungen dazu heraus, sich als Mutter zu sehen. Der Therapeut fordert die Familienmitglieder auf, ihre Vorstellungen zu erweitern und so wie der jeweils andere zu fühlen und zu denken.

Jason: Nee.

Whitaker: Nein, nie? Oh, aber das ist wunderbar. Ich kam eines Tages aus meinem Büro nach Hause, und ich fühlte mich sauelend und legte mich aufs Sofa und schloß die Augen und sagte den Kindern, sie sollten mich jetzt mal in Ruhe lassen. Und als ich ein paar Minuten so gelegen hatte, kam meine kleine sechsjährige Tochter herüber und gab mir einen Kuß. Und stell dir vor, meine Kopfschmerzen waren wie durch einen Zauber verschwunden.

A. Macht sich wiederum der Familie gleich, in diesem Fall zum Vater, der das Verhalten seines Kindes erlebt. Der Therapeut möchte, daß die Familie sich seiner Art des Erlebens anpaßt.

Mrs. Dodds: Du brauchst mich gar nicht anzusehen und dabei zu lachen, Jason. Das ist einfach. Sieh den Doktor an. Er spricht doch mit dir.

Die Mutter fühlt sich möglicherweise unbehaglich, weil sie so ist, wie sie ist, und nicht wie der Therapeut. Sie greift ihren Sohn an.

Whitaker: Vielleicht hat er niemals daran gedacht, die Mutter seiner eigenen Mutter zu sein. Merken die Kinder denn, daß es Ihnen peinlich ist, wenn Sie nervös und aufgeregt sind?

A. Geht auf ihre unbehagliche Lage ein, indem er Unterstützung und Verständnis zeigt.

Daß es Ihnen in diesem Augenblick schrecklich unangenehm ist, daß Sie so nervös sind?

Mrs. Dodds: Ich glaube nicht.

Whitaker: Ist es Ihnen unbehaglich – ist es Ihnen peinlich, schwach zu sein?

N. Hilft der Mutter, der Familie gegenüber Schwäche zu zeigen, insbesondere Jason gegenüber.

Mrs. Dodds: Ich werde wütend auf mich selbst; ich glaube, ich werde eher wütend auf mich selbst als daß ich mich schäme. Sagen wir es mal so. Ich schäme mich nicht, daß ich sie angebrüllt oder daß ich Gefühle geäußert habe. Es ist einfach so, daß ich nicht weiß, wie ich mit einer Situation fertigwerden soll, und dann werde ich wütend auf mich selbst. Weil ich in dieser einen Minute eben hochgegangen bin, anstatt zu warten, bis sein Vater nach Hause kommt oder so ...

Whitaker: Sie meinen, Sie wären lieber etwas ...

Mrs. Dodds: ... aber ich habe es nie gut gefunden, eine Schwierigkeit vor mir herzuschieben, bis der Vater heimkommt, denn entweder vergißt man die Sache selbst, oder das Kind vergißt, warum man es angebrüllt hat ... Und so ...

Whitaker: Um so besser für Sie.

A. Stützt.

Mrs. Dodds: So sieht bei mir die Erziehung in den meisten Fällen aus.

Whitaker: Und wie wäre es, wenn Sie sich entschuldigen? Entschuldigen Sie sich manchmal? Sagen Sie ihm, daß Sie im Unrecht waren?

N. Erzieht. Viele Fragen des Therapeuten sind von seinen Wertvorstellungen darüber geleitet, was es heißt, sich menschlich zu zeigen. Bestätigung und Anerkennung des anderen sind für ihn signifikante Werte.

Mrs. Dodds: Oh ja, ich habe schon Gelegenheit dazu gehabt. Nicht wahr, Jason? *(Jason lacht).* Mich bei dir zu entschuldigen. Habe ich nicht schon gesagt: „Also, Jason, es tut mir leid"? . . . Warte mal. Es ist noch gar nicht lange her, daß ich sagte – daß ich später merkte, daß ich im Unrecht war.

Jason (lacht): Wann war das?

Mrs. Dodds: Zum Beispiel neulich, als ich dich in die Schule brachte und sagte, es täte mir leid, daß wir dich etwas sehr bedrängen, obwohl wir nicht wissen, was in der Schule vorgeht und . . . Habe ich das nicht gesagt? Obwohl wir nicht wußten, unter welchem Druck du standest.

Die Sitzung begann mit einer im Mittelpunkt stehenden und alles lenkenden Mutter, die immer recht hatte und sich über einen enttäuschenden Sohn beklagte. Die Intervention des Therapeuten hat das transaktionale Muster zwischen Mutter und Sohn verwandelt. Jetzt bittet eine in die Enge getriebene Mutter ihren Sohn um Verzeihung.

Whitaker: Verzeiht er Ihnen sofort?

N. Macht aus dem inkompetenten identifizierten Patienten wiederum einen Menschen, der die Macht hat, seiner von Schuldgefühlen geplagten Mutter zu verzeihen oder auch nicht zu verzeihen.

Mrs. Dodds: Verzeihst du mir, Jason?

Jason (lacht): Ja.

Mr. Dodds: Er ist nicht sehr mitfühlend. Wenn er seine Mutter so weit hat, daß sie zusammenbricht oder weint oder so . . .

Whitaker: Dann macht ihm das gewissermaßen Spaß, oder?

Mr. Dodds: Vielleicht macht es ihm nicht gerade Spaß, aber jedenfalls kommt er dann nicht etwa, um die Sache wieder in Ordnung zu bringen oder so. Allerdings kommt es vor,

wenn sowieso alles in Ordnung ist, daß er seiner Mutter mal einen Kuß gibt oder sie umarmt oder so.
Mrs. Dodds: Oh ja.
Whitaker: Ich habe gerade etwas ganz Verrücktes gedacht. Mögen Sie verrückte Gedankengänge? Ich mag meine jedenfalls. Sie sind lustiger als das, was man sonst denkt. Also, mein verrückter Gedanke war, daß er vielleicht versucht, Ihnen zu zeigen, wie Sie Ihre Frau behandeln sollten. Sie sind vielleicht zu schnell mit dem Verzeihen zur Hand.

N. Indem er die trennenden Grenzen rund um die individuellen Rollen niederreißt, regt der Therapeut an, der Vater könne von seinem Sohn lernen.

11 Das Erstinterview: Die Gordens und Braulio Montalvo

Die Ziele eines mit der Familie geführten Interviews sind bis zu einem gewissen Grade bestimmend für die Art und Weise, in der der Therapeut die Sitzung gestaltet. Die Interviews mit den Wagners und den Rabins dienten der Erkundung des tatsächlichen Familienverhaltens. Die Beiträge der Gesprächsleiter beschränkten sich dabei weitgehend auf ihre Anpassung an die Familie und auf diagnostische Sondierungen. Gegenüber den Familien Smith und Dodds trat der jeweilige Therapeut als Berater auf. Die Smiths begannen gerade mit der Familientherapie, und die Dodds waren schon einige Monate lang als Familie behandelt worden; allerdings wußten beide Therapeuten, daß sie mit diesen Familien nicht weiter zusammenarbeiten würden. Das nun folgende Interview mit der Familie Gorden ist das Transkript des allerersten Kontaktes einer Familie mit einem Therapeuten, der mit dieser Familie auch weiterarbeiten möchte.

Ein Erstinterview hat die einzigartigen Merkmale des Zusammentreffens zweier sozialer Einheiten, die einander noch fremd sind. Deshalb sieht es zunächst aus wie eine gesellige Zusammenkunft. Es wird viele Unsicherheiten, Unklarheiten und tastende Versuche geben, bis eine Ebene erreicht worden ist, auf der man miteinander in Kontakt kommt. Das Hauptanliegen des Therapeuten besteht in der Herstellung der therapeutischen Einheit. Zugleich muß er einen Lageplan der Familienstruktur entwerfen, den Brennpunkt erweitern (wenn das vorgestellte Problem ein einzelnes Familienmitglied ist) und, was am wichtigsten ist, zumindest einen vorläufigen therapeutischen Kontrakt aufstellen.

Es gibt noch weitere Aufgaben, die der Familientherapeut in allen Sitzungen wieder zu erfüllen hat, die aber während der ersten Sitzung eine besondere Ausprägung annehmen. Zu Beginn der Sitzung muß der Therapeut als Gastgeber der Familie auftreten. Er muß auch darauf achten, daß er mit allen Familienmitgliedern in Kontakt kommt.

Wir können also die erste Sitzung versuchsweise in drei Phasen einteilen. In der ersten Phase folgt der Therapeut den jeweiligen Regeln der Etikette. In der zweiten Phase fragt er jedes Familienmitglied nach seiner Meinung darüber, welche Probleme in dieser Familie bestehen. In der dritten Phase erkundet er die Familienstruktur, indem er der Familie hilft, ihr eigenes Drama in Szene zu setzen. Selbstverständlich lassen sich diese Phasen von einem erfahrenen Familientherapeuten variieren und modifizieren.

Der Familientherapeut als Gastgeber

Der erste Kontakt mit der Familie läßt sich wie das Verhältnis zwischen Gastgeber und Gästen ansehen. Die Familie fühlt sich zunächst einigermaßen unbehaglich. Sie kennt die Spielregeln nicht, und sie kennt auch den Therapeuten nicht. Die Familienmitglieder gehen zunächst nur davon aus, daß er ihnen als Fachmann bei der Lösung ihres Problems, so wie sie es sehen, helfen wird. Sie befinden sich gewissermaßen auf seinem Territorium. Sie erwarten, daß er als Gastgeber die Regeln aufstellen wird, die ihren Umgang mit ihm bestimmen sollen.

Das erste Anliegen des Therapeuten besteht darin, die Familie wieder zu beruhigen. Er stellt sich vor und hilft der Familie, sich ihm bekanntzumachen. Wenn er ihre Namen bereits von einem Telefongespräch oder einer kurzen Notiz her kennt, die ihm seine Sekretärin hereingereicht hat, dann ordnet er sie den einzelnen Familienmitgliedern zu. Das zeigt, daß er sich auf den Besuch vorbereitet hat. Wenn möglich, sollte er den Raum schon vor Ankunft der Familie mit genügend Sitzgelegenheiten ausgestattet haben. Wenn kleine Kinder dabei sind, sollten auch Kinderstühle und entsprechendes Spielzeug bereitstehen.

Der Therapeut sollte darauf achten, welche Sitzordnung die Familie wählt. Häufig gibt ihm das jeweilige Arrangement bereits den einen oder anderen Hinweis auf bestimmte Gruppierungen innerhalb der Familie. Das sind sehr kleine Bausteine, denen der Therapeut nicht allzu viel Gewicht beimessen sollte. Dennoch können sie unter Umständen ein Fingerzeig sein, der sich später noch auf seine Richtigkeit überprüfen läßt.

Die ersten paar Minuten vergehen in der Regel mit leichtem Geplauder. Wenn die Sitzung in Bild oder Ton aufgenommen werden soll, dann muß der Therapeut den Einsatz der entsprechenden Geräte erklären. Er kann die Familie fragen, ob es für sie schwierig war, gerade jetzt hierherzukommen. Das ist „Salon"-Verhalten, das den Regeln der Höflichkeit entspricht.

Therapeutische Kontaktaufnahme

Sobald der Therapeut das Gefühl hat, daß die Familie sich nicht mehr so unbehaglich fühlt wie anfangs, fragt er, welches Problem sie hergeführt hat. Diese Frage rahmt gewissermaßen die Aufgabe ein, die den geschulten Helfer und die bedrängte Familie zusammengebracht hat. Schon die Reaktion der Familie in sich ist ein Hinweis darauf, wie sie ihre Grenzen gegenüber der äußeren Welt handhabt und welches Bild sie von sich selbst vermitteln möchte.

Jetzt befindet sich die Familie in einer künstlichen Umgebung und einem Therapeuten gegenüber, der ihr fremd ist. Sie wird sich also „offiziell" geben. Eine Familie mit schwachen Grenzen zur äußeren Welt wird den Therapeuten unter Umständen sofort in ihre Konflikte hineinziehen und zu kämpfen beginnen. Andere Familien werden sich schützen, indem sie offizielle Versionen bezüglich ihres Familienlebens abgeben und sich dem Therapeuten erst dann öffnen, wenn er sich ihnen im Rahmen des therapeutischen Systems angeschlossen hat.

Die erste Frage des Therapeuten ist in der Regel allgemeiner Natur und nicht deutlich an ein bestimmtes Familienmitglied gerichtet. Er kann zum Beispiel sagen: „Also, dann wollen wir zunächst einmal sehen, was Sie hergeführt hat." Andererseits kann der Therapeut diese Frage natürlich auch an ein bestimmtes Familienmitglied richten. Wenn die Eltern nebeneinander sitzen, kann er sie beiden gemeinsam stellen, indem er beide Eltern ansieht.

Manchmal bestimmt sich die erste Frage durch die kulturellen Wertvorstellungen der Familie oder durch ein Wertsystem, das von beiden Seiten bejaht wird. So kann es sein, daß ein männlicher Therapeut sich zunächst an den Vater wendet, weil sie ein gemeinsames Wertsystem besitzen. Oder es empfiehlt sich aus anderen Gründen, zuerst mit dem Vater zu sprechen. Wenn der Therapeut es zum Beispiel mit einer mittellosen Familie zu tun hat, dann nimmt er an, daß der Mutter die erzieherischen Verantwortlichkeiten und Verpflichtungen und auch die Verhandlungen mit Dienststellen obliegen, denn von ihr wird automatisch angenommen, daß sie die Probleme des Kindes besser durchschaut und im Umgang mit Dienststellen geschickter ist. Wenn aber der Therapeut seine erste Frage an die Mutter richtet, ist es möglich, daß der Vater sich löst. Eine erste Frage, die an den Vater geht, bedeutet, daß der Therapeut ihn als signifikante Figur innerhalb der Familie betrachtet, die sich entsprechend beteiligen sollte. Selbst wenn der Vater die Frage dann an seine Frau weitergibt, ist er jetzt zumindest angesprochen. Sein Weiterleiten der Frage ist schon in sich eine Form der Beteiligung.

Mit seinem nächsten Schritt erweitert der Therapeut den Kontakt. In einer intakten Familie wendet er sich nun dem anderen Ehepartner zu. Wenn die Mutter das Problem vorgetragen hat, fragt der Therapeut nun den Vater um seine Meinung bezüglich der Situation. Wenn der Vater als erster gesprochen hat, wendet sich der Therapeut nun an die Mutter.

Besondere Aufmerksamkeit widmet er den Ähnlichkeiten und Unterschieden in der Darstellung des Problems durch die beiden Eltern. Es kann zum Beispiel sein, daß die Mutter den Ungehorsam eines Kindes unterstreicht, während der Vater dieser Mitteilung insofern eine andere Deutung gibt, als er sagt, daß das Kind seiner Frau gegenüber sehr ungehorsam ist. Die Art der Berichtigung der ersten Aussage oder auch nur der andere Tonfall kann für den Therapeuten ein Hinweis sein, daß er diesen Bereich näher erkunden muß. Wenn er das tut, sagt der Vater vielleicht, daß das Kind ihm gehorcht, daß aber seine Frau zu nachgiebig ist. Nun ist der Therapeut sehr rasch mitten in einen ehelichen Konflikt geraten. Das Problem, wie es die Eltern noch vor fünf Minuten deutlich definiert haben, war der Ungehorsam des Kindes. Inzwischen hat es sich bereits auf einen Bereich hin ausgedehnt, der durch Meinungsverschiedenheiten der Eltern untereinander gekennzeichnet ist.

Der nächste Schritt des Therapeuten hängt nun von seiner Einschätzung der Familie ab. Er kann es zulassen oder sogar begünstigen, daß sich der Konflikt zwischen den Eltern weiter entfaltet, und zwar als Stategie, die darauf gerichtet ist, das Etikett „problematisch" von dem Kind abzuziehen und ein möglicherweise dysfunktionales eheliches Subsystem zu erkunden. Allerdings muß er sich davor hüten, schon jetzt belastende Dinge zu berühren, bevor das therapeutische System soweit gefestigt ist, daß er die einer Belastung ausgesetzten Familienmitglieder stützen kann. Wenn ein solcher Konflikt unter den Ehegatten sich zu zeitig in der ersten Sitzung entwickelt, dann muß der Therapeut ihn unter Umständen zunächst nur als Gebiet zukünftiger Erkundungen registrieren und dem Sachverhalt im Augenblick noch seine Brisanz nehmen, indem er sich einem anderen Familienmitglied zuwendet.

Der Therapeut hört sich den Inhalt der Darstellung des Problems durch die Familie an, achtet aber gleichzeitig auch auf die Art, in der sich die Familie verhält. Auf der nonverbalen Ebene sind die Familienmitglieder möglicherweise sehr viel weniger eingeengt, und hier entspricht ihr Verhalten wahrscheinlich den altgewohnten Mustern sehr viel eher. Der Therapeut achtet auf die nonverbalen Kommunikationen zwischen Kindern und Eltern: Wenn die Kinder unruhig sind, laufen sie dann einfach im Zimmer herum, oder fragen sie erst ihre Mutter um Erlaubnis? Wenn ein Elternteil zu sprechen beginnt, unterbricht ihn dann der andere, um umzudeuten oder gar abzustreiten, was eben gesagt worden ist? Wenn ein Familienmitglied spricht, hören die anderen ihm dann zu? Wie sehen die Signale aus, mit deren Hilfe die Familienmitglieder einander gegenseitig darauf hinweisen, was im Kontext dieser Sitzung als Kommunikation akzeptabel bzw. nicht akzeptabel ist? Schließlich muß der Familientherapeut auch wissen, wie die Transaktionen der Familie aussehen und wie sie auf belastende Situationen reagiert. Die Beobachtung der Familie auf der nonverbalen Ebene ist ein erster Schritt zu ihrem Verständnis.

Nachdem der Familientherapeut die elterliche Darstellung des Problems gehört hat, fragt er ein drittes Mitglied nach seiner Meinung. Dieser Dritte sollte im allgemeinen nicht der identifizierte Patient sein, denn wenn die Eltern sich auf ein Kind als das Problem der Familie konzentriert haben, dann ist dieses Kind jetzt in der Defensive. Wenn der Therapeut sich ihm nun zuwendet, dann hat es vielleicht das Gefühl, daß der Therapeut dies als Mitglied und Befürworter der Koalition tut, die ihm, dem Kind, die Schuld zuschiebt. Wird dagegen zunächst ein anderes Familienmitglied ins Gespräch gezogen, dann taucht möglicherweise eine abweichende Sicht des Problems auf, die ihrerseits wieder ein neues Gebiet familiärer Probleme eröffnet.

Der Therapeut sollte sich an einem gewissen Punkt jedem der anwesenden Familienmitglieder zuwenden, auch den kleinsten Kindern. Ein sehr kleines Kind kann man nicht fragen, was es von dem Problem hält, aber dennoch kann der Therapeut einige Worte mit ihm wechseln oder ihm durch Gesten seine Zuneigung bekunden, damit es das Gefühl hat, an der Sitzung beteiligt zu sein.

Es ist nicht unbedingt erforderlich, daß der Reihe nach jedes Mitglied der Familie angesprochen wird, so daß der Therapeut nicht weiterkommt, solange er nicht jeden einzelnen gehört hat. Aber es ist wichtig, daß in der ersten Sitzung jedes Mitglied das Gefühl hat, daß es gemeinsam mit dem Therapeuten an der Erkundung der Probleme teilhatte.

Erkundung der Familienstruktur

Bis zu diesem Punkt haben sich die Familienmitglieder weitgehend an den Familientherapeuten als den Fachmann gewandt. Er hat ihre Kommentare hervorgelockt, manchmal in mühsamer Kleinarbeit. Er hört ihre Worte an, aber sein Hauptanliegen besteht in dem Versuch, die Art der familiären Interaktion zu verstehen. Er gewinnt allmählich eine Vorstellung von der Familienstruktur, und zwar durch Beobachtung der Abfolge, in der die einzelnen Mitglieder sprechen. Er achtet darauf, wie die Familienmitglieder miteinander umgehen. Fungiert die Mutter als Schaltstelle, über die alle Kommunikationen laufen? Wird sie vom Vater unterbrochen, der lauter als sie spricht? Entwickelt sich eine dyadische Interaktion? Eskaliert diese Interaktion? Werden dyadische Interaktionen durch die Hereinnahme eines anderen Mitgliedes verwischt?

Zugleich plant der Therapeut seine nächsten Schritte. Er überlegt sich, welche Strategien mit der größten Wahrscheinlichkeit dazu führen werden, daß die Familie sich ihm enthüllt. Bis jetzt hat die Familie eine wieder und wieder geprobte Kommunikation vor einem Gegenüber dargeboten, das ihre Mitteilungen kritiklos hingenommen hat. Der Therapeut ist dabei wahrscheinlich der aktivste Teilnehmer an der Sitzung gewesen, zumindest ihr instrumentaler Leiter insofern, als er die Kommunikationen dirigiert hat, indem er zunächst das eine und dann das andere Mitglied zum Sprechen aufgefordert hat.

Er hat gewisse Aspekte der Familienstruktur auf seinem Lageplan festgehalten und ist mit Anpassungsmanövern sehr großzügig verfahren. Jetzt hat er das Gefühl, daß seine Interventionen nicht länger zufällig sein können. Er hat Hinweise erhalten, denen er nachgehen möchte. Seine Position gegenüber der Familie hat sich dank seiner durchdachten Transaktionen mit den einzelnen Mitgliedern im Einklang mit der vorhandenen Familienstruktur verstärkt. Jetzt können also auch belastende Interventionen akzeptiert werden, da sie nun von einem Angehörigen des therapeutischen Systems ausgehen.

Bis hierher ist der Familientherapeut auf die Erwartungen der Familie eingegangen, daß der Fachmann, zu dem sie mit der Bitte um Hilfe gekommen sind, ihnen zeigen wird, wie sie ihm ihr Problem beschreiben sollen. Jetzt muß er dieses Muster ändern. Er muß der Familie den Ball zurückwerfen und beobachten, wie sie bestimmte Situationen auf ihre Weise angeht. Wenn ihm das nicht gelingt, dann kann er auch nicht das weitere Feld des Familienmusters beobachten. Daher beginnt er, die Familie in Subsysteme einzuteilen und freier zu sondieren, wobei ihn seine Einschätzung und Beurteilung der Familie leitet.

Wenn er Bereiche entdeckt, in denen Mann und Frau nicht übereinstimmen, kann er hier mit seinen Sondierungen beginnen, indem er die Ehepartner anweist,

miteinander zu sprechen. Wenn dagegen eine Schwierigkeit zwischen Mutter und Kind deutlich geworden ist, kann er diese Dyade aktivieren.
Sobald die Mitglieder des jeweils ausgewählten Subsystems miteinander sprechen und in Verhandlungen treten, kann der Familientherapeut gewissermaßen mit einem anderen Objektiv arbeiten; er muß nun nicht intervenieren. Die Familie operiert jetzt mit größerer affektiver Intensität, weil die Situation die gleiche ist, wie sie gewöhnlich auch zu Hause besteht. Wenn Mutter und Vater über ihre Meinungsverschiedenheiten bezüglich der Kinder diskutieren, beobachtet der Familientherapeut die elterliche Dyade und die Reaktionen der übrigen Angehörigen auf deren Transaktionen.
An diesem Punkt ähneln die Funktionen des Familientherapeuten sehr stark denen eines Regisseurs. Er weist einzelne Mitglieder an, miteinander zu sprechen, und geht so den Hinweisen nach, die er in bezug auf das Familienverhalten bereits besitzt. Er untersucht strittige Bereiche und beobachtet, wie Meinungsverschiedenheiten gehandhabt werden und wie die Familie ein Problem löst. Er sammelt auch Informationen für sein weiteres Vorgehen, das darin bestehen kann, daß er ein weiteres Mitglied in die laufenden Verhandlungen einbezieht, oder auch darin, daß er eine andere Dyade erkundet.
Bei seinen ersten Erkundungen läßt sich der Therapeut von seiner Vorstellung einer gut funktionierenden Familie leiten. Er untersucht die jeweils bestehenden Differenzierungen, die Form und Ausprägung der Grenzen und die Flexibilität der Familie. Gleichzeitig sucht er nach dysfunktionalen Mustern.

Erweiterung des Brennpunktes

Die Technik der Einteilung der Familie in einzelne Subsysteme erweist sich auch als nützlich, wenn es darum geht, den Brennpunkt des Problems zu erweitern. Gewöhnlich kommt die Familie mit einem einzigen identifizierten Patienten zur Behandlung. Ihre Ziele sind nicht die gleichen wie die Ziele des Therapeuten. Die Familie hat nun einmal ihre Aufmerksamkeit auf den identifizierten Patienten konzentriert, und häufig liegt ihr sehr viel daran, diesen Brennpunkt beizubehalten. Im Gegensatz dazu geht der Therapeut von Anfang an davon aus, daß der identifizierte Patient auf dysfunktionale Aspekte der familialen Transaktionen reagiert, und daß der beste Weg, die Probleme des identifizierten Patienten anzugehen, in der aufmerksamen Betrachtung und der anschließenden Veränderung dieser dysfunktionalen Aspekte liegt. Die erste Sitzung ist häufig durch ein Hin- und Herpendeln zwischen diesen beiden Standpunkten gekennzeichnet. Der Familientherapeut erweitert den Brennpunkt seiner Erkundungen vom identifizierten Patienten auf andere Aspekte der Familienorganisation; die Familie rückt das Problem zurück auf den Brennpunkt „identifizierter Patient". Der Therapeut macht deutlich, daß es notwendig ist, die Art näher zu erkunden, in der die Familie operiert. Er bietet auch Mittel und Wege an, wie dies getan werden kann. Die Familie hört zwar die Botschaft und geht manchmal sogar darauf ein, aber nach einer Weile verengt sie den Brennpunkt von neuem und richtet sich wiederum auf den identifizierten Patienten aus.

Zur Erweiterung des Brennpunktes stehen dem Familientherapeuten viele Strategien zur Verfügung. Er kann einen neuen Patienten bestimmen, auf den sich das Interesse richten soll. Er kann andere Probleme besprechen. Er kann verwandte Bereiche erkunden. Wenn beispielsweise ein Kind mit der Mitteilung vorgestellt wird, daß es Schwierigkeiten in der Schule hat, kann er fragen, ob das Kind auch zu Hause mit Problemen zu tun hat. Wenn dann ein häusliches Problem aufkommt, läßt es sich vor dem Hintergrund der zwischenmenschlichen Transaktionen diskutieren.

Auch die Beschäftigung mit Dyaden kann sich als nützlich erweisen. Besteht zum Beispiel ein Problem zwischen den Eltern, dann können die Schwierigkeiten zwischen einem Elternteil umd dem Kind oder zwischen Kind und Kind der Erkundung unterzogen werden. Es ist nützlich, nach den positiven Seiten des identifizierten Patienten zu suchen und die Familie dahin zu bringen, daß sie diese Züge anerkennt.

Wenn die Sitzung gut geführt worden und gut verlaufen ist, werden die Familie und der Therapeut sich wahrscheinlich darüber einig geworden sein, daß es notwendig ist, Erkundungen über die Person des identifizierten Patienten hinaus vorzunehmen. Dieser Schluß ist vielleicht belastend für die Familie, aber er enthält auch ein Element der Hoffnung. Die Familie ist zur Behandlung gekommen, weil sie das Problem des identifizierten Patienten allein nicht lösen konnte. Dadurch, daß er das Problem über den bisherigen Brennpunkt hinaus ausdehnt, vermittelt der Therapeut ihr die Hoffnung, daß eine andere Sicht der Schwierigkeiten zur Lösung führen kann.

Im Erstinterview liegt bereits vieles von dem verkapselt, was im Laufe der Behandlung dann mit der Familie geschehen wird. Punkte besonderer Belastung müssen erkundet werden, aber der Familientherapeut muß wissen, welches

Ausmaß an Belastung die Familie ertragen kann. Wenn die Familienmitglieder sich allzu unbehaglich fühlen, muß er zurückstecken, und zwar häufig so, daß er zu systemerhaltenden Manövern greift, bis die Familie sich wieder sicher fühlt. Der Therapeut muß die Position des Leiters einnehmen und beibehalten. Und schließlich müssen sämtliche Interventionen der obersten Regel allen therapeutischen Vorgehens folgen, daß nämlich die Bereitschaft der Familie, zur nächsten Sitzung wiederzukommen, gesichert ist.

Die ganz spezifischen Eigenarten der einzelnen Familie und der Stil des jeweiligen Therapeuten bilden die Faktoren, die zwischen den Zielen und den Realitäten eines Erstinterviews liegen. Immer müssen Therapeut und Familie sich einander anpassen, um ein therapeutisches System zu begründen. Ohne diese Fusion der jeweiligen Gegebenheiten ist eine Behandlung nicht möglich.

Das nun folgende Erstinterview wurde von Braulio Montalvo, einem erfahrenen Familientherapeuten, geleitet. Es zeigt eine etwas modifizierte Abfolge. Die erste Phase ist kurz, die darauf folgende Assimilation des Therapeuten in das Familiensystem erfolgt rasch, und dann werden seine Kontakte mit allen Familienmitgliedern durch die starke Konzentration auf die identifizierte Patientin, die siebenjährige Mandy, unterbrochen. Aber es werden alle vorgeschriebenen Aufgaben des Erstinterviews erfüllt.

Das strukturelle Bild, das der Therapeut von der Familie Gorden gewinnt, zeigt ein exekutives Subsystem, das sich aus der Mutter und einem Elternkind, dem zehnjährigen Morris, zusammensetzt. Die identifizierte Patientin wird von diesem exekutiven System als Sündenbock betrachtet (Abb. 43). Die ersten Interventionen des Therapeuten sind darauf gerichtet, sich dem Sündenbock anzuschließen und das Elternkind aus dem Konflikt zwischen Mutter und identifizierter Patientin herauszulösen (Abb. 44).

Abb. 43

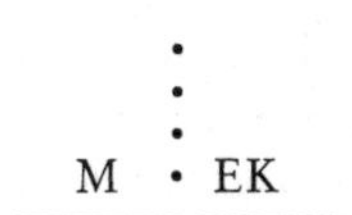

Abb. 44

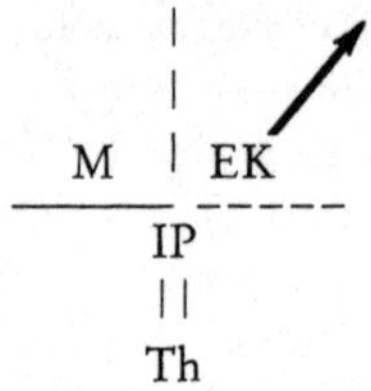

Diese Intervention wird von der Mutter – und wahrscheinlich auch von dem Elternkind – in eine Familienstruktur assimiliert, wie sie bestand, bevor die Eltern sich trennten. Damals befanden sich die Mutter und das Elternkind in einer Koalition gegen den Vater und die identifizierte Patientin, und die Mutter attackierte den Vater auf dem Weg über die identifizierte Patientin (Abb. 45).

Abb. 45

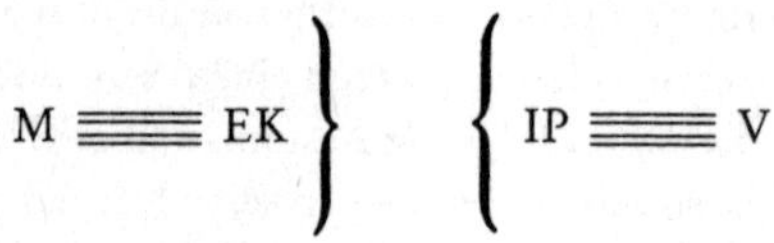

Die Mutter reagiert daher auf die Annäherung des Therapeuten an die identifizierte Patientin mit einer Verstärkung ihrer Angriffe auf das Mädchen.
Die Folge ist, daß der Familientherapeut nun seine Strategie ändert und zunächst die Mutter unterstützt, um später die identifizierte Patientin unterstützen zu können (Abb. 46).

Abb. 46

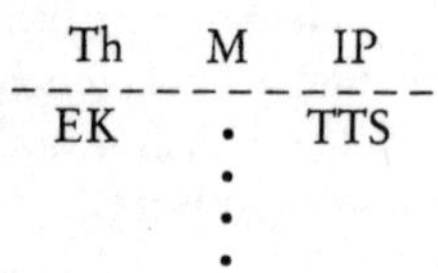

Er erteilt eine zu Hause durchzuführende Aufgabe, die die Struktur eines Subsystems intensiviert, innerhalb dessen die Mutter direkt mit der identifizierten Patientin interagiert, während das Elternkind seine Aufmerksamkeit den übrigen Geschwistern zuwendet (Abb. 47). Gegen Ende der zweiten Sitzung bemüht sich

Abb. 47

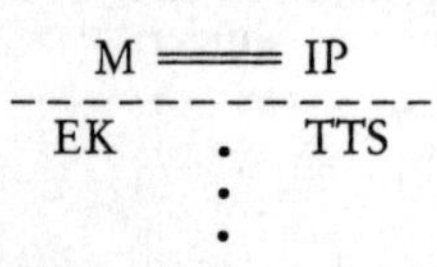

der Therapeut dann um die stärkere Annäherung von Mutter und Elternkind an deren extrafamiliale Peers (Abb. 48).

Abb. 48

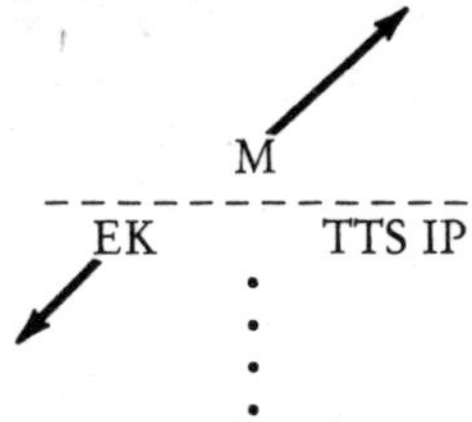

Es folgt nun die Wiedergabe einzelner Segmente des Erstinterviews mit dieser Familie. Die beiden anderen Kinder der Familie sind ebenfalls zugegen: die achtjährige Joyce und die vierjährige Debbie. Die Familie nimmt zunächst die folgende Sitzordnung ein:

	Morris	
Mrs. Gorden		Joyce
Debbie		Mandy
	Montalvo	

Montalvo: Wie alt ist sie?	*A.* Wendet sich zuerst an die Mutter und bestätigt damit ihre exekutive Position in der Familie.
Mrs. Gorden: Sie ist vier. *Montalvo:* Vier. Und wie alt ist Morris?	*A.* Kennt die Namen der Kinder, was auf frühere Kontakte hindeutet und seinen Eintritt in die Familie als Teil des neuen sozialen Systems beschleunigt. Das ist „Salon"-verhalten; der Therapeut plaudert höflich mit der Mutter.
Mrs. Gorden: Zehn. *Montalvo:* Und Annie? *Mrs.Gorden:* Acht.	
Montalvo: Ist das Annie?	*A.* Zeigt sich unbeholfen, verwechselt zunächst einen Namen, später das Alter eines Kindes. Das hilft der

Familie, zur Ruhe zu kommen, weil so der Furcht vor uneingeschränkter Autorität begegnet wird. Der Therapeut zeigt sich als fehlbar und mithin als jemand, mit dem man umgehen kann.

Mrs. Gorden: Nein, sie heißt Joyce.
Montalvo: Aha, Joyce.
Mrs. Gorden: Joyce ist acht.
Montalvo: Acht.
Mrs. Gorden: Mandy ist sieben.
Montalvo: Also sieben, acht, zehn und zwei.
Mrs. Gorden: Vier!
Montalvo: Vier. Oh Junge, Junge. Also, Sie haben mich gestern angerufen und . . .

A. Bezieht sich auf den einzigen vorangegangenen Kontakt, ein Telefongespräch, um den Eindruck von Kontinuität und einer bereits länger bestehenden Bekanntschaft zu erwecken.

Mrs. Gorden: Ich . . . gestern war ich so aufgeregt und ärgerlich.
Montalvo: Sie waren sehr aufgeregt.

A. Bestätigt und beruhigt zugleich.

Mrs. Gorden: Ja, denn es hätte sehr gefährlich werden können. Und sie hat es auch schon früher getan. Und wenn Morris mich an meinem Arbeitsplatz angerufen und mir gesagt hätte, daß das Haus wieder brennt und die Feuerwehr da ist, dann weiß ich nicht, was ich getan hätte.
Montalvo: Sie waren bei der Arbeit . . .
Mrs. Gorden: Ja.
Montalvo: . . . und Morris hat Sie angerufen.
Mrs. Gorden: Er hat nicht angerufen, weil er wußte, daß ich mich furchtbar aufregen würde.

Montalvo: Oh.
Mrs. Gorden: Er hat nicht angerufen, weil er es schon selbst gelöscht hatte.
Montalvo (zu Morris): Aha. Du bist also allein mit dem Feuer fertiggeworden?

A. Verfolgt die Spur der mütterlichen Mitteilungen weiter.
N. Die Hinwendung zu einem anderen Mitglied bedeutet den Beginn der Unterweisung in einer Regel der Kommunikation: jedes Familienmitglied soll für sich selbst sprechen, Vermittlung wird abgelehnt. Da Morris zu Hause war, seine Mutter dagegen nicht, ist dies Morris' Geschichte. Das ist der erste taktische Schritt gegen die Etikette: Der Therapeut unterbricht Mrs. Gorden, um Morris zum Sprechen zu veranlassen.

Mrs. Gorden: Du mußt nicht mit dem Kopf schütteln.

Mrs. Gorden fordert den Therapeuten heraus, indem sie Morris' Verhalten korrigiert. Sie will weiterhin das Haupt der Familie bleiben.

Montalvo: Wer hat das Feuer gelegt?
Morris: Mandy.
Montalvo: Mandy? Hat er es denn richtig . . . was hat er denn genommen, Mandy? Wasser?

A. Tritt in Kontakt mit einem weiteren Familienmitglied. Im Gespräch mit der identifizierten Patientin sucht er nach Informationen, er gibt sich ernst, aber nicht anklagend.

Mrs. Gorden: Nun rede doch.
Montalvo: Was hat er genommen? Wasser?
Mandy: Ja.
Montalvo: Ja? Und was noch? Was hat er noch genommen, um das Feuer auszukriegen?

N. Führt den nächsten wandelbewirkenden Schritt ein. Manipuliert den Inhalt und die affektive Seite, um zur Frage der Kompetenz zu gelangen – zur Frage danach, wie das Problem gelöst wurde

– anstelle der Frage nach der Schuld. In Krisensituationen neigen Familien dazu, sich besonders mit der Identifizierung des Schuldigen zu befassen. Der Therapeut muß wissen, wann er dieses Verhalten angreifen soll. Hier bleibt sein Widerspruch implizit. Der Therapeut führt beispielhaft sowohl Interesse an der Lösung des Problems als auch Achtung und Respekt vor der Kompetenz der Kinder vor.

Mandy: Nur Wasser.
Montalvo: Nur Wasser? Hat er nicht Tücher oder Decken oder sowas auf das Feuer gedrückt?

N. Verändert die gefühlsmäßigen Eindrücke eines traumatischen Geschehens, indem er sich an der Beschreibung des eigentlichen Vorfalls interessiert zeigt. Das hilft Mandy, in kompetenter Weise mit ihm umzugehen.

Mandy: Nein.
Montalvo: Nicht? War es denn ein richtig großes Feuer?

A. Stellt konkrete Fragen, auf die das erschreckte siebenjährige Kind mit einem einzigen Wort antworten kann. Je freier und unbefangener sie sich fühlt, desto schwieriger werden schließlich die Fragen ausfallen.

Mandy: Ja.
Montalvo: Etwa so groß? *(Er macht eine Geste mit den Händen).* Oder so?
Mandy: Ungefähr so groß.
Montalvo: So groß? Junge, Junge. Das ist schon ganz schön. Da hat er ja allerhand geleistet.

N. Hebt weiter auf Kompetenz und Kooperation ab. Das wird Früchte tragen. Später wird er sich auf die Erkundung des Vorgangs konzentrieren. Im Augenblick richtet er sich nur gegen die tadelnde Haltung. Er fordert die Mutter nicht wirklich heraus, er empfiehlt nur eben eine andere Richtung.

Mandy: Ja.
Montalvo: Hast du ihm geholfen, es auszumachen?
Mandy: Nein.
Montalvo: Nicht? Hast du denn helfen wollen? Hast du helfen wollen, das Feuer auszumachen? *(Mandy murmelt etwas.)* Was? Es tut mir leid, das habe ich nicht verstanden.

Mrs. Gorden: Sprich lauter.

Mrs. Gorden akzeptiert es, daß der Therapeut die Dinge erleichtern will. Zugleich nimmt sie aber ihre Rolle als Haupt der Familie wieder auf und gibt sich streng und lenkend.

Mandy: Er hat gesagt, ich soll es nicht tun.
Montalvo: Können Sie mir helfen? Was hat sie gesagt?

A. Akzeptiert den Anspruch der Mutter auf die Führerstellung, indem er sie als Dolmetscherin benützt. Hält sich an die in der Familie üblichen Wege der Kommunikation, benützt die Mutter als Schaltstelle.
N. Läßt den Gedanken von Unterstützung und Kooperation auch gegenüber der Dyade von Mutter und Mandy anklingen.

Mrs. Gorden: Sie hat gesagt, er habe sie gebeten, nicht zu helfen. Wahrscheinlich hat er ihr gesagt, daß sie aus dem Weg gehen solle.
Montalvo: Oh. Warum wolltest du nicht, daß sie dir hilft?

N. Hindert die Mutter wiederum daran, für Morris zu sprechen, was die Regel verstärkt, daß jedes Familienmitglied für sich selbst sprechen soll, ohne einen Mittler.

Morris: Weil sie mir im Weg war.
Montalvo: Oh, sie war im Weg.
Morris: Ja, ich habe die brennende Matratze gepackt und ins Bad getragen

und in die Wanne geworfen und Wasser drauf laufen lassen.
Montalvo: Hm.

Morris: Und dann habe ich alle ihre Kleider auch in die Wanne geworfen.
Montalvo: Das hast du ganz prima gemacht. Hast du so etwas schon früher mal gemacht?

A. Belohnt Morris' Kompetenz in einer dem Zehnjährigen angemessenen Ausdrucksweise. Geht zugleich der Frage nach, welche Belohnungen in dieser Familie dem Elternkind zukommen.
N. Fordert affektive Reaktionen heraus, indem er die Aufmerksamkeit der Familie auf positive Aspekte – kompetentes Handeln also – lenkt.

Morris: Beim ersten Mal hat alles gebrannt. Aber diesmal habe ich die Matratze weggenommen und gegen die Tür gestellt, und da hat nur die Matratze gebrannt. Das Feuer blieb klein, und nur die Matratze brannte.
Mrs. Gorden: Ich weiß überhaupt nicht, wie er das geschafft hat, weil ich die Matratze selbst kaum bewegen kann. Er hat die Matratze vom Bettrahmen genommen und gesagt, er wisse gar nicht, warum er sie da weggenommen habe. Er war ganz aufgeregt, können Sie sich das vorstellen? Er hat gedacht, wenn er sie wegbekommt, dann würde nicht das ganze Bett anbrennen. Also versuchte er, mit der Matratze aus dem Zimmer zu kommen. Aber es ging langsam, und in der Tür ist er steckengeblieben. Ich frage mich, wie er sich mit der Matratze in der Tür nicht selbst verbrannt hat.

In ihrer Beziehung zu Morris betont die Mutter nur positive Aspekte und belohnt ihn in seiner Rolle als Elternkind.

Morris: Ich kam aus der Schule nach

Hause. Als ich hereinkam, war erst ein kleines Loch drin, und ich habe immerzu Tassen mit Wasser gefüllt und es draufgeschüttet, aber es hat nur gezischt, und das Feuer hat sich immer weiter ausgebreitet.

Montalvo: Hm. Es hat in der Mitte der Matratze angefangen?

A. Aufnahme der Spur.

Morris: Hm.

Montalvo: Haben Sie von Mandy erfahren, wie es angefangen hat?

A. Mit Hilfe der Mitteilungen des zuvor angesprochenen Mitgliedes versucht der Therapeut, einen Dialog zwischen Mandy und der Mutter in Gang zu bringen. Er setzt transaktionale Muster in Szene.

Mrs. Gorden: Sie hat Streichhölzer gefunden und sie angezündet. Sie hat mir nicht gesagt, was sie damit angezündet hat.

Die Mutter antwortet dem Therapeuten, anstatt in einen Dialog mit Mandy einzutreten.

Montalvo: Können Sie sie mal fragen? Sprechen Sie doch jetzt mit ihr! *(Er gestikuliert und bedeutet Mrs. Gorden, daß sie direkt mit Mandy sprechen soll.)*

A. Hält die Familienstruktur mit der Mutter als der Schaltstelle aufrecht. *N.* Weist die Mutter an, in einen Dialog mit Mandy einzutreten. Die Mutter widerstrebt. Der Therapeut besteht auf seiner Anweisung, weil er sehen möchte, wie Mutter und Tochter interagieren.

Mrs. Gorden: Was hast du gemacht? Sag mir genau, was du getan hast, als du in mein Zimmer gingst. Was hast du angezündet? Als du das Streichholz gestrichen hast, woran hast du es gehalten, damit es ein Feuer gibt? Wie kam es, daß das Bettlaken Feuer fing?

Die Mutter paßt sich dem Therapeuten an. Sie spricht mit Mandy, um den Hergang zu erkunden. Das ist ein günstiges Zeichen; es deutet auf Flexibilität.

Mandy: Ich habe eben das Hölzchen angestrichen.

Mrs. Gorden: Und habe dabei eben das Bettuch angezündet!

Der Ton der Mutter wird warnend. Sie hat sich sehr rasch verändert. Aber dennoch ist die Prognose günstig, denn

Mrs. Gorden ist anscheinend in der Lage, auf das modellierende Verhalten des Therapeuten einzugehen.

Mandy: Ja.
Mrs. Gorden: Hattest du denn vor, das Laken anzubrennen?
Mandy: Ich habe einen Versuch gemacht.
Mrs. Gorden: Was hast du? Ich kann dich nicht verstehen. Du hast einen Versuch gemacht?
Morris: Sie hat . . .
Montalvo: Entschuldige, Morris. Du weißt . . ., sprich weiter, Mandy.

N. Blockiert die Einmischung durch Morris, der in seine Mittlerrolle gegenüber seiner Mutter und Mandy zurückkehren möchte.

Mandy: Ich habe Versuche gemacht . . .
Mrs. Gorden: Mit Morris' Experimentierkasten?
Mandy: Ja. *(Mandy weint jetzt. Der Therapeut bittet die Mutter durch eine Geste, den Platz mit ihm zu tauschen. Er steht auf und geht auf sie zu, so daß sie seinem Wunsch nachkommt und sich nun direkt neben Mandy setzt).*

N. Benützt die verminderte Distanz, um den Dialog zu fördern. Zuvor hat er eine beschützende Haltung zugunsten von Mandy vorgeführt; jetzt setzt er die Mutter in der Erwartung an seinen Platz, daß sein vorheriges Verhalten sie beeinflußt.

Morris: Und dann hast du gesagt, daß du Wasser trinken willst. Und bist hinausgegangen. Sie blieb lange Zeit draußen. Und da bin ich ihr nachgegangen, um zu sehen, was sie tat. Und da kam sie gerade angerannt und sagte: „Mamas Bett brennt!"

Das Elternkind erklärt seiner Mutter das Verhalten der übrigen Kinder. Es hält sich an die Familienstruktur, innerhalb deren es zwischen seiner Mutter und den kleineren Kindern als Mittler auftritt.

Montalvo: Ja. Morris möchte gerne helfen, und er hilft auch wirklich. Aber Mandy hat keine Gelegenheit gehabt, ihre Geschichte fertig zu erzählen.

A. Behält seine positive Haltung bei und etikettiert Morris' Verhalten als einen Versuch zu helfen.
N. Etikettiert Morris' Hilfsbereitschaft noch einmal neu und

diesmal als unangebracht, blockiert dieses Verhalten und besteht auf der Inszenierung des Mutter-Tochter-Dialogs.

Mrs. Gorden: Einen Augenblick, Morris, laß mich mit ihr reden. Du hast dir also den Experimentierkasten geholt und angefangen, damit herumzuspielen.

Die Mutter paßt sich dem Therapeuten an, indem sie Morris bedeutet, er solle nicht unterbrechen. Sie hat die Regel akzeptiert, daß jeder für sich spricht. Die familialen Muster sind flexibel, was ein günstiges Zeichen ist.

Mandy: Ja.
Mrs. Gorden: Und dann hast du die Streichhölzer geholt, weil du ein Experiment machen wolltest.
Mandy: Ja.
Mrs. Gorden: Hast du denn gesehen, daß Morris Streichhölzer anzündet, wenn er experimentiert?
Mandy: Nein.
Mrs. Gorden: Also, warum hast du dann das Streichholz angezündet? *(Mandy spricht unhörbar).* Was? *(Mandy murmelt wieder).* Sie sagt, daß . . . ja, also, Morris hat zu Weihnachten einen Experimentierkasten bekommen, und sie spielt immerzu damit. Sie spielt mit allen Dingen herum. Mit allen! Und schließlich hat er den Kasten dann immer in meinem Zimmer aufbewahrt, damit sie nicht mehr damit herumspielen kann. Darum hat sie gesagt, sie möchte Wasser trinken. Aber statt hinunterzugehen ist sie in mein Zimmer gegangen, um sich den Kasten zu holen. Und dann hat sie versucht zu experimentieren. Ich weiß nicht, was sie mit den Streichhölzern überhaupt für ein Experiment hätte durchführen können.

Die Mutter erweitert Mandys Mitteilung für den Therapeuten, wobei sie einräumt, daß er an ihrem Dialog mit Mandy beteiligt ist. Aber obwohl sie wieder beginnt, die Einzelheiten zusammen mit Mandy zu erkunden, ist ihr Ton barsch. Die Mutter tadelt Mandy unentwegt. Mandy hat Angst, sie murmelt unhörbare Worte. Daß die Mutter zunächst bereit war, das Veränderungsmodell des Therapeuten zu akzeptieren, und nun zu ihrer früheren Position zurückkehrt, ist typisch für alle Veränderungsprozesse.

Montalvo: Hm.
Morris: Ein Experiment, das ich einmal gemacht . . .
Mrs. Gorden: Morris, unterbricht nicht.

Die Mutter hat die Regel des Therapeuten akzeptiert. Sie paßt sich dem Therapeuten an und blockiert Morris' Unterbrechungsversuche.

Montalvo: Ist . . . ich sehe, daß sie . . . wie heißt sie noch mal?
Mrs. Gorden: Joyce.
Montalvo: Joyce ist sehr schüchtern. Stimmt das?

A. Hält sich an die Familienstruktur, indem er sich mit der Mutter über die Köpfe der Kinder hinweg über diese unterhält.
N. Betont zum ersten Mal eine Schwäche, Joyces Schüchternheit. Er dehnt das Problem jetzt weiter aus, um die ursprüngliche individuelle Diagnose in eine Familiendiagnose zu verwandeln.

Mrs. Gorden: Ja. Sie ist immer sehr ruhig.
Montalvo: Sehr ruhig? Joyce, hast du die Matratze auch gesehen?

A. Tritt in Kontakt mit dem vierten Mitglied der Familie. Er spricht mit jedem Mitglied und bringt jedem Interesse entgegen.

Joyce: Nein.
Montalvo: Nicht?
Joyce: Nein.
Montalvo: Wo warst du denn, als es passierte?
Joyce: Ich habe in meinem Zimmer aufgeräumt.
Montalvo: Und wer hat dir erzählt, was passiert ist? Hat Mandy es dir erzählt?

A. Der Therapeut schließt alle Geschwister ein und würdigt die Mitteilungen der Kinder. Seine Fragen an sie sind konkret und erbitten eine Information über das „Wie“, was die Kommunikationsbereitschaft von

Kindern erhöht und ihnen das Gefühl gibt, ein wichtiger Teilnehmer an der Sitzung zu sein.

Joyce: Sie hat mir gesagt, daß die Sachen Feuer gefangen haben.
Montalvo: Bist du da sehr erschrocken?

N. Zeigt sein Interesse an der affektiven Erfahrung des Kindes.

Joyce: Nein.
Montalvo: Was hast du gemacht?

N. Spricht das Kind im Hinblick auf Aktion und Leistung an. Es hätte in diesem Fall etwas tun können und müssen.

Joyce: Ich habe es Morris gesagt, und dann ist Morris heraufgekommen. Ich habe ihm gesagt, daß das Bett brennt.
Montalvo: Aha. Als Sie nach Hause kamen, werden Sie ganz schön erschrocken sein.

N. Wendet sich wieder Mrs. Gorden zu und zeigt, daß er ihre Rolle als Haupt der Familie und zentrale Schaltstelle für alle Kommunikationen anerkennt und respektiert. Er zeigt ihr das gleiche Interesse und die gleiche Anteilnahme, die er zuvor einem der Geschwister gegenüber gezeigt hat. Auch diese Saat wird später aufgehen. Wenn die Familie als System sein Interesse und seine Anteilnahme erst akzeptiert hat, dann wird er Interesse und Anteilnahme für Mandy ins Spiel bringen.

Mrs. Gorden: Oh ja, als ich heimkam, roch ich Brandgeruch. Morris war noch auf, und so konnte er mir alles erzählen. Ich kam also heim, und er sagte: „Mama, ich muß dir was erzählen. Du wirst wahrscheinlich sehr böse sein.“ Ich sagte: „Ja, zunächst mal, warum bist du noch auf? Und was riecht da so, als ob es brennt?“

Morris' Rolle als Elternkind macht ihn für alles verantwortlich, was während der Abwesenheit von Mrs. Gorden passiert. Er scheint auch ihr Beschützer zu sein, denn er nimmt auch die Verantwortung für die Lösung der Krise auf sich.

Montalvo: Haben Sie versucht herauszufinden, was geschehen war?
Mrs. Gorden: Ja, aber sie . . . das ist wohl schon fast alles, was ich herausbekommen habe.

Montalvo: Hm. Haben Sie gesehen, ob sie sich irgendwo verbrannt hat?

A. Nimmt die Spur auf und erweitert Mrs. Gordens eigene Kenntnis des Geschehens.
N. Bringt Mrs. Gorden von der Beschreibung des Geschehens ab und veranlaßt sie erneut zur Transaktion. Nachdem er ihr zugehört und sie unterstützt hat, weiß er, daß er sie jetzt herausfordern kann. Er bittet Mrs. Gorden, sich mit Mandy zu unterhalten, und zwar tut er dies in Form einer anteilnehmenden Frage, auf die Mrs. Gorden nur flüchtig eingeht. Der Therapeut versucht, eine neue Empfindung (Interesse und Anteilnahme) einzuführen, indem er Inhalt und Richtung der mütterlichen Kommunikationen an die Adresse des Kindes manipuliert.

Mrs. Gorden: Hast du dich irgendwo verbrannt?
Mandy: Nein.
Mrs. Gorden: Nein, sie hat sich nicht verbrannt. Ich habe nachgesehen, als ich . . .
Montalvo: Und was ist mit dem Schrecken? So etwas kann eine sehr erschreckende Erfahrung sein.

N. Unterstützt die identifizierte Patientin. Er akzeptiert die Information von Mrs. Gorden nicht, denn er ist daran interessiert, einen Dialog in Gang zu setzen, der von Interesse und Anteilnahme getragen ist. Er verlagert seine Anteilnahme vom physischen auf den psychischen Schmerz. Den Boden dafür hat er bereits im Gespräch mit Joyce und später mit Mrs. Gorden bereitet.

Mrs. Gorden: Ja, sie war . . .
Montalvo: Könnten Sie sie mal danach fragen?

N. Besteht auf der Inszenierung transaktionaler Muster.

Mrs. Gorden: Hattest du Angst?
Mandy: Ja.
Mrs. Gorden: Du bist erschrocken, als es angefangen hat zu brennen.
Mandy: Ja.
Mrs. Gorden: Du weißt wohl gar nicht, warum du es getan hast.
Mandy: Nein *(Sie beginnt zu weinen).*
Mrs. Gorden: Na?
Mandy: Nein!
Mrs. Gorden: Aber im Grunde wußtest du doch, daß man das nicht tun darf, stimmt's?
Mandy: Ja.
Mrs. Gordon: Denn es war ja nicht das erste Mal, nicht wahr?

Daß sie ihr Kind als Sündenbock behandelt, gibt ihr trotz des therapeutischen Manövers ihre Selbstsicherheit zurück. Hier besteht eine lange Vorgeschichte der Aktionen und Reaktionen auf frühere Kränkungen, die den modifizierenden Eingaben des Therapeuten Widerstand entgegensetzt.

(Später in der gleichen Sitzung. Mandy hat still in einem Buch gelesen.)
Montalvo: Übrigens, Mandy scheint sehr gerne zu lesen? Stimmt das?

Der Therapeut wendet sich wiederum Mandy zu, und zwar in einem neutralen Bereich.

Mrs. Gorden: Ich weiß nicht. Ich bin nicht mal sicher, ob sie das Buch tatsächlich liest.
Montalvo: Das können wir doch feststellen. Das sollten Sie jetzt gleich

A. Nimmt die Spur bezüglich des Geschehens auf, bezüglich der

herausfinden. Würden Sie das mal tun? Könnte sie Ihnen vorlesen?

Tatsache nämlich, daß das Mädchen liest, und transferiert den Vorgang in die Inszenierung transaktionaler Muster.
N. Benützt eine Aufgabe, um die Interaktionen von Mutter und Tochter in einen Rahmen zu bringen.

Mrs. Gorden: Kannst du dieses Buch denn lesen?
Mandy: Ja.
Mrs. Gorden: Benutzt ihr es in der Schule?
Mandy: Hm.
Mrs. Gorden: Also gut. Lies mal.
(Mandy liest): „Der Lebkuchenbub. Das ist die kleine alte Frau . . .“ *(sie fährt fort zu lesen).*
Montalvo: Wie finden Sie das?
Mandy: „ . . . ich will einen Lebkuchenbub machen, den man essen kann. Und das tat sie.“

Mrs. Gorden: Mandy, wie weit seid ihr in der Schule mit dem Buch gekommen? Diese Geschichte habt ihr doch sicher schon gelesen, oder? Wo seid ihr in der Schule stehengeblieben?

Mrs. Gorden sieht wiederum den Therapeuten und Mandy als in einer Koalition gegen sie begriffen und attackiert wieder das schwächere Mitglied der Koalition. Das stets spürbare Vorhandensein des dysfunktionalen, dem Sündenbockdenken verhafteten Musters ist vielleicht auf Mrs. Gordens Gefühl zurückzuführen, daß der Therapeut sein Bündnis verlagert hat und jetzt wiederum Mandy unterstützt. Mrs. Gorden attackiert Mandy; zunächst sagt sie, daß Mandy das Buch vielleicht gar nicht lesen kann; später heißt es dann, daß Mandy „gelesen hat, anstatt aufzupassen“.

Mandy: Da, wo ich aufgehört habe.

Mrs. Gorden: Wo du aufgehört hast.
Mandy: Hm.
Mrs. Gorden: Also, was hast du denn dann eben gemacht? Es noch einmal durchgelesen? Nur mal so drübergelesen, oder was?

Mandy: Ich habe es durchgelesen.
Mrs. Gorden: Warum liest du das jetzt? Warum paßt du nicht auf?
Montalvo: Entschuldigung, was meinten Sie?
Mrs. Gorden: Ich habe sie gefragt, warum sie jetzt liest, warum sie nicht aufpaßt.

Montalvo: Es war schon recht, daß sie gelesen hat.

Der Therapeut verteidigt Mandy. Er und Mrs. Gorden erproben nun ihre jeweilige Macht, wobei Mandy gewissermaßen als Pappkamerad fungiert. Bei dieser Machtprobe ist Mrs. Gorden weiter in dem Gedanken befangen, daß Mandy nichts zustandebringt. Sie gibt Mandys Kompetenz zu, als ob es sich um ihre persönliche Niederlage handelte, weil der Therapeut Mandy unterstützt. Der Therapeut gewinnt auf diese Weise Einblick in die Familienstruktur. Die gleiche Abfolge – Annäherung des Therapeuten an Mandy; Angriff auf Mandy von seiten der Mutter – hat sich auch schon früher ereignet, aber damals nicht in der Intensität, die nötig war, um das Verhalten des Therapeuten zu ändern. Jetzt wird ihm klar, daß Mrs. Gorden seine direkte Unterstützung Mandys in eine Koalition des Therapeuten mit Mandy gegen sie übersetzt. Das ist ein Hinweis für ihn, daß er eine

Familienstruktur neu erschafft, die bereits früher einmal existierte, als der Vater noch ständiges Mitglied der Familie war, und er bewahrt diesen Hinweis im Gedächtnis, um ihm später nachzugehen. Aber im Augenblick spürt er einen Widerstand gegenüber dem Gedanken, Mandy zu unterstützen. Diese neue Erfahrung muß er in sein therapeutisches Verhalten einbringen.

Mrs. Gorden: Das hier hat sie ja schon gelesen.
Montalvo: Gut. Und Sie wollten herausfinden, ob sie noch weiterlesen könnte?
Mrs. Gorden: Ja.
Montalvo: Warum prüfen Sie nicht, ob sie das kann?

N. Verstärkt die früher schon gestellte Aufgabe.

Mrs. Gorden: Wo ist die Geschichte zu Ende?
Mandy: Hier. Auf dieser Seite.
Mrs. Gorden: Da ist sie zu Ende?
Mandy: Hm.
Mrs. Gorden: Weißt du, was das hier ist?
Mandy: Hm.
Mrs. Gorden: Kannst du das lesen? Habt ihr das schon mal gelesen?
Mandy: Nein.
Mrs. Gorden: Kannst du es lesen?
Mandy: Ja.
Mrs. Gorden: Dann lies.
Mandy (liest): „Die drei Bären. Es waren einmal drei Bären, die lebten miteinander im Wald. Das eine war der Bärenvater. Das andere war die Bärenmutter."
Montalvo: Gut, Mandy! Prima!

Mrs. Gorden: Ja, das kann sie ganz gut lesen.

Montalvo: Aber hören Sie mal. Passen Sie auf, ich will es Ihnen mal zeigen: „Ja, das kann sie. Ja." Was ist denn los mit Ihnen?

N. Ahmt Mrs. Gordens Art zu sprechen und zu handeln nach. Er attackiert Mrs. Gorden direkt, weil sie nicht von ihrem kritischen Verhalten läßt.

Mrs. Gorden: Was meinen Sie, was mit mir los sein soll?

Montalvo: Fast alles, was sie . . . sie macht sehr viele Dinge sehr ordentlich. Sie kann sehr gut lesen. Sie ist freundlich. Sie müssen sich sehr viel mit ihr abgegeben haben. Denn sie ist nicht so weit zurück im Lesen oder in sonst etwas, wie Sie sagen.

N. Modifiziert seine Attacke durch die Feststellung, daß Mandys positive Seiten und Züge ein Reflex der mütterlichen Sorge und Zuwendung sind. Diese Mischung aus Kritik und Lob setzt Mrs. Gorden in die Lage, die Kritik zu akzeptieren, macht es ihr aber unmöglich, sich zu verteidigen.

Mrs. Gorden: Nicht so sehr – nein, sie ist nicht weit zurück.

Montalvo: Eben.

Mrs. Gorden: Ich kann eben nicht die ganze Zeit um sie herum sein. Aber wenn ich nach unten gehe, um etwas zu tun, und sie oben in ihrem Zimmer lasse, dann vergehen höchstens zwei Minuten, bis mich jemand ruft, weil sie etwas angestellt hat.

Mrs. Gorden will auch weiterhin die positiven Züge von Mandy auf keinen Fall anerkennen. Das ist eine Form ihrer Reaktion auf den Therapeuten.

Montalvo: Wer ruft Sie dann? Morris?

N. Leitet einen Angriff auf den Sündenbock ab, indem er den Inhalt des Gesprächs ändert, ihm eine andere affektive Ausprägung gibt und die übrigen Familienmitglieder einführt.

Mrs. Gorden: Nein, nicht nur Morris!

Montalvo: Wer also?

Mrs. Gorden: Joyce, Debbie, eben alle.

Montalvo: Was war denn der letzte Vorfall dieser Art?

Mrs. Gorden: Vielleicht – wenn ich die Kinder nach oben schicke, sage ich

Die Geschwister klagen Mandy an und sind sich mit Mrs. Gorden einig. An

„Bringt eure Zimmer in Ordnung!“ Diese beiden sollen dann eben das Zimmer in Ordnung bringen. Mandy tut nichts, wenn ich nicht daneben stehe. Joyce kommt dann immer herunter und sagt: „Mama, Mandy sagt, sie will nichts machen.“ Und wenn ich dann hinaufgehe und nachsehe, dann stellt Joyce vielleicht die Schuhe alle gerade ins Regal, und Mandy bringt sie wieder durcheinander. Joyce hängt die Sachen auf den Bügel – Mandy holt sie wieder herunter.

diesem Punkt des Familienlebens ist Mandy eine bequeme Zielscheibe. Wenn sowohl die Geschwister als auch die Mutter sie tadeln, dann wird die Selbstwahrnehmung des Sündenbocks als das schuldige Familienmitglied noch verstärkt.

Montalvo: Du hast das wirklich schön gemacht, Mandy, mit dem Lesen. Wir haben ihr überhaupt nicht gesagt, daß sie das ganz prima gemacht hat.

A. Das „wir“ lädt die Mutter ein, sich dem Therapeuten anzuschließen.
N. Verändert den Inhalt, konzentriert sich auf einen Bereich, in dem Mandy etwas leistet.

Mrs. Gorden: Ja. Sehr gut.

Mrs. Gorden fügt sich dem Therapeuten, denn dadurch, daß sie Mandy lobt, kann sie sich vielleicht wieder neu mit ihm verbünden.

Montalvo: Sehen Sie, was mich beschäftigt . . . Gewiß, wir werden überall mal ansetzen, um Klarheit zu gewinnen. Und ich bin sicher, daß gewisse Dinge geschehen müssen, damit Sie ruhig sein können, wenn Sie nicht zu Hause sind. Sie wird solche Dinge nicht mehr tun, wenn Sie weg sind. Aber was mich noch mehr beschäftigt, das ist, daß Joyce so scheu ist. Es ist ja gar nicht Mandy. Joyce ist scheu und spricht nicht, und Mandy ist eher eingeschüchtert.

N. Wendet sich von dem Brennpunkt Mandy ab und betrachtet statt dessen die Gefühle und Empfindungen beider Schwestern. Er hat diese Strategie während der Sitzung schon mehrmals angewendet. Sie ist für eine Weile wirksam, aber immer steht wenig später Mandy als das einzige Familienproblem erneut im Mittelpunkt.

Mrs. Gorden: Nein, sie ist nicht durch mich eingeschüchtert. Sie hat jetzt wahrscheinlich einen Schreck

Mrs. Gorden akzeptiert die Tatsache, daß der Therapeut sein Interesse ausdehnt und Joyce ebenfalls als

bekommen, weil . . . so denke ich es mir. Meiner Meinung nach ist sie erschrocken über das, was neulich abends geschehen ist. Aber sie hat keine Angst vor mir. Sie redet mehr mit mir als Joyce – sie erzählt mir, was passiert. Sie kommt und spricht über Dinge, die sich in der Schule ereignet haben. Joyce erzählt niemals etwas von der Schule.

Problem einbezieht. Seine Strategie, positive Seiten an Mandy hervorzuheben, hat sie zwar mehrmals durchkreuzt, aber sie akzeptiert, daß der Therapeut das übliche Muster anwendet, nämlich „Interesse und Anteilnahme" zeigt, so daß Joyce ebenfalls Gegenstand der Betrachtung wird.

Montalvo: Gut, Sie sagen also, daß sie nicht eingeschüchtert ist und durchaus mit Ihnen spricht. Sie haben recht, das ist ein gutes Zeichen. Haben Sie denn irgendeinen Anhaltspunkt, was los ist, daß sie diese verbotenen Dinge tut?

Mrs. Gorden: Ja, also darüber kann ich von ihr nichts erfahren. Aber zu Morris hat sie einmal gesagt, daß sie gerne bei ihrem Vater leben würde, weil sie bei ihm alles tun darf, was sie möchte. Er war nämlich mal hier und hat gesagt, es sei gemein von mir, sie nicht tun zu lassen, was ihr gefällt. Er sagt den Kindern überhaupt nichts. Wenn sie irgend etwas tun wollen, dann tun sie es eben. Er möchte nicht, daß sie mal Prügel bekommen oder für irgend etwas bestraft werden. Und Debbie ist so richtig verdorben. Sie war so fürchterlich, daß man sie nirgendwohin mitnehmen konnte, weil es einen ganz verrückt gemacht hat. Einmal hat Jerry sie mitgenommen – als er noch hin und wieder vorbeikam, heute kommt er überhaupt nicht mehr –, und sie wollten etwas kaufen oder so. Ich sagte: „Ich lasse sie hier und hole den

Mrs. Gorden bringt Probleme mit ihren anderen Kindern ins Gespräch hinein, die Teil ihrer Auseinandersetzungen mit ihrem Mann waren. Es wird deutlich, daß Mann und Frau ihre Konflikte in der elterlichen Sphäre austrugen. Der Vater galt als in Koalition mit den Kindern gegen die Mutter begriffen. Man kann vermuten, daß Morris und die Mutter einerseits und der Vater und Mandy andererseits jeweils eine intergenerative Koalition bildeten.

Babysitter, ich möchte sie nicht mitnehmen, weil ich weiß, wie sie sich aufführt, wenn sie mit dir zusammen ist." Aber er sagte: „Ich will, daß sie mitkommt", also habe ich sie gelassen. Wir sind dann in das Geschäft gekommen – ein Lebensmittelgeschäft. Ich mußte einiges kaufen, und sie wollte auch etwas haben. Und ich sagte: „Debbie, das kannst du nicht bekommen." Und da ließ sie sich einfach auf den Boden fallen und trat alle Flaschen von den Regalen herunter und alles, was da sonst noch stand. Und Jerry meinte, ich solle sie nicht schlagen. „Schlag sie nicht. Warte, bis ihr zu Hause seid." Und dann . . .

Montalvo: War es mit Mandy genauso?

Mrs. Gorden: Nein. Sie hat sich niemals so aufgeführt.

Montalvo: Ich meine, haben Sie und Jerry viel über . . .

N. Erkundet, ob die Kinder als Umleiter des ehelichen Konfliktes eingesetzt waren.

Mrs. Gorden: Oh, er wollte nicht, daß ich ihr irgend etwas sagte.

Montalvo: Aha. Zwischen Ihnen und Jerry gab es also viele Schwierigkeiten wegen der Kinder? Er wollte nicht, daß sie den Kindern etwas sagten.

Mrs. Gorden: Nein. Er wollte nicht, daß sie mal zur Ordnung gerufen wurden. Deshalb . . .

Montalvo: Wer war Jerrys Liebling? *(Die Mutter zeigt).* Mandy? Das dachte ich mir. Ich frage mich – gehen Sie heute abend zur Arbeit?

N. Erkundet die Koalition, die über die Generationengrenze hinweg bestand, und deutet Mandys Anteil an der Koalition, die zwischen ihr und ihrem Vater gegen die Mutter bestand.

Mrs. Gorden: Heute abend? Ja.
Montalvo: Wann etwa?
Mrs. Gorden: Ich habe denen schon gesagt, daß ich heute spät komme.

Montalvo: Ich möchte Sie bitten, daß Sie zu Hause den Experimentierkasten holen. Morris kann eine Weile auf Joyce und Debbie aufpassen. Und ich möchte, daß Sie sich Mandy vornehmen und ihr beibringen, wie man mit Streichhölzern umgeht, ohne sich zu verbrennen, und wie man ein Feuer wieder ausmacht. Sie können kleine Stücke Papier nehmen und brauchen es nur so lange zu machen, bis sie sich sicher fühlt. Wenn sie nicht will oder weint, dann spielen Sie nicht damit. Einverstanden?

N. Erteilt eine Aufgabe, die zu Hause auszuführen ist. Die Aufgabe ist nur auf zwei Familienmitglieder zugeschnitten. Den übrigen Mitgliedern wird eine andere Aufgabe gestellt, an der Mrs. Gorden und Mandy nicht beteiligt sind. Die Aufgabe wird detailliert, verständlich und positiv beschrieben. Es ist ein Spiel für Mrs. Gorden und Mandy allein, und Mrs. Gorden wird gegenüber Mandy in die Position des Gebenden versetzt. Diese besonderen Merkmale der Aufgabe sind darauf ausgerichtet, einen Kontext zu schaffen, in dem die Mutter und der kindliche Sündenbock sich in einer für die Familie ungewöhnlichen Situation begegnen. Mrs. Gorden ist kompetent, und sie ist die Gebende; Mandy ist die Empfangende und akzeptiert die Hilfe der Mutter.

Mrs. Gorden: Einverstanden.
Montalvo: Aber tun Sie nicht zuviel. Haben Sie eine Eieruhr in der Küche?

Mrs. Gorden: Ja.
Montalvo: Machen Sie es nicht länger als zehn Minuten. Ja, Sie könnten es zehn Minuten lang machen. Mandy, weißt du schon, was die Mama mit dir machen wird? Hör zu, Morris, denn du mußt dich nachher um Joyce und Debbie kümmern. Dieses Spiel ist mal nur für Mandy. Du kannst nicht mitspielen, und du kannst auch nicht

N. Versichert sich der Kooperationsbereitschaft des Kindes, indem er die Aufgabe als Spiel beschreibt, in dem Mandy eine besondere Aufgabe zufällt. Da er Mrs. Gordens Einverständnis hat, kann er mit Mandy direkt sprechen und ein fürsorgliches Verhalten beispielhaft vorführen, während er eine Aufgabe

mitspielen. Klar? Du bist die einzige, die mit der Mama spielen darf. Sie wird dir zeigen, wie man so mit Streichhölzern spielt, daß man sich nicht verbrennt und auch keine anderen Dinge anbrennt. Gut? Und du, wirst du der Mama alles zeigen? Wirst du ihr sicher alles zeigen, was du weißt ... was du über das Anzünden schon weißt? *(Er kniet neben Mandy hin und klopft ihr leicht auf den Arm).*

Mandy: Ja.

Montalvo: Willst du ihr zeigen, wie man es macht?

Mandy: Ja.

erteilt, die vielleicht belastend ist. Er betont Mandys Kompetenz und den Umstand, daß sie ihr Können zugunsten der Mutter üben soll. Die Aufgabe stützt Mrs. Gordens Mittelpunktstellung, ist aber zugleich darauf ausgerichtet, einen neuen Interaktionsstil zwischen Mrs. Gorden und Mandy zu bewirken.

Montalvo: Gut. Zeig ihr alles, was du kannst, ja? Jetzt nimmst du bitte mal die Hand von der Mama. Ja? Und jetzt wird die Mama dir zeigen, wie man mit Streichhölzern spielt, ohne sich selbst oder jemand anderen zu verletzen, ja?

Mandy: Ja.

N. Setzt den physischen Kontakt ein, um die Aufgabe zu verdeutlichen. Schafft Nähe und positive Gefühle rund um ein Thema, das mit dem Erwerb von Fertigkeiten und der Vermeidung von Unannehmlichkeiten und Schmerz zu tun hat.

Montalvo: Aber nur zehn Minuten! Klar?

N. Setzt der Aufgabe eine Grenze, weil er weiß, daß ein zu langer Kontakt zwischen Mrs. Gorden und Mandy vielleicht zu Reibereien führt.

Mandy: Ja. *(Mrs. Gorden zieht ihre Hand wieder weg).*

Montalvo: Gut. Ich würde Ihre Familie gerne einmal wöchentlich sehen. Läßt sich das einrichten? Es kann möglicherweise lange Zeit dauern. Denn mir scheint, als ... wären da noch viele andere Dinge, die ich überhaupt nicht verstehe. Vielleicht können Sie mir helfen zu verstehen, was vorgeht. Mir ist ebenso an Joyce gelegen, ehrlich gesagt, wie

N. Gegen Ende der Sitzung macht er das Problem eindeutig zum Familienproblem.

Ihnen an Mandy, obwohl diese Sache, die mit Mandy passiert ist, natürlich sehr wichtig ist, weil das Haus ja auch hätte abbrennen können. Sie müssen eben in irgendeiner Weise „da“ sein, auch wenn Sie nicht zu Hause sind. Anders geht es nicht. Sie müssen Mandy lehren, besser auf sich aufzupassen.

Das Interview geht noch fünf Minuten weiter. Der Therapeut kommt noch einmal auf die eheliche Beziehung zurück und deutet an, daß auch dieses Thema in den Sitzungen berührt werden wird. Er sagt Mrs. Gorden, sie solle sich während der zehnminütigen Aufgabe als Mandys Beschützerin zeigen. Sie soll ihn am nächsten Tag anrufen und ihm berichten, wie die Aufgabe gelöst wurde. Überhaupt kann sie ihn jederzeit anrufen. Sie macht eine ärgerliche Bewegung zu Debbie hin, und er sagt ihr, daß die Sitzungen vielleicht dazu beitragen werden, daß sie den Kindern gegenüber weniger nervös und gereizt ist. Die Mutter sagt, daß sie auf diesem Gebiet selbst gerne etwas tun würde.
Es folgt nun ein Auszug aus dem zweiten Interview mit dieser Familie, das eine Woche später stattfand. Zunächst fragt der Therapeut Mrs. Gorden, ob sie gerne eine Tasse Kaffee haben möchte. Er macht ihr ein Kompliment über ihr Aussehen, beglückwünscht Joyce zu ihrem stets fröhlichen Gesicht und fragt die Mutter, wie lange sie braucht, um die Kinder morgens anzuziehen. Er beginnt die Sitzung also als Gastgeber, der für Bequemlichkeit und behagliche Stimmung unter seinen Gästen sorgt. Er geht auch auf die Gemütslage der Familie ein (Mimese).

Montalvo: Mandy sieht heute ganz anders aus. So fröhlich.	*Der Therapeut sorgt für den Übergang vom Geplauder „zur Sache“.*
Mrs. Gorden: Sie ist anders heute. Ich glaube, sie war – letzte Woche war sie wohl etwas – na ja, aufgeregt wegen der Sache, die geschehen war.	*Mrs. Gorden zeigt sich einverstanden damit, daß der Therapeut Verhalten modelliert. Ihre Beschreibung hebt auf Mandys Empfindungen ab.*
Montalvo: Und wie ging es? Es klang sehr nett, was Sie mir am Telefon berichteten.	*A.* Unterstützt Mrs. Gorden und betont die Kontinuität ihrer Beziehung.
Mrs. Gorden: Ja. Also, sie hat das Heftchen aufgemacht und das Hölzchen eben angezündet. Sie ist	

Linkshänderin, deshalb macht sie es sowieso in die andere Richtung.

Montalvo: Zeig mal. Mandy, zeig mir die linke Hand. *(Sie hebt die linke Hand hoch).*

A. Tritt in einer ihrem Alter angemessenen Form in Kontakt mit Mandy.

Mrs. Gorden: Sie hat eben gerade auf die übrigen Hölzchen zu gestrichen und hätte leicht das ganze Briefchen anbrennen können, nicht wahr. Und . . . ich glaube, es hat sie wohl etwas gebrannt, deshalb hat sie es fallen lassen – weggeworfen.

Mrs. Gordens Beschreibung bezieht sich auf die kompetente Durchführung der Aufgabe. Sie beschreibt Mandys Zündeln jetzt eher als Unfall bzw. mangelndes Geschick denn als Böswilligkeit.

Montalvo: Sie haben das ganz offensichtlich gut gemacht, daß Sie schon gesehen haben, was falsch lief, und sie berichtigen konnten.

A. Verbindet Mandys Fortschritte mit Mrs. Gordens Kompetenz und hält die Familienstruktur – Mittelpunktstellung der Mutter – aufrecht.

N. Vereinigt Mrs. Gorden und Mandy in einem Subsystem, das für Mrs. Gorden belohnend ist, ändert so die Natur der Transaktionen, die ja bisher immer vom Vorhandensein eines Sündenbocks bestimmt waren. Verstärkt die neuen Transaktionen.

Mrs. Gorden: Hm.

Montalvo: Sind Sie jetzt zuversichtlich, daß sie besser damit zurechtkommt?

Mrs. Gorden: Ja, viel besser *(sie lächelt glücklich).*

Montalvo: Wirklich?

Mrs. Gorden: Ja.

Montalvo: Und wieviele – hast du sehr viel geübt? Hast du mit der Mama zusammen viel geübt?

A. Unterstützt Mandy, betont das gemeinsame Tun.

N. Stützt das neue Subsystem auch auf dem Weg über das schwächere Mitglied

Mandy: Ja.

Montalvo: Ja? Wie oft?

Mrs. Gorden: Ich habe es jeden Tag gemacht. Manchmal habe ich . . .

Mrs. Gorden geht auf die Unterstützung durch den Therapeuten ein, indem sie beschreibt, wie kompetent und wirksam sie ihre Aufgabe angegangen ist.

Montalvo: Jeden Tag!

A. Zeigt sich sehr erfreut über beide, und beide sind mit sich selbst zufrieden; es breitet sich ein positives Gefühl aus (Mimese).

Mrs. Gorden: Hm. Manchmal hatte ich Zeit, es sogar zweimal zu machen, bevor ich zur Arbeit ging und nachdem sie nach Hause gekommen war. Aber an den meisten Tagen habe ich es nur einmal gemacht.
Montalvo: Nicht länger als fünf Minuten, hoffentlich.
Mrs. Gorden: Nein, nein.
Montalvo: Ich habe mir gerade überlegt . . . würdest du . . . könntest du mal ein Feuer für mich anzünden?

N. Benützt das Symptom, um es in seiner Bedeutung herunterzuspielen. Er hat mit Hilfe der Aufgabe die Interpretation geliefert, daß das Feuerlegen die Folge eines dysfunktionalen Musters war, bei dem Morris, das Elternkind, die Transaktionen zwischen Mrs. Gorden und Mandy unterbrach und als dessen Folge das Sündenbockdenken entstand. Nun bringt er den Vorgang des Feueranzündens in den Kontext hinein, wie er durch das neu definierte Mutter-Tochter-Subsystem entstanden ist. Die Bewältigung der Aufgabe wird das positive Band zwischen den Mitgliedern des Subsystems verstärken.

Mandy: Jetzt?
Montalvo: Ein gutes? So wie die Mama es dich gelehrt hat? Prima.

N. Stützt die neue Familienstruktur, verringert die Distanz zwischen Mrs.

Hier. Mach es gleich hier. Ja. Laß mal sehen, ob du es gut kannst. Sie helfen ihr wohl dabei, ja? Aber ohne dich zu brennen, ja? Gut. Gehen Sie doch näher an sie heran, dann können Sie ihr helfen *(Mrs. Gorden und Montalvo wechseln die Plätze. Mandy entzündet ein kleines Feuer im Aschenbecher).*

Gorden und Mandy, macht Mrs. Gorden zum Helfer.

Montalvo: Sehr gut!
Mrs. Gorden: Laß das Papier nicht auf den Fußboden fallen, es könnte etwas in Brand setzen.
Montalvo: Hm. Das ist ein sehr schönes Feuer. Weißt du denn auch, wie man es ausmacht – kann sie das?

A. Stützt Mrs. Gorden als zentrale Schaltstelle.

N. Beginnt Mandy zu führen, bricht dann aber ab und läßt Mrs. Gorden die führende Position einnehmen.

Mrs. Gorden: Und was machst du jetzt, damit das Feuer nicht weiter brennt?

Mrs. Gorden ahmt die modellierende Haltung des Therapeuten nach.

Mandy: Ich nehme Wasser.
Montalvo: Sehr gut. Du . . .
Mrs. Gorden: Ja, würdest du . . . nachdem du das Feuer angemacht hast, würdest du dann Wasser holen, oder wie?

Mrs. Gorden erleichtert das Erkunden von sich aus.

Mandy: Ich würde Wasser holen, bevor ich das Feuer anmache.
Montalvo: Das ist wie bei der Gesellschaft, zu der man geht. Man braucht ja noch einen anderen, wenn man Karten spielen möchte. Man kann dabei nicht allein sein. Sie braucht Wasser, um das Feuer auszumachen. Kann ich . . . Morris, warum holst du ihr nicht etwas Wasser? Weißt du, wo der Wasserhahn ist?
Morris: Hm.

N. Führt ein Thema aus dem Leben der Mutter in der Welt der Erwachsenen ein, an dem die Kinder nicht teilhaben. Auch das ist „Saat“, die später Früchte bringen wird.
A. Stützt die Familienstruktur, setzt Morris als Helfer ein.

Montalvo: Soll er Wasser für dich holen, Mandy?
Mandy: Hm.

N. Betont Mandys Recht zu bestimmen, wann sie Hilfe braucht.

Montalvo: Gut. *(Zu Morris):* Ich zeige dir, wo du Wasser holen kannst. Ich zeige es dir gleich. *(Zu Mrs. Gorden):* Sie können ihr helfen zu überlegen, was sie mit der Asche tun soll. Sie sollte sich vielleicht vergewissern, daß nichts mehr brennt *(Er geht mit Morris hinaus).*

N. Spürt, daß nun Morris Hilfe und Unterstützung braucht, und geht mit ihm Wasser holen. Er akzeptiert es, daß Morris seiner Schwester hilft, und hält Mrs. Gorden mit Mandy beschäftigt. Gleichzeitig bleibt durch die gestellte Aufgabe das Mutter-Tochter-Subsystem erhalten.

Mrs. Gorden: Du mußt erst sicher sein, daß nichts mehr brennt. Wie kannst du das feststellen?

Mrs. Gorden erleichtert Mandys Erkundungen. Sie ahmt das modellierende Verhalten des Therapeuten in dessen Abwesenheit nach.

(Später in der Sitzung)
Mrs. Gorden: In bezug auf Streichhölzer traue ich keinem von ihnen.
Montalvo: Aber sie *(deutet auf Mandy)* ist jetzt in viel besserer Form.

N. Fördert die Differenzierung der einzelnen Familienmitglieder. Er nimmt Mandy aus einer Bemerkung aus, die alle Kinder in die gleiche Kategorie einordnet.

Mrs. Gorden: Ja.
Montalvo: Sie ist in viel besserer Form. Bei ihr haben Sie etwas ausgerichtet.

N. Unterstreicht die soeben getroffene Feststellung, indem er Mandys Verhalten in einen Zusammenhang mit Mrs. Gordens Aktionen bringt. Auf diese Weise veranlaßt er Mrs. Gorden, Mandys Individuierung zu bejahen, soweit es um Kompetenz (auf einem bestimmten Gebiet, hier also um den richtigen Umgang mit Streichhölzern) geht.

Mrs. Gorden: Ich habe nie gesehen, daß Joyce . . . aber wenn sie eines hätte und es anzünden würde, dann

Mrs. Gorden schließt sich dem Therapeuten an, indem sie über Joyces Verhalten nachdenkt. Sie beschreibt

glaube ich nicht, daß sie es richtig machen würde.

Joyce als inkompetent.

Montalvo: Also, warum machen wir es nicht gleich hier, mit diesem Papier. Na klar, Joyce.

N. Stellt eine Aufgabe – das Anzünden eines Feuers –, die der ersten gleicht, verändert aber die Rollenbesetzung: Das Etikett der Inkompetenz ist von Mandy auf Joyce übergegangen. Jetzt lernt Joyce, und Mrs. Gorden und Mandy sind die Lehrenden. Diese Aufgabe rückt Mandy aus der Position des Lernenden in die des Lehrenden, erhöht die Annäherung zwischen Mrs. Gorden und Mandy und vergrößert Mandys Macht in der geschwisterlichen Untergruppe.

Mrs. Gorden: Joyce.
Joyce: Hm?
Mrs. Gorden: Zeig mal, wie du Feuer anmachst.

An diesem Punkt sind die Mutter und der Therapeut ein Team.

Montalvo: Sie wird deine Lehrerin sein. Mandy ist die Lehrerin.
Mrs. Gorden: Du mußt ihr zeigen, was sie tun soll.
Montalvo: Los, Mandy. Zeig ihr, was sie tun soll. Die Mama hat es gesagt. Und Sie – erklären Sie ihr, daß sie es ihr so zeigen soll, daß Joyce sich nicht brennt. Ja?

N. Unterstützt Mandy in ihrer neuen Position und läßt dabei den Gedanken an Hilfe und Fürsorge anklingen.

Mrs. Gorden: Zeig es ihr so – hör zu. Du weißt ja, wie ich es dir gezeigt habe, damit du dich nicht brennst. Ich habe es dir erklärt. Stimmt's? Kannst du es Joyce so erklären, wie ich es dir erklärt habe?

Mrs. Gorden verdeutlicht den Gedanken, den zuvor schon der Therapeut vermittelt hat. Sie delegiert die Aufgabe an Mandy in eben der Weise, in der der Therapeut die Aufgabe, Mandy zu unterweisen, an sie delegiert hat. Diese Aufgabendelegation verändert die frühere Struktur, in der nur Morris der Helfende war.

Mandy: Hm.

Mrs. Gorden: Ich möchte gerne hören, wie du es ihr erklärst! Zünde das Hölzchen nicht selbst an, sondern erkläre es ihr nur!
Mandy (zu Mrs. Gorden): Du nimmst . . .

Mrs. Gorden: Du mußt mit Joyce sprechen.
Mandy: Ich weiß nicht wie.
Montalvo: Die Mama kann dir helfen.
Mrs. Gorden: Du . . . sie nimmt die Streichhölzer, ja? Was macht sie dann damit?

Mrs. Gorden schaltet ihre eigene Funktion als Schaltstelle kurz. Auch jetzt ähnelt ihre Intervention sehr stark den früheren therapeutischen Interventionen. Sie weist Mandy an, einen Dialog mit Joyce zu beginnen. Indem sie ihre exekutive Funktion wieder aufnimmt, delegiert sie Aufgaben.

Mandy: Dann holst du Wasser. Und tust das Wasser auf den Tisch, in einem Glas. Und zündest die Streichhölzer an und läßt ein Stück Papier oder so etwas brennen.

Mrs. Gorden und Mandy ahmen die frühere Dyade Mutter/Therapeut nach, während der Therapeut sich zurückzieht und aus dem Spiel bleibt. Mandy spricht jetzt in längeren Sätzen. Ihre Unterweisung ist sehr klar.

Mrs. Gorden: Und warum holst du das Wasser?
Mandy: Wenn sie irgendwas anbrennen, dann gießt du das Glas darüber aus . . .
Mrs. Gorden: Du nimmst das Wasser und schüttest es aus. Richtig. Ach so, und wegen dem Streichholz – wenn du das Streichholz anzünden willst, was machst du da?
Mandy: Du reißt ein Hölzchen heraus, dann machst du das Heftchen zu und zündest nur das eine an.
Montalvo: Vielleicht kann sie zeigen . . . vielleicht kann Joyce jetzt mal genau das gleiche machen.

N. Erteilt eine Aufgabe.

Mrs. Gorden: Joyce, hast du

verstanden, was sie zu dir gesagt hat? Was sollst du machen? *(Joyce spricht unhörbar).* Ja, gut, du hast also das Wasser. *(Joyce murmelt wieder).*
Montalvo: Also los, Mandy, zeig es ihr. Es tut mir leid, ich habe Sie unterbrochen.
Mandy: Du nimmst das Papier und hältst es nach oben, damit der Tisch nicht anbrennt.

Montalvo: Kann ich dir ein Stück Papier hinhalten, und du zündest es an? Dann kannst du es Mandy zeigen. Ah, Moment, hier, hier ist eines, und hier ist noch eines. So. Und jetzt hilf ihr. Gut? So wie die Mama es gesagt hat. Hilf ihr, es anzubrennen. Und paß auf ihre Finger auf, denn sie macht das Heftchen nicht so ganz richtig zu. Zeig ihr, wie man es richtig zumacht.

A. Weist Mandy an, vergißt dabei aber nicht zu betonen, daß ursprünglich Mrs. Gorden die Lehrende war. Gibt sich also gewissermaßen als ihr Stellvertreter. Auch in dieser Rolle schlägt er einen fürsorglichen Ton an.

Mrs. Gorden: Und wenn sie das Streichholz gestrichen hat, wie muß sie es dann halten?
Mandy: So, nach oben.
Mrs. Gorden: Wie nach oben?
Mandy: So.
Mrs. Gorden: Nein, von sich weg.
Mandy: Halte es so von dir weg.
Mrs. Gorden: Richtig. Komm hier 'rüber, zum Aschenbecher, und mach dieses Streichholz an. Zeig ihr wie.
Morris: Beim Streichen darfst du es nicht so halten *(Morris versucht, Joyce zu helfen; er zeigt ihr, wie man ein Streichholz anstreicht).*
Montalvo: Morris, du bist hier nicht beteiligt. He, Morris, komm mal hierher. Dieser Junge tut so viel für euch.

A. Nimmt die Verbindung mit Morris auf, der aus seiner zentralen Stellung entfernt worden ist und daher besondere Unterstützung braucht.

N. Verringert die Distanz zwischen sich und Morris, benützt ihrer beider Dyade, um Morris aus der Dyade Mrs. Gorden-Morris herauszuholen.

Mrs. Gorden. Das stimmt.
Montalvo: Jetzt mal langsam, mein Lieber. Du hast jetzt Ferien. Stimmt's? *(Er winkt Morris auf den Stuhl neben sich).*

Gibt seinen Veränderungsanweisungen ein neues Etikett, läßt sie als „Geschenk" für Morris erscheinen, und etikettiert Morris' frühere Position als Helfer als eine zu große Last für ihn.

Mrs. Gorden: Geh mal da 'rüber.
Montalvo: Komm hier herum, damit sie es allein machen können. Weißt du, sie müssen ja lernen, es allein zu machen, nicht wahr. Denn manchmal – du kannst nicht immerzu auf sie aufpassen und dich jeden Augenblick um sie kümmern.

A. Stützt Morris' Position als Mrs. Gordens Helfer, indem er sich mit ihm wie mit dem anderen verantwortlichen Familienmitglied unterhält.
N. Führt ein neues Etikett ein: „Hilfe" wird zu „Selber machen lassen".

Mrs. Gorden: Du weißt nicht, wo du entlangstreichen mußt? An dieser flachen Stelle hier.
Montalvo: Sie kann auch Mandy fragen.
Mandy: Hier entlang.
Montalvo: Richtig.
Mrs. Gorden: Was ist denn?
Joyce: Ich möchte nicht.
Mrs. Gorden: Du möchtest nicht.

Montalvo: Sei vorsichtig. Laß dir Zeit. Sie ist – du bist noch nicht sicher? Sie hat es noch nicht so in der Hand, daran liegt es. Kannst du es einmal vormachen, damit sie es sieht, Mandy? Paß auf, wie Mandy es macht. Ganz vorsichtig. Nur langsam *(Mandy zündet das Streichholz an).*
Morris: Hm.
Mrs. Gorden: Du hast das andere

A. Akzeptiert Joyces Furchtsamkeit.
N. Besteht auf der Durchführung der Aufgabe und weist Mandy an, sie zu Ende zu bringen.

Hölzchen noch nicht angezündet.

Montalvo: Sehr gut. Ganz prima, Mandy. Vielleicht sollte Joyce es nicht tun, bevor sie nicht selbst will. Mandy hat ja schon so viel Übung, nicht wahr. Sie haben sich da wirklich Zeit genommen. Und Sie haben viel und oft geübt. Wenn Sie es nun Joyce auch beibringen, dann sollte Mandy zusehen und mitmachen. Denn ich glaube, sie hat jetzt eine ganz ruhige Hand. Die Finger arbeiten ganz richtig. Zeig' es mir noch mal! Ist es an? Noch einmal! Und jetzt mach es wieder aus! Sehr schön, wirklich sehr gut. Haben Sie irgendwelche Regeln in dieser Beziehung? Wie halten Sie es mit den Streichhölzern im Haus und mit allen diesen Dingen? Ich weiß es nicht. Sie haben mir gesagt, Sie wollten sich da etwas ausdenken.

N. Unterstreicht Mandys neue Funktionen, schützt aber zugleich Joyce durch die Bemerkung, daß Mandys Können das Ergebnis ihrer Interaktion mit Mrs. Gorden ist (stützt so die Dyade Mutter-Mandy). Der Therapeut dehnt dann die Dyade aus, indem er Anweisungen bezüglich einer Triade – Mrs. Gorden, Mandy, Joyce – gibt, eines Subsystems der Frauen, von dem Morris und das Kleinkind ausgeschlossen sind. Er wendet sich wieder in ganz konkreter Weise an Mandy und erhöht die Nähe und den physischen Kontakt zwischen sich und ihr. Dieses „Modellieren" geht wieder an die Adresse der Mutter.

Mrs. Gorden: Ja. Ich habe sie alle hochgelegt, so daß sie sie nicht finden können. Wenn ich zu Hause bin, liegen vielleicht mal Zigaretten herum, aber Streichhölzer lasse ich nicht irgendwo liegen.

Montalvo: Das ist die einzige Regel. Gut. Prima.

N. Fördert die Realitätskontrolle.

Nach der ersten Sitzung spielt Mandy nicht wieder mit Streichhölzern. Der Therapeut bleibt anderthalb Jahre lang mit der Familie in Kontakt, bis die Mutter in eine andere Stadt zieht, wo ihre eigene Familie lebt. Er arbeitet eng mit der Schule zusammen, um zu erreichen, daß Mandy auch in dieser Umgebung besser zurechtkommt. Mandy kommt in eine andere Klasse und zu einer sehr guten und veständnisvollen Lehrerin. Unter der freundlichen Aufmerksamkeit, die sie zu Hause und in der Schule erfährt, blüht sie auf, wird viel fröhlicher und hat mehr Erfolg.

Nachdem die Mutter krank geworden ist, werden die Sitzungen zu Hause

abgehalten. Bei einem seiner Besuche erfährt der Therapeut, daß die Mutter plötzlich ins Krankenhaus mußte und die Kinder jetzt von einer älteren Nachbarin versorgt werden. Er sorgt dafür, daß eine Hauspflegerin sich um die Kinder kümmert, solange Mrs. Gorden im Krankenhaus liegt und auch noch während der ersten Tage nach ihrer Heimkehr. Er schickt ihr ein Pflanze als symbolische Botschaft, die an Pflege und Wurzelfassen erinnern soll.
Der Therapeut bemüht sich auch um Morris' Entlastung von seinen übermäßigen Verpflichtungen als Elternkind. Aber als Morris mit gleichaltrigen Jungen Freundschaft schließt, sieht sich die Familie dem Bandenproblem in Philadelphia konfrontiert. Wenig später zieht die Mutter mit den Kindern weg. Sie schreibt dem Therapeuten jedes Jahr zu Weihnachten und schickt ihm Fotos von allen Kindern. Eine Kontrolluntersuchung zwei Jahre nach Beginn der Behandlung zeigt, daß die Familie noch immer angemessen funktioniert.
Dieser Fall illustriert weitere Aspekte der Arbeit des Therapeuten. Veränderungen in der Familie können sehr wohl von Wirkung sein, aber um anzudauern, müssen solche Veränderungen im Zusammenhang mit den Lebensumständen der Familie herbeigeführt werden. Man muß mit der Familie in deren jeweiligem Kontext arbeiten, wenn man Veränderungen bewirken und erreichen möchte, daß sie von Dauer sind.

12 Eine Längsschnittbetrachtung: Die Browns und Salvador Minuchin

Bisher haben wir uns nur mit solchen Interviews befaßt, die das erste Zusammentreffen des Therapeuten oder des Beraters mit der betreffenden Familie darstellten. In solchen Erstinterviews werden die Anpassungstechniken und die übrigen Aspekte des Arbeitsstiles der einzelnen Therapeuten sehr rasch deutlich. Was nach dem Erstinterview im Laufe der Behandlung weiter geschieht, ist nicht so einfach zu sagen. Die unmittelbar beobachtbaren Interaktionsmuster verlieren an Dramatik, und die Aufmerksamkeit muß sich sehr viel stärker auf die handfesteren Maßnahmen richten, die erforderlich sind, um das erwünschte Ergebnis zu erzielen. Nichtsdestoweniger wäre eine eingehende Betrachtung der Familientherapie nicht vollständig ohne einen Blick auf den therapeutischen Prozeß insgesamt, wie wir ihn am Fall der Familie Brown dargestellt finden.[1]

Die Browns waren von dem Kinderarzt, der ihre zehnjährige Tochter Sally behandelte, an den Familientherapeuten überwiesen worden. Sally hatte wegen Anorexia nervosa im Krankenhaus gelegen. (Dabei handelt es sich um ein psychosomatisches Syndrom, das sich in erster Linie durch extremen Gewichtsverlust infolge mangelnder Nahrungsaufnahme auszeichnet.) Innerhalb von zehn Wochen hatte Sally 15 Pfund abgenommen. Als sie ins Krankenhaus kam, wog sie 42 Pfund, eine Woche später 40 Pfund. Sie sah aus wie eine ausgemergelte alte Frau und zeigte ein starres und trauriges Lächeln.

Sallys Familie besteht aus dem Vater, einem erfolgreichen Architekten von Mitte Vierzig, der Mutter und drei Geschwistern – dem 14jährigen Michael, dem 12jährigen Robert und dem achtjährigen John. Sie betrachten sich als „normale amerikanische Familie", deren einziges wirkliches Problem darin besteht, daß Sally sich weigert zu essen. Sie sind nur deshalb zum Familientherapeuten gekommen, weil der Kinderarzt darauf bestanden hat.

Hilde Bruch zählt im Zusammenhang mit dem Syndrom der Anorexia nervosa die folgenden Kennzeichen auf: ein gestörtes Verhältnis des Menschen zu seinem eigenen Körper; die gestörte Wahrnehmung oder kognitive Deutung von Stimuli, die im Körper entstehen, wodurch der Mensch unfähig wird, Mangelerscheinungen und Hungergefühle als Anzeichen für seine dringendsten Bedürfnisse zu erkennen; Hyperaktivität, Verneinung von Müdigkeit und Schwäche – eine weitere Manifestation der verzerrten Vorstellung vom eigenen körperlichen Zustand – und ein lähmendes Gefühl der Untauglichkeit, das alles Denken und Handeln durchzieht.[2]

Eine auf dieser theoretischen Orientierung aufbauende Behandlung kann eine Vielzahl von Maßnahmen einschließen: Diätvorschriften, Medikation, psychodynamische Behandlung bzw. Verhaltensmodifizierung. Alle diese Techniken sind in erster Linie auf den individuellen Patienten als den „Träger" der Krankheit ausgerichtet.

Der Familientherapeut nimmt einen anderen Standpunkt ein, wenn er es mit der Anorexia nervosa zu tun hat. Ein psychosomatisches Symptom des identifizierten Patienten kann, wie andere Symptome auch, der Ausdruck einer in der Familie liegenden Dysfunktion sein.[3] Das Symptom kann den Versuch des Patienten darstellen, die Dysfunktion der Familie zu lösen, wie im Fall der Familie Smith. Es kann aber auch aufgrund seiner speziellen Lebensumstände im individuellen Familienmitglied entstanden sein und wird dann vom Familiensystem als systemerhaltender Mechanismus eingesetzt und gestützt. In jedem Fall ist es für den Familientherapeuten unvorstellbar, den identifizierten Patienten losgelöst von seinen Umständen zu betrachten. Die jeweilige Behandlung richtet sich auf den identifizierten Patienten innerhalb seiner Familie.

Das Konzept des identifizierten Patienten verändert sich, wenn das Individuum als agierendes und reagierendes Mitglied eines sozialen Systems betrachtet wird, das durch eine implizit vorhandene Struktur reguliert wird. Die Krankheit ist dann nicht länger auf den identifizierten Patienten allein beschränkt. Seine Symptome sind zwar die deutlichste Manifestation des Problems, aber seine spezielle Krankheit ist bestenfalls die halbe Wahrheit. Die Krankheit ist innerhalb seines Lebenskontextes entstanden. Tatsächlich bilden die Symptome des einzelnen gewissermaßen die Gestalt der Krankheit, während alles übrige ihren Nährboden darstellt. Aber im Laufe der Behandlung werden die Verhaltensweisen und Interaktionen auch anderer Familienmitglieder zur „Gestalt" der Krankheit, und man wird sie vorübergehend als „symptomatisch" bezeichnen. Das Ziel besteht in der Veränderung des Systems in einer Atmosphäre, die besonderes Gewicht auf Interdependenz, Gegenseitigkeit und Unterstützung legt.

Das Modell der psychosomatogenen Familie

Der therapeutische Ansatz bei der Behandlung der Familie Brown folgt dem Modell der „psychosomatogenen Familie".[4] Dieses Modell ist aufgrund der Erfahrungen aus der Arbeit mit vielen Familien entstanden, bei denen der jeweilige identifizierte Patient von Fall zu Fall wieder ganz andere psychosomatische und psychogene Symptome aufwies. Entsprechend sind die Interventionen des Therapeuten, der sich nach diesem Modell richtet, nicht ausschließlich auf seine eigenen Reaktionen auf die augenblicklichen Transaktionsmuster der Familie beschränkt. Er schließt sich der Familie unter Zuhilfenahme eines Modells für seine Erkundungen an und kann an diesem Modell die einzigartigen und charakteristischen Umstände der jeweiligen Familie messen. Nach diesem begrifflichen Modell steht die Entstehung einer psychosomatischen Störung bei einem Kind im Zusammenhang mit drei Faktoren: einer besonderen Art der familialen Organisation und Funktionsweise, der Einbeziehung des Kindes in einen elterlichen Konflikt und schließlich einer physiologischen Anfälligkeit.

Die jeweils beteiligte Funktionsweise der Familie ist durch Verstrickung, Überprotektion, Starrheit und Unfähigkeit zur Konfliktlösung gekennzeichnet. Beim Typ der verstrickten Familie sind die einzelnen Mitglieder in übertriebenem Ausmaß miteinander beschäftigt und reagieren zu stark aufeinander. Die interpersonalen Grenzen sind verwischt, so daß die Familienmitglieder sich in die Gedanken, Gefühle und Mitteilungen des jeweils anderen hineindrängen. Auch die Grenzen um die einzelnen Subsysteme sind verwischt, was zur Rollenkonfusion führt. Die Autonomie des einzelnen ist durch das Familiensystem streng begrenzt.

In der überprotektiven Familie sind die einzelnen Mitglieder in hohem Maße am Wohlergehen des jeweils anderen interessiert. Ständig werden protektive Reaktionen ausgelöst und zur Schau gestellt. Wenn beispielsweise in der Familie ein krankes Kind lebt, dann sind alle Familienangehörigen davon betroffen. Dabei werden Konflikte häufig unterdrückt. Das Kind seinerseits fühlt eine Verpflichtung zum Schutz der Familie.

Starr organisierte Familien geben häufig zu erkennen, daß sie eine Veränderung in der Familie nicht brauchen oder nicht wünschen. Die bevorzugten transaktionalen Muster werden ohne alle Flexibilität aufrechterhalten.

Eine Familie schließlich, die nicht zur Konfliktlösung fähig ist, hat eine niedrige Konfliktschwelle. Manche Familien leugnen ganz einfach das Vorhandensein irgendeines Konfliktes. In anderen gibt sich der eine Ehepartner als Herausforderer, der andere aber als Meider. Wieder andere Familien streiten zwar, aber sie schaffen es, eine echte Konfrontation zu umgehen. Infolgedessen werden die Probleme nicht verhandelt und nicht gelöst. Das psychosomatisch kranke Kind spielt eine wichtige Rolle bei der Konfliktscheuheit der Familie, denn es stellt ja den Brennpunkt des Interesses seiner Familie dar. Das System verstärkt sein symptomatisches Verhalten, um das Muster der Konfliktmeidung aufrechtzuerhalten.

Die Einbeziehung des Kindes in einen elterlichen Konflikt ist das zweite Merkmal der typischen psychosomatogenen Familie. In Familien, in denen die Grenzen zwischen dem ehelichen Subsystem und den Kindern diffus sind, ist das kranke Kind ganz besonders wichtig in bezug auf die Umleitung des ehelichen Konfliktes. Wenn unterschwellige oder nichtverhandelte Konflikte die eheliche Dyade bedrohen, wird der identifizierte Patient einbezogen (und bringt sich in der Tat selbst mit ein) und auf diese Weise eine rigide Triade geschaffen.

Die physiologische Anfälligkeit des Kindes ist eine notwendige, nicht aber allein ausreichende Komponente im Zusammenhang mit der Entstehung eines psychosomatischen Syndroms. So hängt beispielsweise das Auftreten psychosomatisch bedingter Anfälle bei einem zuckerkranken Kind vom Vorhandensein auch der anderen Merkmale der psychosomatogenen Familie ab. Die Frage, ob bei der Anorexia nervosa eine physiologisch bedingte Anfälligkeit vorhanden ist, bleibt umstritten.

Diagnose der Familie Brown

Das diagnostische Modell der psychosomatogenen Familie hilft dem Familientherapeuten, wenn er es mit einem Fall von Anorexia nervosa zu tun hat. Aber wie in jedem Fall wird auch hier der Weg von der Formulierung der Ziele bis zu ihrer Erreichung von der Familie und dem Therapeuten in einer einmaligen Weise zurückgelegt, je nach der ganz eigenen Art, in der die beiden Seiten sich einander anschließen. Manchmal empfiehlt es sich, in Familien, in denen ein anorektisches Kind vorhanden ist, Krisen entstehen zu lassen und mithin die Transaktionen der Familie so zu organisieren, daß sie gezwungen ist, sich mit den Belastungen auseinanderzusetzen, die sie bisher unter der Oberfläche gehalten hat. Der Therapeut überwacht die aufkommende Krise und schafft lebendige Situationen,

in denen die Familienmitglieder lernen können und müssen, auf neue und andere Art miteinander umzugehen.
Die Familie Brown beispielsweise beharrt auf der Feststellung, daß sie eine „völlig normale" Familie ist, abgesehen von den Schwierigkeiten des einen Mitgliedes, die als medizinisches Problem betrachtet werden. In dieser Situation kann eine „medizinisch" induzierte Krise die Signifikanz des familialen Transaktionsmusters offenlegen, das das Symptom geschaffen hat und am Leben erhält. Der Symptombereich weist auf den Weg zu dieser Krise hin.
Das nun folgende Transkript setzt ein, als die Familie mit allen vier Kindern und dem Therapeuten am Eßtisch sitzt, der in den Behandlungsraum gestellt worden ist. Die Sitzung hat um 11 Uhr vormittags begonnen, und nach den ersten Phasen des Interviews ist die Familie gebeten worden, ein Mittagessen zu bestellen. Die Technik, gemeinsam mit einer anorektischen Familie eine Mahlzeit einzunehmen, ist aus verschiedenen Gründen zu empfehlen. Zunächst einmal „passiert" etwas während der Sitzung mit dem Therapeuten. Wenn der Konflikt, der rund um das Essen besteht, in der Sitzung in Szene gesetzt werden kann, dann ist das bloße Gespräch über das Thema „Essen" reine Zeitverschwendung. Zudem ist ein Symptom, um das sich die Familienkrise entzünden läßt, der direkten Intervention zugänglich. Auf der individuellen Ebene würden Interventionen, die die Vorstellungen des Anorektikers in bezug auf Nahrung und Nahrungsaufnahme erkunden sollen, möglicherweise nur dazu dienen, das Symptom zu verstärken und sich weiter verfestigen zu lassen. Wenn aber eine *Familien*krise rund um das Syndrom organisiert wird, dann ist es nicht das Symptom selbst, sondern die interpersonalen Verhandlungen zwischen Eltern und Kind über das Essen, die Bedeutung erlangen. Das Nichtessenwollen ist dann nicht mehr „Gestalt" des pathologischen Geschehens, sondern erscheint als sein Nährboden, und zwar als Folge des dramatischen Auftauchens interaktioneller Faktoren, die nun den veränderungsbewirkenden Interventionen zugänglich sind.
In der Familie Brown sorgt der Therapeut für die Entstehung einer Krise, indem er den Familienmitgliedern sagt, daß Sally unbedingt essen muß. Nachdem sie außer Eis so gut wie nichts mehr gegessen hat, ist ihr Gewicht rapide gesunken. Sie muß jetzt essen, um zu überleben. Der Therapeut bittet die Familie, ein Essen zu bestellen. Sally will nichts als Eis und Kuchen haben, und so veranlaßt der Therapeut die Eltern, etwas für sie zu bestellen. Sie einigen sich auf Frikadellen, die Sally nach ihren Worten ja immer gern gegessen hat.
Diese alltägliche Szene des Kampfes um Autonomie und Kontrolle bildet nun die

Bühne für die Familienkrise. Während der ganzen Sitzung schlagen die Gefühle hohe Wellen. Sally weint und schreit, manchmal schlägt sie um sich. Die sanften Eltern, die immer stolz darauf gewesen sind, daß es in ihrer Familie keine Konflikte gibt, sehen sich plötzlich inmitten einer konfliktären Transaktion, der sie nicht ausweichen können. Wie es in dieser Familie üblich ist, disqualifizieren die Eltern gegenseitig ihre Versuche, Sally zum Essen zu bewegen, mit dem Ergebnis, daß sie verzweifelt weint, aber nicht ißt. Der Therapeut weist nun nur den Vater an, sie zum Essen zu bringen.

Minuchin: Sie muß essen, und ich möchte, daß Sie ihr helfen, Mr. Brown.

Mr. Brown: Du kannst ein Eis haben, wenn du etwas gegessen hast.

Sally: Ich esse nicht! Ich esse das nicht! Ich esse das nicht! *(Sie steht auf und läuft weinend in eine Ecke des Zimmers.)*

Mrs. Brown: Sie wollte eine Cola und hat statt dessen Milch bekommen.

Mr. Brown: Heute abend bekommst du eine Cola, einverstanden? *(Er steht auf und geht zu Sally hin.)*

Mrs. Brown: Hast du denn Cola bestellt?

Minuchin: Ja, das hat sie.

Mr. Brown: Jetzt laß doch nur; ich verspreche dir, daß du heute abend eine Cola bekommst. Wein doch nicht, Sally *(sie stößt ihn weg).* Glaubst du denn, ich habe jetzt eine Cola hier? Nun komm schon, Sally.

Mrs. Brown: Möchtest du etwas anderes haben?

Mr. Brown: Sie kann wieder so richtig böse auf mich werden *(Er versucht, Sally wieder zurück an den Tisch zu bringen; sie wehrt sich dagegen).*

Sally (schreiend): Ich hasse ihn! Ich hasse ihn! Ich hasse Sie!

Mr. Brown: Wen denn, Sally?

Sally: Den da.

Mr. Brown: Wen, den Doktor?

Sally: Ich kann ihn nicht leiden!

Mr. Brown: Er ist sehr nett.

Sally: Ich kann ihn nicht leiden!

Mr. Brown: Also gut.

Sally: Die Ärzte im Krankenhaus haben mir das gegeben, was ich wollte. Der da nicht. Ich will nicht hier bleiben. Ich will mein Eis. Ich will jetzt das Eis!

Mr. Brown: Du kannst das Eis haben, wenn du deine Frikadelle gegessen hast.

Sally (schreiend): Ich esse die Frikadelle nicht!

Mr. Brown: Warum nicht?

Sally: Ich will sie nicht *(sie schluchzt hemmungslos).*
Mr. Brown: Also, hör auf zu weinen, hör doch auf.
Sally: Ich will sie nicht, ich will sie nicht, Papa.
Mr. Brown: Du hast doch Frikadellen immer gerne gegessen *(Er legt den Arm um sie).*
Sally: Nein, nie. Jetzt laß mich in Ruhe, ich will sie nicht. Ich will die Frikadelle nicht, ich will Eis. Laß mich! *(Sie stößt ihn).*
Mr. Brown: Warum bist du denn so wütend?
Sally: Ich will das Eis. Ich will die Frikadelle nicht. Läßt du mich jetzt los?
Mr. Brown: Der einzige Weg, den Arzt loszuwerden, ist zu essen.
Sally: Ich will sie nicht, ich will sie nicht, ich will sie nicht, ich will sie nicht, ich will sie nicht *(Mr. Brown gibt auf und setzt sich. Sally bleibt in ihrer Ecke. Die drei Jungen weinen).*
Minuchin: Können Sie ihr beim Essen helfen, Mrs. Brown?
Mrs. Brown: Ich weiß nicht, ich habe in diesen Dingen nicht viel Geduld *(Sie steht auf und geht zu Sally hin).*
Sally (schreiend): Ich esse sie nicht, ich esse sie nicht!
Mrs. Brown: Sally, es ist doch nur zu deinem Besten. Bitte. Bitte, mein Liebes.
Sally: Nein, ich will nicht.
Mrs. Brown: Möchtest du denn nicht, daß es dir wieder besser geht?
Sally (kreischend): Ich mache es nicht. Oh, hör doch auf! Ich esse sie nicht!
Mrs. Brown: Möchtest du vielleicht nach Hause gehen?
Sally: Ich esse sie nicht, ich esse hier überhaupt nichts.
Mrs. Brown: Wir möchten es gerne.
Sally: Ich tu's nicht.
Mrs. Brown: Ich möchte, daß du es tust.
Sally: Ich mach's nicht *(Sie schlägt nach ihrer Mutter).*
Mrs. Brown: Schlag mich nicht! Du sollst mich nicht schlagen, habe ich gesagt!
Sally: Ich mach es nicht!
Mrs. Brown (scharf): Du sollst mich nicht schlagen, sage ich! Ich möchte, daß du ißt.
Sally: Ich mache es nicht.
Mrs. Brown: Möchtest du mal hinausgehen?
Sally: Ich muß nicht hinausgehen. Ich will wieder ins Krankenhaus.
Mrs. Brown: Du kannst nicht zurück ins Krankenhaus, wenn du dein Mittagessen nicht ißt. Freut es dich, wenn du mich schlägst? Macht es dir Spaß?

Sally: Ja, denn dann kannst du mich nicht beißen.
Mrs. Brown: Ich beiße dich nicht.
Sally: Ich möchte nur Eis.
Mrs. Brown: Und wir möchten, daß du ißt.
Sally (schreiend): Das ist mir egal, ich esse nicht.
Mrs. Brown: Soll ich vielleicht auch so schreien?
Sally: Das ist mir egal. Ich nehme sie nicht, ich nehme sie nicht, ich will sie nicht haben, ich esse sie nicht! *(Sie schluchzt und stampft mit den Füßen.)*
Mrs. Brown: Hoffentlich bist du jetzt zufrieden, weil du mich endlich unglücklich gemacht hast.
Sally: Ich esse sie nicht.
Mrs. Brown: Würdest du jetzt bitte an den Tisch kommen.
Sally: Ich esse sie nicht, ich esse sie nicht!
Mrs. Brown: Warum nicht?
Sally: Laß mich in Ruhe!
Mrs. Brown: Warum willst du nicht . . .
Sally: Laß mich in Ruhe!
Mrs. Brown (zu Minuchin): Soll ich noch weitermachen?
Minuchin: Sally, du mußt dich jetzt mal hinsetzen.
Sally: Ich will das Eis haben!
Mr. Brown: Setz dich erst mal hin! *(Sally weigert sich.)*
Sally: Ich esse sie nicht!
Minuchin: Setz dich. *(Er steht auf und zeigt auf einen Stuhl. Sally setzt sich.)*

Mit dem Augenblick, in dem Sally sich hinsetzt, beginnt eine neue Phase in der Sitzung. Die ganze Familie ist erschöpft und sucht nach einem Ausweg aus dem starren dysfunktionalen Muster, in dem sie sich gefangen fühlt. Der Therapeut bietet ein Modell für Verhandlungen an. Er schlägt vor, daß Sally unter verschiedenen Gerichten wählen soll. Sally muß selbst entscheiden. Durch dieses Auswählen trifft Sally selbst Entscheidungen in bezug auf ihr Leben und ihren Speisezettel im Krankenhaus. Während der Sitzung nennt der Therapeut etwa 40 verschiedene Möglichkeiten. Sally wählt elf davon aus, und jedesmal würdigt der Therapeut ihre Kompetenz. Es macht ihr offensichtlich Freude zu spüren, daß sie eine gewisse Kontrolle über ihre Umgebung ausüben kann.
Diese Strategie des Anbietens von Alternativen wird im nächsten Ausschnitt deutlich, der die dyadische Interaktion zwischen Sally und dem Therapeuten

wiedergibt. Jetzt ist auch ein Klinikpädiater anwesend, der als Stellvertreter des Therapeuten fungiert. Die Versuche der Eltern, sich einzumischen, werden blockiert, was zu einer Trennung zwischen Sally und ihren Eltern und zur Entstehung einer therapeutischen Dyade (Sally und der Therapeut) führt.

Minuchin: Sally muß essen. Es ist keineswegs so, daß sie hier eine Wahl hätte. Sie muß essen. Aber du kannst ja etwas essen, was du gerne magst, anstelle von etwas, was du nicht magst – allerdings muß der Arzt deiner Wahl auch zustimmen. Erzähle ihm also, was du gerne ißt, denn essen mußt du. Erzähle ihm, was dir schmeckt.
Sally: Ich weiß nicht.
Minuchin: Du mußt es ihm schon erzählen, denn er muß ja in der Küche Bescheid sagen, was du bekommst. Entscheide dich für die Sachen, die du gern ißt. Was magst du denn am liebsten?
Mr. Brown: Also, sie . . .
Minuchin (bringt ihn mit einer Geste zum Schweigen): Nein, nein. Sally. Es geht um ihr Essen und um das Krankenhaus, und das müssen wir jetzt regeln.
Sally: Ich weiß nicht.
Minuchin (zum Kinderarzt): Was muß sie denn unbedingt haben?
Anstaltsarzt: Fisch, Fleisch.
Minuchin (zu Sally): Also, fangen wir damit an. Wie ißt du denn das Fleisch am liebsten?
Sally: Ich weiß nicht.
Minuchin: Also, dann wird man es dir eben so servieren, wie die Küche es jeweils zubereitet hat.
Sally: Gut.
Minuchin: Möchtest du gerne nur mit diesem Arzt weitermachen? Du weißt ja, du kannst hier aufhören und mit dem Arzt etwas ausmachen, wenn ihr allein seid. Willst du das lieber, oder wollen wir es hier machen? *(Sie nickt.)* Er sagt, daß du Fleisch brauchst. Welche anderen Dinge muß sie sonst noch unbedingt haben?
Anstaltsarzt: Gemüse.
Minuchin: Welche Gemüsearten magst du denn? Tomaten? *(Sie schüttelt mit dem Kopf.)* Welche anderen Gemüse?
Anstaltsarzt: Sie haben so gut wie alles. Erbsen, Stangenbohnen, Spinat.
Minuchin: Was möchtest du davon?
Sally: Erbsen.

Minuchin: Gibt es noch andere Gemüse, die du gerne ißt? Erbsen wären also richtig? *(Sie nickte.)* Also, dann haben wir jetzt Fleisch und Erbsen. Magst du Huhn? Lieber Huhn oder lieber Fleisch?
Sally: Huhn.
Minuchin: Also, dann bekommst du Huhn. Gebraten oder gegrillt? Wie möchtest du das Hühnchen?
Sally: Ich weiß nicht.
Minuchin: Lieber gebraten, oder soll es gegrillt sein?
Sally: Ich weiß nicht.
Minuchin: Das ist also egal? Jetzt haben wir also Hühnchen, Erbsen . . . Was braucht sie sonst noch?
Anstaltsarzt: Stärke – Kartoffeln oder Nudeln.
Minuchin: Was möchtest du davon?
Sally: Nichts von beidem.
Minuchin: Was sonst?
Anstaltsarzt: Dessert.

Die Strategie, Alternativen anzubieten, führt sofort zu Ergebnissen. Sally beginnt während der Sitzung zu essen, sie ißt zwei Tage lang im Krankenhaus weiter und ißt auch noch, als sie nach Hause zurückgebracht ist. Innerhalb eines Monats hat sie ihr früheres Gewicht wiedererlangt.

Nachdem das vorgestellte dramatische Symptom mit seinen reifizierenden Merkmalen verschwunden ist, erweisen sich Sally und die übrigen Familienmitglieder als sehr viel schwieriger. Gleichzeitig wird der Lageplan der Familie deutlicher und differenzierter. Wie immer kommen durch die Erweiterung des Brennpunktes diejenigen Kräfte innerhalb der Familie zum Vorschein, die das zutageliegende Problem aufrechterhalten haben. Sie sind nun einer Intervention zugänglich.

Das Urteil des Therapeuten über die Familie Brown lautet, daß sie ein fest verstricktes System miteinander bilden. Dyadische Transaktionen sind selten, die Interaktion geschieht entweder in der Triade oder in der ganzen Gruppe. Sie ist durch einen starren Ablauf gekennzeichnet, der allen Familienmitgliedern das Gefühl von Vagheit und Konfusion vermittelt. Wenn beispielsweise ein Elternteil eines der Kinder kritisiert, dann stellt sich der andere Elternteil oder eines der Geschwister schützend neben dieses Kind, worauf sich ein weiteres Familienmitglied dem Kritiker oder dem Kritisierten anschließt. Das ursprüngliche Thema gerät in Vergessenheit, es taucht erst später in einer ähnlichen Abfolge auf und bleibt auch dann wieder ungelöst.

Die verstrickten Interaktionen der Familie Brown sind helfender und protektiver Natur. Es ist auffällig, wie die Familie Aggressionen oder auch nur Meinungsverschiedenheiten meidet. Die Familie selbst beschreibt alle ihre Interaktionen als harmonisch. Aber im Urteil des Therapeuten werden doch viele unverhandelte Konflikte zwischen Ehemann und Ehefrau deutlich. Sie sind stets unter der Oberfläche gehalten worden und implizit geblieben. Sie äußern sich in der Familienorganisation, in der die Mutter sich in einer Koalition mit den Kindern verbunden hat, die den Ehemann und Vater in einer Position hilfloser Isoliertheit gefangen hält. Von der Mutter und den Kindern wird er als selbstherrlicher Despot betrachtet, aber in Wahrheit hat er so gut wie keine Macht innerhalb seiner Familie. Die Mutter kümmert sich um die Kinder; der Ehemann und Vater bleibt isoliert und peripher. Meinungsverschiedenheiten unter den Ehepartnern kommen nur da zum Ausdruck, wo es um das Verhältnis zu den Kindern geht. Der Vater ist der Meinung, daß die Mutter zu nachgiebig ist.

Eine weitere Verlautbarung von Meinungsverschiedenheiten, die vielleicht in einem Zusammenhang mit der Wahl gerade des anorektischen Symptoms steht, erkennen wir in den ständigen Versuchen der Mutter, die Tischmanieren des Vaters zu verbessern. Diese Meinungsverschiedenheit besteht seit Beginn der nun 20jährigen Ehe und wird jetzt mit Necken und Hänseln von allen Familienmitgliedern besprochen, besonders zur Essenszeit.

Die Grenzen rund um das eheliche Subsystem sind sehr schwach. Der an der Peripherie stehende Ehemann und Vater hat starke Bindungen zu extrafamilialen Systemen, besonders zu seinem Arbeitsplatz und seiner eigenen Ursprungsfamilie. Die Mutter ist fest in das Mutter-Kinder-Subsystem, ein verstricktes und in hohem Maße resonantes System, eingebunden. Sie ist die wichtigste Kontaktstelle zwischen diesem Subsystem und anderen. Folglich verlaufen die Kommunikationen des Vaters mit seinen Kindern über die Mutter. Da die Mutter die Art dieser Kommunikationen kontrolliert, kann sie die nährend-fürsorglichen Elemente daraus entfernen, die kontrollierenden Elemente dagegen belassen und auf diese Weise ihre gegen den Vater gerichtete Koalition mit den Kindern stärken. Den Kindern gegenüber gibt sie sich übermäßig kontrollierend, zudringlich und allzu fürsorglich. Die enge Kommunikation, die bei kleineren Kindern angebracht sein mag, hat zu Schwierigkeiten geführt, die schon vor einigen Jahren begonnen haben, als der heranwachsende ältere Sohn allmählich nach der seinem Alter entsprechenden größeren Autonomie verlangte. Zum Zeitpunkt der Behandlung leidet die Beziehung der Mutter zu ihrem ältesten Sohn stark unter dessen Forderungen nach Autonomie und ihren Gegenforderungen nach mehr Gehorsam von seiner Seite. Der mittlere Bruder steht in diesem Konflikt auf der Seite seines älteren Bruders.

Das Fehlverhalten der Familie hat sich auf alle Familienmitglieder ausgewirkt. Zwar haben die Symptome der Anorexia nervosa die Probleme der Eltern und der „guten" Geschwister in den Schatten gestellt, aber eine genaue klinische Betrachtung der ganzen Gruppe zeigt doch, daß jedes Mitglied auf die Belastungen der Familie in der ihm jeweils eigenen Weise reagiert.

Das anorektische Syndrom liegt tief in die pathogenen Transaktionsmuster der Familie eingebettet und macht die Familie ungewöhnlich widerstandsfähig gegenüber jeder Veränderung. Wenn eine Situation eintritt, die eine Veränderung erfordert, dann besteht die Familie in aller Regel auf der Beibehaltung der gewohnten Interaktionsmethoden. Folglich bleiben Situationen des chronischen Ungleichgewichts über lange Zeiten hinweg aufrechterhalten, wobei Sally als der wichtigste Konfliktableiter fungiert. Ihre wichtigste Quelle der Verstärkung hat sie im ehelichen Subsystem, aber die Symptome haben zahlreiche Ursachen und werden auch durch das geschwisterliche Subsystem und durch Sallys eigenes Ich verstärkt.

Innerhalb des ehelichen Subsystems bilden die niemals verhandelten Konflikte zwischen den Eltern einen besonders gefährlichen Bereich. Es sind zwar alle Kinder bemüht, diese Konflikte unter der Oberfläche zu halten, aber in der Regel ist es doch Sally, die die Grenze zwischen den Generationen überschreitet und den elterlichen Konflikt zerstreut. Sallys Funktion besteht darin, den Eltern zu erlauben, ihren Konflikt auf dem Weg über ihre Sorge und Anteilnahme an ihrer Person umzuleiten.

Außerdem begrenzt das Symptom einen „sicheren" Bereich, in dem eheliche Konflikte an die Oberfläche kommen können. Der Vater meint, die Mutter solle Sally dazu bringen, daß sie ißt, während die Mutter sich zwar Sorgen macht, aber doch glaubt, daß man Sally nicht zum Essen zwingen sollte. Die Koalition von Mutter und Tochter gegen den Vater manifestiert sich deutlich in der Art, wie die Mutter Sally gegenüber der väterlichen Forderung, sie solle essen, in Schutz nimmt. Zudem stellt Sallys Wahl gerade dieses Symptoms eine implizit vorhandene Koalition mit ihrem Vater dar, dessen Kampf mit der Mutter sich ja auch im

Bereich des Essens, nämlich auf dem Gebiet seiner Tischsitten, offen bemerkbar machen durfte.

Innerhalb des geschwisterlichen Subsystems ist Sally das am wenigsten mächtige Mitglied einer verhältnismäßig undifferenzierten Gruppe. Sie ist isoliert und ausgeschlossen. Die Untergruppe der Geschwister paßt sich dem Stil der Familie an. Sobald ein Konflikt entsteht, bilden sich sofort Koalitionen. Sally ist von diesen Bündnissen stets ausgeschlossen und häufig ihre Zielscheibe. Da aber offene Meinungsverschiedenheiten vermieden werden müssen, nimmt ihre Isolation die Form des Rückzugs auf ihre musikalischen Interessen an. Die Anorexie hält diese Struktur der geschwisterlichen Untergruppe intakt und verbessert zugleich Sallys Position. Sie bleibt zwar isoliert, aber sie ist Mittelpunkt des Interesses und der Fürsorge.

Für Sally selbst ist das anorektische Syndrom ein Mittel der Selbstbehauptung. Dadurch, daß sie nicht ißt, behauptet Sally sich in einer Weise, die innerhalb des Wertsystems der Familie zulässig ist. Sie widerspricht zwar, aber ihr Widerspruch erfolgt nicht offen. Das wichtigste Anliegen der Familie, die Vermeidung von Konflikten, bleibt gewahrt, denn daß Sally nicht ißt, stellt keine deutliche Konfrontation oder Regelverletzung dar.

So wird das Symptom von allen Familienmitgliedern verstärkt. Die Eheleute akzeptieren es, weil sie mit seiner Hilfe ihre eigenen Konflikte umgehen können, und jeder setzt es in der Koalition gegen den anderen ein. Für Sally ist es eine zulässige Form der Selbstbehauptung und zugleich ein Mittel, ihre Familie zu schützen und sich sogar andeutungsweise mit ihrem Vater zu verbünden. Auch die Geschwister als Teil eines protektiven und im Sündenbockdenken befangenen Systems verstärken das Symptom.

Therapeutische Ziele

Auf der Grundlage dieser Diagnose der transaktionalen Muster der Familie Brown lassen sich nun fünf therapeutische Ziele formulieren. Das erste und wichtigste ist die Beseitigung des anorektischen Syndroms.

Als zweites muß eine Transformation des ehelichen Subsystems bewirkt werden. Dazu müssen die stützenden und komplementären Transaktionen zwischen den Ehepartnern vermehrt werden, damit ein klar umgrenztes Subsystem aus Vater und Mutter geschaffen wird, die sich im Umgang mit ihren Kindern gegenseitig unterstützen. Die Mutter muß sich aus dem elterlichen Funktionsbereich sogar etwas lösen, um mehr Raum für Bewegungen innerhalb des ehelichen Subsystems zu gewinnen. Und das Engagement des Vaters im elterlichen Funktionsbereich muß sich erhöhen, damit er sich direkt und ohne den Umweg über die Mutter an seine Kinder wenden kann. Mit anderen Worten, die Funktion der Mutter als Schaltstelle muß abgebaut werden.

Das dritte Behandlungsziel ist die Transformation des geschwisterlichen Subsystems. Die Verstrickung des Subsystems muß geschwächt und seine Grenzen müssen geöffnet werden, so daß die Kinder mit ihren Eltern und mit der außerfamilialen Umwelt interagieren können und keinen Vertreter mehr brauchen, der ihre Bedürfnisse artikuliert. Alle Kinder müssen ferner mehr Autonomie erhalten, wie sie ihrem jeweiligen Alter entspricht, und Sallys Position als das schwache und verfolgte Mitglied muß verändert werden.

Das vierte Behandlungsziel besteht in diesem Fall darin, die Bildung wirksamer Dyaden und Triaden innerhalb des gesamten Familiensystems möglich zu machen. Die Flexibilität innerhalb der Subsysteme muß erhöht, ihre Verstrickung muß verringert werden. Es muß möglich sein, flexible Allianzen und Koalitionen zu bilden.

Als fünftes muß die klare Kommunikation zwischen allen Familienmitgliedern gefördert werden. Dann läßt sich die wahre Natur ihrer Transaktionen erkennen.

Alle diese Ziele sind selbstverständlich interdependent. Jede wirksame Transformation hängt davon ab, ob es möglich ist, zumindest zwei Familienmitglieder innerhalb der familialen Organisation neu zu plazieren. Zudem sind die Ziele innerhalb des Systems miteinander verkettet, ebenso wie es die pathologischen Erscheinungen auch sind. Die größeren Söhne können nicht zu „Heranwachsenden“ werden, solange die Mutter nicht auch zur „Ehefrau“ wird. Die Mutter kann nicht Ehefrau sein, wenn ihr Mann sie nicht von den Kindern wegzieht. Sie wird nicht von den Kindern lassen, wenn der Vater ihr nicht als Ehemann Unterstützung und Zärtlichkeit bietet. Solange der Kontakt zwischen dem Vater und den Kindern nur auf dem Weg über die Mutter zustandekommt, können Vater und Mutter nicht in den Kreis ihrer ehelichen Beziehung eintreten. Solange Mutter und Vater getrennt bleiben, müssen die Kinder sich weiter mit der aufdringlichen und übertriebenen Fürsorge und Kontrolle von seiten ihrer Mutter auseinandersetzen. Solange die Kinder Teil einer undifferenzierten und hochgradig verstrickten geschwisterlichen Untergruppe bleiben, werden sie in ihrem Kampf mit der Mutter weiterhin das anorektische Kind einsetzen, wodurch das Syndrom weiter verstärkt wird.

Therapeutische Strategien

Aus diesen therapeutischen Zielen müssen spezifische Strategien entwickelt werden, um die notwendige Neustrukturierung zu bewirken. Kern des Problems der Familie Brown ist die Unfähigkeit der Eheleute, miteinander in Verhandlungen zu treten. Daher werden im weiteren Verlauf der Familienbehandlung auch Sitzungen allein mit dem ehelichen Subsystem abgehalten. Nachdem die Fassade des gegenseitigen Einvernehmens niedergerissen ist, befassen sich diese Sitzungen mit der Empfindung der Ehefrau, daß sie für ihren Mann nicht akzeptabel ist, mit ihrem Gefühl, sich mit ihrer Schwiegermutter in einem Konkurrenzkampf zu befinden, mit ihren Klagen über die mangelnde Unterstützung, die sie im Umgang mit den Kindern von ihrem Mann erfährt, und über seine mangelnde Achtung vor ihr als einem erwachsenen Menschen. Der Ehemann spricht über seine Isoliertheit in der Familie, seine Unfähigkeit, die Kinder zurechtzuweisen, es sei denn, seine Frau verlange dies von ihm, und schließlich über das mangelnde Interesse seiner Frau an ihm als dem sexuellen Partner. Die therapeutischen Interventionen in diesen Sitzungen mit dem Subsystem richten sich vor allem darauf, die Verhandlung und Lösung von Meinungsverschiedenheiten zu erleichtern und den Blick mehr auf die erfreulichen Interaktionen zu lenken, die von gegenseitiger Unterstützung getragen sind und nichts mit den Kindern zu tun haben.

Parallel dazu werden auch die Sitzungen mit der ganzen Familie fortgesetzt. Während dieser Sitzungen kommen verschiedene strategische Maßnahmen zur Anwendung. So wird etwa der Kommunikationsstil der Familie kritisch betrachtet. Wenn ein Konflikt zwischen zwei Mitgliedern im Entstehen begriffen ist, läßt der Therapeut die beiden in ihrer Auseinandersetzung fortfahren, bis sie eine Lösung erreicht haben oder bis ein drittes Mitglied sich ausdrücklich in die Auseinandersetzung eingeschaltet hat, entweder durch die Bitte, sich beteiligen zu dürfen, oder auf Einladung durch die ursprüngliche Dyade. Die Mitglieder der Familie wechseln den Platz, damit die zwei oder drei an der Diskussion Beteiligten nebeneinander sitzen können; die übrigen ziehen sich aus dem Kreis zurück und beobachten die Vorgänge.

Diese Technik ist von besonderem Nutzen, wenn es darum geht, die Geschwister untereinander zu differenzieren. Als beispielsweise die Konflikte des ältesten Sohnes mit der Mutter in den Vordergrund rücken, wird der Vater gebeten zu intervenieren. Alle drei bringen ihre Stühle in die Mitte des Zimmers, während die übrigen Kinder sich aus dem Kreis herausbewegen. Nun setzen Verhandlungen

ein, bei denen die Mutter zwar von ihrem Ehemann nachhaltig unterstützt wird, die aber auch Michael sehr viel mehr Autonomie zugestehen, und zwar ausgesprochen im Zusammenhang mit seinem Status als dem ältesten Kind. Der Therapeut trägt noch weiter zu dieser Differenzierung bei, indem er ihn wie einen Erwachsenen behandelt. Auch stellt er der Mutter eine Aufgabe. Sie soll darauf achten, welche Handlungen von Michael ihren Beifall verdienen, und ihn dann belohnen. Diese Aufforderung ist an zwei Zuhörer gerichtet, denn Michael, der die Erteilung der Aufgabe ja mitangehört hat, wird jetzt häufiger so handeln, daß seine Mutter ihn belohnen kann. Michael erscheint nun allmählich als Heranwachsender.
Michaels Individuierung und seine Lösung aus dem geschwisterlichen Subsystem läßt den 12jährigen Robert als Spielkameraden des achtjährigen John zurück; die zehnjährige Sally ist ausgeschlossen. Nun werden die drei jüngeren Kinder gebeten, sich in die Mitte des Raumes zu setzen, wobei Mutter und Vater ihnen von außerhalb des Kreises helfen sollen. John und Robert werden angewiesen, mit Sally zu spielen. Aber als sie zu dritt ein Brettspiel miteinander spielen, artet das Spiel in Verstrickung und Chaos aus. Daher wird den Kindern die Aufgabe gestellt, zu Hause miteinander Brettspiele zu spielen. Die Eltern sollen Spiele kaufen und dann darauf sehen, daß die Spielregeln eingehalten werden.
Robert, das klügste und psychologisch verständigste der Kinder, sucht nun eine Allianz mit dem Therapeuten. Er setzt sich neben ihn und macht seine Bemerkungen zur Funktionsweise der Familie. Er hat jetzt mehr Freunde in der Schule und verbringt mehr Zeit mit ihnen, was seinem Alter entspricht, in dem die Kontakte mit der außerfamilialen Welt gewöhnlich zunehmen. Sally und John rücken enger zusammen.
In einer Sitzung beschwert sich John, daß Sally zu rüde spielt und ihn mit ihrer Wut erschreckt. Nun gehen John und Sally in die Mitte des Zimmers, und Michael wird gebeten, als Mittler zwischen ihnen zu fungieren. Er soll John helfen, Sallys Erklärung ihres Verhaltens zu verstehen. Seine Rolle als der älteste Bruder festigt sich durch die Beteiligung an einer Aktivität, die seine beiden jüngsten Geschwister voneinander differenziert. Alle diese Familiensitzungen betonen die klare Abgrenzung der Parteien bei ihren Verhandlungen und bei der Lösung deutlich festgestellter Konflikte.
Die Manipulation der räumlichen Verhältnisse mit dem Ziel, Nähe oder Distanz zu bewirken, Untergruppen (Akteure und Beobachter) voneinander abzugrenzen, affektive Geschehnisse zu intensivieren oder auch die Inszenierung einer bestimmten Vorstellung bzw. den Vollzug einer Rolle möglichst eindrucksvoll zu

gestalten, ist in starren, hochgradig verstrickten und undifferenzierten Familien sehr hilfreich. Sie ermöglicht es dem Therapeuten, als Regisseur aufzutreten, die Bühne zu bestimmen, die Kulissen zu schaffen, Aufgaben zu erteilen und die Familienmitglieder zum Vollzug ihrer Funktionen innerhalb der von ihm neugeschaffenen Gegebenheiten zu veranlassen.

Die Behandlung der Familie Brown wird nach neun Monaten erfolgreich beendet. Das vorgestellte Problem bildet bereits einen Monat nach Beginn der Behandlung nicht mehr das dringendste Anliegen der Familie. Eine Folgeuntersuchung anderthalb Jahre später zeigt, daß die Familie es jetzt nur noch mit den typischen Schwierigkeiten jeder angemessen funktionierenden Einheit zu tun hat und mit diesen Schwierigkeiten in befriedigender Weise fertig wird.

Strategische Maßnahmen, die der Neustrukturierung dienen, wie etwa die Interventionen im Falle der Familie Brown, lassen sich am besten dadurch verdeutlichen, daß man die Familienmitglieder und den Therapeuten so beschreibt, als wären sie steuerbare Roboter. Natürlich krankt eine solche Beschreibung von Menschen bzw. der Behandlung von Menschen an gewissen Ungenauigkeiten; es ist aber die einzige Möglichkeit, die fast einjährigen komplizierten Transaktionen innerhalb eines therapeutischen Systems gemäß den linearen Regeln der logischen Darstellung verständlich zu vermitteln.

Die therapeutische Arbeit mit der Familie Brown ist sehr verschieden von der Arbeit mit den Smiths, den Dodds' und den Gordens. Jedes therapeutische System ist in der Tat einmalig. Innerhalb des jeweiligen Kontextes machen Therapeut und Familienmitglieder stets wieder andere Erfahrungen. Aber allen diesen Verschiedenheiten liegen letzten Endes Regeln zugrunde. Giovanni Guareschi sagt es so: „Die grundlegenden Probleme meiner Familie sind die gleichen wie die von Millionen anderen Familien; sie ergeben sich aus einer familialen Situation, die auf der Notwendigkeit beruht, an jenen Grundsätzen festzuhalten, die das Fundament aller ‚normalen' Familien sind."[5] Mehr noch: die Zahl der Möglichkeiten, sich menschlichen Situationen anzupassen, ist endlich, ebenso wie die Zahl der möglichen Strategien innerhalb des therapeutischen Systems. Die menschlichen Grenzen schaffen eine begrenzte Anzahl möglicher sozialer Strukturen. Vielleicht wird daher in Zukunft eine systematischere Beschreibung der Familie und der Familientherapie möglich.

1. Siehe dazu auch Salvador Minuchin: Structural Family Therapy, in: American Handbook of Psychiatry, Band III. Gerald Caplan, Hrsg., New York: Basic Books. In Vorbereitung.
2. Hilde Bruch: Eating Disorders: Obesity and Anorexia Nervosa. New York: Basic Books 1973.
3. Salvador Minuchin, Lester Baker, Bernice L. Rosman et al.; Psychosomatic Illness in Children: A New Conceptual Model. Unveröff. Manuskript, Philadelphia.
4. Das Modell der psychosomatogenen Familie wurde im Rahmen eines Forschungsprojektes entwickelt, an dem Salvador Minuchin, Lester Baker, Ronald Liebman, Leroy Milman, Bernice L. Rosman und Thomas C. Todd beteiligt waren, und das vom National Institute of Mental Health getragen wurde.
5. Giovanni Guareschi: My Home Sweet Home. New York: Farrar, Straus, and Giroux 1966, S. VIII.

Epilog

Wissenschaftliche Untersuchungen beginnen in der Regel mit dem Abstecken eines ganz bestimmten Forschungsgebietes. Anschließend beschränkt der Forscher seinen Blick auf dieses begrenzte Gebiet und schließt andere Objekte aus. Die solchermaßen künstlich abgeteilte Region ist in Wahrheit eine Schöpfung des Forschers, denn in der Realität muß sie ja immer Teil eines größeren Feldes sein, mit dem sie interagiert. John Spiegel sagt in diesem Zusammenhang: „Wir können es uns in keiner Wissenschaft länger leisten, uns ausschließlich auf eine bestimmte Region zu konzentrieren und den Rest des Universums unberücksichtigt zu lassen, bis wir unsere Forschungen beendet haben. Tatsächlich ‚beenden' wir unsere Forschungen niemals, denn Wissenschaft ist ein ständiger Prozeß des Erforschens. Vollständigkeit ist eine Illusion; und wenn wir in irgendeiner Wissenschaft den Rest des Universums für immer außerhalb unserer Betrachtung lassen, dann werden wir niemals in der Lage sein, das Ganze zu übersehen."[1]

Dieses Buch hat sich auf die Familientherapie konzentriert. Die Einbeziehung der gesamten Familie als eines psychiatrischen Faktors erweitert die Perspektive von der herkömmlichen Konzentration auf das Individuum unabhängig von seinem sozialen Kontext. Aber auch diese erweiterte Sicht verzerrt noch das Bild des psychologischen Feldes, denn sie ignoriert die Zusammenhänge zwischen Familie und Gesellschaft.

Entsprechend dem hier vorgetragenen Modell ist die angemessen funktionierende Familie ein offenes soziales System, das sich in Transformation befindet, das Verbindungsglieder mit der extrafamilialen Welt aufrechterhält, entwicklungsfähig ist und eine organisatorische Struktur aufweist, die sich aus Subsystemen zusammensetzt. Der einzelne, der schon für sich allein ein Subsystem der Familie bildet, sieht sich in den einzelnen Subsystemen unterschiedlichen Aufgaben gegenüber und erwirbt in ihnen unterschiedliche interpersonale Fertigkeiten und Fähigkeiten.

Die Behandlung der Familie als Ganzes mag zwar die Aufgabe vereinfachen, das

Individuum im Zusammenhang mit seinem sozialen Kontext zu betrachten, sie kann aber andererseits auch unsere Sicht eines bestimmten Individuums in der Familie verzerren. Ganz gewiß wirken sich nicht alle Veränderungen in der Familie auf alle ihre Mitglieder aus, und Veränderungen eines einzelnen Mitgliedes müssen nicht notwendig alle übrigen Mitglieder in der gleichen Weise beeinflussen.

Aber das Modell der angemessen funktionierenden Familie vermittelt uns doch Anweisungen und Hinweise für die Familientherapie. Der Therapeut kann aus diesem Modell einen strukturellen Lageplan der bedrängten Familie ableiten, der ihm hilft, spezifische Behandlungsziele zu umreißen. Der Therapeut schließt sich dann der Familie im Rahmen des therapeutischen Systems mit der Absicht an, sie in einer festgelegten Weise neu zu strukturieren. Seine Anschlußmanöver sichern die Beteiligung der Familienmitglieder am therapeutischen Prozeß und ihre Bereitschaft, an der Mehrung der heilenden Funktionen der Familie selbst mitzuarbeiten. Die Bemühungen des Therapeuten um Neustrukturierung erleichtern entweder die Beibehaltung solcher Subsysteme, die Heilung und Wachstum fördern, oder sie unterstützen die Bildung neuer Subsysteme, die diese Ziele erreichen.

Es kann durchaus sein, daß mehrere Therapeuten sich hinsichtlich des therapeutischen Zieles für eine bestimmte Familie völlig einig sind. Sie werden aber ganz verschiedene Techniken anwenden, um dieses Ziel zu erreichen. Jeder Therapeut gelangt aufgrund seiner individuellen Persönlichkeit und seiner jeweiligen Fertigkeiten und Fähigkeiten zu den jeweils nur ihm eigentümlichen Formen des Umgangs mit seinen Klienten. Er kann die eigene Persönlichkeit besser nutzen, wenn er lernt, seinen eigenen Stil zu erkennen und zu akzeptieren.

Die Traktate des Talmud beginnen auf Seite zwei, um anzudeuten, daß sie niemals Vollkommenheit erreichen können. Die gleiche Überlegung hat mich in Versuchung geführt, die letzte Seite dieses Buches nicht drucken zu lassen. Zweifellos habe ich bei meiner Auswahl und Einpassung der Daten zur Familientherapie eine künstliche Grenze rund um die Familie und den Therapeuten gezogen. Es ist aber nicht möglich, in anderer Weise zu verfahren.

1. John Spiegel: Transactions: The Interplay between Individual, Family, and Society. New York: Science House 1971, S. 38.

Literaturhinweise

Ackerman, N. W.: The Psychodynamics of Family Life. New York: Basic Books 1958.

Ders.: Treating the Troubled Family. New York: Basic Books 1966.

Ders., Hrsg.: Family Therapy in Transition. Boston: Little Brown 1970.

Aponte, H., und L. Hoffman: The Open Door: A Structural Approach to a Family with an Anorectic Child, in: Family Process 12, Nr. 1, 1973.

Auerswald, E. H.: Interdisciplinary vs. Ecological Approach, in: Family Process, 7, 1968, S. 202–215.

Bateson, J., u. a.: Schizophrenie und Familie. Frankfurt: Suhrkamp 1971.

Beels, C. C., und A. S. Ferber: Family Therapy: A View, in: Family Process, 8, 1969, S. 280–310.

Bell, John E.: Family Group Therapy. Public Health Monograph. Nr. 64. Washington, D. C., Department of Health, Education, and Welfare, 1961.

Bell, N. W., und E. F. Vogel, Hrsg.: A Modern Introduction to the Family. New York: Free Press 1968.

Bertalanffy, L. von: General System Theory. Foundations, Development, Applications. New York: George Braziller 1968.

Bloch, D. A., Hrsg.: Techniques of Family Psychotherapy: A Primer. New York: Grune & Stratton 1973.

Boszormenyi-Nagy, I., und G. M. Spark: Invisible Loyalties. New York: Harper & Row 1973.

Ders. und J. L. Framo, Hrsg.: Familientherapie. Bd. 1 und 2. Reinbek: Rowohlt 1975 (rororo-studium 80/81).

Bowen, Murray: Perspectives and Techniques of Multiple Family Therapy, in: Systems Therapy, hrsg. von J. Bradt und C. Moynihan. Private Veröff. 1971.

Crolla-Baggen, Mieke, Pieter van de Ven und Ton Staps, Hrsg.: Interventie in interaktie. Übersetzung aus dem Niederländischen in Vorbereitung. Freiburg: Lambertus 1978.

Duhl, Frederick J., David Kantor und Bunny S. Duhl: Learning, Space, and Action in Family Therapy: A Primer of Sculpture, in: Bloch, D. A., Hrsg. Techniques of Family Psychotherapy; a. a. O.

Ferber, A. S., u. a.: The Book of Family Therapy. New York: Science House 1972.

Foley, V. D.: An Introduction to Family Therapy. New York: Grune & Stratton 1974.

Framo, James L., Hrsg.: Family Interaction: A Dialogue Between Family Researchers and Family Therapists. New York: Springer 1972.

Friedman, Albert S., u. a.: Family Treatment of Schizophrenics in the Home. New York: Springer 1965.

GAP-Report: The Field of Family Therapy. New York: GAP 1970 (Group for the Advancement of Psychiatry. Report No. 78).

Gastager, H. und S.: Die Fassadenfamilie. München: Kindler 1973.

Glasser, P. H. und L. N., Hrsg.: Families in Crisis. New York: Harper & Row 1970.

Gordon, T.: Familienkonferenz. Hamburg: Hoffmann & Campe 1972.

Gray, W., u. a., Hrsg.: General Systems Theory and Psychiatry. Boston: Little Brown 1969.

Haley, J.: Strategies of Psychotherapy. New York: Grune & Stratton 1963.

Ders. und L. Hoffman: Techniques of Family Therapy. New York: Basic Books 1967.

Ders., Hrsg.: Changing Families: A Family Therapy Reader. New York: Grune & Stratton 1971.

Ders. und I. D. Glick: Family Therapy and Research: An Annotated Bibliography of Articles and Books, 1950–1970. New York: Grune & Stratton 1971.

Ders.: Uncommon Therapy: The Psychiatric Techniques of Milton H. Erikson. New York: Norton 1973.

Ders.: Direktive Familientherapie. Strategien für die Lösung von Problemen. München: Pfeiffer 1977.

Jackson, D. D., Hrsg.: Communication, Family and Marriage. Palo Alto: Science & Behavior Books 1968.

Ders.: Therapy, Communication and Change. Palo Alto: Science & Behavior Books 1968.

Ders. und W. J. Lederer: Mirages of Marriage. New York: Norton 1969.

Kaffman, M.: Short Term Family Therapy, in: Family Process, 2, 1963. S. 216–234.

Kapuste, H., und F. Giesen: Therapie in der Familie, in: Psychologie heute, 1974.

Kaufmann, L.: Familie, Kommunikation und Psychose. Bern: Huber 1972.

Kuhn, T. S.: Die Struktur wissenschaftlicher Revolutionen. Frankfurt: Suhrkamp 1976 (suhrkamp taschenbuch wissenschaft Nr. 25).

Laing, R. D.: Wahnsinn und Familie. Köln: Kiepenheuer & Witsch 1975.

Ders.: Das geteilte Selbst. Reinbek: Rowohlt 1976 (TB)

Langsley, D., und D. Kaplan: The Treatment of Families in Crisis. New York: Grune & Stratton 1968.

Laqueur, H. P., u. a.: Multiple Family Therapy: Further Developments, in: Int. J. Soc. Psychiatry, Sonderausgabe No. 2, 1961, S. 70–80.

Lidz, Th.: Familie und psychosoziale Entwicklung. Frankfurt: Fischer 1971.

Luthmann, S. H., und M. Kirschenbaum: Familiensysteme. München: Pfeiffer 1977.

Macgregor, R., u. a.: Multiple Impact Therapy with Families. New York: McGraw-Hill 1964.

Mandel, A., u. a.: Einübung in Partnerschaft durch Kommunikationstherapie und Verhaltenstherapie. München: Pfeiffer [8]1975 (Leben lernen Nr. 1).

Minuchin, S., u. a.: Families of the Slums: An Exploration of their Structure and Treatment. New York: Basic Books 1967.

Ders.: Family Therapy: Technique or Theory?, in: J. H. Masserman, Hrsg.:

Science and Psychoanalysis. Bd. 14: Childhood and Adolescence. New York: Grune & Stratton 1969.
Ders. und A. Barcai: Therapeutically Iduced Family Crisis, in: J. H. Masserman, Hrsg.: Science and Psychoanalysis. Bd. 14; a. a. O.
Ders.: The Use of an Ecological Framework in Child Psychiatry, in: E. J. Anthony und C. Koupernik, Hrsg.: The Child in his Family. New York: Wiley 1970.
Ders.: The Plight of the Poverty-Stricken Family in the United States, in: Child Welfare, 44, 1970, S. 124–130.

Patterson, G. R., R. Ray und D. Shaw: Direct Intervention in Families of Deviant Children. Eugene: Oregon Research Institute 1969.
Paul, N. L.: The Use of Empathy in the Resolution of Grief, in: Perspect. Biol. Med., 11, 1967, S. 153–169.

Richter, H. E.: Patient Familie. Reinbek: Rowohlt 1970.
Ders.: Eltern, Kind und Neurose. Reinbek: Rowohlt 1973.
Rubinstein, D.: Family Therapy, in: Int. Psychiat. Clin., 1, 1964, S. 431–442.

Sager, C. J., und H. S. Kaplan, Hrsg.: Handbuch der Ehe-, Familien- und Gruppentherapie. Bd. 1–3. München: Kindler 1973.
Satir, V.: Familienbehandlung. Kommunikation und Beziehung in Theorie, Erleben und Therapie. Freiburg: Lambertus [2]1977.
Selvini Palazzoli, M.: Paradoxon und Gegenparadoxon. Ein neues Therapiemodell für die Familie mit schizophrener Transaktion. Stuttgart: Klett 1977.
Speck, R. V., und C. L. Attneave: Die Familie im Netz sozialer Beziehungen. Freiburg: Lambertus 1976.
Stierlin, H.: Eltern und Kinder im Prozeß der Ablösung. Frankfurt: Suhrkamp 1975.
Ders.: Von der Psychoanalyse zur Familientherapie. Stuttgart: Klett 1975.

Toman, W.: Familienkonstellationen. München: Becksche Schwarze Reihe Nr. 112.

Watzlawick, P., u. a.: Menschliche Kommunikation. Bern: Huber [4]1974.

Ders.: Lösungen. Bern: Huber 1974.

Ders.: Die Möglichkeit des Andersseins. Zur Technik der therapeutischen Kommunikation. Bern: Huber 1977.

Whitaker, Carl A., und M. H. Miller: A Reevaluation of „Psychiatric Help" When Divorce Impends, in: Amer. J. Psychiat., 126, 1969, S. 57–64.

Wynne, L. C.: Some Indications and Contraindications for Exploratory Family Therapy, in: Boszormenyi-Nagy, I., u. J. L. Framo, Hrsg.: Familientherapie; a. a. O.

Zuk, G. H.: und I. Boszormenyi-Nagy: Family Therapy and Disturbed Families. Palo Alto: Science und Behavior Books 1967.

Zuk, G. H.: Familientherapie. Interventionen und therapeutische Prozesse. Freiburg: Lambertus 1975.

Register